# 暨南大学成人教育会计本科系列教材编委会

会计学国家级教学团队系列教材

暨南大学成人教育会计本科系列教材

Advanced financial accounting

# 高级财务会计

谭小平　编著

暨南大学出版社
JINAN UNIVERSITY PRESS

中国·广州

图书在版编目（CIP）数据

高级财务会计/谭小平编著. —广州：暨南大学出版社，2016.6
（暨南大学成人教育会计本科系列教材）
ISBN 978 - 7 - 5668 - 1661 - 0

Ⅰ.①高…　Ⅱ.①谭…　Ⅲ.①财务会计—成人高等教育—教材　Ⅳ.①F234.4

中国版本图书馆 CIP 数据核字（2015）第 257390 号

高级财务会计
GAOJI CAIWU KUAIJI
编著者：谭小平

出 版 人：徐义雄
责任编辑：潘雅琴　梁嘉韵
责任校对：黄　斯
责任印制：汤慧君　周一丹

出版发行：暨南大学出版社（510630）
电　　话：总编室（8620）85221601
　　　　　营销部（8620）85225284　85228291　85228292（邮购）
传　　真：（8620）85221583（办公室）　85223774（营销部）
网　　址：http：//www.jnupress.com　http：//press.jnu.edu.cn
排　　版：广州市天河星辰文化发展部照排中心
印　　刷：广东广州日报传媒股份有限公司印务分公司
开　　本：787mm×1092mm　1/16
印　　张：19.375
字　　数：478 千
版　　次：2016 年 6 月第 1 版
印　　次：2016 年 6 月第 1 次
定　　价：45.00 元

# 总　序

　　会计是经济信息系统的重要组成部分和一种国际商业语言。将会计主体的财务信息真实、完整、及时地传递给内外部财务信息使用者，并满足这些财务信息使用者决策时的需要，这些对政府、投资者、债权人和管理者都是非常重要的。近年来，我国资本市场的诞生、规范和发展，彻底改变了我国企业传统的财务管理理念与方法，企业的投融资管理面临新的环境、方式和方法。财务与会计执业者所面临的各种外部环境（包括经济、政治、法律、文化环境等）发生了深刻变化，在经济全球化和管理信息复杂化的时代，会计人才不仅应具有系统、完备的会计与公司理财等方面的知识和技能，而且还必须具备国际视野，全面掌握国际会计准则，懂得国外主要经济体的相关会计法规、国际资本市场运行规律和其他相关的知识与技能。在这种背景下，为了满足会计人员学习、更新知识的需要，暨南大学会计学系、暨南大学教育学院、暨南大学出版社共同筹划了"暨南大学成人教育会计本科系列教材"，邀请暨南大学会计学系在各个学科具有丰富教学经验、有影响力的专家组成教材编写委员会，组织编写该系列教材，力求推出一套"理论与实务并重，本土化与国际化相融合，能够反映当前学科发展前沿水平，符合成人教育会计学本科特点的精品系列教材"。

　　"理论与实务并重"就是要针对会计学是实务性很强的经济管理科学这一特点，研究各成教会计教材所涉及的相关理论、方法及其应用，分析每一本教材的特点、难易程度和导读规律。既要讲清楚理论概念，又要设计必要的实例，通过案例教学，培养学生的实操能力。

　　"本土化与国际化相融合"就是要针对会计准则的国际趋同化与财务管理的国际市场化等趋势，在教材中充分借鉴国际标准和国外知名企业的先进管理理念和方法，并充分体现中国会计的特色和经验，力争做到本土化与国际化的有机结合。

　　"能够反映当前学科发展前沿水平"是指本系列教材应该在继承现有教材的优点和特色的基础上，吸收当前相关理论和实务操作的最新研究成果和发展动态，补充和修改相关教材体系与内容。其目的是使教材能够更好地适应新的环境变化，满足学生获取更多知识、增强专业技能的要求。

成人教育会计本科系列教材建设是一项长期而艰巨的任务，多年来，我们为此作出了不懈努力。我国的经济发展与改革日新月异，环境变化多样且复杂，相关理论和实务操作的研究成果不断涌现，由于我们的水平有限，本系列教材中存在的不周之处，恳请读者批评指正。

暨南大学成人教育会计本科系列教材编审委员会

2013 年 3 月

# 目　录

# 第一章　企业合并

【本章要点】
1. 了解企业合并的含义、动因与方式
2. 掌握购买法
3. 理解权益结合法
4. 掌握同一控制下企业合并的会计处理
5. 掌握非同一控制下企业合并的会计处理

# 第一节　企业合并概述

## 一、企业合并的含义

关于企业合并，不同的准则对其有不同的表述。我国财政部 2006 年 2 月颁布的《企业会计准则第 20 号——企业合并》将企业合并定义为：两个或者两个以上单独的企业合并形成一个报告主体的交易或事项。美国财务会计准则委员会（Financial Accounting Standard Board，简称 FASB）2001 年 6 月颁布的《财务会计准则第 141 号——企业合并》将企业合并定义为：当一个主体取得了构成一项业务的净资产，或者取得了一个或几个其他主体的权益并取得了对后者的控制时，就发生了企业合并。国际会计准则委员会（International Accounting Standard Board，简称 IASB）2008 年 1 月修订的《国际财务报告准则第 3 号——企业合并》（IFRS3）将企业合并定义为：购买方获得一个或多个企业控制权的交易或事项。虽然上述权威机构对企业合并定义的表述有所差异，但其实质基本一致，主要是根据主并企业是否获得另一个或多个企业（主体）的控制权来判断，即合并的实质是控制。从理论的角度来看，只有投资企业持有股份的份额占被投资企业有投票表决权的股份 50% 以上，才能达到控制的目的。在现实生活中，由于公司股份较为分散，往往投资企业占被投资企业有投票表决权的股份不足 50%，但仍可达到控制的目的，因此不能单纯从持股比例或表决权来判断是否具有控制权。

我国《企业会计准则讲解 2010》中明确表明，构成企业合并至少包括两层含义：一是取得对另一个或多个企业（业务）的控制权；二是所合并的企业必须构成业务。业务是指企业内部某些生产经营活动或资产负债的组合，该组合具有投入、加工处理和产出能力，能够独立计算其成本费用或所产生的收入。如果一个企业取得了对另一个或多个企业的控制权，而被购买方（或被合并方）并不构成业务，则该交易或事项不形成企业合并。另外，从我国企业合并的定义看，是否形成企业合并，除要看是否取得控制权和构成业务之外，还要看有关交易或事项发生前后，是否引起报告主体的变化。

由上可知，企业合并的实质是一个企业获得另外一个或几个企业控制权的过程。那到底应怎样来判断一个企业对另一个或几个企业具有控制权呢？美国财务会计准则、国际会计准则和中国会计准则关于"控制"的具体应用标准虽存在一些差异，但其实质大体一致，注重的都是从实质的角度而不是从形式的角度来进行判断。我国《企业会计准则第33号——合并财务报表》把控制（Control）定义为：投资方拥有对被投资方的权力（Power），通过参与被投资方的相关活动而享有可变回报，并且有能力运用对被投资方的权力影响其回报金额。① 并指出本准则所称的相关活动，是指对被投资方的回报产生重大影响的活动。被投资方的相关活动应当根据具体情况进行判断，通常包括商品或劳务的销售和购买、金融资产的管理、资产的购买和处置、研究与开发活动以及融资活动等。由此可见，判断投资方是否拥有对被投资方的控制权，要从控制的三要素出发，只有具备控制定义的三要素时，投资方才拥有对被投资方的控制权：一是投资方对被投资方拥有权力（不仅是表决权）；二是通过参与被投资方的相关活动（不仅限于财务和经营决策）而取得可变回报；三是运用对被投资方的权力影响回报金额。

常见的判断投资方对被投资方是否具有控制权的应用标准如下：

（1）投资方拥有被投资方 50% 以上的表决权。通常包括直接拥有、间接拥有、直接与间接合计拥有三种情况：

第一种，投资方直接拥有被投资方 50% 以上表决权。如图 1-1（a），A 企业对 B 企业进行投资并拥有 B 企业 60% 的表决权，则 A 企业直接控制了 B 企业。

第二种，投资方间接拥有被投资方 50% 以上表决权。如图 1-1（b），A 企业对 B 企业进行投资并拥有 B 企业 60% 的表决权，B 企业又对 C 企业投资并拥有 55% 的表决权，则 A 企业间接拥有 C 企业 55% 的表决权，从而 A 企业间接控制了 C 企业。

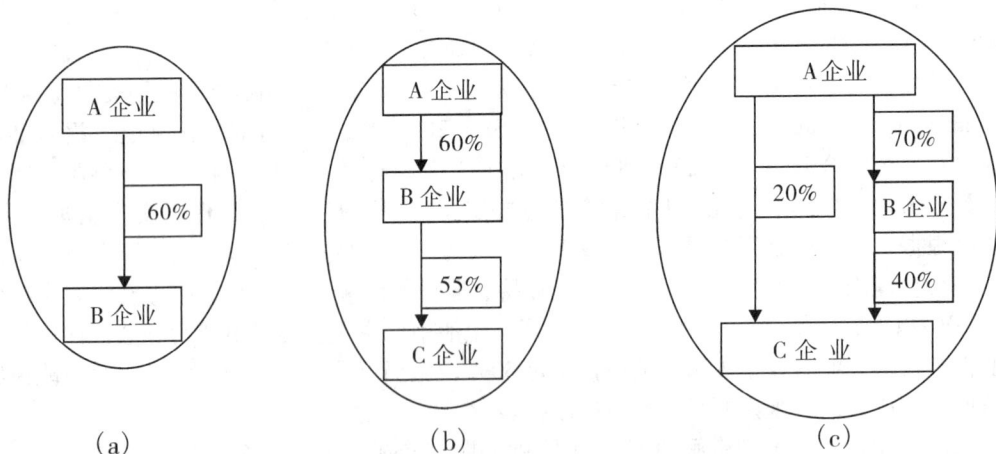

图 1-1

---

① 详见 2014 年 1 月 26 日新发布的《企业会计准则 33 号——合并财务报表》（修订）。原来有关控制的定义详见《企业会计准则第 2 号——长期股权投资》（2006），将其定义为控制是指有权决定一个企业的财务和经营政策，并能据以从该企业的经营活动中获取利益。修订后，我国对控制的定义与国际财务报告准则（IFRS）的定义达到了一致。

第三种，投资方直接和间接合计拥有被投资方 50% 以上表决权。如图 1-1（c），A 企业拥有 B 企业 70% 的表决权和 C 企业 20% 的表决权，而 B 企业拥有 C 企业 40% 的表决权，则 A 企业直接和间接合计拥有 C 企业 60%（20%＋40%）的表决权，从而 A 企业能够控制 C 企业。

（2）投资方虽然拥有被投资方 50% 或以下的表决权，但通过其他方式能够对被投资方实施控制。主要包括：①通过与被投资方其他投资者之间的协议，拥有被投资单位半数以上的表决权；②根据公司章程或协议，能对被投资方实施控制；③有权任免被投资方的董事会或类似机构的多数成员；④在被投资方的董事会或类似机构占多数表决权等。

在企业合并时，主并企业可采用支付现金、发行权益性证券、转让非现金资产或承担债务等方式作为合并对价以取得对被并方的控制。

## 二、企业合并的动因

企业合并是市场经济发展的必然产物和企业竞争的必然结果，同时也是现代大公司形成与发展的有效手段。我国 20 世纪 80 年代末以来，随着经济体制改革的深入而掀起了企业合并浪潮，其目的在于调整产业结构、优化经济资源的配置与组合、提高经营综合效益和规模效益以及推动社会生产力的发展。

企业扩大规模的方式主要有两种，一是通过发行权益资本及信贷资本或利用其盈余来实现扩张；二是通过收购其他企业的方式来实现扩张。其中第二种方式就是我们所说的企业合并。关于企业合并的动因，存在微观和宏观两个方面：

### 1. 微观方面的动因

从微观经济角度即合并企业自身的角度来看，企业合并最根本的目的在于谋求利益。这主要是通过产生协同效应来实现，具体可以概括为以下几个方面：

（1）扩大经营规模，形成规模经济，降低成本费用。通过并购，企业能够在短时期内扩大生产规模，形成有效的规模效应。规模效应能够带来资源的有效整合和充分利用，降低生产、管理、原材料供应等环节的成本费用。

（2）提高市场份额，提升行业战略地位。企业规模的扩大，伴随着生产能力的提高、销售网络的完善以及市场份额的提升，从而确立企业在行业中的领导地位。

（3）实施品牌营销战略，提高企业知名度，以获取超额利润。品牌是价值的动力，同样的产品，甚至是同样质量的产品，名牌产品的价值远远高于普通产品。并购能够有效提升品牌知名度，提高企业产品的附加值，获得超额利润。

（4）通过并购取得先进的生产技术、管理经验、经营网络、专业人才等各类资源，实现公司发展战略。并购活动收购的不仅是企业的资产，而且获得了被收购企业的人力资源、管理资源、技术资源、销售资源等，这些都有利于企业整体竞争力的根本提升，推动公司发展战略目标的实现。

（5）通过收购跨入新行业，实施多元化战略，分散投资风险。随着行业竞争的加剧，企业通过混合并购等方式对其他行业进行投资，不仅能够有效扩展企业，获取更广泛的市场空间，而且能够分散因本行业竞争激烈而带来的风险。

2. 宏观方面的动因

从宏观经济的角度看，企业合并具有现实的经济意义，主要可以概括为以下几方面：

（1）从整个社会考察，让经营良好的扩张型企业合并那些经营管理不善的企业，至少可以做到现有资本的保全，终止亏损企业对经济资源的浪费，避免对社会造成负面影响。将被并企业的生产要素按照经营良好企业的客观条件进行组合，可使原来效益不佳的经济资源在新的组合下实现增值。

（2）由企业产权转让引起的合并，将促使有限的经济资源流向社会需要的产业，从而引起产业结构和产品结构的调整；通过优化生产要素组合，调整了生产能力，提高了资产的使用效益。坚持优胜劣汰，通过合并手段，实现生产要素的合理流动，对国民经济的良性循环具有重要意义。

（3）与破产这一避免资本损耗的最终手段相比，企业合并无疑是一种积极的措施。企业合并不是破坏被并企业的生产能力，而是将其生产要素按新的要求重新组合，这可以避免企业破产给社会带来的震荡，不失为阻止资本损耗的明智之举。

## 三、企业合并的方式

企业合并的方式多种多样，按照不同的标准可以把合并划分为不同的类别。最常见的是按照法律形式、合并的性质和合并所涉及的行业来进行的分类。本部分除介绍这三种常见的分类外，还将介绍我国《企业会计准则》中对企业合并的分类。

### （一）按照法律形式分类

企业合并按照法律形式可以分为吸收合并、新设合并和控股合并三种。

1. 吸收合并（Merger）

吸收合并也称兼并，是指一个企业通过支付现金、股票交换或支付其他资产等方式，取得另一个或另几个企业的全部净资产而进行的合并。吸收合并发生后，注销被合并方的法人资格，被合并方不复存在，合并方则在获得被合并方资产和负债的基础上继续经营，继续保留其法人地位。例如，A 企业通过支付现金、交换股票等方式吸收合并 B 企业，吸收合并后，B 企业的法人资格被注销，从此 B 企业不复存在，而 A 企业则在获得 B 企业的净资产后继续经营。即 A + B = A。[①]

2. 新设合并（Consolidation）

新设合并也称为创立合并，是指两个或两个以上的企业以其净资产联合成立一个新企业，用新企业的股份交换原来各企业的股份。新设合并发生后，原有参与合并的各企业都被注销法人资格，不复存在，但产生了一个新企业，新企业在原参与合并企业的资产、负债的基础上开始经营。例如，A 企业与 B 企业新设合并成 C 企业，新设合并后，参与合并

---

① 如"百联"合并案。2004 年 11 月 26 日，第一百货以吸收合并的方式合并华联商厦，此合并是我国首例上市公司之间的吸收合并，为我国证券市场的一大创举，被誉为"百联模式"。本次吸收合并，第一百货为合并方，华联商厦为被合并方，华联商厦的全体股东将其股份按相应折股比例换成第一百货的股份。其中，非流通股的折股比例为1:1.273，流通股的折股比例为1:1.114；同时给予股东（控股股东及其关联股东除外）现金选择权。合并完成后，华联商厦终止并注销独立法人资格，第一百货将作为存续公司，并更名为"上海百联（集团）股份有限公司"。

的 A、B 两企业的法人资格被注销，新组建的 C 企业接受 A、B 两企业的全部净资产，并向 A、B 两企业的所有者支付产权转让价款或签发出资证明书（或股票）。即 A + B = C。①

### 3. 控股合并（Acquisition）

控股合并是指合并方（或购买方）通过企业合并交易或事项取得对被合并方（或被购买方）的控制权。企业合并后，合并方（或购买方）能够通过所取得的股权等对被合并方实施控制，并从中获得可变回报，被合并方（或被购买方）仍维持其独立法人资格继续经营。在控股合并的情况下，获得控制权的一方称为母公司，被控股方称为子公司。母子公司合在一起称为企业集团。例如，当 A 公司购入 B 公司 60% 有表决权的股份时，A 公司能对 B 公司实施控制，此时控股方 A 公司为母公司，被控股方 B 公司则为 A 公司的子公司。②

### （二）按照合并的性质分类

企业合并按照合并的性质可分为购买性质的企业合并和股权（权益）结合性质的企业合并。

#### 1. 购买性质的企业合并

购买性质的企业合并是指一个企业（购买方）通过转让资产、承担债务或发行股票等方式取得对另外一个企业（被购买方）控制权的企业合并。这种合并的特点是能清楚地区分购买方与被购买方。

#### 2. 股权（权益）结合性质的企业合并

股权（权益）结合性质的企业合并是指参与合并的企业的股东联合控制他们的全部或实际上是全部的净资产和经营活动，以便继续对合并后实体分享利益和分担风险的企业合并。而且参与合并的任一方都不能认定为购买方。

### （三）按照企业合并所涉及的行业分类

企业合并按照所涉及的行业可分为横向合并、纵向合并和混合合并三种。

#### 1. 横向合并

横向合并也称水平式合并，是指生产工艺、产品、劳务相同或相近的企业之间的合并。如上海第一百货股份有限公司与华联商厦股份有限公司的合并就属于横向合并。横向合并的目的在于把一些产品或业务相似的企业联合起来，组成企业集团，以实现规模效益；或利用现有生产设备增加产量，提高市场占有率，以处于有利的竞争地位。横向合并会削弱企业间的竞争，甚至造成垄断的局面，在一些国家受到反垄断法的限制。

---

① 成都地铁公司、成都公交集团公司合并重组。2009 年 4 月，成都市公共交通集团公司和成都市地铁有限责任公司合并成立新集团公司——成都公交地铁集团有限公司。合并后，成都市公共交通集团公司终止并注销独立法人地位，其董事长任新集团公司的总经理；成都市地铁有限责任公司终止并注销独立法人地位，其董事长任新集团公司的董事长。成都公交和地铁的合并重组在我国交通行业尚属首例。

② 中石化成功竞购加拿大大石油公司 TYK。2008 年 9 月，中石化集团以约 136 亿元人民币（以每股 31.5 加元的价格收购约 6 562 万股份）的价格击败竞争对手——印度石油天然气公司，赢得了加拿大石油开采商 Tanganyika Oil（多伦多证券交易所代码：TYK）100% 的股权。在该次并购中，中石化购入了 TYK100% 的股份，可完全控制 TYK 公司。合并后，加拿大大石油开采商 Tanganyika Oil 仍继续经营，并成为中石化集团的全资子公司。

2. 纵向合并

纵向合并也称垂直式合并，是指生产工艺、产品、劳务虽不相同或不相近，但生产过程或经营环节有前后关联的企业之间的合并。参与合并的各个企业，其产品相互配套，或有一定内在联系，形成供产销一条龙。如钢铁冶炼企业合并煤炭采掘企业和运输企业，组成钢铁联合公司，既保证了钢铁冶炼所需的燃料，又可使产品、原材料的运输得以畅通。纵向合并的初衷在于将市场行为内部化。通过纵向合并，将上下游企业的交易转化为同一企业的内部事项或同一集团内部的交易，从而降低交易成本，获得税收上的好处。

3. 混合合并

混合合并也称多种经营合并，是指生产没有内在联系的多种产品生产和劳务供应企业之间的合并。如食品加工企业合并房地产开发企业。通过混合合并，实施多元化经营，既可有效分散经营风险，提高企业的生存和发展能力，又可跨越行业壁垒，较容易地进入一个新的经营领域。

**（四）按照企业合并中参与合并企业是否受同一方或相同多方最终控制分类**

我国《企业会计准则第 20 号——企业合并》中将企业合并划分为两大基本类型：同一控制下的企业合并和非同一控制下的企业合并。企业合并的类型划分不同，所遵循的会计处理原则也不同。

1. 同一控制下的企业合并

同一控制下的企业合并，是指参与合并的企业在合并前后均受同一方或相同的多方最终控制且该控制并非暂时性的。

同一方是指能够对参与合并各方在合并前后均实施最终控制的一方，通常是企业集团的母公司。同一控制下的企业合并一般发生于企业集团内部，如集团内母子公司之间、子公司与子公司之间等。该类合并本质上是集团内部企业之间的资产或权益的转移。能够对参与合并企业在合并前后均实施最终控制的一方为集团的母公司。

相同多方是指根据合同或协议的约定，对参与合并企业拥有最终控制权，并从中获取利益的投资者群体。

控制并非暂时性，是指参与合并各方在合并前后较长时间内为最终控制方所控制。具体是指在企业合并之前（即合并日之前），参与合并各方在最终控制方的控制时间一般在 1 年以上（含 1 年），企业合并后所形成的报告主体在最终控制方的控制时间也应达到 1 年以上（含 1 年）。

企业之间的合并是否属于同一控制下的企业合并，应综合构成企业合并交易的各方面情况，按照实质重于形式的原则进行判断。通常情况下，同一控制下的企业合并是指发生在同一企业集团内部企业之间的合并。同受国家控制的企业之间发生的合并，不应仅仅因为参与合并各方在合并前后均受国家控制而将其作为同一控制下的企业合并。由此可见，界定为同一控制下企业合并的要求较为严格，只有严格符合以上条件的企业合并才能界定为同一控制下的企业合并，并按照同一控制下企业合并的会计处理原则来进行会计处理。

2. 非同一控制下的企业合并

非同一控制下的企业合并，是指参与合并各方在合并前后不受同一方或相同的多方最终控制的合并交易，即同一控制下企业合并以外的其他企业合并。

### 四、企业合并相关的会计问题

企业合并就像企业经营活动中经常发生的采购或销售业务一样，也是一项业务，当业务发生时得进行相应的会计处理。但企业合并又与采购或销售等这些经常发生的业务不同，是项特殊的业务，因此，其会计处理也就要复杂得多。

在会计实务中，无论企业采用上述何种方式来进行企业合并，就其合并性质而言，主要有购买性质的企业合并和股权（权益）结合性质的企业合并两种。不同性质的企业合并，所采用的会计处理方法也就不同。目前企业合并的会计处理方法主要有购买法和权益结合法，即具有购买性质的企业合并采用购买法；具有股权（权益）结合性质的企业合并则采用权益结合法。① 我国《企业会计准则第 20 号——企业合并》将企业合并分为同一控制下的企业合并和非同一控制下的企业合并，并规定了相应的会计处理原则。从具体的会计处理方法来看，我国同一控制下企业合并的会计处理方法类似于权益结合法，而非同一控制下企业合并的会计处理方法采用的是购买法。

作为一项特殊业务的企业合并，除业务发生时要进行相应的会计处理外，可能还会产生新的会计问题——是否编制合并财务报表。根据是否编制合并财务报表一般可分为两种情况：一种是合并以后各会计年度只需编制个别财务报表，而不须编制合并财务报表的吸收合并和新设合并；另一种是在合并以后各会计年度母公司需编制合并财务报表的控股合并。对于吸收合并和新设合并，因合并后被合并方均被注销法人资格、不复存在，只有合并方作为存续公司继续存在，因此只需在合并业务发生时进行相应的会计处理即可，不会产生新的会计问题。② 合并以后，存续公司所需编制的就是单个公司的财务报表，即个别财务报表。对控股合并而言，会产生新的会计问题——合并财务报表，会计处理相对较复杂。这是因为参与控股合并的各方在合并后均保持各自独立的法人资格，母、子公司除各自编制自己的个别财务报表外，母公司还须把母公司和所有子公司看作一个报告主体来编制合并财务报表，以反映整个集团的财务状况、经营业绩以及现金流量情况等。

本章下面内容将介绍企业合并的会计处理方法——购买法和权益结合法以及我国对企业合并的具体会计处理。关于合并财务报表编制的相关问题将在后面的章节进行详细讲解。

# 第二节 企业合并的会计处理方法

企业合并的会计处理方法在过去的几十年里，一直是备受关注和备受争议的话题之一。然而，不同的利益主体他们所关注的焦点有所不同，企业主要关注的是企业合并会计处理方法对其当期和以后各期报告盈余的影响；会计研究者们所关注的主要是企业合并会

---

① 为防止权益结合法的滥用，美国财务会计准则委员会在 16 号意见书中对使用权益结合法进行了严格的限定，只有同时满足其所规定的 12 个条件才能使用权益结合法。后来，美国财务会计准则委员会在第 141 号《企业合并》准则中取消了权益结合法。国际会计准则委员会在国际财务报告准则第 3 号《企业合并》中明确规定，除企业合并中涉及共同控制的情况外，都必须采用购买法。可见，国际潮流是主导购买法而限制权益结合法。

② 严格来说，合并日存续公司所编制的财务报表为各合并方的合并财务报表，之后，存续公司以此为基础再编制个别财务报表而已。

计处理方法本身的合理性；而准则机构关注更多的则是企业合并不同的会计处理方法对所提供会计信息的可比性和对财务报告质量的影响。目前，企业合并的会计处理方法主要有购买法（the Acquisition Method）和权益结合法（the Pooling Method），这两种方法的不同之处主要表现在被并企业的可辨认净资产（Identifiable Net Assets）的计价问题（即如何反映在合并财务报表上），以及是否确认商誉（Goodwill）这两个方面。

## 一、购买法（the Acquisition Method）

购买法是将企业合并视为一个企业购买另外一个或几个企业的行为，就如同企业购买机器设备、存货。具体的会计处理要求是：购买企业对被购买企业的可辨认资产和负债重新进行估价，按照购买日的公允价值入账并反映在合并资产负债表上。[①] 如同一般的购买交易，买方对所取得的资产或承担的负债均以取得成本入账，各项资产、负债的取得成本为其在购买日（合并日）的公允价值。如果购买成本大于所取得的全部可辨认净资产的公允价值，则将其差额确认为商誉，反之为负商誉。

采用购买法核算企业合并的首要前提是确定购买方和购买日。购买方是指在企业合并中取得对另一个或几个企业控制权的一方。而购买日则是指购买方获得对被购买方控制权的日期，即企业合并交易进行过程中，发生控制权转移的日期。

### （一）购买法的特征

购买法的主要特征如下：

（1）将合并视为购买交易行为。购买法将企业合并看成购买企业与被购买企业之间的买卖交易。若为吸收合并，购买方购买的是被购买方的全部净资产，即取得被购买方的全部资产并承担其全部负债；若为控股合并，购买方（母公司）购买的是对被购买方（子公司）全部净资产的控制权，被购买方（子公司）处于购买方（母公司）的控制之下继续经营。

（2）产生新的计价基础，即购买方对被购买方的可辨认净资产采用购买日的公允价来进行计价，并按购买日的公允价值记录所取得的被购买方的各项可辨认资产和应承担的各项债务。

（3）确认商誉或负商誉。当购买方所支付的购买成本（合并成本）大于所取得的被购买方可辨认净资产的公允价值时，就产生商誉；当购买成本（合并成本）小于所取得的被购买方可辨认净资产的公允价值时，就产生负商誉。购买方要对合并所产生的商誉加以确认并反映在合并财务报表中。[②]

（4）被购买方合并日前实现的留存收益不得并入购买方，被购买方购买日后所实现的收益才能并入购买方。

（5）无须调整被购买方的会计记录，因为它们的资产和负债已按公允价值计价。[③]

由此可见，采用购买法时，需要解决的主要是购买成本、取得的被购买方可辨认净资产的确认和计量以及公允价值的评估等问题。

---

① 若为吸收合并时，则反映在购买方的个别财务报表上。

② 吸收合并时，合并所产生的商誉反映在存续公司的个别财务报表中。

③ 这里指的是母公司编制合并财务报表时对子公司可辨认资产和负债的计价；子公司的个别财务报表中仍按其原账面价值计价。

**（二）购买法的优点**

购买法的最大优点在于保持了与一般的资产购置交易会计处理原则的一致性，并反映了合并交易的本质。因为在企业合并的谈判过程中，合并双方是以有关资产和负债的公允价而不是账面价为基础来进行讨价还价的。并且，作为一种市场交易的企业合并，为获得被合并方的净资产或控制权，合并方必须以转让资产、承担负债等方式来实现。因此，此交易只能是以公允价值为基础而不能以账面价值为基础。可见，企业合并实际上是参与合并企业之间的一种讨价还价的买卖交易行为。而购买法正是体现了这种交易的本质。

**（三）购买法的缺点**

购买法的缺点主要表现在以下几个方面：

1. 公允价值可能难以确定

购买法要求用公允价值重新对被购买方的资产和负债进行计价，而要客观地确定这些资产和负债的公允价值往往存在难度。还有，客观公允地确定购买方的购买成本，有时也存在困难。

2. 商誉的确认和计量存在争议

采用购买法通常都会涉及商誉的确认和计量，而对商誉的确认与计量至今仍存在争议。

3. 购买方有时难以确定

购买法的首要前提是确定合并的一方为购买方，其他方为被购买方。然而在实际交易中，有时可能难以确定到底谁为购买方，谁为被购买方。

**（四）购买法的应用举例**

以下例子说明购买法的应用。

【例1】2015年12月31日，南方公司发行股票吸收合并M公司，之后M公司注销法人资格，南方公司继续存在。两个公司在资产、负债、收入、费用等方面的会计处理均采用相同的会计原则，会计年度均采用日历年度。合并时，南方公司发行了1 000 000股股票，每股面值1元的普通股股票（每股市价2元），换取M公司股东持有的每股面值1元的600 000股全部普通股股票。股票发行费70 000元。在合并之前，M公司可辨认净资产的账面价值与公允价值如表1-1所示。

表1-1 M公司资产负债表
2015年12月31日

单位：元

| 资产 | 账面价值 | 公允价值 | 负债及股东权益 | 账面价值 | 公允价值 |
|---|---|---|---|---|---|
| 银行存款 | 80 000 | 80 000 | 短期借款 | 160 000 | 160 000 |
| 应收账款（净） | 210 000 | 200 000 | 应付账款 | 220 000 | 220 000 |
| 存货 | 360 000 | 420 000 | 长期应付款 | 700 000 | 600 000 |
| | | | 负债合计 | 1 080 000 | 980 000 |

（续上表）

| 资产 | 账面价值 | 公允价值 | 负债及股东权益 | 账面价值 | 公允价值 |
|------|---------|---------|--------------|---------|---------|
| 长期股权投资 | 300 000 | 350 000 | 股本 | 600 000 | |
| 固定资产（净值） | 1 500 000 | 1 600 000 | 资本公积 | 650 000 | |
| 无形资产 | 100 000 | 90 000 | 盈余公积 | 200 000 | |
| | | | 未分配利润 | 20 000 | |
| 资产合计 | 2 550 000 | 2 740 000 | 负债及股东权益合计 | 2 550 000 | |

南方公司采用购买法对这笔吸收合并业务的会计处理如下：

（1）发行股票并进行交换时：

借：长期股权投资——M方公司　　　　　　2 000 000（1 000 000×2）

　　贷：股本　　　　　　　　　　　　　　1 000 000（面值）

　　　　资本公积——股本溢价　　　　　　1 000 000

（2）计算商誉，并将合并成本（购买成本）分摊到可辨认资产和负债：

①计算商誉

商誉＝合并成本（购买成本）－M公司可辨认净资产的公允价值

　　　＝合并成本（购买成本）－（M公司可辨认净资产账面价值＋M公司可辨认净资产公允价值升值）

具体计算过程如下：

合并成本（购买成本）　　　　　　　　　　　2 000 000（1 000 000×2）

减：M公司可辨认净资产账面价值（2 550 000－1 080 000）1 470 000

　　M公司可辨认净资产公允价值升值：

　　　　应收账款（净）　　　　　　　　（10 000）

　　　　存货　　　　　　　　　　　　　　60 000

　　　　长期股权投资　　　　　　　　　　50 000

　　　　固定资产（净）　　　　　　　　100 000

　　　　无形资产　　　　　　　　　　　（10 000）

　　　　长期应付款　　　　　　　　　（100 000）　290 000

　　商誉①　　　　　　　　　　　　　　　　　　240 000

---

　　① 此处合并成本（购买成本）大于购买方所获得被购买方可辨认净资产的公允价值，其差额为商誉。如合并成本（购买成本）小于购买方所获得被购买方可辨认净资产的公允价值，其差额则为负商誉。目前对于负商誉的会计处理，各会计准则之间也存在着不一致。我国2006年颁布的《企业会计准则第20号——企业合并》规定：将购买方所取得的被购买方可辨认净资产的公允价值大于购买成本的差额确认为负商誉，计入合并当期营业外收入的贷方，并在会计报表附注中予以说明。而国际会计准则理事会（IASB）颁布的《国际财务报告准则第3号——企业合并》规定：对于购买方在购入的可辨认净资产公允价值中份额超过企业合并成本的部分，即负商誉，应在收益表中立即确认为一项利得；美国财务会计准则委员会（FASB）颁布的《财务会计准则公告第142号——商誉和无形资产》规定：负商誉应按购入的非金融资产账面价值的比例进行分配，冲减非金融资产账面价值，如果非金融资产已冲减至零，剩余的金额应确认为非常利得。当合并成本（购买成本）等于购买方所获得被购买方可辨认净资产的公允价值时，则不产生商誉或说商誉为零。

②将合并成本分摊到可辨认资产、负债的会计处理如下：

借：银行存款　　　　　　　　　　　　　　　　80 000
　　应收账款（净）　　　　　　　　　　　　　200 000
　　存货　　　　　　　　　　　　　　　　　　420 000
　　长期股权投资　　　　　　　　　　　　　　350 000
　　固定资产（净值）　　　　　　　　　　　1 600 000
　　无形资产　　　　　　　　　　　　　　　　 90 000
　　商誉　　　　　　　　　　　　　　　　　　240 000
　　贷：短期借款　　　　　　　　　　　　　　160 000
　　　　应付账款　　　　　　　　　　　　　　220 000
　　　　长期应付款　　　　　　　　　　　　　600 000
　　　　长期股权投资——M 公司　　　　　　2 000 000

也可将上述的（1）和（2）合在一起来反映吸收合并这一业务，具体会计处理如下：

借：银行存款　　　　　　　　　　　　　　　　80 000
　　应收账款（净）　　　　　　　　　　　　　200 000
　　存货　　　　　　　　　　　　　　　　　　420 000
　　长期股权投资　　　　　　　　　　　　　　350 000
　　固定资产（净值）　　　　　　　　　　　1 600 000
　　无形资产　　　　　　　　　　　　　　　　 90 000
　　商誉　　　　　　　　　　　　　　　　　　240 000
　　贷：短期借款　　　　　　　　　　　　　　160 000
　　　　应付账款　　　　　　　　　　　　　　220 000
　　　　长期应付款　　　　　　　　　　　　　600 000
　　　　股本　　　　　　　　　　　　　　　1 000 000
　　　　资本公积　　　　　　　　　　　　　1 000 000

（3）支付股票发行费用：

借：资本公积——股本溢价　　　　　　　　　　70 000
　　贷：银行存款　　　　　　　　　　　　　　70 000

需要注意的是，南方公司作为主并企业，也就是购买方，其自身的净资产账面价值不需要调整为公允价值。这一点，可以从后面章节编制的合并报表中得到更清楚的了解。对于 M 公司，此处为吸收合并，故合并后，M 公司将解散并丧失法人资格。从而 M 公司应编制结束旧账的分录，以反映 M 公司的解散和法人资格的丧失，即借记 M 公司所有的负债和所有者权益类账户，贷记所有资产类账户。

以上是以吸收合并为例，说明购买法的具体做法，这同样适用于新设合并和控股合并的情形。但是，在控股合并方式下，借记"长期股权投资——××公司"后，不需要再转到各净资产项目。

— 11 —

## 二、权益结合法（the Pooling Method）

权益结合法，又称联营法或股权结合法，是将企业合并视为参与合并企业的股东为了继续对合并后实体分享利益和共担风险，而联合控制它们的全部或实际上是全部的净资产和经营活动的行为的一种企业合并的会计处理方法。权益结合法的前提是，主并企业发行股份与其他参与合并企业的股东交换股份而完成合并。参与合并企业的股东，仍然与以前一样，参与重大决策。

### （一）权益结合法的特征

权益结合法的主要特征如下：

（1）将合并视为股权的联合，而不是购买交易。权益结合法的实质是现有的股东权益在新的会计主体的联合和继续，而不是取得资产或筹集资金。

（2）不产生新的计价基础，所有参与合并企业的资产、负债均按其原来的账面价值计价。在权益结合法下，参与合并企业各自的资产和负债项目均保持原来的账面价值。

（3）不存在商誉或负产誉的问题。因为不是购买行为，也就没有购买成本即购买价格，当然也就不存在合并成本超过净资产公允价值的情况了。

（4）不论合并发生在会计期间内的哪个时点，参与合并企业自期初至合并日的损益，都要包括在合并后企业的利润表中。

（5）被合并方会计政策与合并方的会计政策不一致的，应按照合并方的会计政策予以追溯调整，并重新编制前期财务报表。

### （二）权益结合法的优点

相对购买法而言，权益结合法的主要优点如下：

1. 有利于促进企业进行合并

由于权益结合法允许合并企业在合并当年的合并财务报表中将其净利润予以合并，使合并当年合并实体的利润比较可观，从而给企业带来有利影响；另外，由于权益结合法不确认商誉，故可避免合并后确认商誉减值对合并后企业的利润的不利影响。也正因为此，权益结合法受到了企业的欢迎，从而有利于促进企业合并的进行。

2. 方法简单，便于操作

权益结合法所追求的是反映合并主体各方的连续性，其会计处理相对简单。因为权益结合法保留了参与合并企业所有资产和负债的账面价值，不需重新确认、计量和报告参与合并企业原来未确认的资产和负债及其公允价值，并且合并双方的账面价值仅是简单相加，这大大降低了操作成本。因此，相对购买法而言，采用权益结合法成本低、简单，且便于操作。

### （三）权益结合法的缺点

权益结合法的缺点主要表现在以下几个方面：

1. 未能确切地反映企业合并的经济实质

这是权益结合法的最大缺点。因为企业合并是参与合并的双方或多方长期讨价还价的一种结果，其各自讨价还价的依据都是建立在净资产的公允价值而非账面价值基础之上，即使企业合并是通过股票交换来进行的，股票作为有价证券必然也有其公允价。可见，企业合并实际上是建立在公允价基础上的一种交易。然而，权益结合法记录的是参与合并的企业在合并前以历史成本计量的资产、负债的账面价值，因此，权益结合法不能确切地反映企业合并的经济实质。

2. 可能不利于社会资源的优化配置

由于权益结合法按原账面价值而非合并日的公允价值计价，且不确认商誉，从而有利于合并后企业的财务报表显示较好的业绩，能够避免对股票价格的不利影响。尽管采用权益结合法的企业其现金流量与采用购买法的企业并无差异，经济实质也无差别，财务报告中利好盈余业绩完全只是会计处理方法的结果，但在市场经济环境下，市场未必能清楚地辨别企业发生业务的经济实质，资源配置往往会偏向于那些报告较高盈余的企业，从而导致社会资源配置实质上的不合理，这将会对整个资本市场造成不良影响。

**（四）权益结合法的应用举例**

【例2】仍采用例1南方公司发行股票吸收合并M公司的数据，假定在企业合并前南方公司和M公司股东权益有关账户的余额如表1-2所示。

表1-2　南方公司和M公司股东权益有关账户余额

单位：元

| | 南方公司（合并前） | M公司 | 合计（合并前） | 南方公司（合并后） |
|---|---|---|---|---|
| 股本（面值1元） | 1 200 000 | 600 000 | 1 800 000 | 2 200 000 |
| 资本公积 | 300 000 | 650 000 | 950 000 | 480 000 |
| 投入资本合计 | 1 500 000 | 1 250 000 | 2 750 000 | 2 680 000 |
| 盈余公积 | 600 000 | 200 000 | 800 000 | 800 000 |
| 未分配利润 | 300 000 | 20 000 | 320 000 | 320 000 |
| 股东权益合计 | 2 400 000 | 1 470 000 | 3 870 000 | 3 800 000 |

2015年12月31日，南方公司吸收合并M公司时，南方公司发行了1 000 000股股票，每股面值1元的普通股股票（每股市价2元），换取M公司股东持有的每股面值1元的600 000股全部普通股股票。股票发行费70 000元。南方公司采用权益结合法对这笔吸收合并业务的会计处理如下：

（1）记录与M公司的吸收合并。

借：银行存款　　　　　　　　　　　　　　　　　80 000

应收账款（净）　　　　　　　　　　　　210 000

存货　　　　　　　　　　　　　　　　　360 000

长期股权投资　　　　　　　　　　　　　300 000

固定资产（净值）　　　　　　　　　　1 500 000

无形资产　　　　　　　　　　　　　　　100 000

| 贷：短期借款 | 160 000 |
| 应付账款 | 220 000 |
| 长期应付款 | 700 000 |
| 股本 | 1 000 000 |
| 资本公积 | 250 000 |
| 盈余公积 | 200 000 |
| 未分配利润 | 20 000 |

（2）支付股票发行费用。

| 借：资本公积 | 70 000 |
| 贷：银行存款 | 70 000 |

合并后 M 公司失去法人资格并解散，应编制结账的分录如下：

| 借：短期借款 | 160 000 |
| 应付账款 | 220 000 |
| 长期应付款 | 700 000 |
| 股本 | 600 000 |
| 资本公积 | 650 000 |
| 盈余公积 | 200 000 |
| 未分配利润 | 20 000 |
| 贷：银行存款 | 80 000 |
| 应收账款 | 210 000 |
| 存货 | 360 000 |
| 长期股权投资 | 300 000 |
| 固定资产 | 1 500 000 |
| 无形资产 | 100 000 |

此处的吸收合并中，南方公司发行了 1 000 000 股股票，每股面值 1 元的普通股股票（每股市价 2 元），换取 M 公司股东持有的每股面值 1 元的 600 000 股全部普通股股票。南方公司发行的股本面值小于被并 M 公司的投入资本。在这种情况下，合并后南方公司的资本公积将大于合并前南方公司的资本公积，且被并企业的盈余公积和未分配利润全额计入南方公司。除此之外，还存在吸收合并的其他几种情形，为简化起见，将此例中 M 公司的资产和负债合为"净资产"一个项目，金额为 1 470 000 元，并不考虑股票发行费用。

第一种情形：发行股份的面值等于换入股份面值，即换股比例为 1:1。假定南方公司发行 600 000 股（面值 1 元）的股份换取 M 公司的全部股份，分录如下：

| 借：净资产 | 1 470 000 |
| 贷：股本 | 600 000 |
| 资本公积 | 650 000 |
| 盈余公积 | 200 000 |
| 未分配利润 | 20 000 |

此种情形是发行股本面值小于被并企业投入资本的一种特例。在换股比例为 1:1 的情

况下，M 公司的资本公积、盈余公积和未分配利润保持原有的结构全部被并入南方公司。

第二种情形：发行股份的面值等于被并企业的投入资本。假定南方公司发行 1 250 000 股（面值 1 元）的股份换取 M 公司的全部股份，分录如下：

借：净资产 1 470 000
 贷：股本 1 250 000
   盈余公积 200 000
   未分配利润 20 000

此种情况下，南方公司合并前后的资本公积无变化，被并公司 M 的盈余公积和未分配利润全额计入南方公司。

第三种情形：发行股份的面值大于被并企业的投入资本。假定南方公司发行 1 500 000 股（面值 1 元）的股份换取 M 公司的全部股份，分录如下：

借：净资产 1 470 000
  资本公积 250 000
 贷：股本 1 500 000
   盈余公积 200 000
   未分配利润 20 000

此种情形下，合并后存续公司——南方公司的资本公积将小于合并前，甚至为零。若资本公积不足时，不足部分借记留存利润。①

表 1-3 三种情形下合并后南方公司的股东权益结构比较

单位：元

| | 情形一 | 情形二 | 情形三 |
|---|---|---|---|
| 净资产 | 3 870 000 | 3 870 000 | 3 870 000 |
| 股本 | 1 800 000 | 2 450 000 | 2 700 000 |
| 资本公积 | 950 000 | 300 000 | 50 000 |
| 盈余公积 | 800 000 | 800 000 | 800 000 |
| 未分配利润 | 320 000 | 320 000 | 320 000 |
| 股东权益合计 | 3 870 000 | 3 870 000 | 3 870 000 |

从表 1-3 可知，三种吸收合并方式下，合并后存续公司——南方公司的净资产，即股东权益总额都为 3 870 000 元，但其股东权益结构不同。

以上是吸收合并方式下，采用权益结合法进行的会计处理。若在控股合并方式下，合并方一方面应按照享有的被合并方净资产账面价值的份额确认长期股权投资，另一方面按照所发行股票（用以交换）的面值总额计入"股本"账户，按享有被合并方留存收益份

① 理论上应先减少未分配利润，未分配利润不足的，冲销公司提取的任意盈余公积，法定盈余公积一般应保留不应冲销。另外，当被合并企业的留存利润不足以全额记入时，理论上应先记盈余公积，差额再记入未分配利润。

额计入留存收益账户；两者差额应计入或冲销股本溢价，股本溢价不足冲销的，再冲减留存收益。会计分录一般如下：

借：长期股权投资（所获净资产的账面价值）
　　资本公积（轧差数）
　贷：股本（换出股份面值）
　　　资本公积（轧差数）
　　　盈余公积（被并企业数额）
　　　未分配利润（被并企业数额）

在运用权益结合法时，应当注意以下几个问题：①与购买法一样，需要对被合并方的资产和负债加以确认，并做出调整。例如，需要对待摊费用和预提费用项目进行分析，对以后经营活动没有作用的，应加以注销；又如账实不符的项目，也应调整为实际数。②在企业合并谈判时，也应考虑被合并方净资产账面价值和公允价值的差异，从而也需要进行资产评估。③合并方要与被合并方的所有者就股票的交换比例进行协商，对有关资产、负债项目的公允价值及可能存在的商誉达成一致意见。[①]

### 三、购买法与权益结合法的比较

#### （一）购买法和权益结合法的理论依据比较

企业合并会计方法的选用，不仅要考虑各种方法的经济影响，而且还要注意其内在的合理性。购买法和权益结合法都有一定的理论依据。

赞成购买法的理由主要如下：

（1）在绝大多数的企业合并业务中，总可找到一个实施合并的企业为购买方，因此发生了购买行为，应按购买法加以处理。

（2）企业合并是讨价还价、公平交易的结果，而此交易是以各种资产和负债的公允价值而不是账面价值为基础的，所以应按公允价值记账。

（3）以现金、其他资产或承担负债等代价形式所实施的企业合并，总是按购买法处理。将企业合并的代价改为发行股票，仅仅是改变了代价的形式，不应当改变业务的会计处理方法。因为股票只是合并代价中的一种，也要以公允价值计价。

（4）购买法能够报告企业合并业务的经济实质，坚持了处理取得资产的传统会计原则。

（5）按权益结合法处理合并业务，企业管理部门可通过在年末合并其他盈利企业，以及尽早出售并入的资产等方式来增加收益，从而操纵企业利润。

赞成权益结合法的理由主要如下：

（1）按权益结合法处理符合企业合并的概念。美国财务会计准则委员会第 16 号意见书第 2 段指出："在以交换股票所实施的企业合并业务中，几组股东联合他们的资源、才能和风险，形成了一个新的个体，从事以前的业务，继续其盈利活动。在以交换股票所实

---

① 是否存在商誉与是否将商誉记账，这是两个不同的概念。

施的企业合并业务中，参与合并的股东集团分享风险是一个重要的因素。通过股东权益的结合，每一股东集团继续保留其以前投资的风险，他们相互交换其才能和利益。"

（2）权益结合法符合历史成本会计原则和持续经营概念。

（3）权益结合法处理简单，易于操作；而按购买法处理，在确定发行股份、所接受的资产、所承担的债务等的公允价值时存在着困难。

（4）在购买法下，合并后的企业只有一部分是按公允价值计价的，即合并方的资产和负债按账面价值计价，而被合并方的资产、负债按公允价值计价。这种计价的不一致将导致相同资产（负债）的计价方式不同。

**（二）购买法和权益结合法对财务报表的影响**

购买法和权益结合法都是处理企业合并业务的会计方法，其核算差异主要表现在：对并入的净资产是按账面价值入账，还是按公允价值入账；是否要在账面上确认合并业务所产生的商誉；收益从何时起合并；合并前被合并方的留存收益是否合并；以及是否要对合并以前年度的财务报表加以重编等（二者会计处理的差异比较如表1-4所示）。采用不同的会计方法对财务报表将产生一定的甚至是重大的影响。

表1-4　购买法与权益结合法会计处理的差异比较

| 比较项目 | 购买法 | 权益结合法 |
|---|---|---|
| 合并双方的会计政策是否调整一致 | 不需要调整 | 需要调整 |
| 所并入可辨认净资产的计价基础 | 公允价值 | 账面价值 |
| 是否确认商誉 | 确认 | 不确认 |
| 被合并方合并前的当期利润是否包含在存续公司利润中 | 不包含 | 包含 |
| 被合并方的留存收益是否包含在存续公司留存收益中 | 不包含 | 包含 |
| 被合并方以前年度净利润是否包含在以前年度比较报表中 | 不包含 | 包含 |

作为企业合并业务不同的会计处理方法，购买法和权益结合法一般不影响企业对外报告的现金流量，但往往会导致对外报告的财务状况和经营业绩产生差异，且这种差异反过来又决定着对购买法和权益结合法的取舍。下面举例说明两种处理结果之间的差异：

仍沿用例1的资料，并假设M公司2015年度收入为25 000元，各项成本费用为15 000元，实现净利润10 000元。上述企业合并业务分别采用购买法和权益结合法进行会计处理，两种会计处理方法下南方公司2015年度财务报表如表1-5所示。

### 表1-5 两种会计处理方法导致的结果比较

单位：元

| | 合并前 | | 合并后（南方公司） | |
|---|---|---|---|---|
| | 南方公司 | M公司 | 购买法 | 权益结合法 |
| 一、资产负债表 | | | | |
| 　银行存款 | A | 80 000 | A + 80 000 - 70 000 | A + 80 000 - 70 000 |
| 　应收账款（净） | B | 210 000 | B + 200 000 | B + 210 000 |
| 　存货 | C | 360 000 | C + 420 000 | C + 360 000 |
| 　长期股权投资 | D | 300 000 | D + 350 000 | D + 300 000 |
| 　固定资产（净值） | E | 1 500 000 | E + 1 600 000 | E + 1 500 000 |
| 　无形资产 | F | 100 000 | F + 90 000 | F + 100 000 |
| 　商誉 | | | 240 000 | 0 |
| 　短期借款 | G | 160 000 | G + 160 000 | G + 160 000 |
| 　应付账款 | H | 220 000 | H + 220 000 | H + 220 000 |
| 　长期应付款 | I | 700 000 | I + 600 000 | I + 700 000 |
| 　股本 | J | 600 000 | J + 1 000 000 | J + 1 000 000 |
| 　资本公积 | K | 650 000 | K + 1 000 000 - 70 000 | K + 250 000 - 70 000 |
| 　留存收益 | L | 220 000 | L | L + 220 000 |
| 二、利润表 | | | | |
| 　收入 | M | 25 000 | M | M + 25 000 |
| 　成本、费用 | N | 150 000 | N | N + 15 000 |
| 　净利润 | P | 10 000 | P | P + 10 000 |

上述具体差异总结如下：

1. 对资产负债表的影响

在购买法下，购买方按照公允价值对被购买方的资产、负债重新进行计量，产生了新的计价基础，净资产的价值变动（表现为资产和负债的增减值）以及商誉（表现为购买价格与可辨认净资产公允价值之间的差额）必须在购买方的个别财务报表（吸收兼并和新设合并情形下）或合并财务报表（控股合并情形下）中予以反映。而在权益结合法下，合并方在编制个别财务报表或合并财务报表时，计价基础保持不变，继续沿用被合并方资产和负债的账面价值，既不反映资产和负债的价值变动，也不确认商誉。在物价上涨或被购买方的资产质量较好的情况下，采用购买法所报告的净资产通常大于权益结合法。

从合并财务报表的所有者权益角度看，在购买法下，无论合并的支付方式是付现还是换股，购买方的股东权益（未分配利润除外）就是合并后的股东权益。被购买方在合并时已存在的未分配利润必须予以抵销，不得纳入合并财务报表。而在权益结合法下，合并方在记录合并业务时，并不按被合并方的股本、资本公积等所有者权益项目的账面数记录，而是按换出股票的面值和股票溢价记录，且合并时被合并方已存在的未分配利润可全额纳入合并财务报表。

2. 对利润表的影响

购买法下报告的利润一般较低，这是因为：①购买法运用了新的计价基础，需要确认资产增值的摊销或对商誉计提减值准备，而在权益结合法下，则不存在这类摊销或减值准备；②购买法仅将合并日后被购买方实现的利润纳入合并财务报表，而权益结合法则将被合并方整个年度的利润都纳入合并财务报表；③购买法通常采用现金或债务（举债或承担债务）的方式购买被购买方，利息负担通常大于按权益结合法反映的换股合并。

3. 对财务指标的影响

在权益结合法下，利润较高，股东权益较低，净资产收益率（ROE）和每股收益（EPS）通常较高。而在购买法下，利润较低，股东权益较高，净资产收益率和每股收益一般较低。如果出现负商誉或公允价值低于账面价值，则结果正好相反。此外，反映偿债能力的指标如资产负债率、流动比率在购买法下往往优于权益结合法，主要是被合并企业负债评估后的价值与账面价值的差异往往不大，而资产的评估价值往往高于账面价值。

# 第三节　我国企业合并的会计处理

企业合并是经济快速发展时期较为常见的交易事项。随着我国社会主义市场经济高速发展，企业合并案例不断发生，参与合并企业的类型、规模以及合并方式都发生了深刻的变化，既出现了国内企业之间的合并，也出现了国内企业与国外企业之间的合并，我国原有《合并会计报表暂行规定》《企业兼并有关财务问题的暂行规定》已不能完全适应新情况，需要借鉴国际会计惯例，结合我国资本市场的实际，制定新的企业合并会计规范。正因为如此，2006 年 2 月，财政部在借鉴国际财务报告准则的基础上制定了我国企业合并会计准则：《企业会计准则第 20 号——企业合并》。该准则将企业合并划分为两个基本类型——同一控制下的企业合并和非同一控制下的企业合并，不同类型的企业合并将遵循不同的会计处理原则。

## 一、同一控制下企业合并的会计处理方法

### （一）同一控制下企业合并的会计处理原则

同一控制下的企业合并，是指参与合并的企业在合并前后均受同一方或相同多方最终控制且该控制并非是暂时性的。同一控制下企业合并的会计处理方法类似于权益结合法。该方法将企业合并视为两个或多个参与合并企业权益的重新整合。由于最终控制方的存在，从最终控制方的角度来看，该类企业合并一定程度上并不会造成企业集团整体的经济利益流入和流出，最终控制方在合并前后实际控制的经济资源并没有发生变化，不把合并业务视为购买行为。具体处理原则如下：

1. 合并中取得的资产、负债入账价值的确定

同一控制下企业合并中取得的资产和负债，合并方应按其在被合并方的原账面价值入

账。但值得注意的是，被合并方在企业合并前所采用的会计政策与合并方不一致的，应基于重要性原则，首先统一被合并方的会计政策，即合并方应当按照合并方的会计政策对被合并方的资产、负债的账面价值进行调整，并以调整后的账面价值作为有关资产、负债的入账价值。

2. 合并差额的处理

合并方在合并中取得的净资产的入账价值与为进行企业合并支付对价的账面价值之间的差额，应调整所有者权益相关项目，不产生商誉①，也不计入企业合并当期损益。具体如下：合并方以发行权益性证券方式进行的该类合并，所确认的净资产入账价值与发行股份面值总额的差额，应计入资本公积（资本溢价或股本溢价），资本公积（资本溢价或股本溢价）的余额不足冲减的，相应冲减盈余公积和未分配利润；以支付现金、非现金资产方式进行的该类合并，所确认的净资产入账价值与支付的现金、非现金资产账面价值的差额，相应调整资本公积（资本溢价或股本溢价），资本公积（资本溢价或股本溢价）的余额不足冲减的，应冲减盈余公积和未分配利润。

3. 合并有关费用的处理

合并方为进行企业合并发生的有关费用，指合并方为进行企业合并发生的各项直接相关费用，如为进行企业合并支付的审计费用、资产评估费用以及有关的法律咨询费用等增量费用。合并进行过程中发生的各项直接相关费用，于发生时计入当期损益。借记"管理费用"等科目，贷记"银行存款"等科目。但以下两种情况除外：①以发行债券方式进行的企业合并，与发行债券相关的佣金、手续费等应按照《企业会计准则第22号——金融工具确认和计量》的规定进行会计处理，计入负债的初始计量金额。如债券为折价发行的，则该部分费用应增加折价的金额；若债券是以溢价发行的，则该部分费用应减少溢价的金额。②发行权益性证券作为合并对价的，与所发行权益性证券相关的佣金、手续费等应按照《企业会计准则第37号——金融工具列报》的规定处理。即与发行权益性证券相关的费用，不管其是否与企业合并直接相关，均应自所发行权益性证券的发行收入中扣减，在权益性工具发行有溢价的情况下，自溢价收入中扣除，在权益性证券发行无溢价或溢价金额不足以扣减的情况下，应当冲减盈余公积和未分配利润。

企业有专门设置购并部门的，购并部门所发生的日常管理费用，不属于与合并相关的直接费用，应于发生时直接计入当期损益。

### （二）同一控制下企业合并的会计处理方法

1. 同一控制下的吸收合并

同一控制下的吸收合并，合并主要涉及合并日取得被合并方资产、负债入账价值的确定，以及合并中取得有关净资产的入账价值与支付的合并对价账面价值之间差额的处理。具体处理原则如上所述，账务处理如图1-2所示。

---

① 注意，这里指的是不确认新的商誉。在企业合并前合并方账面上原已确认的商誉应作为合并时取得的资产确认。

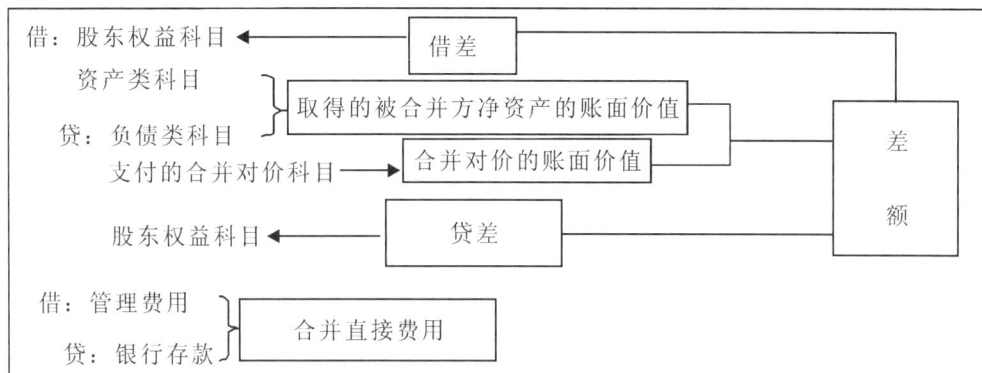

图 1-2 同一控制下吸收合并的账务处理

【例3】2016年6月30日，南方公司向S公司的股东定向增发20 000 000股普通股（每股面值为1元，市价为4.2元）对S公司进行吸收合并，并于当日取得S公司净资产。合并后，S公司被依法注销法人资格并解散。当日，南方公司、S公司的资产、负债情况如表1-6所示。南方公司和S公司为同一集团内的两家全资子公司，合并前其共同的母公司为P公司。假定合并前南方公司和S公司在确认、计量、报告等方面均采用相同的会计政策。南方公司为进行此项吸收合并所支付的审计费用、资产评估费用等共计100 000元。

表 1-6 资产负债表（简表）

单位：元

| 项目 | 南方公司 | S公司 | |
|---|---|---|---|
| | 账面价值 | 账面价值 | 公允价值 |
| 资产 | | | |
| 货币资金 | 18 000 000 | 3 600 000 | 3 600 000 |
| 应收账款 | 12 000 000 | 16 000 000 | 16 000 000 |
| 存货 | 24 000 000 | 2 400 000 | 3 400 000 |
| 固定资产净值 | 43 000 000 | 34 000 000 | 60 000 000 |
| 无形资产 | 23 000 000 | 8 000 000 | 22 000 000 |
| 其中：商誉 | 0 | 0 | 0 |
| 资产合计 | 120 000 000 | 64 000 000 | 105 000 000 |
| 负债和所有者权益 | | | |
| 短期借款 | 10 000 000 | 18 000 000 | 18 000 000 |
| 应付账款 | 15 000 000 | 2 500 000 | 2 500 000 |
| 其他负债 | 12 000 000 | 4 500 000 | 4 500 000 |
| 负债合计 | 37 000 000 | 25 000 000 | 25 000 000 |

（续上表）

| 项目 | 南方公司 | S公司 | |
|------|---------|------|------|
| | 账面价值 | 账面价值 | 公允价值 |
| 实收资本（股本） | 30 000 000 | 20 000 000 | |
| 资本公积 | 20 000 000 | 10 000 000 | |
| 盈余公积 | 20 000 000 | 3 000 000 | |
| 未分配利润 | 13 000 000 | 6 000 000 | |
| 所有者权益合计 | 83 000 000 | 39 000 000 | 80 000 000 |
| 负债和所有者权益合计 | 120 000 000 | 64 000 000 | |

本例中南方公司和S公司为同一集团内两家全资子公司，合并前其共同的母公司为P公司，该项合并中参与合并的企业在合并前、后均由P公司最终控制，故此项合并为同一控制下的企业合并。自2016年6月30日开始，南方公司能够对S公司净资产实施控制，该日即为合并日。而合并后S公司失去其法人资格，南方公司应确认合并中取得的S公司的资产和负债。而南方公司与S公司在合并前采用的会计政策相同，无须调整S公司的资产和负债的账面价值，在合并日，南方公司对该项合并业务进行的账务处理为：

借：货币资金             3 600 000

  应收账款           16 000 000

  存货             2 400 000

  固定资产           34 000 000

  无形资产           8 000 000

 贷：短期借款           18 000 000

   应付账款          2 500 000

   其他应付款（其他负债）     4 500 000

   股本（面值）        20 000 000

   资本公积①         19 000 000

支付合并费用：

借：管理费用            100 000

 贷：银行存款           100 000

若南方公司不是以发行股份的方式而是以支付40 000 000元现金并承担S公司全部债务的方式吸收合并S公司，则合并日南方公司的账务处理如下：

借：货币资金             3 600 000

  应收账款           16 000 000

  存货             2 400 000

  固定资产           34 000 000

---

① 由南方公司所确认的S公司净资产入账价值39 000 000元（资产合计64 000 000元－负债合计25 000 000元）与发行股份面值总额的差额，此处为贷方差额。

| | |
|---|---|
| 无形资产 | 8 000 000 |
| 资本公积① | 1 000 000 |
| 贷：短期借款 | 18 000 000 |
| 应付账款 | 2 500 000 |
| 其他应付款（其他负债） | 4 500 000 |
| 银行存款 | 40 000 000 |

合并后，S 公司解散，解散分录如下：

| | |
|---|---|
| 借：短期借款 | 18 000 000 |
| 应付账款 | 2 500 000 |
| 其他应付款（其他负债） | 4 500 000 |
| 股本（面值） | 20 000 000 |
| 资本公积 | 10 000 000 |
| 盈余公积 | 3 000 000 |
| 未分配利润 | 6 000 000 |
| 贷：货币资金 | 3 600 000 |
| 应收账款 | 16 000 000 |
| 存货 | 2 400 000 |
| 固定资产 | 34 000 000 |
| 无形资产 | 8 000 000 |

2. 同一控制下的控股合并

同一控制下的控股合并，合并方在合并日涉及两个方面的问题：一是因该项企业合并形成的对被合并方的长期股权投资的确认和计量；二是合并日合并财务报表的编制。在此我们只讲述第一个问题的会计处理，有关第二个问题——合并日合并财务报表的编制详见第四章。

根据《企业会计准则第 2 号——长期股权投资》的规定，同一控制下企业合并形成的长期股权投资，在合并日按照被合并方所有者权益在最终控制方合并财务报表中的账面价值的相应份额作为长期股权投资的初始投资成本。值得注意的是，若企业合并前合并方与被合并方采用的会计政策不同，则应基于重要性原则，统一合并方与被合并方的会计政策。在按照合并方的会计政策对被合并方资产、负债的账面价值进行调整的基础上，计算确定形成长期股权投资的初始投资成本。

合并方以支付现金、转让非现金资产或承担债务方式作为合并对价的，长期股权投资的初始投资成本与支付的现金、转让的非现金资产及所承担债务账面价值之间的差额，应当调整资本公积（资本溢价或股本溢价）；资本公积（资本溢价或股本溢价）的余额不足冲减的，调整留存收益。合并方以发行权益性证券作为合并对价的，应按发行股份的面值总额作为股本，长期股权投资的初始投资成本与所发行股份面值总额之间的差额，应当调

---

① 由南方公司所确认的 S 公司净资产入账价值 39 000 000 元（资产合计 64 000 000 元 – 负债合计 25 000 000 元）与南方公司所支付现金的差额，此处为借方差额。

整资本公积（资本溢价或股本溢价）；资本公积（资本溢价或股本溢价）不足冲减的，调整留存收益。

【例4】沿用例3的资料，只是南方公司向S公司的股东定向增发 20 000 000 股普通股（每股面值为1元，市价为4.2元）对S公司进行控股合并，南方公司于 2016 年 6 月 30 日自母公司 P 处取得 S 公司 100% 的股权，合并后 S 公司仍维持其独立法人资格继续经营。

在合并日 2016 年 6 月 30 日，南方公司的账务处理为：

借：长期股权投资      39 000 000
  贷：股本      20 000 000
    资本公积      19 000 000

若南方公司自母公司 P 处只取得 S 公司 90% 的股权，则账务处理为：

借：长期股权投资      35 100 000（39 000 000 ×90%）
  贷：股本      20 000 000
    资本公积      15 100 000

## 二、非同一控制下企业合并的会计处理

### （一）非同一控制下企业合并的处理原则

非同一控制下的企业合并，是指参与合并各方在合并前后不受同一方或相同的多方最终控制的合并交易。其会计处理方法是采用购买法，主要涉及购买方和购买日的确定，合并成本的确定，合并中取得被购买方各项可辨认资产、负债的确认与计量以及合并差额的处理。具体如下：

1. 确定购买方

购买方是指在企业合并中取得对另一方或多方控制权的一方。合并中一方取得了另一方半数以上有表决权股份的，除非有明确的证据表明该股份不能形成控制，一般认为取得控股权的一方为购买方，关于控制标准的应用详见本章第一节的相关内容。

2. 确定购买日

购买日是指购买方实际取得对被购买方控制权的日期，即企业合并交易进行过程中，发生控制权转移的日期。确定购买日的基本原则是控制权转移的时点。同时满足以下条件时，一般可认为实现了控制权的转移，形成购买日。有关的条件包括：①企业合并合同或协议已获股东大会等内部权力机构通过。②按照规定，合并事项需要经过国家有关主管部门审批的，已获得相关部门的批准。③参与合并各方已办理了必要的财产转移手续。作为购买方，其通过企业合并无论是取得对被购买方的股权还是被购买方的全部净资产，能够形成与取得股权或净资产相关的风险和报酬的转移，一般需办理相关的财产权转移手续，从而从法律上保障有关风险和报酬的转移。④购买方已支付了购买价款的大部分（一般应超过50%），并且有能力支付剩余款项。⑤购买方实际上已经控制了被购买方的相关活动，并享有相应的利益、承担相应的风险。

3. 确定企业合并成本

企业合并成本包括购买方为进行企业合并支付的现金或非现金资产、发行或承担的债

务、发行的权益性证券等在购买日的公允价值。① 企业分步实现企业合并，如企业因追加投资能够对非同一控制下的被投资方实施控制的，应以购买日之前持有的被购买方股权在购买日的公允价值与新增股权成本之和作为合并成本。②

以非货币性资产作为合并对价的，其合并成本为所支付对价的公允价值，该公允价值与作为合并对价的非货币性资产账面价值的差额，作为资产的处置损益，记入合并当期的利润表。

4. 合并中取得各项可辨认资产、负债的确认与计量

非同一控制下的企业合并中，购买方取得了对被购买方净资产的控制权。在吸收合并的情况下，合并中取得的被购买方各项可辨认资产、负债等直接体现为购买方个别财务报表中的资产、负债项目。在控股合并的情况下，购买方在其个别财务报表中应确认所形成的对被购买方的长期股权投资，该长期股权投资所代表的是购买方对合并中取得的被购买方各项资产、负债享有的份额，具体体现为在合并财务报表中应列示的有关资产、负债。

非同一控制企业合并下，购买方在企业合并中取得的被购买方各项可辨认资产和负债，要作为本企业的资产、负债（或合并财务报表中的资产、负债）进行确认。在购买日，这些资产和负债应当满足资产、负债的确认条件，并且购买方确认在合并中取得的被购买方各项可辨认资产和负债不仅局限于被购买方在合并前已经确认的资产和负债。企业合并中取得的资产、负债在满足确认条件后，应以其公允价值计量。

5. 合并差额的处理

购买方对于企业合并成本与确认的可辨认净资产公允价值份额的差额，应视情况分别处理。

（1）形成商誉。

企业合并成本大于合并中取得的被购买方可辨认净资产公允价值份额的差额确认为商誉。在控股合并的情况下，该差额是指在合并财务报表中应予列示的商誉，即长期股权投资的成本与购买日按照持股比例计算确定应享有被购买方可辨认净资产公允价值份额之间的差额；在吸收合并的情况下，该差额是购买方在其个别财务报表中应确认的商誉。

（2）计入当期损益。

企业合并成本小于合并中取得的被购买方可辨认净资产公允价值份额的差额，计入合并当期损益（营业外收入）。在吸收合并的情况下，上述企业合并成本小于合并中取得的被购买方可辨认净资产公允价值份额的差额，应记入购买方合并当期的个别利润表；在控股合并的情况下，上述差额应体现在购买方合并当期的合并利润表中，不影响购买方的个别利润表。

---

① 《企业会计准则解释第4号》第一条规定：非同一控制下的企业合并中，购买方为企业合并发生的审计、法律服务、评估咨询等中介费用以及其他相关管理费用，应当于发生时计入当期损益。这表明非同一控制下企业合并中发生的各项直接费用不再计入合并成本。

② 投资方因追加投资等能够对非同一控制下的被投资单位实施控制的，在编制个别财务报表时，应当按照原持有的股权投资账面价值与新增投资成本之和，作为改按成本法核算的初始投资成本。

### （二）非同一控制下企业合并的会计处理方法

1. 非同一控制下的吸收合并

非同一控制下的吸收合并，购买方在购买日应当将合并中取得的符合确认条件的各项可辨认资产、负债，按其公允价值确认为本企业的资产和负债；确定的企业合并成本与所取得的被购买方可辨认净资产公允价值之间的差额，视情况分别确认为商誉或是计入企业合并当期损益。作为合并对价的有关非货币性资产在购买日的公允价值与其账面价值的差额，应作为资产处置损益计入合并当期的利润表。非同一控制下的吸收合并账务处理如图1-3所示。

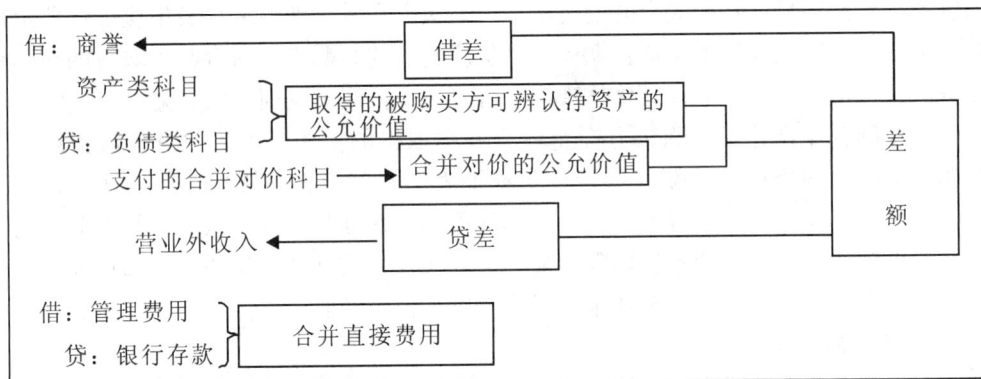

**图1-3 非同一控制下吸收合并的账务处理**

【例5】沿用例3的资料，2016年6月30日，南方公司向S公司的股东定向增发20 000 000股普通股（每股面值为1元，市价为4.2元）对S公司进行吸收合并，并于当日取得S公司净资产。合并后，S公司被依法注销法人资格并解散。当日，南方公司、S公司的资产、负债情况如表1-6所示。南方公司为进行此项吸收合并所支付的审计费用、资产评估费用等共计100 000元。假定此次合并为非同一控制下的企业合并，则南方公司在购买日的账务处理如下：

| | |
|---|---:|
| 借：货币资金 | 3 600 000 |
| 　　应收账款 | 16 000 000 |
| 　　存货 | 3 400 000 |
| 　　固定资产 | 60 000 000 |
| 　　无形资产 | 22 000 000 |
| 　　商誉 | 4 000 000 |
| 　贷：短期借款 | 18 000 000 |
| 　　　应付账款 | 2 500 000 |
| 　　　其他应付款（其他负债） | 4 500 000 |
| 　　　股本（面值） | 20 000 000 |

| | |
|---|---|
| 　　资本公积① | 64 000 000 |

商誉的计算如下：

合并商誉 = 企业合并成本 – 合并中取得被购买方 S 公司可辨认净资产公允价值

$\qquad = 20\ 000\ 000 \times 4.2 - (105\ 000\ 000 - 25\ 000\ 000)$

$\qquad = 4\ 000\ 000$（元）

支付合并费用：

| | |
|---|---|
| 借：管理费用 | 100 000 |
| 　　贷：银行存款 | 100 000 |

若南方公司所发行股票的面值为 1 元，市价为 3.9 元，则购买日南方公司的账务处理如下：

| | |
|---|---|
| 借：货币资金 | 3 600 000 |
| 　　应收账款 | 16 000 000 |
| 　　存货 | 3 400 000 |
| 　　固定资产 | 60 000 000 |
| 　　无形资产 | 22 000 000 |
| 　　贷：短期借款 | 18 000 000 |
| 　　　　应付账款 | 2 500 000 |
| 　　　　其他应付款（其他负债） | 4 500 000 |
| 　　　　股本（面值） | 20 000 000 |
| 　　　　资本公积 | 58 000 000 |
| 　　　　营业外收入 | 2 000 000 |

注：营业外收入 = 合并中取得被购买方 S 公司可辨认净资产公允价值 – 合并成本

$\qquad = (105\ 000\ 000 - 25\ 000\ 000) - 20\ 000\ 000 \times 3.9$

$\qquad = 2\ 000\ 000$（元）

2. 非同一控制下的控股合并

非同一控制下的企业控股合并，购买方所涉及的会计处理问题主要有两个方面：一是购买日因进行企业合并形成的对被购买方的长期股权投资初始投资成本的确定、该成本与作为合并对价支付的有关资产账面价值之间差额的处理；二是购买日合并财务报表的编制。合并日合并财务报表的编制详见本书第四章。

非同一控制下的企业合并，购买方取得对被购买方控制权的，在购买日应当按照确定的企业合并成本（不包括应自被投资单位收取的现金股利或利润）作为形成的对被购买方长期股权投资的初始投资成本，借记"长期股权投资"科目，按享有被投资单位已宣告但尚未发放的现金股利或利润，借记"应收股利"科目。

购买方为取得对被购买方的控制权，以支付非货币性资产作为对价的，有关非货币性资产在购买日的公允价值与其账面价值的差额，应作为资产的处置损益，记入合并当期的利润表。

---

① 为南方公司发行股票的股本溢价即 $20\ 000\ 000 \times (4.2 - 1) = 64\ 000\ 000$ 元。

【例6】仍沿用例3的资料。2016年6月30日，南方公司向S公司的股东定向增发20 000 000股普通股（每股面值为1元，市价为4.2元）获取了S公司100%的股权，南方公司为进行此项控股合并所支付的审计费用、资产评估费用等共计100 000元。假定此次合并为非同一控制下的企业合并，则南方公司在购买日的账务处理为：

借：长期股权投资           84 000 000
 贷：股本            20 000 000
  资本公积           64 000 000

注：

此控股合并产生的商誉 = 合并成本 − 合并中取得被购买方S公司可辨认净资产公允价值
      = 84 000 000 − 80 000 000
      = 4 000 000（元）

由于此合并为控股合并，所形成的商誉列示在合并资产负债表中，不单独列示在购买方南方公司的个别报表中。

支付合并相关费用时：

借：管理费用            100 000
 贷：银行存款           100 000

若南方公司向S公司定向增发20 000 000股普通股（每股面值为1元，市价为4.2元）只获取了S公司90%的股权，假定此次合并为非同一控制下的企业合并，则南方公司在购买日的账务处理为：

借：长期股权投资           84 000 000
 贷：股本            20 000 000
  资本公积           64 000 000

但此次控股合并产生的商誉[1] = 合并成本 − 合并中取得被购买方S公司可辨认净资产
      公允价值 × 90%
      = 84 000 000 − 80 000 000 × 90%
      = 12 000 000（元）

若南方公司以支付现金40 000 000元和公允价值为43 000 000元、账面价值为38 000 000元的办公楼的方式获取S公司90%的股权，假定此次合并为非同一控制下的企业合并，则南方公司在购买日的账务处理为：

借：长期股权投资    83 000 000（40 000 000 + 43 000 000）
 贷：银行存款          40 000 000
  固定资产——办公楼       38 000 000
  营业外收入——非流动资产处置损益  5 000 000

此次控股合并产生的商誉 = 合并成本 − 合并中取得被购买方S公司可辨认净资产公允
      价值 × 90%
      = 83 000 000 − 80 000 000 × 90%
      = 11 000 000（元）

---

[1]　此商誉为属于母公司即南方公司部分的商誉，并非S公司的整体商誉。

## 📖 本章小结

我国《企业会计准则第 20 号——企业合并》将企业合并定义为：两个或者两个以上单独的企业合并形成一个报告主体的交易或事项。企业合并存在微观和宏观两个方面的动因。而企业合并的方式则多种多样，按照不同的标准可以把合并划分为不同的类别。最常见的是按照法律形式、合并的性质和合并所涉及的行业来进行的分类。而我国《企业会计准则》是将企业合并分为同一控制下的企业合并和非同一控制下的企业合并。

企业合并的会计处理方法有两种：购买法与权益结合法。购买法是将企业合并视为一个企业购买另外一个或几个企业的行为，就如同企业购买机器设备、存货。权益结合法，又称联营法或股权结合法，是将企业合并视为参与合并的企业的股东为了继续对合并后实体分享利益和共担风险，而联合控制它们的全部或实际上是全部的净资产和经营活动的行为的一种企业合并的会计处理方法。

### 本章思考题与练习题

**思考题**

1. 什么是企业合并？企业合并的主要方式有哪些？

2. 什么是控制？我国《企业会计准则》所规定的控制标准是什么？

3. 购买法和权益结合法各有什么样的特点？二者对财务报表会产生哪些不同的影响？

4. 什么是同一控制下的企业合并？其会计处理原则是什么？

5. 什么是非同一控制下的企业合并？其会计处理原则是什么？

6. 什么是商誉和负商誉？试举例说明。

**练习题**

**习题一（掌握商誉的计算）**：兴华公司于 2016 年 1 月 2 日以银行存款 1 740 000 元收购 M 公司的全部股权，之后，M 公司解散。2016 年 1 月 2 日，M 公司的资产负债表的账面价值与公允价值如表 1 - 7 所示。

表 1 - 7 2016 年 1 月 2 日 M 公司资产负债表

单位：元

| 项目 | 账面价值 | 公允价值 |
|------|---------|---------|
| 资产 | | |
| 货币资金 | 40 000 | 40 000 |
| 应收账款 | 100 000 | 100 000 |
| 存货 | 120 000 | 160 000 |
| 其他流动资产 | 60 000 | 60 000 |

（续上表）

| 项目 | 账面价值 | 公允价值 |
|---|---|---|
| 长期债券投资 | 80 000 | 80 000 |
| 固定资产净值 | 1 400 000 | 1 720 000 |
| 资产合计 | 1 800 000 | 2 160 000 |
| 负债和所有者权益 | | |
| 短期借款 | 90 000 | 90 000 |
| 应付账款 | 50 000 | 50 000 |
| 长期负债 | 420 000 | 400 000 |
| 负债合计 | 560 000 | 540 000 |
| 实收资本（股本） | 400 000 | |
| 资本公积 | 200 000 | |
| 盈余公积 | 400 000 | |
| 未分配利润 | 240 000 | |
| 所有者权益合计 | 1 240 000 | 1 620 000 |
| 负债和所有者权益合计 | 1 800 000 | |

要求：

（1）计算这一合并业务所产生的商誉。

（2）若兴华公司以向 M 公司定向增发 1 000 000 股（每股面值 1 元，市价 1.75 元）的普通股的方式获得 M 公司的全部股权，之后 M 公司继续存在。计算这一合并业务所产生的商誉。

（3）若兴华公司以一台账面价值为 1 000 000 元（当日公允价为 1 200 000 元）的设备和账面价值为 400 000 元（当日公允价为 500 000 元）的存货一批，获得 M 公司全部股权，之后 M 公司继续存在。计算这一合并业务所产生的商誉。

**习题二（掌握企业合并的会计处理）：**（资料同习题一）兴华公司于 2016 年 1 月 2 日以银行存款 1 740 000 元收购 M 公司的全部股权，之后，M 公司解散。2016 年 1 月 2 日，M 公司的资产负债表的账面价值与公允价值如表 1-7 所示。此外，兴华公司还发生了 18 000 元的合并相关费用。

要求：

（1）若该合并业务属于同一控制下的企业合并，编制兴华公司在合并日的相关分录。

（2）若该合并业务属于非同一控制下的企业合并，编制兴华公司在合并日的相关分录。

**习题三（掌握企业合并的会计处理）：**兴华公司于 2016 年 6 月 30 日以一台账面价值为 600 000 元（公允价 700 000 元）的设备和向 M 公司发行 500 000 股（每股面值 1 元，市价 1.7 元）普通股的方式获得 M 公司 90% 的股权。股票发行费用共计 5 000 元，与合并相关的法律咨询等费用合计 8 000 元。2016 年 6 月 30 日 M 公司的资产和负债的账面价与公允价如表 1－8 所示。

表 1－8　　M 公司资产负债表

2016 年 6 月 30 日

单位：元

| 项目 | 账面价值 | 公允价值 |
|---|---|---|
| 资产 | | |
| 货币资金 | 40 000 | 40 000 |
| 应收账款 | 100 000 | 90 000 |
| 存货 | 120 000 | 180 000 |
| 其他流动资产 | 60 000 | 60 000 |
| 长期债券投资 | 80 000 | 80 000 |
| 固定资产净值 | 1 400 000 | 1 900 000 |
| 资产合计 | 1 800 000 | 2 350 000 |
| 负债和所有者权益 | | |
| 短期借款 | 90 000 | 90 000 |
| 应付账款 | 50 000 | 50 000 |
| 长期负债 | 420 000 | 400 000 |
| 负债合计 | 560 000 | 540 000 |
| 实收资本（股本） | 400 000 | |
| 资本公积 | 200 000 | |
| 盈余公积 | 400 000 | |
| 未分配利润 | 240 000 | |
| 所有者权益合计 | 1 240 000 | 1 810 000 |
| 负债和所有者权益合计 | 1 800 000 | |

要求：

（1）若该合并业务属于同一控制下的企业合并，编制兴华公司在合并日的相关分录。

（2）若该合并业务属于非同一控制下的企业合并，编制兴华公司在合并日的相关分录。

**习题四（掌握权益结合法）**：2016 年 6 月 30 日，兴华公司吸收合并 M 公司，合并后 M 公司解散。采用权益结合法进行会计处理。2016 年 6 月 30 日兴华公司与 M 公司的资产负债表（简表）如表 1－9 所示。

表 1-9　兴华公司与 M 公司的资产负债表（简表）

单位：元

| 项目 | 兴华公司 | M 公司 |
|---|---|---|
| 资产合计 | 9 600 000 | 9 000 000 |
| 负债合计 | 2 000 000 | 2 200 000 |
| 股本 | 6 000 000 | 5 000 000 |
| 资本公积 | 900 000 | 950 000 |
| 投入资本合计 | 6 900 000 | 5 950 000 |
| 盈余公积 | 500 000 | 800 000 |
| 未分配利润 | 200 000 | 50 000 |
| 负债及所有者权益合计 | 9 600 000 | 9 000 000 |

假设兴华公司采用以下三种方式进行合并，分别编制以下三种方式下的合并会计处理。

（1）兴华公司发行 5 000 000 股股份获取 M 公司的全部股份；

（2）兴华公司发行 5 950 000 股股份获取 M 公司的全部股份；

（3）兴华公司发行 6 000 000 股股份获取 M 公司的全部股份。

## 延伸阅读文献

1. 中华人民共和国财政部：《企业会计准则》，经济科学出版社，2006 年。

2. 中华人民共和国财政部会计司编写组：《企业会计准则讲解 2010》，人民出版社，2010 年。

3. 中华人民共和国财政部会计司：《企业会计准则第 2 号——长期股权投资》，经济科学出版社，2014 年。

4. 中华人民共和国财政部会计司：《企业会计准则第 33 号——合并财务报表》，经济科学出版社，2014 年。

5. International Accounting Standard Board, International Financial Reporting Standard 3 (IFRS3), Business Combinations, 2008.

6. Financial Accounting Standard Board, Statement of Financial Accounting Standards No. 141, Business Combinations, 2001.

7. 梁莱歆主编：《高级财务会计》（第三版），清华大学出版社，2011 年。

8. 王泽霞主编：《高级财务会计》，浙江科学技术出版社，2010 年。

9. 王竹泉等主编：《高级财务会计》，东北财经大学出版社，2010 年。

10. 杨友红主编：《高级财务会计》，经济科学出版社，2008 年。

11. ［美］弗洛伊德·A. 比姆斯、约瑟夫·H. 安东尼、罗布林·P. 克莱门特等著，储一昀译：《高级会计学》（第十版），中国人民大学出版社，2011 年。

# 第二章 长期股权投资

【本章要点】

1. 了解长期股权投资准则的核算范围
2. 掌握长期股权投资的初始计量和后续计量
3. 理解成本法与权益法的转换
4. 了解长期股权投资的转换与处置

## 第一节 长期股权投资概述

投资是企业为了获得收益或实现资本增值而向被投资单位投放资金的经济行为。企业为获取利润，可将资金投放于企业内，如购买原材料、生产设备和厂房等，生产加工产品，通过产品的销售来实现企业的利润，这就是所谓的对内投资；另外，企业也可让渡其资金的使用权给其他企业使用，从而获取收益，即对外投资。企业对外进行的投资，从性质上划分，可以分为债权性投资与权益性投资。我国《企业会计准则第 2 号——长期股权投资》所规范的长期股权投资，是指投资方对被投资单位实施控制、重大影响的权益性投资，以及对其合营企业的权益性投资。① 具体如下：

1. 对子公司的投资

对子公司的投资是指投资方能够对被投资单位实施控制的权益性投资。控制是指投资方拥有对被投资方的权力（Power），通过参与被投资方的相关活动而享有可变回报，并且有能力运用对被投资方的权力影响其回报金额。对于这种权益性投资，投资方（母公司）在其单个公司的个别财务报表中，体现在"长期股权投资"这个报表项目之中，同时，此种权益性投资会带来新的会计问题，即投资方（母公司）必须编制母公司和所有子公司的合并财务报表。有关合并财务报表的编制问题，将在后面的章节进行阐述。

2. 对合营企业的投资

对合营企业的投资是指企业与其他合营方一同对被投资单位实施共同控制的权益性投资。共同控制是指，按照相关约定对某项安排所共有的控制，并且该安排的相关活动必须

---

① 这是 2014 年新修订后的《企业会计准则第 2 号——长期股权投资》对本准则核算范围的界定。原准则（2006）所规范的长期股权投资，是指符合条件的一种权益性投资，实际上包括对子公司、合营企业和联营企业的权益性投资以及对被投资单位不具有共同控制或重大影响，并且在活跃市场中没有报价、公允价值不能可靠计量的长期股权投资四大类。新修订后的《企业会计准则第 2 号——长期股权投资》准则只包括了前三类权益性投资，第四类则按《企业会计准则第 22 号——金融工具确认和计量》来进行核算。

经过分享控制权的参与方一致同意后才能决策。这里所说的相关活动是指对某项安排的回报产生重大影响的活动。某项安排的相关活动应当根据具体情况进行判断，通常包括商品或劳务的销售和购买、金融资产的管理、资产的购买和处置、研究与开发活动以及融资活动等。在合营企业中，合营各方均受到合营合同的限制和约束。共同控制的实质是通过合同约定建立起来的、合营各方对合营企业共有的控制。而在实务中，当确定是否构成共同控制时，应当首先判断所有参与方或参与方组合是否集体控制该安排，其次判断该安排相关活动的决策是否必须经过这些集体控制该安排的参与方一致同意。

3. 对联营企业的投资

对联营企业的投资是指投资方对被投资单位具有重大影响的权益性投资。重大影响，是指对一个企业的财务和经营政策有参与决策的权力，但并不能够控制或者与其他方一起共同控制这些政策的制定。

通常可通过以下一种或几种情形来判断投资方是否对被投资单位具有重大影响：①在被投资单位的董事会或类似权力机构中派有代表。这种情况下，由于在被投资单位的董事会或类似权力机构中派有代表，并享有相应的实质性的参与决策权，投资企业可以通过该代表参与被投资单位经营政策的制定，达到对被投资单位施加重大影响。②参与被投资单位的政策制定过程。这种情况下，因可以参与被投资单位的政策制定过程，在制定政策过程中可以为其自身利益提出建议和意见，从而可以对被投资单位施加重大影响。③与被投资单位之间发生重要交易。有关的交易因对被投资单位的日常经营具有重要性，进而一定程度上可以影响被投资单位的生产经营决策。④向被投资单位派出管理人员。这种情况下，通过投资企业对被投资单位派出管理人员，管理人员有权力负责被投资单位的财务和经营活动，从而能够对被投资单位施加重大影响。⑤向被投资单位提供关键技术资料。因被投资单位的生产经营需要依赖投资企业的技术或技术资料，表明投资企业对被投资单位具有重大影响。

另外，在确定能否对被投资单位施加重大影响时，一方面应考虑投资方直接或间接持有被投资单位的表决权股份，同时要考虑企业及其他方持有的现行可执行潜在表决权在假定转换为对被投资单位的股权后产生的影响，如被投资单位发行的现行可转换的认股权证、股份期权及可转换公司债券等的影响。

# 第二节　长期股权投资的初始计量

企业可通过不同的方式来取得长期股权投资，主要可分为企业合并形成的长期股权投资和非企业合并形成的长期股权投资两大类。而不同方式取得的长期股权投资，其初始成本的计量存在着一定的差异。

## 一、企业合并形成的长期股权投资

由于我国企业合并分为同一控制下的企业合并和非同一控制下的企业合并两种类型，因此，由此所形成的长期股权投资也应区分同一控制下的企业合并和非同一控制下企业合并来确定长期股权投资的初始投资成本。

**（一）同一控制下企业合并形成的长期股权投资**

对于同一控制下企业合并形成的长期股权投资，于合并日，投资方（合并方）应当在合并日按照被合并方所有者权益在最终控制方合并财务报表中的账面价值的份额作为长期股权投资的初始投资成本。① 合并方（投资方）以支付现金、转让非现金资产或承担债务方式作为合并对价的，长期股权投资的初始投资成本与合并对价，即合并方所支付的现金、转让的非现金资产以及所承担债务的账面价值之间的差额，应当调整资本公积（资本溢价或股本溢价）；资本公积（资本溢价或股本溢价）的余额不足冲减的，调整留存收益；合并方以发行权益性证券作为合并对价的，长期股权投资的初始投资成本与所发行股份面值总额（发行股份的面值总额为股本）之间的差额，应当调整资本公积（资本溢价或股本溢价）；资本公积（资本溢价或股本溢价）不足冲减的，调整留存收益。

值得注意的是，合并前，合并方与被合并方所采用的会计政策应当一致。如果企业合并前合并方与被合并方采用的会计政策不一致，应基于重要性原则，统一合并方与被合并方的会计政策。在按照合并方的会计政策对被合并方资产、负债的账面价值进行调整的基础上，计算确定长期股权投资的初始投资成本。

【例1】2016年6月30日，南方公司向同一集团内S公司的原股东定向增发900万股普通股（每股面值为1元，市价为12.50元），取得S公司90%的股权，并于当日起能够对S公司实施控制，合并后S公司仍维持其独立法人资格继续经营。两公司在企业合并前采用的会计政策相同。合并日，S公司在集团母公司账面所有者权益的总额为4500万元，其评估后公允价值为12000万元（主要由于地产升值）。

在合并日，南方公司应确认对S公司的长期股权投资，其初始投资成本为合并日享有S公司在集团母公司账面所有者权益的相应份额，其账务处理如下：

借：长期股权投资　　　　　　　　　40 500 000（45 000 000×90%）
　　贷：股本　　　　　　　　　　　　9 000 000（股本面值9 000 000×1）
　　　　资本公积——股本溢价　　　　31 500 000（倒轧数）

【例2】若南方公司不是以发行普通股的方式，而是以支付现金1 250万元和转让一台账面净值为3 000万元设备的方式来取得S公司90%的股权，则其南方公司的账务处理如下：

借：长期股权投资　　　　　　　　　40 500 000（4 500 000×90%）
　　资本公积②　　　　　　　　　　　2 000 000（倒轧数）
　　贷：银行存款　　　　　　　　　　12 500 000
　　　　固定资产　　　　　　　　　　30 000 000

---

① 同一控制下企业合并形成的长期股权投资，如子公司按照改制时的资产、负债评估价值调整账面价值的，母公司应当按照取得子公司经评估确认净资产的相应份额作为长期股权投资的初始投资成本，该初始投资成本与支付对价的差额调整所有者权益。

② 此处假设合并前南方公司"资本公积"项目的余额大于2 000 000元，若"资本公积"项目的余额小于2 000 000元，则冲减留存收益（盈余公积和未分配利润）。

### （二）非同一控制下企业合并形成的长期股权投资

对于非同一控制下企业合并形成的长期股权投资，投资方（购买方）应当按照确定的企业合并成本作为长期股权投资的初始投资成本。企业合并成本包括投资方（购买方）付出的资产、发生或承担的负债、发行的权益性证券等的公允价值之和。[①] 投资方因追加投资等能够对非同一控制下的被投资单位实施控制的，在编制个别财务报表时，应当按照原持有的股权投资账面价值与新增投资成本之和，作为改按成本法核算的初始投资成本。

【例3】沿用例1的资料。假定合并前南方公司与S公司没有任何关联关系，因此，属于非同一控制下企业合并所形成的长期股权投资，南方公司的账务处理如下：

借：长期股权投资　　　　　　　　112 500 000（9 000 000×12.5 发行股票公允价）
　　贷：股本　　　　　　　　　　　　9 000 000（面值）
　　　　资本公积　　　　　　　　　103 500 000（股本溢价）

## 二、其他方式形成的长期股权投资

除采用企业合并形成长期股权投资外，企业还可通过其他方式取得长期股权投资，如支付现金、发行权益性证券、债务重组、非货币性资产交换、投资者投入等方式来取得长期股权投资。不同方式取得长期股权投资的初始投资成本按以下方法来进行确定。

（1）以支付现金方式取得的长期股权投资。

以支付现金取得的长期股权投资，应当按照实际支付的购买价款作为初始投资成本，包括购买过程中支付的手续费等必要支出，但所支付价款中包含的被投资单位已宣告但尚未发放的现金股利或利润应作为应收项目，不构成取得长期股权投资的初始投资成本。

【例4】南方公司2016年5月10日自公开市场中买入S公司20%的股份，实际支付价款18 000万元。另外，在购买过程中支付手续费等相关费用200万元。南方公司取得该部分股权后能够对S公司的生产经营决策产生重大影响。

南方公司应当按照实际支付的购买价款作为取得长期股权投资的初始投资成本，其账务处理如下：

借：长期股权投资　　　　　　　　　　　　182 000 000
　　贷：银行存款　　　　　　　　　　　　182 000 000

（2）以发行权益性证券方式取得的长期股权投资。

以发行权益性证券方式取得的长期股权投资，其初始投资成本为所发行权益性证券的公允价值[②]，但不包括应自被投资单位收取的已宣告但尚未发放的现金股利或利润。

为发行权益性证券支付给有关证券承销机构等的手续费、佣金等与权益性证券发行直接相关的费用，不构成取得长期股权投资的成本。该部分费用应自权益性证券的溢价发行收入中扣除，权益性证券的溢价收入不足冲减的，应冲减盈余公积和未分配利润。

---

[①] 企业合并中发生的与企业合并直接相关的费用，包括为进行合并而发生的会计审计费用、法律服务费用、咨询费用等，不应计入企业合并成本。

[②] 确定发行权益性证券的公允价值时，有明确市价的，应以该证券的市价确定其公允价值，所发行权益性证券不存在公开市场，没有明确市价，应以被投资单位的公允价值为基础来确定权益性证券的价值。

【例5】2016 年 5 月，南方公司通过增发 8 000 万股本公司普通股（每股面值 1 元，市价为 12 元）取得 S 公司 20% 的股权。为增发该部分股份，A 公司向证券承销机构等支付了 500 万元的佣金和手续费。假定南方公司取得该部分股权后能够对 S 公司的生产经营决策产生重大影响。则南方公司的账务处理如下：

借：长期股权投资　　　　　　　960 000 000（80 000 000×12）
　　贷：股本　　　　　　　　　80 000 000
　　　　资本公积——股本溢价　880 000 000

发行权益性证券所支付的佣金和手续费，应冲减发行权益性证券的溢价收入：

借：资本公积——股本溢价　　　5 000 000
　　贷：银行存款　　　　　　　5 000 000

（3）以债务重组方式取得的长期股权投资。

以债务重组方式取得的长期股权投资，其初始投资成本应按照《企业会计准则第 12 号——债务重组》的原则来确定。债务重组产生的长期股权投资，对债务人而言，实际上就是将债务转为资本；对债权人而言，就是将债权转为长期股权投资。因此，债权人企业应当将因放弃债权而享有债务企业股份的公允价值确认为对债务人企业的投资，重组债权的账面余额与享有股份的公允价值之间的差额，确认为债务重组损失，计入营业外支出。债权人企业已对债权计提减值准备的，应当先将该差额冲减减值准备，减值准备不足以冲减的部分，确认为债务重组损失计入营业外支出。

【例6】2016 年 2 月 10 日，南方公司销售一台设备给 S 公司，应收款项为 300 000 元，合同约定 6 个月后结清款项。6 个月后，由于 S 公司发生财务困难，无法支付货款，与南方公司协商进行债务重组。经双方协议，南方公司同意 S 公司将该债务转为 S 公司的股份。南方公司对该项应收账款计提了坏账准备 10 000 元。假定转股后 S 公司净资产的公允价值为 8 000 000 元，抵债股权占 S 公司 3% 的股份，相关手续已办理完毕（不考虑其他相关税费）。

债权人南方公司的账务处理如下：

①计算重组债权应收款项的账面余额与所取得股权的公允价值之间的差额：

300 000 − 8 000 000×3% = 60 000（元）

差额为 60 000 元，扣除已计提坏账准备 10 000 元，则债务重组损失为 50 000 元，计入营业外支出。

②会计分录：

借：长期股权投资——S 公司　　　240 000
　　营业外支出——债务重组损失　50 000
　　坏账准备　　　　　　　　　　10 000
　　贷：应收账款　　　　　　　　300 000

③投资者投入的长期股权投资，应当按照投资合同或协议约定的价值作为长期股权投资的初始投资成本，但合同或协议约定的价值不公允的除外。

在确定投资者投入的长期股权投资的公允价值时，有关权益性投资存在活跃市场的，应当参照活跃市场中的市价确定其公允价值；不存在活跃市场，无法按照市场信息确定其公允价值的情况下，应当将按照一定的估值技术等合理的方法确定的价值作为其公允价值。

# 第三节　长期股权投资的后续计量

所谓长期股权投资的后续计量，就是指在长期股权投资的持有期间，投资企业应怎样对长期股权投资进行核算，其核算方法通常有两种：成本法和权益法。投资企业应根据其对被投资方的影响程度，分别采用成本法或权益法来核算长期股权投资。下面将具体介绍这两种核算方法的适应范围和核算要求。

## 一、成本法

成本法是长期股权投资后续计量的一种方法，其具体的适应范围和核算要求如下：

1. 成本法的适用范围

根据我国《企业会计准则第 2 号——长期股权投资》所规范的权益性投资中，只有投资方持有的对子公司的投资，其后续计量才采用成本法来进行核算。

值得注意的是，投资方持有的对子公司的投资采用成本法进行后续计量，是指投资方（母公司）自身对这笔长期权益性投资进行日常核算时采用的是成本法，并体现在投资方（母公司）自身的个别财务报表中。当母公司编制合并财务报表时，则应采用权益法对这笔长期股权投资进行调整，并据以编制合并财务报表。具体调整过程将在后面合并财务报表编制的章节中进行详细叙述。

2. 成本法核算的具体要求

采用成本法核算的长期股权投资，初始投资成本一般保持其账面价值不变（发生减值的按相关准则进行处理）。① 被投资单位宣告分派的现金股利或利润中，投资企业按应享有的份额确认为当期投资收益。当进一步追加投资时，按照追加投资的成本增加长期股权投资的账面价值。

【例7】南方公司2014 年7 月，以支付现金8 800 万元的方式取得 S 公司54% 的股权，并能对 S 公司实施控制。2014 年9 月，南方公司又支付600 万元，以取得 S 公司3% 的股权。2015 年11 月，S 公司宣告并分派现金股利500 万元。南方公司应进行的会计处理如下：

（1）取得 S 公司54% 的股权：

借：长期股权投资　　　　　　　　　　　　　　　　　88 000 000

　　贷：银行存款　　　　　　　　　　　　　　　　　　88 000 000

---

① 长期股权投资如果存在减值迹象的，应当按照相关准则的规定计提减值准备。其中对子公司、联营企业及合营企业的投资，应当按照《企业会计准则第8 号——资产减值》的规定确定其应予计提的减值准备；企业持有的对被投资单位不具有共同控制或重大影响、在活跃市场中没有报价、公允价值不能可靠计量的长期股权投资，应当按照《企业会计准则第22 号——金融工具确认和计量》的规定确定其应予计提的减值准备。

（2）追加投资，又获取 S 公司 3% 的股权：

借：长期股权投资　　　　　　　　　　　　　　　　　6 000 000

　贷：银行存款　　　　　　　　　　　　　　　　　　　6 000 000

追加投资后，南方公司对 S 公司的长期股权投资账面价值为 9 400 万元（8 800 +
600）。

（3）S 公司发放现金股利：

借：银行存款　　　　　　　　　　　　　　　2 850 000（5 000 000 × 57%）

　贷：投资收益　　　　　　　　　　　　　　　　　　2 850 000

## 二、权益法

权益法是长期股权投资后续计量的另一核算方法，相对成本法而言，权益法的核算要
求要复杂得多，其具体的适应范围和核算要求如下：

1. 权益法的适用范围

根据我国《企业会计准则第 2 号——长期股权投资》所规范的权益性投资中，以下两
类长期股权投资应当采用权益法来进行核算：一是对合营企业的投资；二是对联营企业的
投资。

2. 权益法核算的具体要求

采用权益法来核算长期股权投资，具体的核算程序一般为：

（1）初始投资成本和追加投资成本的计量。

对采用权益法核算的长期股权投资，初始投资成本或追加投资的成本，按照上述长期
股权投资初始计量的方法，增加长期股权投资的账面价值。

【例 8】南方公司于 2016 年 1 月 1 日购入 S 公司 30% 的股份，购买价款为 4 500 万元，
并自取得投资之日起派人参与 S 公司的财务与生产经营决策。取得投资当日，S 公司可辨
认净资产公允价值为 13 000 万元，除表 2 - 1 所列项目外，S 公司其他资产和负债的公允
价值与账面价值相同。

表 2 - 1

单位：万元

| 项目 | 账面原价 | 已提折旧或摊销 | 公允价值 | S 公司预计使用年限 | 南方公司取得投资后剩余使用年限 |
|------|---------|--------------|---------|-----------------|---------------------------|
| 存货 | 1 000 | | 1 500 | | |
| 固定资产 | 2 400 | 480 | 3 200 | 20 | 16 |
| 无形资产 | 1 400 | 280 | 1 600 | 10 | 8 |
| 小计 | 4 800 | 760 | 6 300 | | |

初始成本的确认：

2016 年 1 月 1 日，南方公司以 4 500 万元的价款获得 S 公司 30% 的股权，其账务处理如下：

借：长期股权投资　　　　　　　　　　　　　　　　45 000 000
　　贷：银行存款　　　　　　　　　　　　　　　　　　45 000 000

若南方公司于 2016 年 7 月 1 日追加对 S 公司的投资，以 1 500 万元价款又获得 S 公司 10% 的股份。追加投资后，南方公司所占 S 公司的股份为 40%，但不能对 S 公司实施控制。则追加投资时，南方公司的账务处理为：

借：长期股权投资　　　　　　　　　　　　　　　　15 000 000
　　贷：银行存款　　　　　　　　　　　　　　　　　　15 000 000

值得注意的是，长期股权投资的初始计量与其后续计量是采用成本法核算还是采用权益法核算无关。

（2）考虑初始投资成本的调整。

采用权益法核算长期股权投资，应视情况考虑是否对其初始投资成本进行调整。具体如下：比较初始投资成本（账面价值）与投资时应享有被投资单位可辨认净资产公允价值的相应份额，对于初始投资成本小于应享有被投资单位可辨认净资产公允价值份额的，应对长期股权投资的账面价值进行调整，调整增额为应享有被投资单位可辨认净资产公允价值份额与初始投资成本之间的差额，并计入取得投资当期的损益（营业外收入）；若初始投资成本大于或等于应享有被投资单位可辨认净资产公允价值份额的，则不对长期股权投资的账面价值进行调整。

【例9】沿用例8的资料。由于南方公司占有 S 公司 30% 的股份并能对 S 公司的财务与经营决策产生重大影响，因此南方公司应对"长期股权投资——S 公司"采用权益法来进行核算。此时，长期股权投资的初始投资成本为 4 500 万元，而取得投资日，南方公司获得 S 公司可辨认净资产公允价值的相应份额为 3 900（13 000×30%）万元，初始投资成本（4 500 万元）大于获得投资日 S 公司可辨认净资产公允价值的相应份额（3 900 万元），故不对其初始投资成本进行调整。①

若获得投资日 S 公司可辨认净资产的公允价值为 16 000 万元，南方公司应享有的份额则为 4 800（16 000×30%）万元，初始投资成本 4 500 万元小于应享有投资日 S 公司可辨认净资产公允价值的相应份额 4 800 万元，故需对初始投资成本进行调整，调整额为 300 万元（4 800－4 500），计入投资当期的营业外收入。具体调整的账务处理如下：

借：长期股权投资　　　　　　　　　　　　　　　　3 000 000
　　贷：营业外收入　　　　　　　　　　　　　　　　　3 000 000

调整后，"长期股权投资——S 公司"的账面价值为 4 800 万元。

（3）持有投资期间，投资方对长期股权投资账面价值的调整。

随着被投资单位所有者权益的变动，投资方应相应调整长期股权投资的账面价值。调

---

① 初始投资成本大于获得被投资方可辨认净资产公允价值的相应份额时，其差额是投资企业在取得投资过程中通过作价体现出的与所取得股权份额相对应的商誉及被投资单位存在不符合确认条件的资产价值所形成的。

整时应区别不同情况，分别进行处理：①对属于因被投资单位实现净损益产生的所有者权益的变动，投资方按照持股比例计算应享有的份额，增加或减少长期股权投资的账面价值，同时确认为当期投资损益（投资收益）；②按照应享有或应分担的被投资单位其他综合收益的份额，确认为其他综合收益，同时调整长期股权投资的账面价值；③投资方对于被投资单位除净损益、其他综合收益和利润分配以外所有者权益的其他变动，应当调整长期股权投资的账面价值并计入所有者权益（资本公积——其他资本公积）。

【例10】沿用例8的资料。假定2016年度S公司实现净利润1 300万元，另外，本期S公司持有的可供出售金融资产公允价值升值500万元已计入S公司的其他综合收益，另外除净损益、其他综合收益和利润分配以外，S公司的所有者权益增加50万元。则南方公司的相关账务处理为：

借：长期股权投资　　　　　　　　　　5 550 000（3 900 000＋1 500 000＋150 000）
　　贷：投资收益　　　　　　　　　　3 900 000（13 000 000×30%）
　　　　其他综合收益　　　　　　　　1 500 000（5 000 000×30%）
　　　　资本公积——其他资本公积　　　 150 000（500 000×30%）

值得注意的是，上述①种情况的调整是建立在被投资单位账面损益基础上的调整，对于采用权益法来核算的长期股权投资，需要对被投资单位的账面损益进行调整，具体需要调整的方面如下：

①被投资单位采用的会计政策及会计期间与投资方不一致的，应按投资方的会计政策及会计期间对被投资单位的财务报表进行调整，在此基础上确定被投资单位的损益。

②在取得投资时被投资单位资产与负债的公允价值基础上确定被投资单位的损益，如应考虑被投资单位以固定资产、无形资产的公允价值为基础计提的折旧额或摊销额，以及有关资产减值准备金额等对被投资单位净利润的影响。

因为被投资单位个别利润表中的净利润，即账面利润，是以其持有的资产、负债账面价值为基础持续计算的，而投资方在取得投资时，是以被投资单位有关资产、负债的公允价值为基础确定的投资成本，取得投资后应确认的投资收益代表的也应当是被投资单位资产、负债在公允价值计量的情况下在未来期间通过经营产生的损益中归属于投资方的份额。所以投资方取得投资时被投资单位有关资产、负债的公允价值与其账面价值不同的，未来期间，在计算归属于投资方应享有的净利润或应承担的净亏损时，应考虑对被投资单位计提的折旧额、摊销额以及资产减值准备金额等进行调整，使其建立在取得投资日被投资单位净资产的公允价值而非账面价值基础之上。

【例11】沿用例8和例10的资料。假定南方公司取得投资时S公司的账面存货有90%对外出售。S公司与南方公司的会计年度及采用的会计政策相同。固定资产、无形资产均按直线法提取折旧或摊销，预计净残值均为0。假定南方公司与S公司间未发生任何内部交易。

南方公司在确定其应享有的投资收益时，应在S公司实现净利润的基础上，根据取得投资时S公司有关资产的账面价值与其公允价值差额的影响来进行调整（不考虑所得税的影响）：

a. 存货账面价值与公允价值的差额导致应调减的利润＝（1 500－1 000）×90%＝450（万元），调整分录如下：

借：投资收益             4 500 000

 贷：长期股权投资         4 500 000

b. 固定资产公允价值与账面价值差额导致应调整增加的折旧额 = 3 200 ÷ 16 − 2 400 ÷ 20 = 80（万元），调整分录如下：

借：投资收益             800 000

 贷：长期股权投资          800 000

c. 无形资产公允价值与账面价值差额导致应调整增加的摊销额 = 1 600 ÷ 8 − 1 400 ÷ 10 = 60（万元），调整分录如下：

借：投资收益             600 000

 贷：长期股权投资          600 000

在本例中，由于存货、固定资产和无形资产公允价与账面价之间的差异（本例中公允价高于账面价），导致净利润应调减 590（450 + 80 + 60）万元。[①]

③抵销投资企业与其联营企业及合营企业之间发生的未实现内部交易的损益。

对于投资方与其联营企业及合营企业之间发生的内部交易损益（即有关资产未对外部独立的第三方出售），投资方应按照其持股比例计算应归属于投资方的部分，并予以抵销。投资方与被投资单位发生的内部交易损失，按照《企业会计准则第 8 号——资产减值》等规定属于资产减值损失的，应当全额确认。

值得注意的是，该未实现内部交易损益的抵销既包括顺流交易也包括逆流交易。所谓顺流交易是指投资方向其联营企业或合营企业出售资产；所谓逆流交易是指联营企业或合营企业向投资方出售资产。

顺流交易，即投资方向联营企业或合营企业出售资产，在该交易存在未实现内部交易损益的情况下，投资方在采用权益法计算确认应享有联营企业或合营企业的投资损益时，应抵销该未实现内部交易损益的影响，同时调整对联营企业或合营企业长期股权投资的账面价值。当投资方向联营企业或合营企业出资或是将资产出售给联营企业或合营企业，同时有关资产由联营企业或合营企业持有时，投资方对于投出或出售资产产生的损益确认仅限于归属于联营企业或合营企业其他投资者的部分。即在顺流交易中，投资方投出资产或出售资产给其联营企业或合营企业产生的损益中，按照持股比例计算确定归属于投资企业的部分不予确认。[②]

【例 12】南方公司拥有 S 公司有表决权股份的 30%，能够对 S 公司的生产经营决策施加重大影响。2015 年 10 月 1 日，南方公司将其账面价值为 500 万元的商品以 800 万元的价格出售给 S 公司，S 公司将取得的商品作为管理用固定资产核算，采用直线法计提折旧，预计使用寿命为 10 年，净残值为 0。假设南方公司取得 S 公司的投资时，S 公司各项可辨认资产、负债的公允价值与其账面价值相同，两者在以前期间未发生过任何内部交

---

① 存货、固定资产和无形资产的公允价高于账面价，故建立在公允价基础上的主营业务成本、折旧费用和无形资产的摊销费用均高于其账面的主营业务成本、折旧费用和无形资产的摊销费用金额，从而应调减其账面利润；若存货、固定资产和无形资产的公允价低于账面价，则应调增其账面利润。

② 权益法是将投资企业与被投资单位作为一个整体对待，作为一个整体，投资企业将资产出售给其联营企业或合营企业，只能看成是内部资产的调拨，不能视为对外出售，故不确认其产生的损益。

易。S公司2015年实现净利润为1 500万元（不考虑所得税影响）。

南方公司在该项交易中实现利润300（800－500）万元，其中的90（300×30%）万元是投资方（南方公司）持有的对联营企业（S公司）的权益份额，在采用权益法计算确认投资损益时不予确认，即应予抵销。另外，由于S公司将其资产作为管理用固定资产，故应考虑相关固定资产折旧对损益的影响，南方公司应进行的会计处理如下：

a. 确认S公司获得净利润1 500万元时：

借：长期股权投资　　　　　　　　　　4 500 000（15 000 000×30%）

　　贷：投资收益　　　　　　　　　　　4 500 000

b. 内部未实现损益的调整：

借：投资收益　　　　　　　　　　　　900 000（3 000 000×30%）

　　贷：长期股权投资　　　　　　　　　900 000

c. 调整固定资产折旧对损益的影响①：

借：长期股权投资　　　　　　　　　　15 000［900 000÷（10×12）×2］

　　贷：投资收益　　　　　　　　　　　15 000

也将上面三个分录合在一起，即

借：长期股权投资　　　　　　　　　　3 615 000（4 500 000－900 000＋15 000）

　　贷：投资收益　　　　　　　　　　　3 615 000

逆流交易，即联营企业或合营企业向投资企业出售资产。在该交易存在未实现内部交易损益的情况下（即有关资产未对外部独立的第三方出售），投资方在采用权益法计算确认应享有联营企业或合营企业的投资损益时，应抵销该未实现内部交易损益的影响。当投资方自其联营企业或合营企业购买资产时，在将该资产出售给外部独立第三方之前，不应确认联营企业或合营企业因该交易产生的损益中投资企业应享有的部分。

【例13】沿用例12的资料，只是销售方向发生了改变，即S公司将其账面价值为500万元的商品以800万元的价格出售给南方公司，南方公司应进行的会计处理如下：

a. 确认S公司获得净利润1 500万元时：

借：长期股权投资　　　　　　　　　　4 500 000（15 000 000×30%）

　　贷：投资收益　　　　　　　　　　　4 500 000

b. 内部未实现损益的调整②：

借：投资收益　　　　　　　　　　　　900 000（3 000 000×30%）

　　贷：长期股权投资　　　　　　　　　900 000

c. 调整固定资产折旧对损益的影响③：

---

① 权益法是将投资企业与被投资单位作为一个整体对待。作为一个整体，投资企业将资产出售给其联营企业或合营企业，只能看成是内部资产的调拨，不能视为对外出售。S公司在对这项资产计提折旧时，是以账面价为800万元来计提的，但由于这项固定资产是从投资方所购，故有30%应按500万元来计提折旧，所以S公司的账面折旧费用每月多计提了0.75［（800－500）×30%÷（10×12）］万元，导致其账面利润少了0.75万元，故应每月调增0.75万元。此例中，共有两个月的影响，故应调增1.5万元。

② 值得注意的是，此处调整分录与顺销时相同，但其内含存在差异。顺销时，这部分未实现的损益体现在投资企业（南方公司）的账上；而逆销时，这部分未实现的损益体现在被投资单位（S公司）的账上。

③ 调整的理由同上，其不同的是，这部分影响是体现在南方公司的账上多计提了折旧。

借：长期股权投资　　　　　　　　　　　　15 000　[900 000 ÷（10 × 12）× 2]

　　贷：投资收益　　　　　　　　　　　　　15 000

也将上面三个分录合在一起，即

借：长期股权投资　　　　　　3 615 000　（4 500 000 – 900 000 + 15 000）

　　贷：投资收益　　　　　　　　　　　　3 615 000

由上可知，无论是顺流交易还是逆流交易，投资企业与其联营企业及合营企业之间产生的未实现内部损益都应予以抵销属于投资企业的部分。但值得注意的是，当投资方与其联营企业及合营企业之间发生交易，所产生的未实现内部交易损失，属于所转让资产发生减值损失的，有关的未实现内部交易损失不应予以抵销。

【例14】南方公司持有 S 公司 25% 有表决权的股份，能够对 S 公司的财务与生产经营决策产生重大影响。2016 年，南方公司将其账面价值为 500 万元的商品以 450 万元的价格出售给 S 公司。2016 年资产负债表日，该批商品尚未对外部第三方出售。假定南方公司取得该项投资时，S 公司各项可辨认资产、负债的公允价值与其账面价值相同，两者在以前期间未发生过任何内部交易。S 公司 2016 年净利润为 1 000 万元。

南方公司在确认应享有 S 公司 2016 年净损益时，如果有证据表明交易价格 450 万元与南方公司该商品账面价值 500 万元之间的差额是该商品发生了减值损失，在确认投资损益时不应予以抵销。南方公司应进行的会计处理如下：

借：长期股权投资　　　　　　　　2 500 000　（10 000 000 × 25%）

　　贷：投资收益　　　　　　　　　　　　2 500 000

（4）取得现金股利或利润的处理。

采用权益法核算长期股权投资时，投资企业自被投资单位取得的现金股利或利润，应抵减长期股权投资的账面价值。在被投资单位宣告分派现金股利或利润时，借记"应收股利"科目，贷记"长期股权投资"科目。

【例15】南方公司持有 S 公司 25% 的有表决权的普通股，能对 S 公司实施重大影响，S 公司 2015 年度共实现净利润 200 万元，2016 年 4 月，S 公司宣布其中 20% 用于发放现金股利。南方公司应进行的会计处理如下：

借：应收股利　　　　　　　　100 000　（2 000 000 × 25% × 20%）

　　贷：长期股权投资　　　　　　　　　　100 000

（5）超额亏损的确认。

长期股权投资准则规定，投资方确认应分担被投资单位发生的损失，原则上应以长期股权投资及其他实质上构成对被投资单位净投资的长期权益减记至零为限，投资企业负有承担额外损失义务的除外。一般在发生投资损失时，借记"投资收益"科目，贷记"长期股权投资"科目。

## 三、成本法与权益法核算要求的比较

成本法和权益法都是长期股权投资后续计量的一种会计核算处理方法。相比成本法而言，权益法要复杂得多，两者之间具体核算要求的差异见表 2 – 2。

表 2-2　成本法和权益法的比较

| 项目 | 成本法 | 权益法 |
|---|---|---|
| 是否考虑调整初始投资成本 | 不考虑 | 考虑<br>　　长期股权投资的初始投资成本小于投资时应享有被投资单位可辨认净资产公允价值相应份额时，要调增长期股权投资成本至被投资单位可辨认净资产公允价值的相应份额；长期股权投资的初始投资成本大于投资时应享有被投资单位可辨认净资产公允价值相应份额时，不调整长期股权投资的初始投资成本 |
| 被投资单位获得利润或发生亏损，是否确认相应份额 | 不确认 | 确认 |
| 是否考虑调整被投资单位的账面净损益 | 不考虑 | 考虑<br>　　投资方在确认应享有被投资单位净损益的份额时，应以取得投资时被投资单位各项可辨认净资产等的公允价值为基础，同时还要考虑内部交易未实现损益的影响 |
| 是否考虑被投资单位其他综合收益的变动 | 不考虑 | 考虑<br>　　投资方应根据被投资单位其他综合收益的变动，调整长期股权投资的账面价值并计入其他综合收益 |
| 是否考虑被投资单位除净损益、其他综合收益和利润分配以外的其他所有者权益的变动 | 不考虑 | 考虑<br>　　投资方对于被投资单位除净损益、其他综合收益以及利润分配以外的其他所有者权益的变动，应当调整长期股权投资的账面价值并计入所有者权益（资本公积——其他资本公积） |
| 被投资企业发放现金股利 | 确认<br>借记"银行存款"科目，贷记"投资收益"科目 | 确认<br>　　借记"银行存款"科目，贷记"长期股权投资"科目 |

# 第四节 长期股权投资核算方法的转换与处置

正如前述，成本法与权益法都是长期股权投资后续计量的一种会计核算方法，然而，不同核算方法的适应范围不同。在对被投资单位投资的持有期间，由于各种情况的影响与变化，可能会导致其核算需从一种方法转换为另外一种方法。不同核算方法之间的转换，其关键问题就是要确定转换后新核算方法下对被投资单位股本投资的初始投资成本，转换后，按照新的核算方法来进行后续计量即可，具体核算要求见本章的第三节，无须赘述。下面将具体阐述不同核算方法相互转换时，应怎样来确定新核算方法下对被投资方股权投资的初始投资成本。

## 一、因追加投资导致对被投资单位股权投资核算方法的转换

因追加投资导致对被投资单位股权投资核算方法的转换，主要有三种情况，一是由公允价值计量转为权益法核算；二是由公允价值计量转为成本法核算；三是由权益法核算转为成本法核算。下面将具体介绍这三种情况下应怎样确定转换后对被投资单位股权投资在新核算方法下的初始投资成本。

1. 由公允价值计量转为权益法核算

由公允价值计量转为权益法核算，即原持有的对被投资单位的股权投资（不具有控制、共同控制或重大影响的），按照《企业会计准则第22号——金融工具确认和计量》进行会计处理的股权投资，因追加投资等导致持股比例上升，能够对被投资单位实施共同控制或产生重大影响的，应对被投资方的股权投资改按权益法进行核算。在改按权益法进行核算时，投资方应按《企业会计准则第22号——金融工具确认和计量》确定的原有股权投资公允价值加上新增投资成本之和，作为改按权益法核算的初始投资成本。原持有股权投资分类为可供出售金融资产的，其公允价值与账面价值之间的差额以及原计入其他综合收益的累计公允价值变动，转入改按权益法核算的当期损益（投资收益）。

然后，比较上述计算所得的初始投资成本与按照追加投资后的持股比例计算确定应享有被投资单位在追加投资日可辨认净资产公允价值份额之间的差额，前者大于后者的，不调整长期股权投资的账面价值；前者小于后者的，差额应调整长期股权投资的账面价值，并计入当期营业外收入。

【例16】南方公司于2015年1月1日自非关联方取得S公司10%的股权，共支付现金550万元，南方公司将对S公司的这笔投资作为可供出售金融资产处理。2016年5月1日，南方公司又以1 200万元的价格取得S公司12%的股权，当日S公司可辨认净资产公允价值总额为9 000万元。取得该部分股权后，按照S公司章程规定，南方公司能够派人参与S公司的生产经营决策。2016年5月1日，南方公司对S公司的可供出售金融资产的公允价值为1 000万元（计入其他综合收益的累计公允价值变动为450万元）。假定不考虑税费等相关因素的影响。

因南方公司2016年5月1日进一步取得S公司12%的股权后，能对S公司产生重大

影响，故应将对 S 公司的股权投资改按权益核算。南方公司对 S 公司原有 10% 股权的公允价值为 1 000 万元，新增 12% 股权投资的公允价值为 1 200 万元，因此，权益法下南方公司对 S 公司 22% 股权投资的初始投资成本为 2 200 万元。由于当日南方公司对 S 公司可辨认净资产应享有的份额为 1 980（9 000×22%）万元，初始投资成本 2 200 万元大于 1 980 万元，故不对初始投资成本进行调整。2016 年 5 月 1 日南方公司对 S 公司投资的会计处理如下：

（1）新增 12% 的股权投资：

借：长期股权投资 12 000 000

贷：银行存款 12 000 000

（2）原有 10% 的股权投资（由可供出售金融资产转为对 S 公司的长期股权投资，并将原以计入其他综合收益的公允价值变动转为当期损益）：

借：长期股权投资 10 000 000

其他综合收益 4 500 000

贷：可供出售金融资产 10 000 000

投资收益 4 500 000

也可将上述两笔分录合并为以下分录：

借：长期股权投资 22 000 000

其他综合收益 4 500 000

贷：银行存款 12 000 000

可供出售金融资产 10 000 000

投资收益 4 500 000

若追加投资日，S 公司可辨认净资产为 10 500 万元，南方公司对 S 公司可辨认净资产应享有的份额为 2 310（10 500×22%）万元，初始投资成本 2 200 万元小于 2 310 万元，故应对初始投资成本进行调整。调整分录如下：

借：长期股权投资 1 100 000（23 100 000 − 22 000 000）

贷：营业外收入 1 100 000

2. 由公允价值计量转为成本法核算

由公允价值计量转为成本法核算，即投资方原持有的对被投资单位的股权投资（不具有控制、共同控制或重大影响的），按照《企业会计准则第 22 号——金融工具确认和计量》进行会计处理的股权投资，因追加投资等导致持股比例上升，能够对被投资单位实施控制的，应改按成本法进行核算。

在改按成本法进行核算时，如果属于通过多次交易分步实现非同一控制下企业合并的，应当按照原持有股权投资在追加投资日的公允价值加上新增投资成本之和，作为改按成本法核算的初始投资成本。原持有股权的公允价值与账面价值之间的差额以及原计入其他综合收益的累计公允价值变动应当全部转入改按成本法核算的当期投资收益。如果属于通过多次交易分步取得同一控制下被投资单位的股权，并最终形成企业合并的，在合并日，根据合并后应享有被合并方净资产在最终控制方合并财务报表中的账面价值的份额，确定长期股权投资的初始投资成本，合并日长期股权投资初始成本与达到合并前的长期股权投资账面价值加上合并日进一步取得股份新支付对价的账面价值之和的差额，调整资本公积（资本溢价和股本溢价），资本公积不足冲减的，冲减盈余公积。合并日之前持有的股权投资，根据《企业会计准则第 22 号——金融工具确认和计量》核算而确认的其他综合收益，暂不进行会计处理，直到处理该项投资时采用与被投资单位直接处置相关资产或负债相同的基础进行会计处理。①

【例 17】南方公司于 2015 年 1 月 1 日自市场购买非关联方 S 公司的股票 200 万股，占 S 公司股份的 5%，每股市价 4 元。南方公司将对 S 公司的这笔投资作为可供出售金融资产处理。2016 年 1 月 1 日，南方公司以 12 000 万元的对价，向 S 公司大股东收购 S 公司 50%的股权，相关手续于当日完成，并能对 S 公司实施控制。当日 S 公司的股价为每股 6 元，假定不考虑税费等其他因素的影响，且不属于"一揽子交易"。

2016 年 1 月 1 日，南方公司能对 S 公司实施控制，对 S 公司的股权投资由公允价值计量改按成本法进行核算。南方公司原持有 S 公司 5%股权在 2016 年 1 月 1 日的公允价值为 1 200（200×6）万元，本次追加投资支付对价的公允价值为 12 000 万元，所以购买日（2016 年 1 月 1 日）南方公司对 S 公司的长期股权投资改按成本法核算的初始投资成本为 13 200（1 200 + 12 000）万元。南方公司原持有 S 公司 5%股权作为可供出售金融资产处理，因公允价值变动而计入其他综合收益的 400 万元，转入购买日当期的投资收益。具体会计分录如下：

（1）追加投资时：

借：长期股权投资——投资成本　　　　　　　　　　　120 000 000
　　贷：银行存款　　　　　　　　　　　　　　　　　　120 000 000

（2）原持有股份转为长期股权投资②：

借：长期股权投资——投资成本　　　　　　　　　　　12 000 000
　　其他综合收益　　　　　　　　　　　　　　　　　4 000 000
　　贷：可供出售金融资产　　　　　　　　　　　　　12 000 000
　　　　投资收益　　　　　　　　　　　　　　　　　4 000 000

也可将上述分录合并为：

借：长期股权投资——投资成本　　　　　　　　　　　132 000 000
　　其他综合收益　　　　　　　　　　　　　　　　　4 000 000

---

① 以上是通过分步交易至最终达到企业合并，不属于"一揽子交易"。如果分步取得对子公司股权投资直至取得控制权的各项交易属于"一揽子交易"，应当将各项交易作为一项取得子公司控制权的交易，并区分企业合并的类型（同一控制下的企业合并还是非同一控制下的企业合并）分别进行处理。具体处理方法详见企业合并形成的长期股权投资的初始计量。

② 原有对 S 公司 5%股权的会计处理：

获得投资时：

借：可供出售金额资产　　　　　　　　　　　8 000 000（2 000 000 × 4）
　　贷：银行存款　　　　　　　　　　　　　8 000 000

公允价值变动的调整：

借：可供出售金融资产　　　　　　　　　　　4 000 000 [2 000 000 × （6 - 2）]
　　贷：其他综合收益　　　　　　　　　　　4 000 000

| | |
|---|---|
| 贷：可供出售金融资产 | 12 000 000 |
| 银行存款 | 120 000 000 |
| 投资收益 | 4 000 000 |

【例18】南方公司于2015年1月1日取得同一控制下S公司的5%股权，共支付价款800万元。南方公司将对S公司的这笔投资作为可供出售金融资产处理。2016年1月1日，南方公司以定向增发2 000万股（每股面值1元，市价6元）获得同一控制下S公司50%的股权，相关手续于当日完成，并能对S公司实施控制。当日S公司在最终控制方合并财务报表的净资产账面价值为24 000万元，南方公司原有S公司5%股权的公允价值为1 200万元。假定不考虑税费等其他因素的影响且不属于"一揽子交易"。

南方公司进一步获得S公司50%的股权后，能对S公司实施控制，所以对S公司的股权投资由公允价值计量改按成本进行核算。由于南方公司对S公司的合并属于同一控制下的企业合并，故成本法下的初始投资成本为S公司在最终控制方合并财务报表的净资产账面价值为24 000万元的应享有份额，即13 200（24 000×55%）万元。长期股权投资初始投资成本与达到合并前的长期股权投资账面价值加上合并日进一步取得股份新支付对价的账面价值之和的差额，调整资本公积（资本溢价和股本溢价），资本公积不足冲减的，冲减盈余公积。由于原有5%股权的账面价值为1 200万元，追加投资所支付对价的账面价值为2 000万元，所以其差额为10 000〔13 200 -（1 200＋2 000）〕万元。原持有S公司5%股权作为可供出售金融资产处理时，因其公允价值变动而计入其他综合收益的400万元，暂不进行会计处理，直到处理该项投资时采用与被投资单位直接处置相关资产或负债相同的基础进行会计处理。具体会计分录如下：

| | | |
|---|---|---|
| 借：长期股权投资——投资成本 | 132 000 000 | （240 000 000×55%） |
| 贷：可供出售金融资产 | 12 000 000 | |
| 股本 | 20 000 000 | |
| 资本公积 | 100 000 000 | |

3. 由权益法核算转为成本法核算

由权益法核算转为成本法核算，即投资方原持有的对联营企业或合营企业的投资，因追加投资等导致持股比例上升，能够对被投资单位实施控制的，应由权益法改按成本法进行核算。

在改按成本法进行核算时，如果属于通过多次交易分步实现非同一控制下企业合并的，应当按照原持有股权投资在追加投资日的账面价值加上新增投资成本之和，作为改按成本法核算的初始投资成本；如果属于通过多次交易分步取得同一控制下被投资单位的股权，并最终形成企业合并的，在合并日，根据合并后应享有被合并方净资产在最终控制方合并财务报表中的账面价值的份额，确定长期股权投资的初始投资成本，合并日长期股权投资初始成本与达到合并前的长期股权投资账面价值加上合并日进一步取得股份新支付对价的账面价值之和的差额，调整资本公积（资本溢价和股本溢价），资本公积不足冲减的，冲减盈余公积。原持有股权因采用权益法进行核算而确认的相关其他综合收益，不管是多次交易分步实现的非同一控制下的企业合并还是同一控制下的企业合并，都暂不作会计处理，待到投资方处置该项投资时采用与被投资单位直接处置相关资产或负债相同的基础进行会计处理。因被投资方除净损益、其他综合收益和利润分配以外的其他所有者权益变动而确认的所有者权益（资本公积——其他资本公积），不管多次交易分步实现的是非同一控制下的企业合并还是同一控制下的企业合并，也都暂不作会计处理，直到处置该项投资时转入处置期间的损益。其中，处置后的剩余股权根据《企业会计准则第 2 号——长期股权投资》采用成本法或权益法核算的，其他综合收益和其他所有者权益按比例结转，处置后的剩余股权根据改按金融工具确认和计量准则进行会计处理的，其他综合收益和其他所有者权益应全部结转。

【例 19】南方公司于 2015 年 1 月 1 日自市场购买非关联方 S 公司的股票 800 万股，占 S 公司股份的 20%，每股市价 4 元，手续已于当日完成并能对 S 公司产生重大影响。假定 2015 年 1 月 1 日 S 公司可辨认净资产公允价为 15 000 万元，且其净资产账面价等于其公允价。2015 年度，S 公司共实现净利润 2 500 万元，累计其他综合收益增加 1 000 万，除净损益、其他所有者权益和利润分配外的其他所有者权益增加 500 万，2015 年度南方公司与 S 公司之间不存在内部未实现损益。2016 年 1 月 1 日，南方公司以 12 000 万元的对价，自另一非关联方取得 S 公司 50% 的股权，相关手续于当日完成，并能对 S 公司实施控制。当日 S 公司的股价为每股 6 元，假定不考虑税费等其他因素的影响，且不属于"一揽子交易"。

2016 年 1 月 1 日，南方公司能对 S 公司实施控制，属于多次交易实现的非同一控制下的企业合并，对 S 公司的股权投资由权益法改按成本法进行核算时，应当按照原持有股权投资在追加投资日的账面价值加上新增投资成本之和，作为改按成本法核算的初始投资成本。南方公司原持有 S 公司 20% 股权在 2016 年 1 月 1 日的账面价值为 4 000（3 200 + 500 + 200 + 100）万元，本次追加投资支付对价的公允价值为 12 000 万元，所以购买日（2016 年 1 月 1 日）南方公司对 S 公司的长期股权投资改按成本法核算的初始投资成本为 16 000（4 000 + 12 000）万元。南方公司原持有 S 公司 20% 股权采用权益进行核算而确认的其他综合收益 200 万元和其他所有者权益 100 万元暂不作会计处理，待到南方公司处置该项投资时再作相应的处理。具体会计分录如下：

（1）追加投资时：

借：长期股权投资——投资成本　　　　　　　　　　　　　120 000 000

　　贷：银行存款　　　　　　　　　　　　　　　　　　　　120 000 000

（2）原持有 S 公司 20% 的股份转为成本法下的长期股权投资①：

---

① 原有对 S 公司 20% 股权的会计处理：

借：长期股权投资　　　　　　　　　　　　　32 000 000（8 000 000×4）

　　贷：银行存款　　　　　　　　　　　　　　32 000 000

2012 年末对 S 公司所有者权益变动的调整：

借：长期股权投资——损益调整　　　　　　　　5 000 000

　　长期股权投资——其他综合收益　　　　　　2 000 000

　　长期股权投资——其他资本公积　　　　　　1 000 000

　　贷：投资收益　　　　　　　　　　　　　　5 000 000（2 500 000×20%）

　　　　其他综合收益　　　　　　　　　　　　2 000 000（1 000 000×20%）

　　　　资本公积——其他资本公积　　　　　　1 000 000（5 000 000×20%）

|  |  |  |
|---|---|---|
| 借：长期股权投资——投资成本 | 40 000 000 | |
| 　贷：长期股权投资——投资成本 | | 32 000 000 |
| 　　　长期股权投资——损益调整 | | 5 000 000 |
| 　　　长期股权投资——其他综合收益 | | 2 000 000 |
| 　　　长期股权投资——其他资本公积 | | 1 000 000 |

也可将上述分录合并为：

|  |  |  |
|---|---|---|
| 借：长期股权投资——投资成本 | 160 000 000 | |
| 　贷：长期股权投资——投资成本 | | 32 000 000 |
| 　　　长期股权投资——损益调整 | | 5 000 000 |
| 　　　长期股权投资——其他综合收益 | | 2 000 000 |
| 　　　长期股权投资——其他资本公积 | | 1 000 000 |
| 　　　银行存款 | | 120 000 000 |

【例20】南方公司于2015年1月1日自关联方获得同一控制下S公司的股票800万股，占S公司股份的20%，共支付价款3 200万元，手续已于当日完成并能对S公司产生重大影响。假定2015年1月1日S公司可辨认净资产公允价为15 000万元，且其净资产账面价等于其公允价。2015年度，S公司共实现净利润2 500万元，累计其他综合收益增加1 000万，除将净损益、其他所有者权益和利润分配外的其他所有者权益增加500万，且2015年度南方公司与S公司之间不存在内部未实现损益。2016年1月1日，南方公司以定向增发2 400万股普通股（每股面值1元，市价5元）的方式获得同一控制下的S公司50%的股权，相关手续于当日完成，并能对S公司实施控制。当日S公司在最终控制方合并财务报表中的净资产的账面价值为20 000万元。南方公司与S公司一直受同一最终控制方控制。假定不考虑税费等其他因素的影响，且不属于"一揽子交易"。

2016年1月1日，南方公司能对S公司实施控制，且南方公司与S公司一直受同一最终控制方控制，属于多次交易实现的同一控制下的企业合并。对S公司的股权投资由权益法改按成本法进行核算时，应当按照原持有股权投资在追加投资日的账面价值加上新增投资成本之和，作为改按成本法核算的初始投资成本。在合并日（2016年1月1日），南方公司应根据合并后应享有S公司净资产在最终控制方合并财务报表中的账面价值的份额，确定长期股权投资的初始投资成本，合并日长期股权投资初始成本与达到合并前的长期股权投资账面价值加上合并日进一步取得股份新支付对价的账面价值之和的差额，调整资本公积（资本溢价和股本溢价），资本公积不足冲减的，冲减盈余公积。合并后，南方公司应享有S公司净资产在最终控制方合并财务报表中的账面价值的份额为14 000（20 000 × 70%）万元作为南方公司对S公司的长期股权投资按成本法核算的初始投资成本，此初始投资成本与达到合并前的长期股权投资账面价值4 000（3 200 + 500 + 200 + 100）万元，加上合并日进一步取得股份新支付对价的账面价值2 400万元（2 400 × 1，即发行股票面值）之和的差额，调整资本公积（资本溢价和股本溢价），资本公积不足冲减的，冲减盈余公积。南方公司原持有S公司20%股权采用权益进行核算而确认的其他综合收益200万元和其他所有者权益100万元暂不作会计处理，待到南方公司处置该项投资时再作相应的处理。具体会计分录如下：

借：长期股权投资——投资成本　　　　　　140 000 000（200 000 000×70%）
　　贷：长期股权投资——投资成本　　　　　　32 000 000
　　　　长期股权投资——损益调整　　　　　　5 000 000
　　　　长期股权投资——其他综合收益　　　　2 000 000
　　　　长期股权投资——其他资本公积　　　　1 000 000
　　　　股本　　　　　　　　　　　　　　　24 000 000
　　　　资本公积　　　　　　　　　　　　　76 000 000

## 二、因减少投资导致对被投资单位股权投资核算方法的转换

因减少投资导致对被投资单位股权投资核算方法的转换，主要有三种情况，一是由成本法转为权益法核算；二是成本法核算转为按公允价值计量；三是由权益法核算转为按公允价值计量。下面将具体介绍这三种情况下应怎样确定转换后对被投资单位股权投资在新核算方法下的初始投资成本。

1. 由成本法转换为权益法核算

因处置股权投资等导致对被投资单位能够实施控制转为具有重大影响或与其他投资方一起实施控制的，投资方应对剩余的长期股权投资由成本法改按权益法核算，并对该剩余股权视同自取得时即采用权益法核算进行调整。具体调整步骤如下：①比较剩余长期股权投资的成本与按照剩余持股比例计算原投资时应享有被投资单位可辨认净资产公允价值的份额，前者大于后者的，属于投资作价中体现的商誉部分，不调整长期股权投资的账面价值；前者小于后者的，调整长期股权投资的账面价值，并调整留存收益；②对于原取得投资至处置投资（转为权益法核算时）之间被投资单位实现净损益中投资方应享有的份额，一方面调整长期股权投资的账面价值，同时，对于原取得投资时至处置投资当期期初被投资单位实现的净损益（扣除已发宣告发放的现金股利和利润）中应享有的份额调整留存收益，对于处置当期期初至处置投资之日被投资单位实现的净损益中应享有的份额，调整当期损益（投资收益）；③对被投资单位其他综合收益变动中应享有的份额，在调整长期股权投资账面价值的同时，调整其他综合收益；④对被投资单位除净利润、其他综合收益变动以及利润分配所导致的其他所有者权益的变动中应享有的份额，在调整长期股权投资账面价值的同时，调整资本公积（其他资本公积）；⑤以调整后的金额作为权益法核算下长期股权的初始投资成本。

对于被处置的长期股权投资部分，则按被处置投资的比例结转应终止确认的长期股权投资成本，并确认处置损益。

【例21】南方公司原持有 S 公司 72% 的股权①，其账面余额为 7 200 万元，未计提减值准备。2016 年 7 月 1 日，南方公司将其持有的对 S 公司长期股权投资中的 1/2 出售给某

---

① 此处假设南方公司是一次性获得 S 公司 72% 的股权。如果是由多次交易获得且是由对联营企业或合营企业的股权投资进一步追加投资所实现的企业合并，则处置时，原本由权益法核算而确认的其他综合收益和其他所有者权益应按比例结转。对其他综合收益按比例采用与被投资单位直接处置相关资产或负债相同的基础进行会计处理；对因被投资方除净损益、其他综合收益和利润分配以外的其他所有者权益变动而确认的所有者权益（资本公积——其他资本公积），按比例转入处置期间的损益（投资收益）。

企业，出售取得价款 6 200 万元，当日 S 公司可辨认净资产公允价值总额为 16 000 万元。南方公司原取得 S 公司 72% 股权时，S 公司可辨认净资产公允价值总额为 9 000 万元（假定公允价值与账面价值相同）。自南方公司取得对 S 公司长期股权投资后至处置部分投资前，S 公司实现净利润 8 000 万元（其中 2016 年 1 月 1 日至 2016 年 7 月 1 日实现净利润 1 000 万元）。假定 S 公司一直未进行利润分配。除所实现净损益外，B 公司未发生其他计入其他综合收益和资本公积的交易或事项，假设南方公司按净利润的 10% 提取盈余公积。

在出售 50% 的股权后，南方公司对 S 公司的持股比例为 36%，能对 S 公司实施重大影响。因此，南方公司对剩余的 S 公司长期股权投资由成本法转换为权益法核算，具体如下：

（1）确认长期股权投资的处置损益。

借：银行存款　　　　　　　　　　　　　　　62 000 000
　　贷：长期股权投资　　　　　　　　　　　　36 000 000
　　　　投资收益　　　　　　　　　　　　　　26 000 000

（2）调整剩余长期股权投资的账面价值。

剩余长期股权投资的账面价值为 3 600 万元，与原投资时应享有被投资单位可辨认净资产公允价值份额 3 240（9 000 × 36%）之间的差额 360（3 600 − 3 240）万元为商誉，不需要对剩余长期股权投资的成本进行调整。

处置投资以后，按照剩余持股比例计算享有被投资单位自购买日至处置投资日期间实现的净损益为 2 880（8 000 × 36%）万元，应调整增加长期股权投资的账面价值，同时调整留存收益，会计分录如下：

借：长期股权投资　　　　　　　　　　　　　28 800 000
　　贷：盈余公积　　　　　　　　　　　　　　 2 520 000
　　　　利润分配——未分配利润　　　　　　　22 680 000
　　　　投资收益　　　　　　　　　　　　　　 3 600 000

因此，转换后，权益法下的初始长期股权投资成本为 6 480（3 600 + 2 880）万元。

2. 由成本法核算转为按公允价值计量

原持有对被投资单位能够实施控制的长期股权投资，因部分处置等导致对被投资单位持股比例下降，不能再对被投资单位实施控制、共同控制和实施重大影响的，投资方应对剩余的长期股权投资由成本法改按公允价值计量，并根据《企业会计准则第 22 号——金融工具确认与计量》准则来进行会计处理。在丧失控制权之日的公允价值与账面价值之间的差额计入当期损益（投资收益）。

【例 22】多年以前，南方公司一次性获得 S 公司 60% 有表决权的股份，并能对 S 公司实施控制，对该投资采用成本法进行核算。2016 年 7 月 1 日，南方公司将该项投资的 90% 出售给非关联方，共取得价款 9 000 万元。当日已完成相关手续。出售后南方公司无法再对 S 公司实施控制、共同控制和重大影响，将剩余投资作为可供出售金融资产处理。出售时该项投资的账面价值为 7 000 万元，剩余股权投资的公允价值为 1 000 万元。不考虑相关税费等其他因素的影响。南方公司出售对 S 公司部分长期股权投资的会计处理如下：

（1）确认出售长期股权投资的处置损益。

借：银行存款　　　　　　　　　　　　　　　90 000 000

　　贷：长期股权投资　　　　　　　　　　　63 000 000（70 000 000×90%）

　　　　投资收益　　　　　　　　　　　　　27 000 000

（2）剩余股权转为可供出售金融资产并确认投资收益。

借：可供出售金融资产　　　　　　　　　　　10 000 000

　　贷：长期股权投资　　　　　　　　　　　7 000 000（70 000 000×10%）

　　　　投资收益　　　　　　　　　　　　　3 000 000

### 3. 由权益法核算转为按公允价值计量

原持有对被投资单位具有共同控制或重大影响的长期股权投资，因部分处置等导致投资比例下降，不能再对被投资单位实施共同控制和重大影响的，投资方应对剩余的长期股权投资由权益法改按公允价值计量，并根据《企业会计准则第22号——金融工具确认与计量》准则来进行会计处理。丧失共同控制或重大影响之日，剩余股权的公允价值与账面价值之间差额计入当期损益（投资收益）。原采用权益法核算而确认的相关其他综合收益应在终止权益核算时，采用与被投资单位直接处置相关资产或负债相同的基础进行会计处理；因被投资方除净损益、其他综合收益和利润分配以外的其他所有者权益变动而确认的所有者权益，应在终止采用权益法核算时全部转入当期损益（投资收益）。

【例23】南方公司持有S公司30%的股权，并能对S公司实施重大影响。2016年7月1日，南方公司将该项投资中的50%对外出售给非关联方，共取得价款2 000万元。当日已完成了相关手续。出售后南方公司无法再对S公司实施重大影响，将剩余长期股权投资作为可供出售金融资产。2016年7月1日，该项投资的账面价值共3 400万元，其中投资成本2 700万元，损益调整350万元，其他综合收益为300万元（性质为被投资单位的可供出售金融资产的累计公允价值变动），除净损益、其他综合收益和利润分配外的其他所有者权益变动为50万元。剩余股权的公允价值为2 000万元。不考虑相关税费等其他因素的影响。

因南方公司对S公司的股权投资进行部分处置导致对S公司不能再实施重大影响，对剩余股权应终止权益法核算而改按公允价值计量。具体的会计处理如下：

（1）确认被处置部分长期股权投资的处置损益。

借：银行存款　　　　　　　　　　　　　　　20 000 000

　　贷：长期股权投资　　　　　　　　　　　17 000 000（34 000 000×50%）

　　　　投资收益　　　　　　　　　　　　　3 000 000

（2）剩余股权转为可供出售金融资产并将其账面价与公允价之间的差额确认为投资收益。

借：可供出售金融资产　　　　　　　　　　　20 000 000

　　贷：长期股权投资　　　　　　　　　　　17 000 000（34 000 000×50%剩余部分）

　　　　投资收益　　　　　　　　　　　　　3 000 000

（3）因终止权益法核算，将原确认的其他综合收益全部转入当期损益。①

借：其他综合收益　　　　　　　　　　　　　　　　　3 000 000

　　贷：投资收益　　　　　　　　　　　　　　　　　　　3 000 000

（4）因终止权益法核算，原计入资本公积的其他所有者权益全部转为当期损益。

借：资本公积——其他资本公积　　　　　　　　　　　　500 000

　　贷：投资收益　　　　　　　　　　　　　　　　　　　500 000

## 三、长期股权投资的处置

所谓长期股权投资的处置，就是指投资方在持有长期股权投资的过程中，由于各方面的原因，将所持有的对被投资单位的股权全部或部分对外出售。处置长期股权投资时，应结转与所售股权相对应的长期股权投资的账面价值，出售所得价款与出售长期股权投资账面价值之间的差额，确认为处置损益（投资收益）。

值得注意的是，投资方因全部处置权益法核算的长期股权投资时，原权益法核算时确认的相关其他综合收益应在终止采用权益法核算时采用与被投资单位直接处置相关资产或负债相同的基础进行会计处理，因被投资方除净损益、其他综合收益和利润分配以外的其他所有者权益变动而确认的所有者权益，应在终止采用权益法核算时全部转入当期投资收益。投资方部分处置权益法核算的长期股权投资，剩余股权仍采用权益法核算的，原权益法核算的相关其他综合收益与被投资单位直接处置相关资产或负债相同的基础处理并按比例结转，因被投资方除净损益、其他综合收益和利润分配以外的其他所有者权益变动而确认的所有者权益，应按比例结转入当期投资收益。

【例24】南方公司原持有S公司45%的股权并能对S公司实施重大影响。2016年2月20日，南方公司决定出售其持有的S公司股权的1/3，出售时南方公司对S公司长期股权投资的账面价值构成为：投资成本1 500万元，损益调整420万元，其他综合收益180万元（性质为S公司可供出售金融资产公允价值升值），其他所有者权益变动120万元，出售S公司1/3股权共获得价款870万元。出售后南方公司对S公司仍能实施重大影响。南方公司处置部分对S公司的长期股权投资的具体会计处理如下：

（1）确认出售S公司1/3股权的处置损益。

借：银行存款　　　　8 700 000

　　贷：长期股权投资　　　7 400 000 ［（15 000 000＋4 200 000＋1 800 000＋1 200 000）÷3］

　　　投资收益　　　1 300 000

（2）因部分处置后仍按权益法核算，将原计入的其他综合收益按比例转入投资收益。

借：其他综合收益　　　　　　　　　　　　　　600 000（1 800 000÷3）

　　贷：投资收益　　　　　　　　　　　　　　　　600 000

（3）因部分处置后仍按权益法核算，将原计入的其他资本公积按比例转入当期损益。

借：资本公积——其他资本公积　　　　　　　　400 000（1 200 000÷3）

　　贷：投资收益　　　　　　　　　　　　　　　　400 000

---

① 因此处的其他综合收益是由于S公司的可供出售金融资产公允价值变动形成的，当S公司处置该项资产时，原计入的其他综合收益应转为当期损益（投资收益）。故此处也转为当期损益（投资收益）。

## 📖 本章小结

我国《企业会计准则第 2 号——长期股权投资》所规范的长期股权投资，是指投资方对被投资单位实施控制、重大影响的权益性投资，以及对其合营企业的权益性投资。

关于长期股权投资的初始计量如下：

（1）同一控制下企业合并形成的长期股权投资，于合并日，投资方（合并方）应按照取得被合并方（被投资方）在最终控制方合并财务报表上所有者权益账面价值的相应份额作为长期股权投资的初始投资成本。

（2）非同一控制下企业合并形成的长期股权投资，投资方（购买方）应当按照确定的企业合并成本作为长期股权投资的初始投资成本。

（3）除采用企业合并以外的形成长期股权投资：①以支付现金方式取得的长期股权投资，应当按照实际支付的购买价款作为初始投资成本，包括购买过程中支付的手续费等必要支出，但所支付价款中包含的被投资单位已宣告但尚未发放的现金股利或利润应作为应收项目，不构成取得长期股权投资的初始投资成本。②以发行权益性证券方式取得的长期股权投资，其初始投资成本为所发行权益性证券的公允价值，但不包括应自被投资单位收取的已宣告但尚未发放的现金股利或利润。为发行权益性证券支付给有关证券承销机构等的手续费、佣金等与权益性证券发行直接相关的费用，不构成取得长期股权投资的成本。该部分费用应自权益性证券的溢价发行收入中扣除，权益性证券的溢价收入不足冲减的，应冲减盈余公积和未分配利润。③以债务重组方式取得的长期股权投资，其初始投资成本应按照《企业会计准则第 12 号——债务重组》的原则来确定；④投资者投入的长期股权投资，应当按照投资合同或协议约定的价值作为长期股权投资的初始投资成本，但合同或协议约定的价值不公允的除外。

长期股权投资的后续计量，其核算方法通常有两种：成本法和权益法。投资方对被投资方能够实施控制，投资方应对这笔长期股权投资采用成本法进行核算；而对合营企业和联营企业的投资，采用权益法来进行核算。

### 本章思考题与练习题

**思考题**

1. 简述我国《企业会计准则第 2 号——长期股权投资》的适用范围。

2. 简述成本法和权益法的适用范围。

3. 成本法与权益法的核算要求存在哪些差异？

4. 简述权益法的具体核算程序。

5. 什么情况下长期股权投资的核算方法应由成本法转换为权益法或按公允价值计量？怎样进行会计处理？

6. 什么情况下长期股权投资的核算方法应由权益法转换为成本法或按公允价值计量？怎样进行会计处理？

7. 什么情况下长期股权投资的核算方法应由按公允价值计量转换为成本法或权益法核算？怎样进行会计处理？

**练习题**

**习题一：** 2016 年 6 月 30 日，兴华公司向同一集团内 M 公司的原股东定向增发 500 万股普通股（每股面值为 1 元，市价为 12.50 元），同时支付现金 2 500 万元，取得 S 公司 70% 的股权，并于当日起能够对 M 公司实施控制，合并后 M 公司仍维持其独立法人资格继续经营。两公司在企业合并前采用的会计政策相同。合并日，M 公司账面所有者权益的总额为 5 500 万元，其评估后公允价值为 10 000 万元（主要由于地产升值）。S 公司在合并后维持其法人资格继续经营。

要求：计算兴华公司对 M 公司长期股权投资的初始成本并编制相关的会计分录。

**习题二：** 资料同习题一，假定兴华公司与 M 公司之前不存在任何关系。

要求：计算兴华公司对 M 公司长期股权投资的初始成本并编制相关的会计分录。

**习题三（公允价值计量）：** 兴华公司 2016 年 1 月 2 日以 1 500 000 元获得 M 公司 10% 的股权，且对 M 公司不能实施重大影响和共同控制。2016 年 5 月 10 日，M 公司宣告并发放现金股利 240 000 元。2016 年度，M 公司获得净利润 540 000 元，M 公司 10% 股权的公允价值为 1 600 000 元。

要求：兴华公司将对 M 公司 10% 的权益性投资分别按交易性金融资产和可供出售金融资产处理时的会计处理。

**习题四（权益法）：** 兴华公司 2015 年 1 月 1 日以 1 300 000 元获得 M 公司 40% 的股权并能对 M 公司实施重大影响。2015 年 3 月 10 日，M 公司宣告并发放现金股利 240 000 元。2015 年度，M 公司获得净利润 540 000 元，可供出售金融资产公允价值升值 200 000 元，除净损益、其他综合收益和利润分配外其他因素导致所有者权益增加 100 000 元。2015 年 1 月 1 日 M 公司除一项账面原值 400 000 元（已计提折旧 40 000 元，预仍可使用 9 年，无残值）的固定资产公允价为 450 000 元外，其他所有资产和负债的账面价与公允价相同。M 公司 2015 年 1 月 1 日和 2015 年 12 月 31 日的股东权益简要汇总如下：

|  | 2015 年 1 月 1 日 | 2015 年 15 月 31 日 |
|---|---|---|
| 普通股，每股面值 1 元 | 1 500 000 | 1 500 000 |
| 资本公积 | 450 000 | 480 000 |
| 未分配利润 | 500 000 | 800 000 |
| 股东权益合计 | 2 450 000 | 2 780 000 |

要求：

（1）编制兴华公司的相关会计分录；

（2）计算 2015 年兴华公司来自 M 公司的投资收益及年底对 M 公司的长期股权投资账户余额。

**习题五（长期股权投资核算方法的转换）：** 兴华公司于 2014 年至 2015 年间分三次从非关联方收购 M 公司的股权，且不属于一揽子交易，其有关资料如下：

2014 年 1 月 1 日，兴华公司收购 M 公司 10% 的股份，100 000 股普通股，每股市价 1.7 元。兴华公司将其作为可供出售金融资产。2014 年度，M 公司共实现净利润 200 000

元，年末发放现金股利 80 000 元；

2015 年 1 月 1 日，兴华公司又从非关联方购买 M 公司 30% 的股权，300 000 股普通股，每股市价 2 元。相关手续于当日完成，并能对 M 公司实施重大影响。2015 年 1 月 1 日，M 公司的可辨认净资产的公允价值为 1 800 000 元，且其账面价与公允价相等。2015 年度，M 公司共实现净利润 400 000 元，可供出售金融资产公允价值升值 100 000 元，年末发放现金股利 200 000 元，除净损益、其他综合收益和利润分配外没有其他所有者权益的变动。

2016 年 1 月 1 日，兴华又从非关联方购买 M 公司 45% 的股权，450 000 股普通股，每股市价 2.7 元。相关手续于当日完成，并能对 M 公司实施控制。2016 年度，M 公司共实现净利润 500 000 元，可供出售金融资产公允价值升值 150 000 元，年末发放现金股利 300 000 元，除净损益、其他综合收益和利润分配外其他所有者权益增加 50 000 元。

要求：

（1）兴华公司对 M 公司权益性投资分别在 2014 年、2015 年和 2016 年相关的会计处理；

（2）计算兴华公司 2014 年对 M 公司的投资收益及 2014 年 16 月 31 日对 M 公司权益性投资账户的余额。

（3）计算兴华公司 2015 年对 M 公司的投资收益及 2015 年 12 月 31 日对 M 公司的长期股权投资账户余额。

（4）计算兴华公司 2016 年对 M 公司的投资收益及 2016 年 12 月 31 日对 M 公司的长期股权投资账户余额。

### 延伸阅读文献

1. 中华人民共和国财政部：《企业会计准则》，经济科学出版社，2006 年。

2. 中华人民共和国财政部会计司编写组：《企业会计准则讲解 2010》，人民出版社，2010 年。

3. 中华人民共和国财政部会计司：《企业会计准则第 2 号——长期股权投资》，经济科学出版社，2014 年。

4. 中华人民共和国财政部会计司：《企业会计准则第 33 号——合并财务报表》，经济科学出版社，2014 年。

5. International Accounting Standard Board，International Financial Reporting Standard 3（IFRS3），Business Combinations，2008.

6. Financial Accounting Standard Board，Statement of Financial Accounting Standards No. 141，Business Combinations，2001.

7. 梁莱歆主编：《高级财务会计》（第三版），清华大学出版社，2011 年。

8. 王泽霞主编：《高级财务会计》，浙江科学技术出版社，2010 年。

9. 王竹泉等主编：《高级财务会计》，东北财经大学出版社，2010 年。

10. 杨友红主编：《高级财务会计》，经济科学出版社，2008 年。

11. ［美］弗洛伊德·A. 比姆斯、约瑟夫·H. 安东尼、罗布林·P. 克莱门特等著，储一昀译：《高级会计学》（第十版），中国人民大学出版社，2011 年。

# 第三章　合并财务报表概述

【本章要点】

1. 了解编制合并财务报表的意义及合并财务报表的特点
2. 理解合并范围的确定标准
3. 掌握我国会计准则对合并范围的规定
4. 掌握合并财务报表的编制程序
5. 理解三大合并财务报表理论的观点和特点
6. 掌握我国合并财务报表的相关规定

## 第一节　合并财务报表的意义和特点

### 一、合并财务报表的意义

合并财务报表，是指反映母公司和其全部子公司形成的企业集团整体财务状况、经营成果和现金流量的财务报表，主要包括合并资产负债表、合并利润表、合并现金流量表、合并所有者权益变动表等。合并财务报表是以母公司和子公司单独编制的个别财务报表为基础，由母公司编制的综合反映企业集团财务信息的报告文件。

合并财务报表首先出现于美国。我国则是从 1992 年开始，要求上市公司编制合并财务报表。在 2000 年发布的《企业会计制度》中，要求企业集团编制合并财务报表。2006年财政部发布了《企业会计准则第 33 号——合并财务报表》，并于 2014 年 2 月进行了修订，以规范我国上市公司合并财务报表的编制。

作为法人实体的母、子公司，各自均须编制自己单独的财务报表，为什么整个集团还要编制合并财务报表呢？这是个首先必须回答的问题。简单地说，合并财务报表编制的意义主要表现在以下三个方面：

1. 体现了实质重于形式的原则

形式上母、子公司各自均为独立的法人实体，母公司报表上反映的是拥有对子公司的长期股权投资并获得相应的投资收益，可实质上，母公司拥有或控制的是子公司具体的资产和其所承担的负债，母、子公司的经营活动处于同一管理控制之中。

2. 有利于提供整个集团的财务会计信息

合并财务报表是反映由母、子公司组成的企业集团整体财务状况、经营业绩和现金流量等的财务会计信息。在控股经营的情况下，母公司和子公司都是独立的法人实体，并编报各自的财务报表。可要了解整个企业集团的财务会计信息，就需要将母公司和其全部子公司作为一个报告主体，通过编制合并财务报表来反映整个企业集团的财务会计信息，以满足企业集团相关利益各方的信息需求。

3. 有效防止报表粉饰

合并财务报表有利于避免企业集团利用内部控制与被控制的关系，人为粉饰财务报表情况的发生。通过编制合并财务报表，可以将企业集团内部交易所产生的收入及利润予以抵销，使财务报表反映企业集团客观真实的财务状况、经营成果和现金流量，从而有效防止和避免控制方（母公司）人为操纵利润和粉饰财务报表。

## 二、合并财务报表的特点

合并财务报表是以整个企业集团为一个会计主体，以组成企业集团的母公司和子公司的个别财务报表为基础，抵销内部交易或事项对合并财务报表的影响后编制而成的。与个别财务报表相比较，合并财务报表具有如下特点：

1. 报表反映的内容和对象不同

合并财务报表反映的是母、子公司所组成的企业集团整体的财务状况、经营成果和现金流量，反映的对象是由若干个法人组成的会计主体，是经济意义上的会计主体，而不是法律意义上的会计主体。而个别财务报表反映的则是单个法人企业的财务状况、经营成果和现金流量，反映对象是独立的法人企业。

2. 报表编制的主体不同

合并财务报表由企业集团中对其他企业有控制权的母公司编制，并不是集团中所有的企业都需要编制合并财务报表。个别财务报表是由独立的法人企业编制，所有企业都必须编制个别财务报表。

3. 报表的编制基础不同

合并财务报表是以纳入合并范围企业的个别财务报表为基础，根据其他相关资料，抵销有关会计事项对合并财务报表的影响编制而成的，并不需要单独设置一套账簿体系。而个别财务报表的编制则需从设置账簿、审核凭证、编制记账凭证、登记会计账簿、账项调整、试算平衡，再到财务报表的编制，有一套完整的会计核算方法体系。

4. 报表的编制方法不同

合并财务报表有其独特的编制方法，是在对纳入合并范围的个别财务报表的数据进行汇总的基础上，通过编制合并抵销与调整分录将企业集团内部的经济业务或事项对合并财务报表的影响予以抵销，然后按照合并财务报表的项目要求合并个别财务报表各项目的数据编制而成。个别财务报表的编制则包括设置账户、复式记账、登记账簿、平行登记、试算平衡、结账、账项调整等一系列方法。

值得注意的是，合并财务报表不同于汇总财务报表。汇总财务报表主要是指由行政管理部门根据所属企业报送的财务报表，对其各项目进行加总编制的财务报表。汇总财务报表主要是满足有关行政部门或国家掌握整个行业或整个部门所属企业的财务经营情况，以企业的财务隶属关系作为确定编制范围的依据，采用简单的加总编制而成的。

# 第二节 合并范围的确定

合并财务报表的合并范围是指纳入合并财务报表编制的子公司的范围。要编制合并报表，第一步就是确定合并范围。只有确定了合并范围，才能开始合并报表的编制工作。而且合并财务报表的信息含量乃至于其所披露信息的相关性和可靠性，在很大程度上都受到合并范围的直接影响。下面将介绍合并范围的确定标准以及我国会计准则对合并范围的相关规定。

## 一、合并范围的确定标准

确定合并范围最重要的标准就是控制权标准。而控制权的判断，则可从数量标准和质量标准这两方面来确定。

（1）数量标准。在数量标准下，当投资企业对被投资企业的持股（普通股）比例大于50%，即当投资企业拥有超过被投资单位50%的股权时，被投资的公司即为子公司。值得注意的是，持股关系有直接持股、间接持股、直接和间接相结合三种情况。在这三种情况中，直接持股情况下持股比例可直接获取，而后两种情况下持股比例则需加以计算，其计算方法的选择有以下两种观点：

其一，加法原则观点。母公司在子公司的被投资单位中所间接拥有的股权份额即是子公司在其被投资单位中直接拥有的份额。如A公司直接持有B公司60%的股份而使B公司成为A公司的子公司，B公司又直接拥有C公司70%的股份，那么A公司在C公司中所拥有的股权份额即是70%。依加法原则观点判断，C公司为A公司的子公司。

其二，乘法原则观点。母公司在子公司的被投资单位中所间接拥有的股权份额应为母公司拥有子公司的股权份额与子公司拥有其被投资单位的股权份额的乘积。如A公司直接持有B公司60%的股份而使B公司成为A公司的子公司，B公司又直接拥有C公司70%的股份，那么A公司在C公司中所拥有的股权份额即是42%（60%×70%）。依乘法原则观点判断，C公司不是A公司的子公司。

（2）质量标准。质量标准有法定控制权和实质性控制权之分。这两种控制权均是指在不满足数量标准的情况下可能存在的控制权。法定控制权是指母公司依据法律文件或协议的规定而具备的控制权。实质性控制权则是指拥有的股权不超过50%，但由于被投资公司股权分散等原因而在事实上可以实施的控制权。显然，法定控制权和实质性控制权是对控制权数量判断标准的拓展。

根据数量标准和质量标准来判断控制权的存在是界定子公司属性的关键性条件，但是控制权标准只是界定合并范围的必要条件而非充分条件。换言之，纳入合并范围的一定是子公司，即为母公司所控制的被投资企业；但并非所有因控制关系而界定的子公司都应纳入合并范围。这种虽存在控制关系但不纳入合并范围的子公司，往往是母公司所实施的控制权是暂时的或受到了限制等。

就控制权判断的数量标准，美国财务会计准则和国际会计准则对间接持股情况下采用加法原则还是乘法原则的选择并不明确。而就控制权的质量标准，美国财务会计准则委员会已将控制权扩展延伸到具有实质性控制权这一标准，而国际会计准则几乎也拓展到了实质性控制权标准。

## 二、我国会计准则对合并范围的规定

2014 年 2 月，我国对 2006 年发布的《企业会计准则第 33 号——合并财务报表》进行了修订，其中修订的一项重要内容就是控制的定义，这无疑将直接影响合并范围的确定。新修订的《企业会计准则第 33 号——合并财务报表》第二十一条规定"母公司应当将其全部子公司纳入合并财务报表的合并范围"①。因此，母、子公司关系的判断是确定合并范围的关键点。母公司，是指控制一个或一个以上主体（含企业、被投资单位中可分割的部分，以及企业所控制的结构化主体等）的主体。子公司，是指被母公司控制的主体。从定义中可以看出，母公司要求同时具备两个条件：

（1）必须控制一个或一个以上的子公司，即必须满足合并财务报表准则所规定的控制要求，拥有对被投资方的权力，通过参与被投资方的相关活动而享有可变回报，并且有能力运用对被投资方的权力影响其回报金额。母公司可以只控制一个子公司，也可以同时控制多个子公司。

（2）母公司可以是企业，也可以是非企业形式，但形成会计主体的其他组织，如基金等。

子公司也要求同时具备两个条件：

（1）作为子公司必须被母公司控制，并且只能由一个母公司控制，不可能也不允许被两个或多个母公司同时控制。被两个或多个公司共同控制的被投资单位是合营企业，而不是子公司。

（2）子公司可以是企业，如《公司法》所规范的股份有限公司、有限责任公司，也可以是非企业形式的主体，如被投资单位中可分割的部分和企业所控制的结构化主体②等。

由此可看出，母、子公司关系的判断是以控制为基础的，当投资方控制了被投资方，则控制方为母公司，被控制方为子公司。因此，我国合并财务报表的合并范围也是以控制作为确定标准的。

### （一）我国控制标准的具体运用

控制，是指投资方拥有对被投资方的权力，通过参与被投资方的相关活动而享有可变回报，并且有能力运用对被投资方的权力影响其回报金额。由此可知，控制的定义包括三要素，一是投资方拥有对被投资方的权力；二是投资方因参与被投资方的相关活动而享有可变回报；三是投资方有能力运用对被投资方的权力影响其回报金额。在判断投资方是否能够控制被投资方时，当且仅当投资方具备这三要素时，才能表明投资方能够控制被投资方。

1. 投资方拥有对被投资方的权力

投资方拥有对被投资方的权力是判断控制的第一要素，在判断投资方是否拥有对被投

①  2014 年 2 月修订后的《企业会计准则第 33 号——合并财务报表》第二十一条还规定，如果母公司是投资性主体，则母公司应当仅将为其投资活动提供相关服务的子公司（如有）纳入合并范围并编制合并财务报表；其他子公司不应当予以合并，母公司对其他子公司的投资应当按照公允价值计量且其变动计入当期损益。

②  结构化主体，是指在确定其控制方时没有将表决权或类似权力作为决定因素而设计的主体。

资方的权力时，主要从以下三方面着手，要求投资方：①识别被投资方并评估其设立目的和设计；②识别被投资方的相关活动和对相关活动进行决策的机制；③确定投资方及涉入被投资方的其他方拥有的与被投资方相关的权力等，以确定投资方当前是否有能力主导被投资方的相关活动。

（1）评估被投资方的设立目的和设计。

在判断控制的各环节都需考虑被投资方的设立目的和设计。有的被投资方的设计安排表明表决权是判断控制的决定因素，而有的被投资方的设计安排则表明表决权不是判断控制的决定因素。当表决权只与被投资方的日常行政管理活动有关时，表决权则不能作为判断控制的决定性因素，此时被投资方的相关活动有可能是由其他合同安排来确定。这种情况下，投资方应结合被投资方设计产生的风险和收益、被投资方转移给其他投资方的风险和收益，以及投资方面临的风险和收益等一并来判断是否能够控制被投资方。

（2）识别被投资方的相关活动及其决策机制。

识别被投资方相关活动的目的是确定投资方对被投资方是否拥有权力。被投资方为经营的目的而从事的活动很多，但这些活动并非都是相关活动。相关活动是指对被投资方的回报产生重大影响的活动。对许多企业而言，财务和经营活动通常对其回报产生重大影响，但相关活动不仅限于财务与经营活动。不同企业的相关活动可能是不同的，应当根据企业的行业特征、业务特点、市场环境等具体情况来判断。相关活动通常包括商品或劳务的销售和买卖、金融资产的管理、资产的购买和处置、研究与开发活动及融资活动等，但也不只限于这些活动。

投资方是否拥有对被投资方的权力，不仅取决于被投资方的相关活动，还取决于被投资方对相关活动进行决策的方式。相关活动一般由企业章程、协议中约定的权力机构来决策，特殊情况下，相关活动也可能根据合同协议约定等由其他主体决策，如专门设置的管理委员会。

被投资方通常从事若干相关活动，且这些活动可能不是同时进行。当两个或两个以上投资方能够分别单方面主导被投资方的不同相关活动时，能够主导对被投资方回报产生重大影响的活动的一方拥有对被投资方的权力。

（3）确定投资方拥有的与被投资方相关的权力。

通常情况下，投资方拥有对被投资方的权力来自于表决权或类似权力本身或者结合其他安排，但某些情况下，表决权不能对被投资方的回报产生重大影响，可能仅与日常行政活动相关，被投资方的相关活动是由一项或多项合同安排来决定，也就是说投资方拥有对被投资方的权力来自于表决权之外——合同的安排。

第一，来自于表决权的权力。

来自于表决权的权力通常表现为两种形式，一是投资方拥有被投资方的多数（半数以上）表决权[①]；二是投资方持有被投资方半数或以下表决权，但通过与其他表决权持有人之间的协议能够控制半数以上表决权。

投资方拥有对被投资方半数以上的表决权，无论该表决权是否行使，都视为投资方拥

---

[①]　在表决权是判断投资方是否对被投资方拥有权力的决定因素时，此种情况下一般认为投资方能对被投资方实施控制，但当章程或者其他协议存在某些特约约定时，如被投资方相关活动的决策需要2/3表决权比例通过，拥有半数以上但未达到约定比例并不意味着能够对被投资方实施控制。

有对被投资方的权力，但有两种情况除外，一是存在其他安排赋予被投资方的其他投资方拥有对被投资方的权力，如合同的安排；二是投资方拥有的表决权不是实质性权利。实质性权利是指持有人在对相关活动进行决策时有实际能力行使的可执行权利。投资方拥有被投资方多数（半数以上）表决权的情况通常包括以下三种：

①直接持有。直接持有是指投资方直接拥有被投资方超过半数以上（超过50%）的表决权。例如，A公司对B公司直接投资，占乙公司表决权的60%，表明A公司直接控制B公司，A公司是B公司的母公司，两者存在控制与被控制关系（如图3-1所示）。

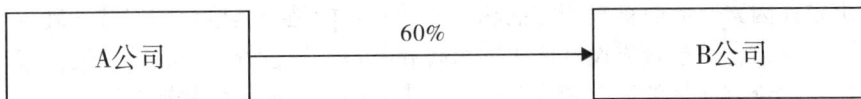

图3-1　直接控制示意图

②间接持有。间接持有是指投资方通过其子公司而对子公司的子公司拥有其过半数以上表决权。例如，A公司拥有B公司60%的表决权，B公司拥有C公司70%的表决权。B公司是A公司的子公司，C公司是B公司的子公司，A公司可以通过控制B公司间接拥有C公司70%的表决权。即A公司间接控制了C公司，A、C公司之间存在控制与被控制关系（如图3-2所示）。

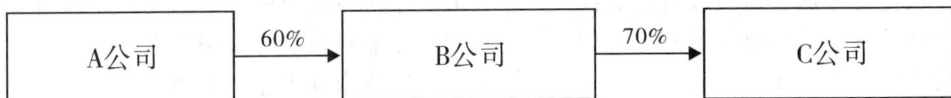

图3-2　间接控制示意图

③直接与间接合计持有。直接与间接合计持有指投资方虽然只直接拥有被投资方半数以下的表决权，但通过其子公司还间接拥有一部分被投资方的表决权，即投资方以直接和间接方式合计持有被投资方半数以上表决权。例如，A公司拥有C公司30%的表决权，拥有B公司60%的表决权；B公司又拥有C公司25%的表决权。A公司在直接拥有C公司30%表决权的同时，又通过其子公司（B公司）间接拥有C公司25%的表决权，一共拥有C公司55%（25%+30%）的表决权。因此。A公司通过直接与间接相结合形成了对C公司的控制，A公司与C公司之间存在控制与被控制关系（如图3-3所示）。

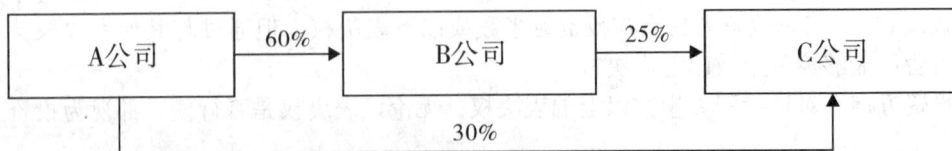

图3-3　直接与间接相结合形成的控制示意图

另外，投资方还可通过在被投资方的董事会或类似机构占多数表决权，或有权任免被投资方的董事会或类似机构的多数成员来获得对被投资方的多数表决权。

投资方持有被投资方半数或以下表决权，但通过与其他表决权持有人之间的协议能够控制半数以上表决权，是指投资方拥有被投资方的表决权虽然不超过半数，但通过与其他投资者签订书面协议，受托管理和控制被投资方。例如，A 公司拥有 B 公司 35% 的表决权，C 公司拥有 B 公司 25% 的表决权，A 和 C 达成协议，C 公司在 B 公司的表决权由 A 公司代理。在这种情况下，A 公司实际拥有 B 公司 60% 的表决权。

此外，在考虑投资方对被投资方的表决权时，除考虑上述因素外，还应考虑潜在表决权的影响，如可转换债券等。

有两点值得注意，一是投资方虽拥有被投资方多数表决权但没有权力，如被投资方的其他投资方有权力并能够主导被投资方的相关活动或表决权不是实质性权利（如被投资方的相关活动由政府、法院、接管人或清算人等主导）时，投资方虽拥有被投资方多数表决权，但不可能主导被投资方的相关活动，即不拥有对被投资方的权力；二是投资方持有被投资方半数或半数以下表决权，可能拥有对被投资方的权力。

第二，来自于表决权之外的权力。

投资方对被投资方的权力通常是来自于表决权，但有时，投资方对一些被投资方（如主体）的权力不是来自于表决权，而是由一项或多项合同安排决定。例如证券化产品，资产支持融资工具、部分投资基金等结构化主体。

2. 投资方因参与被投资方的相关活动而享有可变回报

投资方因参与被投资方的相关活动而享有可变回报，是判断投资方是否能够控制被投资方的第二项要素。可变回报是不固定的并可能随被投资方业绩而变动的回报，可能是正数，也可能是负数，或者有正有负。投资方在判断其享有被投资方的回报是否变动以及如何变动时，应当根据合同安排的实质而不是法律形式。可变回报不仅限于被投资方对利润或盈余的分配，固定管理费用、向被投资方提供信用支持或流动性支持收到的费用或承接的损失、被投资方清算时在其剩余净资产中所享有的权益、税务利益等属于可变回报。

3. 投资方有能力运用对被投资方的权力影响其回报金额

判断控制的第三项要素是，投资方有能力运用对被投资方的权力影响其回报金额。只有当投资方不仅拥有对被投资方的权力、通过参与被投资方的相关活动而享有可变回报，并且有能力运用对被投资方的权力来影响其回报的金额时，投资方才能控制被投资方。因此，拥有决策权的投资方在判断是否能控制被投资方时，需要考虑其决策行为是以主要责任人（即实际决策人）的身份还是以代理人的身份进行。此外，在其他方拥有决策权时，投资方还需要考虑其他方是否是以代理人的身份代表该投资方行使决策权。代理人的决策权应被视为由主要责任人直接持有，权力属于主要责任人而非代理人。在代理人代表主要责任人行使决策权时，代理人并不对被投资方拥有控制。

由上可知，我国的控制标准，在数量标准上，对于间接控股的情况，已明确选用加法原则观点；在质量标准上，几乎拓展到了实质性控制权阶段。

**（二）我国合并范围的具体规定**

我国《企业会计准则》明确规定，合并财务报表的合并范围应以控制为基础予以确定。母公司应当将其控制的所有子公司（包括母公司所控制的单独主体），全部纳入合并财务报表的合并范围。以控制为基础确定合并财务报表的合并范围，应当强调实质重于形式，综合考虑所有相关事实和因素来进行判断，如已宣告被清理整顿的原子公司、已宣告破产的原子公司均不应纳入合并范围。

2014 年 2 月修订的《企业会计准则第 33 号——合并财务报表》第二十一条还规定，如果母公司是投资性主体，则母公司应当仅将为其投资活动提供相关服务的子公司（如有）纳入合并范围并编制合并财务报表；其他子公司不应当予以合并，母公司对其他子公司的投资应当按照公允价值计量且其变动计入当期损益。当母公司同时满足下列三个条件时，该母公司属于投资性主体：一是该公司是以向投资者提供投资管理服务为目的，从一个或多个投资者处获取资金；二是该公司的唯一经营目的，是通过资本增值、投资收益或两者兼有而让投资者获得回报；三是该公司按照公允价值对几乎所有投资的业绩进行考量与评价。

但有一点值得注意，投资性主体的母公司本身不是投资性主体，则应当将其控制全部主体，包括那些通过投资性主体所间接控制的主体，纳入合并财务报表的合并范围。

当母公司由非投资性主体转变为投资性主体时，除将为其他投资活动提供相关服务的子公司纳入合并财务报表的合并范围外，自转变日起，母公司不再将其他子公司予以合并。

当母公司由投资性主体转变为非投资性主体时，应将原未纳入合并财务报表范围的子公司于转变日起纳入合并范围，原未纳入合并范围的子公司在转变日的公允价值视同为购买的交易对价。

# 第三节　合并财务报表的编制原则和程序

## 一、合并财务报表的编制原则

与个别财务报表不同，合并财务报表反映的是母公司和所有子公司组成的企业集团整体的财务情况，反映的是若干法人（或主体）共同形成的会计报告主体的财务情况。因此，合并财务报表的编制除应遵循个别财务报表编制的一般原则和要求外，还应当遵循以下原则：

（1）以个别财务报表为基础。合并财务报表并不是直接根据母公司和子公司的账簿来编制，而是利用母公司和子公司编制的反映各自财务状况、经营成果和现金流量的个别财务报表，通过合并财务报表的特有方法进行编制的。以纳入合并范围的个别财务报表为编制基础。

（2）整体性原则。合并财务报表反映的是企业集团的财务状况、经营成果和现金流量，反映由多个法人企业组成的一个会计报告主体的财务情况。在编制合并财务报表时应当将母公司和所有子公司作为一个整体来看待，视为同一会计主体，母、子公司间发生的经营活动都应当从企业集团这一整体的角度进行考虑。因此，在编制合并财务报表时，对于母公司与子公司、子公司与子公司之间发生的经济业务，应当视为同一会计主体的内部业务来进行处理。

（3）重要性原则。与个别财务报表相比，合并财务报表涉及多个法人主体，这些法人可能分布在不同的国家或地区，有不同的规模和经营范围等，为把整个集团的综合财务情况提供给合并财务报表的使用者，就需要讲究会计信息成本与效益，遵守重要性原则，解决合并财务报表项目的安排，是否抵销内部交易事项等问题。

## 二、合并财务报表编制的前提

合并财务报表的编制涉及多个法人企业（或主体）。为了使编制的合并财务报表准确、全面地反映整个企业集团的真实情况，必须做好一系列的前提准备事项，主要包括以下几个方面：

1. 统一母、子公司财务报表的会计期间和决算日

财务报表反映的是特定日期的财务状况和一定会计期间的经营成果。母公司和子公司的个别财务报表只有在反映财务状况的日期和反映经营成果的会计期间一致的情况下，才能进行合并。为了编制合并财务报表，必须要求子公司财务报表的决算日和会计期间与母公司的一致，以统一集团内各企业的财务报表决算日和会计期间。对于境外子公司，其决算日和会计期间与母公司不一致的，可以要求其为编制合并财务报表单独编制与母公司财务报表决算日和会计期间一致的个别财务报表。

2. 统一母、子公司的会计政策

会计政策是指企业在会计核算和编制财务报表时所采用的会计原则、会计程序和会计处理方法。会计政策是编制财务报表的基础，也是保证财务报表各项目反映内容一致的基础。只有在财务报表各项目反映内容一致的情况下，才能对其进行汇总，编制合并报表。因此，在编制合并财务报表前，应统一母、子公司的会计政策，要求子公司所采用的会计政策与母公司保持一致。

3. 统一母、子公司的编报货币

合并母公司和子公司的财务报表，其前提必须是母、子公司个别财务报表所采用的货币计量单位一致。在我国，允许外币业务比较多的企业采用某一外币作为记账本位币，境外企业一般也是采用其所在国家或地区的货币作为记账本位币。在将这样的子公司纳入合并范围时，必须将其报表折算为母公司采用的记账本位币表示的财务报表，然后再进行合并。

4. 子公司应当向母公司提供报表外的其他相应资料

合并财务报表是在母公司和子公司个别财务报表的基础上，对相关项目进行调整与抵销后编制而成的。因此在编制合并财务报表时，子公司除了应当向母公司提供个别财务报表外，还应当向母公司提供下列有关资料：①采用与母公司不一致的会计政策及其影响金额；②与母公司不一致的会计期间的说明；③与母公司、其他子公司之间发生的所有内部交易的相关资料；④所有者权益变动的有关资料；⑤编制合并财务报表所需要的其他资料等。

### 三、合并财务报表的编制程序

合并财务报表是在母、子公司个别财务报表的基础上，采用抵销与调整的方法编制而成的。并不需要单独设置一套账簿，根据每笔经济业务编制分录，登记账簿，并以账簿数据填列报表。编制合并财务报表的程序如下：

1. 设置合并工作底稿，并将个别财务报表的数据过入合并工作底稿

合并工作底稿的作用是为合并财务报表的编制提供基础，其格式见表 3 - 1。在合并工作底稿中，先将母、子公司个别财务报表的各项目过入合并工作底稿中，在合并工作底稿中对各项目的金额进行加总，计算出个别资产负债表、利润表、现金流量表和所有者权益变动表各项目的合计金额。

表 3 - 1　合并工作底稿

单位：元

| 项目 | 母公司 | 子公司1 | 子公司2 | … | 合计 | 抵销与调整分录 | | 合并数 |
| --- | --- | --- | --- | --- | --- | --- | --- | --- |
| | | | | | | 借 | 贷 | |
| （利润表项目） | | | | | | | | |
| 一、营业收入 | | | | | | | | |
| 　减：营业成本 | | | | | | | | |
| 　　　营业税金及附加 | | | | | | | | |
| 　　　销售费用 | | | | | | | | |
| 　　　管理费用 | | | | | | | | |
| 　　　财务费用 | | | | | | | | |
| 　　　资产减值损失 | | | | | | | | |
| 　加：投资收益（损失以"－"号填列） | | | | | | | | |
| 二、营业利润（亏损以"－"号填列） | | | | | | | | |
| 　加：营业外收入 | | | | | | | | |
| 　减：营业外支出 | | | | | | | | |
| 三、利润总额（亏损总额以"－"号填列） | | | | | | | | |
| 　减：所得税费用 | | | | | | | | |
| 四、净利润（净亏损以"－"号填列） | | | | | | | | |
| 　　少数股东损益 | | | | | | | | |
| 　　归属于母公司股东的净利润 | | | | | | | | |
| 五、其他综合收益的税后净额 | | | | | | | | |
| 　（一）以后不能重分类进损益的其他综合收益 | | | | | | | | |
| 　（二）以后将重分类进损益的其他综合收益 | | | | | | | | |

（续上表）

| 项目 | 母公司 | 子公司1 | 子公司2 | … | 合计 | 抵销与调整分录 | | 合并数 |
|---|---|---|---|---|---|---|---|---|
| | | | | | | 借 | 贷 | |
| 其中：权益法核算的在被投资单位以后将重分类进损益的其他综合收益中所享有的份额 | | | | | | | | |
| 可供出售金融资产公允价值变动的利得或损失 | | | | | | | | |
| 六、综合收益总额 | | | | | | | | |
| 归属于母公司股东的综合收益总额 | | | | | | | | |
| 归属于少数股东的综合收益总额 | | | | | | | | |
| （所有者权益变动表项目） | | | | | | | | |
| 一、未分配利润——年初 | | | | | | | | |
| 未分配利润——本期 | | | | | | | | |
| 其中：归属于母公司股东的净利润 | | | | | | | | |
| 提取盈余公积 | | | | | | | | |
| 对所有者（或股东）的分配 | | | | | | | | |
| 未分配利润——年末 | | | | | | | | |
| （资产负债表项目） | | | | | | | | |
| 流动资产： | | | | | | | | |
| 货币资金 | | | | | | | | |
| 交易性金融资产 | | | | | | | | |
| ⋮ | | | | | | | | |
| 预付款项 | | | | | | | | |
| 存货 | | | | | | | | |
| 其他流动资产 | | | | | | | | |
| 流动资产合计 | | | | | | | | |
| 非流动资产： | | | | | | | | |
| 可供出售金融资产 | | | | | | | | |
| 持有至到期投资 | | | | | | | | |
| 长期股权投资 | | | | | | | | |
| ⋮ | | | | | | | | |
| 商誉 | | | | | | | | |
| 递延所得税资产 | | | | | | | | |

（续上表）

| 项目 | 母公司 | 子公司1 | 子公司2 | ... | 合计 | 抵销与调整分录 | | 合并数 |
|---|---|---|---|---|---|---|---|---|
| | | | | | | 借 | 贷 | |
| 非流动资产合计 | | | | | | | | |
| 资产总计 | | | | | | | | |
| 流动负债： | | | | | | | | |
| 短期借款 | | | | | | | | |
| ⋮ | | | | | | | | |
| 流动负债合计 | | | | | | | | |
| 非流动负债： | | | | | | | | |
| 长期借款 | | | | | | | | |
| ⋮ | | | | | | | | |
| 非流动负债合计 | | | | | | | | |
| 负债合计 | | | | | | | | |
| 所有者权益（股东权益）： | | | | | | | | |
| 股本（或实收资本） | | | | | | | | |
| 资本公积 | | | | | | | | |
| 其他综合收益 | | | | | | | | |
| 盈余公积 | | | | | | | | |
| 未分配利润 | | | | | | | | |
| 归属于母公司的所有者权益合计 | | | | | | | | |
| 少数股东权益 | | | | | | | | |
| 所有者权益合计 | | | | | | | | |
| 负债和所有者权益总计 | | | | | | | | |
| （现金流量表项目） | | | | | | | | |
| 一、经营活动产生的现金流量： | | | | | | | | |
| 销售商品、提供劳务收到的现金 | | | | | | | | |
| ⋮ | | | | | | | | |
| 经营活动产生的现金流入小计 | | | | | | | | |
| 购买商品、接受劳务支付的现金 | | | | | | | | |
| ⋮ | | | | | | | | |
| 经营活动产生的现金流出小计 | | | | | | | | |
| 经营活动产生的现金流量净额 | | | | | | | | |
| 二、投资活动产生的现金流量： | | | | | | | | |

（续上表）

| 项目 | 母公司 | 子公司1 | 子公司2 | ... | 合计 | 抵销与调整分录 借 | 抵销与调整分录 贷 | 合并数 |
|---|---|---|---|---|---|---|---|---|
| 取得投资收益收到的现金 | | | | | | | | |
| 处置固定资产、无形资产和其他长期资产收回的现金净额 | | | | | | | | |
| ⋮ | | | | | | | | |
| 投资活动现金流入小计 | | | | | | | | |
| 购建固定资产、无形资产和其他长期资产支付的现金 | | | | | | | | |
| ⋮ | | | | | | | | |
| 投资活动现金流出小计 | | | | | | | | |
| 投资活动产生的现金流量净额 | | | | | | | | |
| 三、筹资活动产生的现金流量： | | | | | | | | |
| 吸收投资收到的现金 | | | | | | | | |
| 取得借款收到的现金 | | | | | | | | |
| ⋮ | | | | | | | | |
| 筹资活动现金流入小计 | | | | | | | | |
| 分配股利、利润或偿付利息支付的现金 | | | | | | | | |
| ⋮ | | | | | | | | |
| 筹资活动现金流出 | | | | | | | | |
| 筹资活动产生的现金流量净额 | | | | | | | | |
| 四、现金及现金等价物净增加额 | | | | | | | | |
| 加：期初现金及现金等价物余额 | | | | | | | | |
| 五、年末现金及现金等价物余额 | | | | | | | | |

**2. 编制调整和抵销分录**

调整和抵销分录不是正式的会计分录，只是列示在工作底稿中作调整与抵销处理，并不据以登记账簿。编制调整与抵销分录的目的在于将个别财务报表各项目的加总金额中重复的因素予以抵销，以体现整体性原则。编制合并调整与抵销分录是合并财务报表编制的关键内容。主要包括以下几个方面的调整与抵销：

（1）对子公司个别财务报表的调整。

子公司的会计政策、会计期间与母公司不一致的，必须调整为与母公司的一致。值得注意的是，对于非同一控制下企业合并取得的子公司，除了会计政策和会计期间与母公司不一致时需要调整外，还应当根据母公司为该子公司设置的备查簿，以有关该子公司的各项可辨认资产、负债及或有负债等在购买日的公允价值为基础，通过编制调整分录，对该子公司的个别财务报表进行调整，以使子公司的个别财务报表反映为在购买日公允价值基础上确定的可辨认资产、负债及或有负债在本期资产负债表日的金额。

（2）按权益法调整对子公司的长期股权投资。①

由于母公司对子公司的长期股权投资采用成本法进行核算，在编制合并财务报表时，母公司必须按权益法调整对子公司的长期股权投资，其调整分录反映在合并工作底稿中。

（3）母公司长期股权投资与子公司所有者权益的份额抵销。

母公司对子公司的长期股权投资与子公司所有者权益中母公司享有的份额应相互抵销。因为母公司对子公司的权益性投资，在母公司的资产负债表上体现为"长期股权投资"项目，而在子公司的资产负债表上则体现为"所有者权益"项目，如实收资本等。而在合并报表中则以子公司各项资产与负债的形式附加到母公司的资产与负债项目上来体现。

（4）母公司长期股权投资的投资收益的抵销。

当子公司为全资子公司时，母公司对子公司长期股权投资按权益法调整后的投资收益正好与子公司的本期净利润项目对应；如果子公司为非全资子公司，则母公司本期对子公司长期股权投资按权益法调整的投资收益与本期少数股东损益之和就是子公司的本期净利润项目，因此应将其相互抵销。

（5）母子公司间内部交易的抵销。

公司间内部交易指的是集团内企业之间的交易。编制合并财务报表时，整个集团是一个整体，公司间的内部交易，并非真正意义上的交易，只相当于内部资金、物资等的调拨，故应相互抵销，如公司间存货交易的抵销、公司间固定资产交易的抵销以及公司间债权债务交易的抵销等。

**3. 在工作底稿上计算合并财务报表各项目的合并金额**

在母公司和纳入合并范围的子公司个别财务报表各项目加总数额的基础上，加、减调整与抵销分录的金额，计算出各报表项目的合并金额。主要项目的计算方法如下：

（1）资产类项目：合并数为该项目母子公司合计金额，加上该项目调整与抵销分录的借方发生额金额，减去该项目调整与抵销分录的贷方发生额。

（2）负债类项目：合并数为该项目母子公司合计金额，减去该项目调整与抵销分录的借方发生额金额，加上该项目调整与抵销分录的贷方发生额。

（3）所有者权益类项目：合并数为该项目母子公司合计金额，减去该项目调整与抵销分录的借方发生额金额，加上该项目调整与抵销分录的贷方发生额。

（4）收入类项目：合并数为该项目母子公司合计金额，减去该项目调整与抵销分录的借方发生额金额，加上该项目调整与抵销分录的贷方发生额。

（5）费用类项目：合并数为该项目母子公司合计金额，加上该项目调整与抵销分录的借方发生额金额，减去该项目调整与抵销分录的贷方发生额。

---

① 此调整分录只出现在合并工作底稿中，并不改变母公司"长期股权投资"的账簿记录。

4. 根据工作底稿上的合并数填列合并财务报表

根据合并工作底稿中计算出的资产、负债、所有者权益、收入、费用类项目以及现金流量表中各项目的合并金额，填列编制正式的合并财务报表。

合并现金流量表可在个别现金流量表的基础上编制，也可在合并资产负债表和合并利润表的基础上编制。

# 第四节　合并财务报表理论

关于合并财务报表理论，经过长期的会计实践，由于对合并财务报表中少数股权（非控制性股权）① 的看法不一，引起了对相关问题的不同理解，进而形成了三种不同的合并财务报表理论，即母公司理论、实体理论和所有权理论。

## 一、三种合并财务报表理论的主要观点和特点

1. 母公司理论

（1）母公司理论的主要观点。

母公司理论又称为母公司观，它认为母公司虽不拥有子公司，但能控制子公司，故认为母公司（控制股东）的地位与少数股东不同。它重视的是母公司即控制股东，将合并财务报表视为母公司自身财务报表的一种延伸，并认为合并财务报表主要是为现有的和潜在的母公司普通股股东编制的，强调的是母公司或控股公司的股东利益。按照母公司理论，在企业集团内的股东只包括母公司的股东，而将子公司少数股东排除在外，看作是企业集团主体的外界债权人。合并资产负债表中的股东权益和合并净收益仅指母公司或控股公司拥有和所得部分，而少数股东的权益则被看作集团的负债，少数股东享有的净收益则被视为集团的费用。

（2）母公司理论的主要特点。

母公司理论的主要特点如下：①合并财务报表的目的和使用者。母公司理论强调母公司股东的权益，认为编制合并财务报表的目的是向母公司的股东和债权人反映其所控制的资源，合并财务报表的主要使用者是母公司股东和债权人。②少数股东权益的性质与计量。母公司理论将子公司少数股东拥有的权益视为负债，不包括在合并资产负债表的股东权益内，而是以"少数股东权益"这一单独项目列示在负债和股东权益两大类之间，母公司以购买方式获得控制权的情况下（即非同一控制下的企业合并），对子公司的同一资产、负债项目采用双重计价，即属于母公司的部分以购买日公允价值进行反映，属于少数股东的部分则按子公司的账面价值反映。③少数股东收益的性质。将少数股东应享有的收益在合并利润表中作为费用，而不是利润分配。④合并商誉。母公司以购买方式获得控制权的情况下（即非同一控制下的企业合并），母公司支付的合并对价与母公司享有子公司可辨认净资产公允价值之间的差额即为母公司所购买的子公司商誉。从理论上来说，该部分商

---

① 在国际会计准则中已被改称为"非控制性股权"，在我国使用的仍是"少数股权"。

誉等于子公司整体商誉中属于母公司的部分，并不是子公司的整体商誉，因为其未反映子公司整体商誉中属于少数股东的那一部分。因此，按照母公司理论，合并资产负债表中所列示的合并商誉仅包括母公司所拥有的子公司整体商誉的份额，少数股东拥有的部分不反映在合并资产负债中。⑤集团内部未实现损益。集团内公司间因内部交易形成的未实现损益，顺销时（母公司销售给子公司），应全数从合并净收益中抵销；逆销时（子公司销售给母公司），只抵销母公司所享有的份额。

2. 实体理论

（1）实体理论的主要观点。

实体理论又称为经济主体观，它视母、子公司为一个单一的经济个体，系由控股股东及少数股东共同投资设立。主张在企业集团内把所有股东都同等对待，一视同仁，并不过分强调母公司股东的权益。该理论最早是由美国的 Maurice Moonitz 教授于 1944 年在美国会计学会发表的《合并报表的实体理论》（The Entity Theory of Consolidated Statements）论文中提出的，其后逐渐被会计学界所接受。

（2）实体理论的主要特点。

实体理论的主要特点如下：①合并财务报表的目的和使用者。实体理论认为，合并财务报表的会计信息是反映整个企业集团的财务状况和经营成果，为企业集团中所有的股东服务。②少数股东权益的性质与计量。实体理论认为，合并后的股东权益既包括多数股权，也包括少数股权。在合并资产负债表中，采用单一计价，即对子公司的所有资产和负债均以购买日的公允价值为基础。③合并净收益和少数股东收益。按照实体理论，合并财务报表中的合并净收益是整个集团的净收益，既包括母公司享有的子公司净收益，也包括子公司中少数股权股东所获得的净收益。少数股东收益视为利润分配而非费用。④合并商誉。母公司以购买方式获得控制权的情况下（即非同一控制下的企业合并），合并商誉是指子公司整体商誉，既包括母公司拥有的商誉部分，也包括少数股东拥有的商誉部分。⑤集团内部未实现损益。集团内公司间因内部交易形成的未实现损益，顺销和逆销均应全数从合并净收益中抵销。

3. 所有权理论

（1）所有权理论的主要观点。所有权理论认为母、子公司之间的关系是拥有与被拥有的关系，而不是控制与被控制的关系，将少数股东完全排除在集团外。基于此，当母公司合并非全资子公司的财务报表时，采用比例合并法，即按母公司实际拥有的股权比例，合并子公司的资产、负债和所有者权益；对非全资子公司的收入、费用和净收益，也只按母公司的持股比例予以合并。

（2）所有权理论的主要特点。

所有权理论的主要特点如下：①编制合并财务报表的目的是向母公司的股东报告其所拥有的资源，而不是满足子公司少数股东的信息需求；②子公司的资产、负债按比例只列示母公司的部分；③合并净收益只反映母公司股东应享有的部分；④合并商誉按母公司持股比例计算；⑤对未实现内部交易损益的，按母公司比例予以抵销；⑥合并财务报表中既不会出现"少数股东权益"，也不会出现"少数股东损益"。

## 二、对三大合并理论的评价

随着经济的发展，合并财务报表得到了广泛的运用，合并财务报表理论就是随着合并财务报表在西方发达国家的广泛运用与发展，在长期探索、解决复杂课题与操作方法的过程中逐步形成的。每种理论都有其科学性和合理性，但也都存在一定的弊端和局限性。

### 1. 对母公司理论的评价

母公司理论在处理少数股东权益方面体现了对所有权理论和实体理论的折中和修正。该理论继承了所有权理论关于合并财务报表的编制是为了满足母公司股东的信息需求的观点，否定了经济实体理论关于合并财务报表的编制是为了合并主体的所有股东的观点。在报告要素合并方面，该理论摒弃了所有权理论狭隘的拥有观，采纳了实体理论所主张的、视野更加开阔的控制观，既反对所有权理论将少数股东权益完全排除在合并财务报表之外的保守做法，也反对实体理论全额确定子公司可辨认净资产的升（贬）值并按股权比例分摊给少数股东的激进做法。这一理论曾得到广泛运用。但母公司理论也存在某些局限性，主要表现为：

（1）合并有关资产和负债时，母公司对合并取得子公司的各项资产和负债，属于母公司的部分，按照合并日该资产、负债的公允价值计量，而对属于少数股东部分则按其历史成本计量，导致了对子公司同一资产、负债采用双重计价的标准；

（2）将少数股东权益作为负债、少数股东收益作为费用，不符合负债和费用要素的定义。

### 2. 对实体理论的评价

实体理论认为，母、子公司之间的关系是控制与被控制的关系，而不是拥有与被拥有的关系。该理论充分体现了控制这一经济实质，将合并主体的少数股权和多数股权同等看待，一视同仁，均作为集团的股东，对少数股权的处理比较公正。其合并财务报表也正确揭示了合并主体全部的净资产和净收益。但该理论也存在某些局限，主要表现为：

（1）对商誉的计算存在瑕疵。根据实体理论，商誉的计算是子公司整体价值减去子公司可辨认净资产的公允价值。其中子公司的整体价值是通过母公司所付出的购买价格除以其所拥有的股权比例计算得出的。可见，按照上述原理计算出的商誉具有推定性质，缺乏可验证性。

（2）该理论关于合并财务报表编制目的的看法也存在争议。实体理论认为，合并财务报表不是单纯为母公司股东编制的，而是为合并主体的所有利益当事人编制的。然而少数股东只持有子公司比例较少的股权，并没有持有母公司的股权，它既无法控制子公司资产的运用，更无权享受子公司之外的合并主体成员公司的权益，少数股东只关心它持股的子公司本身，也只关注子公司的个别财务报表。因此，合并财务报表对于少数股东的意义不大。

### 3. 对所有权理论的评价

所有权理论认为母、子公司之间是拥有和被拥有的关系，强调的是母公司实际拥有的而不是控制的资源。编制合并财务报表的目的是向母公司股东报告其拥有的资源，因此，在子公司属于非全资子公司的情况下，是按母公司实际拥有的股权比例，合并子公司的资产、负债和所有者权益。同样，非全资子公司的收入、成本费用及净收益，也只能按母公司的持股比例予以合并。所有权理论主要运用于几个公司通过某种协议共同控制被投资公司的特殊情况。所有权理论存在的局限性主要表现在：

（1）在所有权理论下，按比例合并法编制的合并财务报表强调的是母公司拥有的，而不是母公司所实际控制的资源，这种做法显然违背了合并所强调的控制这一实质。

（2）人为地将子公司的资产、负债、收入、费用等要素按母公司的持股比例分割为两部分，缺乏现实经济意义。

## 三、我国合并财务报表的相关规定及合并财务报表格式

合并财务报表理论是个不断发展的过程，在 20 世纪末以来得到了深入发展，各种理论都不断地得到了进一步的研究。虽然母公司理论曾是世界上各国广泛使用的合并报表理论，但从当前的国际趋势来看，合并报表理论已开始转向实体理论。

1. 我国合并财务报表的相关规定

随着资本市场的发展和会计准则国际趋同步伐的加快，我国财政部于 2006 年 2 月 15 日发布了《企业会计准则第 33 号——合并财务报表》，并于 2014 年 2 月对其进行了修订。我国有关合并财务报表编制的相关规定如下：

（1）合并范围和合并财务报表的目的。

2014 年 2 月修订后的我国《企业会计准则第 33 号——合并财务报表》第二十一条规定"母公司应当将其全部子公司（包括母公司所控制的单独主体）纳入合并财务报表的合并范围"。并且此准则的第七条规定：合并财务报表的合并范围应当以控制为基础予以确定。这表明我国合并财务报表合并范围的确定强调的是"控制"，而不是"拥有"。

《企业会计准则第 33 号——合并财务报表》第二条规定：合并财务报表，是指反映母公司和其全部子公司形成的企业集团整体财务状况、经营成果和现金流量的财务报表。母公司，是指有一个或一个以上主体（含企业、被投资单位可分割的部分，以及企业所控制的结构化主体等）的主体。子公司，是指被母公司控制的主体。这表明我国合并财务报表的编制是满足报表使用者对集团这一特定经济实体的财务会计信息需求。

（2）少数股权。

《企业会计准则第 33 号——合并财务报表》第三十一条规定：子公司所有者权益中不属于母公司的份额，应当作为少数股东权益，在合并资产负债表中所有者权益项目下以"少数股东权益"项目列示。第三十五条规定：子公司当期净损益中属于少数股东权益的份额，应当在合并利润表中净利润项目下以"少数股东损益"项目列示。子公司综合收益中属于少数股东权益的份额，应当在合并利润表中综合收益总额项目下以"归属于少数股东的综合收益总额"项目列示。由此可见，我国《企业会计准则第 33 号——合并财务报表》对少数股东性质的认定采用了实体理论，把少数股东作为集团的股东，将少数股东权益作为整体企业集团股东权益的一部分，与多数股权同样列示在股东权益内；将少数股东的收益作为合并收益的组成部分。

对于少数股权的计价，我国《企业会计准则第 20 号——企业合并》第十五条规定"企业合并形成母子公司关系的，母公司应当设置备查簿，记录企业合并中取得的子公司

各项可辨认资产、负债及或有负债等在购买日的公允价值。编制合并财务报表时，应当以购买日确定的各项可辨认资产、负债及或有负债的公允价值为基础对子公司的财务报表进行调整"；同时在第十七条规定"企业合并形成母子公司关系的，母公司应当编制购买日的合并资产负债表，因企业合并取得的被购买方各项可辨认资产、负债及或有负债应当以公允价值列示"。

从以上相关规定可以看出，对于合并日取得的子公司的各项可辨认资产和负债均应以合并日各项资产和负债的公允价值为基础入账，并以少数股东拥有的可辨认净资产的公允价值的份额作为少数股东权益。也就是说在资产计价上遵循的也是实体理论。

（3）合并商誉。

对于合并商誉，我国《企业会计准则第 20 号——企业合并》第十三条规定"购买方对合并成本大于合并中取得的被购买方可辨认净资产公允价值份额的差额，应当确认为商誉"。修订后的《企业会计准则第 33 号——合并财务报表》未对合并财务报表中应列示的商誉进行明确规定，但从此准则应用指南的综合举例中可得知，在我国的合并资产负债表中仅列示属于母公司的那部分商誉而不是子公司的整体商誉。也就是说在合并商誉上，我国《企业会计准则》所遵循的是母公司理论。

（4）内部交易的抵销。

我国《企业会计准则第 33 号——合并财务报表》明确规定：母、子公司或子公司之间内部交易以及内部交易所形成的未实现损益均应抵销。这一处理与实体理论相符。

由此可看出，我国在合并财务报表编制的规范上基本同于国际趋势，合并范围是以实质控制权为确定标准，在合并理论的运用上，除在商誉的处理方面保留了母公司理论的做法，即只确认母公司部分的商誉，而不确认少数股东的商誉外，其他方面采用的是实体理论。

2. 我国合并财务报表格式

以安徽海螺水泥股份有限公司 2014—2015 年度数据为例。

（1）合并资产负债表格式见表 3 - 2。

表 3 - 2　安徽海螺水泥股份有限公司合并资产负债表（2015 年 12 月 31 日）

单位：元

| 项目 | 附注 | 2015 年 | 2014 年 |
|---|---|---|---|
|  |  |  |  |
| 流动资产： |  |  |  |
| 货币资金 | 五、1 | 14 151 606 026 | 11 255 936 060 |
| 以公允价值计量且其变动计入当期损益的金融资产 | 五、2 | 20 343 265 | 40 959 789 |
| 应收票据 | 五、3 | 3 908 887 144 | 7 185 927 027 |
| 应收账款 | 五、4 | 333 247 400 | 358 861 379 |
| 预付款项 | 五、5 | 533 551 061 | 726 595 963 |

（续上表）

| 项目 | 附注 | 2015 年 | 2014 年 |
|---|---|---|---|
| 应收利息 | 五、6 | 53 542 491 | 52 403 133 |
| 应收股利 | 五、7 | — | 20 707 808 |
| 其他应收款 | 五、8 | 517 938 896 | 407 559 591 |
| 存货 | 五、9 | 4 375 976 175 | 3 692 689 510 |
| 其他流动资产 | 五、10 | 1 201 963 874 | 882 760 778 |
| 流动资产合计 | | 25 097 056 332 | 24 624 401 038 |
| 非流动资产： | | | |
| 可供出售金融资产 | 五、11 | 3 935 395 280 | 2 222 333 165 |
| 长期股权投资 | 五、12 | 2 644 144 218 | 2 371 898 853 |
| 投资性房地产 | 五、13 | 32 114 352 | 33 197 019 |
| 固定资产 | 五、14 | 57 250 499 675 | 51 527 441 426 |
| 在建工程 | 五、15 | 3 975 224 102 | 3 137 392 229 |
| 工程物资 | 五、16 | 1 416 838 028 | 1 964 126 745 |
| 无形资产 | 五、17 | 6 721 625 590 | 6 048 055 359 |
| 商誉 | 五、18 | 374 557 189 | 299 742 333 |
| 递延所得税资产 | 五、19 | 283 476 568 | 363 565 125 |
| 其他非流动资产 | 五、20 | 522 165 949 | 502 326 529 |
| 非流动资产合计 | | 77 156 040 951 | 68 470 078 783 |
| 资产总计 | | 102 253 097 283 | 93 094 479 821 |
| 流动负债： | | | |
| 短期借款 | 五、21 | 272 380 116 | 471 937 556 |
| 以公允价值计量且其变动计入当期损益的金融负债 | 五、22 | 1 472 704 | — |
| 应付账款 | 五、23 | 4 024 948 109 | 3 852 487 334 |
| 预收款项 | 五、24 | 1 092 772 458 | 1 261 045 512 |
| 应付职工薪酬 | 五、25 | 523 593 185 | 565 076 594 |
| 应交税费 | 五、26 | 984 172 185 | 1 322 953 128 |
| 应付利息 | 五、27 | 350 511 633 | 372 567 729 |
| 应付股利 | 五、28 | 200 000 000 | — |
| 其他应付款 | 五、29 | 4 890 371 259 | 4 187 384 813 |
| 一年内到期的非流动负债 | 五、30 | 2 056 787 727 | 2 511 872 728 |
| 流动负债合计 | | 14 397 009 376 | 14 545 325 394 |
| 非流动负债： | | | |

（续上表）

| 项目 | 附注 | 2015 年 | 2014 年 |
|---|---|---|---|
| 长期借款 | 五、31 | 2 104 520 602 | 3 731 755 891 |
| 应付债券 | 五、32 | 15 482 555 066 | 15 474 800 927 |
| 其中：优先股 | | – | – |
| 永续债 | | – | – |
| 长期应付款 | 五、33 | – | 294 000 000 |
| 长期应付职工薪酬 | 五、34 | 5 617 376 | 10 060 187 |
| 递延收益 | 五、35 | 129 981 248 | 53 671 495 |
| 递延所得税负债 | 五、19 | 522 172 682 | 219 686 310 |
| 非流动负债合计 | | 18 244 846 974 | 19 783 974 810 |
| 负债合计 | | 32 641 856 350 | 34 329 300 204 |
| 股东权益： | | | |
| 股本 | 五、36 | 5 299 302 579 | 5 299 302 579 |
| 资本公积 | 五、37 | 10 686 638 402 | 10 692 265 678 |
| 其他综合收益 | 五、38 | 319 247 041 | – 446 693 457 |
| 盈余公积 | 五、39 | 2 649 651 290 | 2 649 651 290 |
| 未分配利润 | 五、40 | 47 061 768 574 | 37 923 502 213 |
| 归属于母公司股东权益合计 | | 66 216 607 886 | 56 118 028 303 |
| 少数股东权益 | | 3 394 633 047 | 2 647 151 314 |
| 股东权益合计 | | 69 611 240 933 | 58 765 179 617 |
| 负债和股东权益总计 | | 102 253 097 283 | 93 094 479 821 |

（2）合并利润表格式（见表 3 –3）。

表 3 –3  安徽海螺水泥股份有限公司合并利润表（2015 年度）

单位：元

| 项目 | 附注 | 2015 年 | 2014 年 |
|---|---|---|---|
| 一、营业收入 | 五、41 | 60 758 500 923 | 55 261 676 595 |
| 二、减：营业成本 | 五、41 | 40 264 329 986 | 37 018 082 240 |
| 营业税金及附加 | 五、42 | 339 994 757 | 296 787 586 |
| 销售费用 | 五、43 | 2 936 834 685 | 2 684 504 697 |
| 管理费用 | 五、44 | 2 679 857 666 | 2 395 766 518 |
| 财务费用 | 五、45 | 714 489 131 | 968 510 019 |

（续上表）

| 项目 | 附注 | 2015 年 | 2014 年 |
|---|---|---|---|
| 资产减值损失（转回以"－"号填列） | 五、46 | － 579 992 | 160 687 468 |
| 加：公允价值变动收益 | 五、47 | 21 317 083 | 7 981 716 |
| 投资损失 | 五、48 | － 21 413 141 | － 2 640 698 |
| 其中：对联营企业和合营企业的投资损失 | | － 59 477 814 | － 25 681 115 |
| 三、营业利润 | | 13 823 478 632 | 11 742 679 085 |
| 加：营业外收入 | 五、49 | 1 074 269 901 | 913 848 414 |
| 其中：非流动资产处置利得 | | 5 354 659 | 7 928 343 |
| 减：营业外支出 | 五、50 | 14 938 582 | 25 261 269 |
| 其中：非流动资产处置损失 | | 9 376 809 | 8 562 712 |
| 四、利润总额 | | 14 882 809 951 | 12 631 266 230 |
| 减：所得税费用 | 五、51 | 3 295 214 168 | 2 819 812 326 |
| 五、净利润 | | 11 587 595 783 | 9 811 453 904 |
| 归属于母公司股东的净利润 | | 10 993 022 264 | 9 380 159 306 |
| 少数股东损益 | | 594 573 519 | 431 294 598 |
| 六、其他综合收益的税后净额 | 五、38 | 958 359 486 | － 902 712 573 |
| 归属母公司所有者的其他综合收益的税后净额 | | 965 940 498 | － 892 231 712 |
| （一）以后将重分类进损益的其他综合收益 | | 965 940 498 | － 892 231 712 |
| 1. 可供出售金融资产公允价值变动损益 | | 987 989 962 | － 867 569 963 |
| 2. 外币财务报表折算差额 | | － 22 049 464 | － 24 661 749 |
| 归属于少数股东的其他综合收益的税后净额 | | － 7 581 012 | － 10 480 861 |
| 七、综合收益总额 | | 12 545 955 269 | 8 908 741 331 |
| 归属于母公司股东的综合收益总额 | | 11 958 962 762 | 8 487 927 594 |
| 归属于少数股东的综合收益总额 | | 586 992 507 | 420 813 737 |
| 八、每股收益： | | | |
| （一）基本每股收益 | 五、52 | 2.07 | 1.77 |
| （二）稀释每股收益 | 五、52 | 2.07 | 1.77 |

（3）合并现金流量表（见表3-4）。

表3-4 安徽海螺水泥股份有限公司合并现金流量表（2015年度）

单位：元

| 项目 | 附注 | 2015年 | 2014年 |
|---|---|---|---|
| 一、经营活动产生的现金流量： | | | |
| 销售商品、提供劳务收到的现金 | | 81 338 901 079 | 70 837 026 170 |
| 收到的税费返还 | | 325 798 915 | 239 054 698 |
| 收到其他与经营活动有关的现金 | 五、53（1） | 807 223 803 | 686 655 766 |
| 经营活动现金流入小计 | | 82 471 923 797 | 71 762 736 634 |
| 购买商品、接受劳务支付的现金 | | 51 290 630 761 | 45 428 861 997 |
| 支付给职工以及为职工支付的现金 | | 3 863 222 951 | 3 188 614 967 |
| 支付的各项税费 | | 8 713 350 829 | 7 123 530 981 |
| 支付其他与经营活动有关的现金 | 五、53（2） | 950 230 647 | 823 183 520 |
| 经营活动现金流出小计 | | 64 817 435 188 | 56 564 191 465 |
| 经营活动产生的现金流量净额 | 五、54（1） | 17 654 488 609 | 15 198 545 169 |
| 二、投资活动产生的现金流量： | | | |
| 收回投资收到的现金 | | 9 079 768 047 | 329 281 974 |
| 取得投资收益收到的现金 | | 91 981 453 | 36 688 375 |
| 处置固定资产和无形资产收回的现金净额 | | 18 357 028 | 43 894 995 |
| 收到其他与投资活动有关的现金 | 五、53（3） | 522 964 358 | 315 361 140 |
| 投资活动现金流入小计 | | 9 713 070 886 | 725 226 484 |
| 购建固定资产、无形资产和其他长期资产支付的现金 | | 6 973 545 374 | 7 561 568 564 |
| 投资支付的现金 | | 6 341 697 959 | 4 748 106 629 |
| 取得子公司及其他营业单位支付的现金净额 | 五、54（2） | 1 044 738 512 | 719 407 281 |
| 支付其他与投资活动有关的现金 | 五、53（4） | 204 202 951 | 172 470 911 |
| 投资活动现金流出小计 | | 14 564 184 796 | 13 201 553 385 |
| 投资活动产生的现金流量净额 | | -4 851 113 910 | -12 476 326 901 |
| 三、筹资活动产生的现金流量： | | | |
| 吸收投资收到的现金 | | 90 476 265 | 164 018 272 |
| 其中：子公司吸收少数股东投资收到的现金 | | 90 476 265 | 164 018 272 |

（续上表）

| 项目 | 附注 | 2015 年 | 2014 年 |
|---|---|---|---|
| 取得借款收到的现金 | | 1 041 470 074 | 3 018 774 050 |
| 收到其他与筹资活动有关的现金 | 五、53（5） | − | 14 691 593 |
| 筹资活动现金流入小计 | | 1 131 946 339 | 3 197 483 915 |
| 偿还债务支付的现金 | | 4 054 696 203 | 4 632 840 227 |
| 分配股利或偿付利息支付的现金 | | 3 233 974 634 | 2 724 654 338 |
| 其中：子公司支付给少数股东的利润 | | 249 537 585 | 156 412 500 |
| 购买子公司少数股权支付的现金净额 | | 42 602 000 | − |
| 支付其他与筹资活动有关的现金 | 五、53（6） | 586 349 199 | 129 355 406 |
| 筹资活动现金流出小计 | | 7 917 622 036 | 7 486 849 971 |
| 筹资活动产生的现金流量净额 | | − 6 785 675 697 | − 4 289 366 056 |
| 四、汇率变动对现金及现金等价物的影响 | | − 24 509 791 | − 24 893 957 |
| 五、现金及现金等价物净增加额（减少以"−"号列示） | 五、54（1） | 5 993 189 211 | − 1 592 041 745 |
| 加：年初现金及现金等价物余额 | | 6 518 932 288 | 8 110 974 033 |
| 六、年末现金及现金等价物余额 | 五、54（3） | 12 512 121 499 | 6 518 932 288 |

（4）所有者权益变动表格式（见表 3 - 5、3 - 6）。

表3-5 安徽海螺水泥股份有限公司合并股东权益变动表（2014年度）

单位：元

| 项目 | 附注 | 归属于母公司股份权益 | | | | | 少数 | |
| --- | --- | --- | --- | --- | --- | --- | --- | --- |
| | | 股本 | 资本公积 | 其他综合收益 | 盈余公积 | 未分配利润 | 股东权益 | |
| 一、本年年初余额 | | 5 299 302 579 | 10 692 265 678 | 445 538 255 | 2 649 651 290 | 29 814 447 591 | 2 274 885 104 | 51 176 090 497 |
| 二、本年增减变动金额（减少以"-"号填列） | | – | – | –892 231 712 | – | 8 109 054 622 | 372 266 210 | 7 589 089 120 |
| （一）综合收益总额 | | – | – | –892 231 712 | – | 9 380 159 306 | 420 813 737 | 8 908 741 331 |
| （二）股东投入和减少资本 | | – | – | – | – | – | 167 465 934 | 167 465 934 |
| 1. 股东投入的资本 | | – | – | – | – | – | 164 018 272 | 164 018 272 |
| 2. 收购子公司增加的少数股东权益 | | | | | | | 3 447 662 | 3 447 662 |
| 3. 购买子公司少数股权 | 七、2 | – | – | – | – | – | – | – |
| （三）利润分配 | 五、40 | – | – | – | – | –1 271 104 684 | –216 013 461 | –1 487 118 145 |
| 1. 提取盈余公积 | | – | – | – | – | – | – | – |
| 2. 对股东的分配 | | – | – | – | – | –1 324 825 645 | – | –1 324 825 645 |
| 3. 非全资子公司股利 | | – | – | – | – | – | –162 292 500 | –162 292 500 |
| 4. 其他 | | – | – | – | – | 53 720 961 | –53 720 961 | – |
| 三、本年年末余额 | | 5 299 302 579 | 10 692 265 678 | –446 693 457 | 2 649 651 290 | 37 923 502 213 | 2 647 151 314 | 58 765 179 617 |

单位：元

### 表3-6 安徽海螺水泥股份有限公司合并股东权益变动表（2015年度）

| 项目 | 附注 | 归属于母公司股份权益 | | | | | 少数股东权益 | 股东权益 |
|---|---|---|---|---|---|---|---|---|
| | | 股本 | 资本公积 | 其他综合收益 | 盈余公积 | 未分配利润 | | |
| 一、本年初余额 | | 5 299 302 579 | 10 692 265 678 | -446 693 457 | 2 649 651 290 | 37 923 502 213 | 2 647 151 314 | 58 765 179 617 |
| 二、本年增减变动金额（减少以"-"号填列） | | - | -5 627 276 | 965 940 498 | - | 9 138 266 361 | 747 481 733 | 10 846 061 316 |
| （一）综合收益总额 | | - | - | 965 940 498 | - | 10 993 022 264 | 586 992 507 | 12 545 955 269 |
| （二）股东投入和减少资本 | | - | -5 627 276 | - | - | - | 610 026 811 | 604 399 535 |
| 1. 股东投入的资本 | | - | - | - | - | - | -90 476 265 | 90 476 25 |
| 2. 收购子公司增加的少数股东权益 | | - | - | - | - | - | 556 525 270 | 556 525 270 |
| 3. 购买子公司少数股权 | 七、2 | - | -5 627 276 | - | - | - | -36 974 724 | -42 602 000 |
| （三）利润分配 | 五、40 | - | - | - | - | -1 854 755 903 | -449 537 585 | -2 304 293 488 |
| 1. 提取盈余公积 | | - | - | - | - | - | - | - |
| 2. 对股东的分配 | | - | - | - | - | -1 854 755 903 | - | -1 854 755 903 |
| 3. 非全资子公司股利 | - | - | - | - | - | - | -449 537 585 | -449 537 585 |
| 4. 其他 | | - | - | - | - | - | - | - |
| 三、本年年末余额 | | 5 299 302 579 | 10 686 638 402 | 519 247 041 | 2 649 651 290 | 47 061 768 574 | 3 394 633 047 | 69 611 240 933 |

📖 **本章小结**

合并财务报表，是指反映母公司和其全部子公司形成的企业集团整体财务状况、经营成果和现金流量的财务报表，主要包括合并资产负债表、合并利润表、合并现金流量表、合并所有者权益变动表等。合并财务报表是以母公司和子公司单独编制的个别财务报表为基础，由母公司编制的综合反映企业集团财务信息的报告文件。

确定合并范围最重要的标准就是控制权标准。以控制为基础确定合并财务报表的合并范围，应当强调实质重于形式，综合考虑所有相关事实和因素进行判断。

编制合并财务报表的程序如下：①编制合并工作底稿；②编制调整和抵销分录；③在工作底稿上计算合并财务报表各项目的合并金额；④将工作底稿上的合并数录入到正式的合并财务报表。

编制合并财务报表的三大理论是母公司理论、实体理论和所有权理论。

### 本章思考题

1. 简述合并财务报表的性质和编制合并财务报表的目的。

2. 合并财务报表和个别财务报表、汇总财务报表之间的区别是什么？

3. 简述合并财务报表的编制程序。

4. 试述我国合并财务报表准则是如何界定合并范围的？

5. 简述三大合并报表理论的观点和特点，并简述我国合并财务报表准则在哪些方面体现了实体理论？

6. 试说明合并财务报表工作底稿上合并抵销分录的性质，它与母、子公司账上的记录有何不同？

7. 按权益法处理对子公司的投资，母公司的净利润等于合并净利润，母公司留存收益等于合并留存收益，为什么仍然认为合并报表优于按权益法处理的个别报表？谈谈你的看法。

### 延伸阅读文献

1. 中华人民共和国财政部：《企业会计准则》，经济科学出版社，2006 年。

2. 中华人民共和国财政部会计司编写组：《企业会计准则讲解 2010》，人民出版社，2010 年。

3. International Accounting Standard Board，International Financial Reporting Standard 3（IFRS3），Business Combinations，2008.

4. 石本仁主编：《高级财务会计》（第二版），中国人民大学出版社，2011 年。

5. 梁莱歆主编：《高级财务会计》（第三版），清华大学出版社，2011 年。

6. 王泽霞主编：《高级财务会计》，浙江科学技术出版社，2010 年。

7. 王竹泉等主编：《高级财务会计》，东北财经大学出版社，2010 年。

# 第四章 合并日合并财务报表的编制

【本章要点】

1. 理解同一控制下企业合并合并日合并财务报表编制的要点

2. 掌握同一控制下企业合并合并日合并财务报表的编制

3. 理解非同一控制下企业合并合并日合并财务报表编制的要点

4. 掌握非同一控制下企业合并合并日合并财务报表的编制

# 第一节 同一控制下企业合并合并日合并财务报表的编制

同一控制下的企业合并，在合并日合并方取得了被合并方的控制权，形成母子公司关系的，合并方应在合并日编制合并财务报表，以反映于合并日形成的报告主体的财务状况、经营成果（视同该主体一直存在所产生的经营成果）等。合并日的合并财务报表，一般包括合并资产负债表、合并利润表和合并现金流量表等。

## 一、合并日合并财务报表的编制要点

### （一）合并资产负债表

按照合并财务报表的编制步骤，应在合并日将母、子公司个别资产负债表的相关数据录入合并工作底稿，并计算出合计数；然后编制合并抵销与调整分录，并录入合并工作底稿；最后根据合计数加、减抵销与调整数，计算出合并资产负债表各项目的合并数。这些步骤中最关键的是如何编制合并抵销与调整分录。合并财务报表编制的基本处理原则如下：

（1）被合并方的有关资产、负债，应以其在最终控制方的合并财务报表中的账面价值并入合并资产负债表。合并方与被合并方采用的会计政策不同的，应按照合并方的会计政策对被合并方的有关资产、负债进行调整，以调整后的账面价值并入合并资产负债表。

（2）同一控制下的企业合并，编制合并财务报表时，是视同合并后形成的报告主体在合并日及以前期间一直存在。因此，在合并资产负债表中，对于被合并方在企业合并前实现的留存收益（盈余公积和未分配利润）中归属于合并方的部分，应按以下规定，自合并方的资本公积转入留存收益。

①确认企业合并形成的长期股权投资后，合并方（母公司）账面资本公积（资本溢价或股本溢价）贷方余额大于被合并方在合并前实现的留存收益中归属于合并方的部分，

在合并资产负债表中，应将被合并方在合并前实现的留存收益中归属于合并方的部分自"资本公积"转入"盈余公积"和"未分配利润"。编制合并调整分录时，借记"资本公积"项目，贷记"盈余公积"和"未分配利润"项目，并录入合并工作底稿。

②确认企业合并形成的长期股权投资后，合并方（母公司）账面资本公积（资本溢价或股本溢价）贷方余额小于被合并方在合并前实现的留存收益中归属于合并方的部分，在合并资产负债表中，应以合并方资本公积（资本溢价或股本溢价）的贷方余额为限，将被合并方在企业合并前实现的留存收益中归属于合并方的部分，自"资本公积"转入"盈余公积"和"未分配利润"。在编制合并调整分录时，借记"资本公积"项目，贷记"盈余公积"和"未分配利润"项目。因合并方的资本公积（资本溢价或股本溢价）余额不足，被合并方在合并前实现的留存收益在合并资产负债表中未予以全额恢复的，合并方应当在财务报表附注中对这一情况进行说明。

（3）合并方（母公司）与被合并方（子公司）在合并前发生的交易，应视为内部交易，按规定进行抵销。

### （二）合并利润表

（1）合并方在合并日编制合并利润表时，应包含合并方（母公司）及被合并方（子公司）自合并当期期初至合并日所实现的收入、费用和利润。

（2）为了帮助企业的会计信息使用者了解合并利润中净利润的构成，发生同一控制下企业合并的当期，合并方在合并利润表中"净利润"项目下单列"其中：被合并方在合并前实现的净利润"项目，反映因同一控制下企业合并规定的编表原则，导致由于该企业合并自被合并方在合并当期带入的损益情况。

（3）合并方与被并方在合并前发生的内部交易所产生的未实现损益应按照规定进行抵销。

### （三）合并现金流量表

合并日合并现金流量表的编制与合并利润表的编制原则相同。合并方（母公司）在编制合并日的合并现金流量表时，应包括合并方及被合并方自合并当期期初至合并日产生的现金流量，涉及双方内部交易产生的现金流量，应按相关规定进行抵销。

## 二、同一控制下企业合并合并日合并财务报表的编制

### （一）控股合并方式下合并日合并财务报表的编制

控股合并方式下形成的企业合并，又可分为两种情况，一是取得子公司的全部股权，二是取得子公司的部分股权，下面分别举例来说明两种情况下合并财务报表的编制。

1. 取得子公司全部股权

此种情况下，母公司持有子公司的全部股权，子公司在最终控制方合并财务报表中的账面净资产全部属于母公司，母公司账面上对子公司的"长期股权投资"与子公司在最终控制方合并财务报表中的所有者权益项目的账面价值直接相对应。应编制的合并抵销分录

为，借记"股本""资本公积""盈余公积"和"未分配利润"项目①，贷"长期股权投资"项目。

【例1】若南方公司和S公司为同一集团内的两个子公司，2016年6月30日，南方公司向S公司股东定向增发2 000万股普通股（每股面值为1元）以获得S公司100%的股权，企业合并后S公司继续存在。假定S公司的会计政策与南方公司的会计政策相同，且合并前双方未发生过任何交易。合并前南方公司和S公司的资产负债表和利润表的相关资料见表4-1和表4-2（此处假设S公司财务报表的账面价值即为S公司在其最终控制方合并财务报表中的账面价值）。

### 表4-1 资产负债表（简表）

2016年6月30日

单位：万元

| 项目 | 南方公司（账面金额）（合并前） | S公司（账面金额） | S公司（公允价值） |
|---|---|---|---|
| 资产： | | | |
| 货币资金 | 1 500 | 200 | 200 |
| 应收账款 | 1 200 | 280 | 280 |
| 存货 | 2 500 | 1 000 | 1 100 |
| 长期股权投资 | 1 200 | 3 00 | 400 |
| 固定资产 | 3 500 | 3 300 | 4 000 |
| 无形资产 | 600 | 200 | 200 |
| 资产合计 | 10 500 | 5 280 | 6 180 |
| 负债和所有者权益： | | | |
| 短期借款 | 1 200 | 480 | 480 |
| 应付账款 | 1 000 | 700 | 700 |
| 长期应付款 | 1 200 | 600 | 600 |
| 负债合计 | 3 400 | 1 780 | 1 780 |
| 股本 | 4 000 | 1 800 | 1 800 |
| 资本公积 | 1 100 | 400 | 1 300 |
| 盈余公积 | 200 | 300 | 300 |
| 未分配利润 | 1 800 | 1 000 | 1 000 |
| 所有者权益合计 | 7 100 | 3 500 | 4 400 |
| 负债和所有者权益合计 | 10 500 | 5 280 | 6 180 |

---

① 值得注意的是，若被合并方在最终控制方的合并财务报表中存在商誉的话，应补记"借：商誉"这个分录。

**表 4 - 2　利润表（简表）**

2016 年 1 月 1 日至 6 月 30 日

单位：万元

| 项目 | 南方公司 | S 公司 |
|---|---|---|
| 一、主营业务收入 | 5 000 | 1 900 |
| 减：营业成本 | 3 100 | 950 |
| 营业税金及附加 | 200 | 100 |
| 销售费用 | 200 | 100 |
| 管理费用 | 300 | 250 |
| 财务费用 | 100 | 100 |
| 加：投资收益 | 280 | 50 |
| 二、营业利润 | 1 380 | 450 |
| 加：营业外收入 | 200 | 120 |
| 减：营业外支出 | 150 | 100 |
| 三、利润总额 | 1 430 | 470 |
| 减：所得税费用 | 430 | 90 |
| 四、净利润 | 1 000 | 380 |

相关业务处理如下：

（1）南方公司于 2016 年 6 月 30 日取得 S 公司全部股权时，应编制的会计分录如下：

借：长期股权投资 35 000 000
　　贷：股本 20 000 000
　　　　资本公积——股本溢价 15 000 000

记录合并业务后，南方公司的资产负债表如表 4 - 3。

**表 4 - 3　资产负债表（简表）**

2016 年 6 月 30 日

单位：万元

| 资产项目 | 金额 | 负债和所有者权益项目 | 金额 |
|---|---|---|---|
| 货币资金 | 1 500 | 短期借款 | 1 200 |
| 应收账款 | 1 200 | 应付账款 | 1 000 |
| 存货 | 2 500 | 长期应付款 | 1 200 |
| 长期股权投资 | 4 700 | 负债合计 | 3 400 |
| 固定资产 | 3 500 | 股本 | 6 000 |
| 无形资产 | 600 | 资本公积 | 2 600 |
|  |  | 盈余公积 | 200 |

（续上表）

| 资产项目 | 金额 | 负债和所有者权益项目 | 金额 |
|---|---|---|---|
| | | 未分配利润 | 1 800 |
| | | 所有者权益合计 | 10 600 |
| 资产合计 | 14 000 | 负债和所有者权益合计 | 14 000 |

（2）南方公司在合并日编制合并财务报表时，南方公司应编制的抵销分录如下：

①借：股本             18 000 000

  资本公积           4 000 000

  盈余公积           3 000 000

  未分配利润         10 000 000

 贷：长期股权投资        35 000 000

另外，南方公司在合并日编制合并工作底稿时，对于合并前 S 公司实现的留存收益中归属于合并方的部分 1 300（300 + 1000）万元，应自南方公司的资本公积（资本溢价或股本溢价）转入其留存收益。南方公司在确认对 S 公司的长期股权投资后，其资本公积的账面余额为 2 600 万元（假定全为股本溢价）①，大于 1 300 万元，故应全额转。在合并工作底稿中应编制的调整分录如下：

②借：资本公积           13 000 000

 贷：盈余公积          3 000 000

  未分配利润         10 000 000

（3）编制合并工作底稿：首先将南方公司（合并后）和 S 公司的个别财务报表数据过入到合并工作底稿的相应栏目，并计算出合计数；然后将上述抵销与调整分录过入到合并工作底稿的抵销与调整栏，再根据合计数和抵销与调整栏的数据计算得出各项目的合并数。合并工作底稿见表 4 - 4。

---

① 值得注意的是，此例中在确认企业合并形成的长期股权投资后，合并方（南方公司）账面资本公积（资本溢价或股本溢价）贷方余额（2 600 万元）大于被合并方（S 公司）在合并前实现的留存收益中归属于合并方（南方公司）的部分（1 300 万元）；若确认企业合并形成的长期股权投资后，合并方（南方公司）账面资本公积（资本溢价或股本溢价）贷方余额小于被合并方（S 公司）在合并前实现的留存收益中归属于合并方的部分，在合并资产负债表中，应以合并方（南方公司）资本公积（资本溢价或股本溢价）的贷方余额为限，将被合并方（S 公司）在企业合并前实现的留存收益中归属于合并方的部分，自"资本公积"转入"盈余公积"和"未分配利润"。因合并方（南方公司）的资本公积（资本溢价或股本溢价）余额不足，被合并方（S 公司）在合并前实现的留存收益在合并资产负债表中未予以全额恢复，合并方应当在财务报表附注中对这一情况进行说明。

**表4-4　合并工作底稿**

2016 年 6 月 30 日

单位：万元

| 项目 | 南方公司 | S公司 | 合计数 | 抵销与调整分录 借方 | 抵销与调整分录 贷方 | 合并数 |
|---|---|---|---|---|---|---|
| 利润表项目 | | | | | | |
| 主营业务收入 | 5 000 | 1 900 | 6 900 | | | 6 900 |
| 营业成本 | 3 100 | 950 | 4 050 | | | 4 050 |
| 营业税金及附加 | 200 | 100 | 300 | | | 300 |
| 销售费用 | 200 | 100 | 300 | | | 300 |
| 管理费用 | 300 | 250 | 550 | | | 550 |
| 财务费用 | 100 | 100 | 200 | | | 200 |
| 投资收益 | 280 | 50 | 330 | | | 330 |
| 营业利润 | 1 380 | 450 | 1 830 | | | 1 830 |
| 营业外收入 | 200 | 120 | 320 | | | 320 |
| 营业外支出 | 150 | 100 | 250 | | | 250 |
| 利润总额 | 1 430 | 470 | 1 900 | | | 1 900 |
| 所得税费用 | 430 | 90 | 520 | | | 520 |
| 净利润 | 1 000 | 380 | 1 380 | | | 1 380 |
| 其中：被合并方在合并前实现的利润 | | | | | | 380 |
| 资产负债表项目 | | | | | | |
| 资产 | | | | | | |
| 货币资金 | 1 500 | 200 | 1 700 | | | 1 700 |
| 应收账款 | 1 200 | 280 | 1 480 | | | 1 480 |
| 存货 | 2 500 | 1 000 | 3 500 | | | 3 500 |
| 长期股权投资 | 4 700 | 300 | 5 000 | | ①3 500 | 1 500 |
| 固定资产 | 3 500 | 3 300 | 6 800 | | | 6 800 |
| 无形资产 | 600 | 200 | 800 | | | 800 |
| 资产合计 | 14 000 | 5 280 | 19 280 | | ①3 500 | 15 780 |
| 负债和所有者权益 | | | | | | |
| 短期借款 | 1 200 | 480 | 1 680 | | | 1 680 |
| 应付账款 | 1 000 | 700 | 1 700 | | | 1 700 |
| 长期应付款 | 1 200 | 600 | 1 800 | | | 1 800 |
| 负债合计 | 3 400 | 1 780 | 5 180 | | | 5 180 |
| 股本 | 6 000 | 1 800 | 7 800 | ①1 800 | | 6 000 |

（续上表）

| 项目 | 南方公司 | S公司 | 合计数 | 抵销与调整分录 | | 合并数 |
|------|---------|-------|--------|------|------|--------|
| | | | | 借方 | 贷方 | |
| 资本公积 | 2 600 | 400 | 3 000 | ①400<br>②1 300 | | 1 300 |
| 盈余公积 | 200 | 300 | 500 | ①300 | ②300 | 500 |
| 未分配利润 | 1 800 | 1 000 | 2 800 | ①1 000 | ②1 000 | 2 800 |
| 所有者权益合计 | 10 600 | 3 500 | 14 100 | 4 800 | 1 300 | 10 600 |
| 负债和所有者权益合计 | 14 000 | 5 280 | 19 280 | 4 800 | 1 300 | 15 780 |

（4）编制合并财务报表。将合并数过入到合并财务报表的各项目。本例的合并资产负债表和合并利润表见表4-5和表4-6。

### 表4-5　合并资产负债表（简表）

2016年6月30日

单位：万元

| 资产项目 | 金额 | 负债和所有者权益项目 | 金额 |
|---------|------|-------------------|------|
| 货币资金 | 1 700 | 短期借款 | 1 680 |
| 应收账款 | 1 480 | 应付账款 | 1 700 |
| 存货 | 3 500 | 长期应付款 | 1 800 |
| 长期股权投资 | 1 500 | 负债合计 | 5 180 |
| 固定资产 | 6 800 | 股本 | 6 000 |
| 无形资产 | 800 | 资本公积 | 1 300 |
| | | 盈余公积 | 500 |
| | | 未分配利润 | 2 800 |
| | | 所有者权益合计 | 10 600 |
| 资产合计 | 15 780 | 负债和所有者权益合计 | 15 780 |

### 表4-6　合并利润表（简表）

2016年1月1日至6月30日

单位：万元

| 项目 | 本期数 |
|------|--------|
| 一、主营业务收入 | 6 900 |
| 减：营业成本 | 4 050 |
| 营业税金及附加 | 300 |
| 销售费用 | 300 |

（续上表）

| 项目 | 本期数 |
|------|--------|
| 管理费用 | 550 |
| 财务费用 | 200 |
| 加：投资收益 | 330 |
| 二、营业利润 | 1 830 |
| 加：营业外收入 | 320 |
| 减：营业外支出 | 250 |
| 三、利润总额 | 1 900 |
| 减：所得税费用 | 520 |
| 四、净利润 | 1 380 |
| 其中：被合并方在合并前实现的利润 | 380 |

2. 取得子公司部分股权

此种情况与取得子公司全部股权的差异，主要是存在少数股东，从而涉及少数股东权益和少数股东损益的确认。少数股东权益是指除母公司以外的其他投资方在子公司的所有者权益份额，也就是子公司所有者权益中抵销母公司所享有权益份额后的余额。编制抵销分录时，借记"股本""资本公积""盈余公积"和"未分配利润"账户，贷记"长期股权投资"和"少数股东权益"账户。而子公司从年初至合并时的利润应分为少数股东利润和多数股东利润，编制抵销分录时，借记"少数股东损益"账户，贷记"少数股东权益"账户。在合并利润表中与母公司的收益分开，单独记列。除此之外，此种情况编制合并财务报表的其他方面基本与取得子公司全部股权时相同。

【例2】沿用例1的相关资料。假设南方公司向S公司定向增发1 800万股普通股（每股面值为1元）以获得S公司90%的股权（此处仍假设S公司财务报表的账面价值即为S公司在其最终控制方合并财务报表中的账面价值）。

相关业务处理如下：

（1）南方公司于2016年6月30日取得S公司全部股权时，应编制的会计分录如下：

借：长期股权投资　　　　　　　　　　31 500 000（35 000 000×90%）

　　贷：股本　　　　　　　　　　　　18 000 000

　　　　资本公积　　　　　　　　　　13 500 000

记录合并业务后，南方公司的资产负债表如表4-7。

**表4-7　资产负债表（简表）**

2016年6月30日

单位：万元

| 资产项目 | 金额 | 负债和所有者权益项目 | 金额 |
|----------|------|---------------------|------|
| 货币资金 | 1 500 | 短期借款 | 1 200 |

（续上表）

| 资产项目 | 金额 | 负债和所有者权益项目 | 金额 |
|---|---|---|---|
| 应收账款 | 1 200 | 应付账款 | 1 000 |
| 存货 | 2 500 | 长期应付款 | 1 200 |
| 长期股权投资 | 4 350 | 负债合计 | 3 400 |
| 固定资产 | 3 500 | 股本 | 5 800 |
| 无形资产 | 600 | 资本公积 | 2 450 |
|  |  | 盈余公积 | 200 |
|  |  | 未分配利润 | 1 800 |
|  |  | 所有者权益合计 | 10 250 |
| 资产合计 | 13 650 | 负债和所有者权益合计 | 13 650 |

（2）南方公司在合并日编制合并财务报表时，南方公司应编制的抵销分录如下：

①借：股本　　　　　　　　　　　　　　　　　　　　18 000 000

　　　资本公积　　　　　　　　　　　　　　　　　　　4 000 000

　　　盈余公积　　　　　　　　　　　　　　　　　　　3 000 000

　　　未分配利润　　　　　　　　　　　　　　　　　　10 000 000

　　贷：长期股权投资　　　　　　　　　　　　　　　　31 500 000

　　　少数股东权益　　　　　　　　　　　　　　　　　3 500 000

另外，南方公司在合并日编制合并工作底稿时，对于合并前S公司实现的留存收益中归属于合并方的部分1 170（1 300×90%）万元，应自南方公司的资本公积（资本溢价或股本溢价）转入其留存收益。南方公司在确认对S公司的长期股权投资后，其资本公积的账面余额为2 450万元（假定全为股本溢价），大于1 170万元，故全额转。在合并工作底稿中应编制的调整分录如下：

②借：资本公积　　　　　　　　　　　　　　　　　　11 700 000

　　贷：盈余公积　　　　　　　　　　　　　　　　　　2 700 000

　　　未分配利润　　　　　　　　　　　　　　　　　9 000 000

（3）编制合并工作底稿：首先将南方公司（合并后）和S公司的个别财务报表数据过入到合并工作底稿的相应栏目，并计算出合计数；然后将上述抵销与调整分录过入到合并工作底稿的抵销与调整栏，再根据合计数和抵销与调整栏的数据计算得出各项目的合并数。合并工作底稿见表4-8。

表4-8　合并工作底稿

2016年6月30日

单位：万元

| 项目 | 南方公司 | S公司 | 合计数 | 抵销与调整分录 | | 合并数 |
|---|---|---|---|---|---|---|
|  |  |  |  | 借方 | 贷方 |  |
| 利润表项目 |  |  |  |  |  |  |

(续上表)

| 项目 | 南方公司 | S公司 | 合计数 | 抵销与调整分录 | | 合并数 |
| --- | --- | --- | --- | --- | --- | --- |
| | | | | 借方 | 贷方 | |
| 主营业务收入 | 5 000 | 1 900 | 6 900 | | | 6 900 |
| 营业成本 | 3 100 | 950 | 4 050 | | | 4 050 |
| 营业税金及附加 | 200 | 100 | 300 | | | 300 |
| 销售费用 | 200 | 100 | 300 | | | 300 |
| 管理费用 | 300 | 250 | 550 | | | 550 |
| 财务费用 | 100 | 100 | 200 | | | 200 |
| 投资收益 | 280 | 50 | 330 | | | 330 |
| 营业利润 | 1 380 | 450 | 1 830 | | | 1 830 |
| 营业外收入 | 200 | 120 | 320 | | | 320 |
| 营业外支出 | 150 | 100 | 250 | | | 250 |
| 利润总额 | 1 430 | 470 | 1 900 | | | 1 900 |
| 所得税费用 | 430 | 90 | 520 | | | 520 |
| 净利润 | 1 000 | 380 | 1 380 | | | 1 380 |
| 其中：被合并方在合并前实现的利润 | | | | | | 380 |
| 资产负债表项目 | | | | | | |
| 资产 | | | | | | |
| 货币资金 | 1 500 | 200 | 1 700 | | | 1 700 |
| 应收账款 | 1 200 | 280 | 1 480 | | | 1 480 |
| 存货 | 2 500 | 1 000 | 3 500 | | | 3 500 |
| 长期股权投资 | 4 350 | 3 00 | 4 650 | | ①3 150 | 1 500 |
| 固定资产 | 3 500 | 3 300 | 6 800 | | | 6 800 |
| 无形资产 | 600 | 200 | 800 | | | 800 |
| 资产合计 | 13 650 | 5 280 | 18 930 | | | 18 930 |
| 负债和所有者权益 | | | | | | |
| 短期借款 | 1 200 | 480 | 1 680 | | | 1 680 |
| 应付账款 | 1 000 | 700 | 1 700 | | | 1 700 |
| 长期应付款 | 1 200 | 600 | 1 800 | | | 1 800 |
| 负债合计 | 3 400 | 1 780 | 5 180 | | | 5 180 |
| 股本 | 5 800 | 1 800 | 7 600 | ①1 800 | | 5 800 |
| 资本公积 | 2 450 | 400 | 2 850 | ① 400 ②1 170 | | 1 280 |

（续上表）

| 项目 | 南方公司 | S公司 | 合计数 | 抵销与调整分录 借方 | 抵销与调整分录 贷方 | 合并数 |
|---|---|---|---|---|---|---|
| 盈余公积 | 200 | 300 | 500 | ①300 | ②270 | 470 |
| 未分配利润 | 1 800 | 1 000 | 2 800 | ①1 000 | ②900 | 2 700 |
| 少数股东权益 | | | | | ①350 | 350 |
| 所有者权益合计 | 10 250 | 3 500 | 13 750 | 4 670 | 1 520 | 10 600 |
| 负债和所有者权益合计 | 13 650 | 5 280 | 18 930 | 4 670 | 1 520 | 15 780 |

（4）编制合并财务报表。将合并数过入到合并财务报表的各项目。本例的合并资产负债表和合并利润表见表4-9和表4-10。

**表4-9 合并资产负债表（简表）**

2016年6月30日

单位：万元

| 资产项目 | 金额 | 负债和所有者权益项目 | 金额 |
|---|---|---|---|
| 货币资金 | 1 700 | 短期借款 | 1 680 |
| 应收账款 | 1 480 | 应付账款 | 1 700 |
| 存货 | 3 500 | 长期应付款 | 1 800 |
| 长期股权投资 | 1 500 | 负债合计 | 5 180 |
| 固定资产 | 6 800 | 股本 | 5 800 |
| 无形资产 | 800 | 资本公积 | 1 280 |
| | | 盈余公积 | 470 |
| | | 未分配利润 | 2 700 |
| | | 少数股东权益 | 350 |
| | | 所有者权益合计 | 10 600 |
| 资产合计 | 15 780 | 负债和所有者权益合计 | 15 780 |

**表4-10 合并利润表（简表）**

2016年1月1日至6月30日

单位：万元

| 项目 | 本期数 |
|---|---|
| 一、主营业务收入 | 6 900 |
| 减：营业成本 | 4 050 |
| 营业税金及附加 | 300 |
| 销售费用 | 300 |

（续上表）

| 项目 | 本期数 |
|---|---|
| 管理费用 | 550 |
| 财务费用 | 200 |
| 加：投资收益 | 330 |
| 二、营业利润 | 1 830 |
| 加：营业外收入 | 320 |
| 减：营业外支出 | 250 |
| 三、利润总额 | 1 900 |
| 减：所得税费用 | 520 |
| 四、净利润 | 1 380 |
| 其中：被合并方在合并前实现的利润 | 380 |

**（二）吸收合并方式下合并日合并财务报表的编制**

在吸收合并方式下，存续方（合并方）在合并日应编制合并财务报表，但以后编制的仅是合并方的个别财务报表，不再存在合并财务报表的编制问题，因为被合并方于合并日已被取消法人资格并解散。吸收合并方式下，合并日编制合并财务报表的编制程序、原则与控股合并方式下编制合并财务报表的程序、原则基本相同，具体见例3。

【例3】沿用例1的资料，假定合并后S公司取消法人资格并解散。则此合并为同一控制下的吸收合并。相关业务处理如下：

（1）南方公司于2016年6月30日吸收合并S公司，应编制的会计分录如下：

借：货币资金　　　　　　　　　　　　2 000 000

　　应收账款　　　　　　　　　　　　2 800 000

　　存货　　　　　　　　　　　　　10 000 000

　　长期股权投资　　　　　　　　　　3 000 000

　　固定资产　　　　　　　　　　　33 000 000

　　无形资产　　　　　　　　　　　　2 000 000

　贷：短期借款　　　　　　　　　　　　4 800 000

　　　应付账款　　　　　　　　　　　　7 000 000

　　　长期应付款　　　　　　　　　　　6 000 000

　　　股本　　　　　　　　　　　　　20 000 000

　　　资本公积　　　　　　　　　　　15 000 000

（2）吸收合并后，南方公司编制的合并资产负债表如表4－11所示。①

**表4－11　合并资产负债表（简表）**
2016 年 6 月 30 日

单位：万元

| 资产项目 | 金额 | 负债和所有者权益项目 | 金额 |
|---|---|---|---|
| 货币资金 | 1 700 | 短期借款 | 1 680 |
| 应收账款 | 1 480 | 应付账款 | 1 700 |
| 存货 | 3 500 | 长期应付款 | 1 800 |
| 长期股权投资 | 1 500 | 负债合计 | 5 180 |
| 固定资产 | 6 800 | 股本 | 6 000 |
| 无形资产 | 800 | 资本公积 | 2 600 |
|  |  | 盈余公积 | 200 |
|  |  | 未分配利润 | 1 800 |
|  |  | 所有者权益合计 | 10 600 |
| 资产合计 | 15 780 | 负债和所有者权益合计 | 15 780 |

值得注意的是，此报表既是南方公司在合并日编制的合并资产负债表，也是发生吸收合并业务后新南方公司的个别财务报表。

# 第二节　非同一控制下企业合并合并日合并财务报表的编制

属于非同一控制下企业合并形成母子公司关系的，在合并日，母公司（购买方）应编制合并财务报表，以反映购买方（母公司）于购买日开始能够控制的经济资源情况。但在购买日，购买方只需编制合并资产负债表，不需编制合并利润表和合并现金流量表。

## 一、购买日合并财务报表的编制要点

对非同一控制下企业合并取得的子公司，于购买日，购买方编制合并资产负债表的基本处理原则如下：

---

① 因吸收合并后，S公司将解散，此日南方公司编制报表也就是合并报表，故可将S公司在合并前实现的留存收益自南方公司的"资本公积"转自其"留存收益"项目。此例中即：

借：资本公积　　　　　　　　　　　　　　　　　　　　　　　　　　　　13 000 000
　　贷：盈余公积　　　　　　　　　　　　　　　　　　　　　　　　　　　3 000 000
　　　　未分配利润　　　　　　　　　　　　　　　　　　　　　　　　　10 000 000

转后，合并资产负债表中"资本公积"项目的金额为1 300万元，"盈余公积"项目的金额为500万元，"未分配利润"项目的金额为2 800万元。其余项目的金额不变。

（1）统一会计政策和会计期间，使子公司（被购买方）的会计政策和会计期间与母公司（购买方）的一致。

（2）在合并资产负债表中，合并中取得的被购买方各项可辨认资产、负债应以其在购买日的公允价值计量。将子公司的各项可辨认资产、负债的公允价值并入合并财务报表的工作底稿。

（3）长期股权投资的成本大于合并中取得的被购买方可辨认净资产公允价值份额的差额，体现为合并财务报表中的商誉；长期股权投资的成本小于合并中取得的被购买方可辨认净资产公允价值份额的差额，企业合并准则中规定应计入合并当期损益（营业外收入），因购买日不需要编制合并利润表，该差额体现在合并资产负债表上，调整合并资产负债表的留存收益（盈余公积和未分配利润）。

值得注意的是，对于非同一控制下的企业合并，购买方（母公司）在进行有关会计处理后，应单独设置备查簿，记录其在购买日取得的被购买方（子公司）各项可辨认资产、负债的公允价值以及因企业合并成本大于合并中取得的被购买方可辨认净资产公允价值的份额应确认的商誉金额，或因企业合并成本小于合并中取得的被购买方可辨认净资产公允价值的份额计入当期损益的金额，作为企业合并当期以及以后期间编制合并财务报表的基础。企业合并当期期末以及合并以后期间，应当纳入合并财务报表中的被购买方资产、负债等，是以购买日确定的公允价值为基础持续计算的结果。

## 二、购买日合并财务报表的编制

### （一）控股合并方式下购买日合并财务报表的编制

非同一控制下的控股合并，又可分为两种情况：一是取得子公司的全部股权，二是取得子公司的部分股权，下面分别举例来说明两种情况下合并财务报表的编制。

1. 购买日取得子公司的全部股权

母公司（购买方）于购买日取得子公司（被购买方）的全部股权，一般会有三种情形：一是购买价格等于子公司可辨认净资产的公允价值；二是购买价格大于子公司可辨认净资产的公允价值；三是购买价格小于子公司可辨认净资产的公允价值。下面将分别举例说明。

（1）购买价格等于子公司可辨认净资产的公允价值。

购买价格等于子公司的公允价值又可分两种情况·一是子公司可辨认净资产的公允价值等于其账面价值；二是子公司可辨认净资产的公允价值不等于其账面价值。

1）子公司可辨认净资产的公允价值等于其账面价值。

在这种情况下，由于购买价格与子公司可辨认净资产的公允价值相等，不产生商誉。同时，子公司可辨认净资产的公允价值又等于其账面价值，故在合并工作底稿中，只需要将母公司对子公司的长期股权投资项目与子公司的所有者权益项目直接抵销即可。

【例4】南方公司于2014年1月1日以银行存款12 400万元购买S公司发行在外的全部股份，对S公司实施控股合并。假定合并前南方公司与S公司不存在任何关联关系，S公司的会计政策与南方公司的一致。南方公司和S公司2014年1月1日资产负债表的有关数据如表4-12所示。

**表 4 – 12  资产负债表（简表）**

2014 年 1 月 1 日

单位：万元

| 项目 | 南方公司 | S 公司（账面价值） | S 公司（公允价值） |
|---|---|---|---|
| 资产 | | | |
| 银行存款 | 18 000 | 8 000 | 8 000 |
| 应收账款 | 3 000 | 4 000 | 4 000 |
| 存货 | 4 000 | 2 400 | 2 400 |
| 固定资产 | 12 000 | 6 000 | 6 000 |
| 资产合计 | 37 000 | 20 400 | 20 400 |
| 负债及所有者权益 | | | |
| 短期借款 | 4 000 | 2 000 | 2 000 |
| 应付账款 | 3 000 | 2 000 | 2 000 |
| 长期借款 | 5 000 | 4 000 | 4 000 |
| 负债合计 | 12 000 | 8 000 | 8 000 |
| 股本 | 16 000 | 10 000 | 10 000 |
| 资本公积 | 4 000 | 2 000 | 2 000 |
| 盈余公积 | 2 500 | 300 | 300 |
| 未分配利润 | 2 500 | 100 | 100 |
| 所有者权益合计 | 25 000 | 12 400 | 12 400 |
| 负债及所有者权益合计 | 37 000 | 20 400 | 20 400 |

相关业务处理如下：

①在购买日 2014 年 1 月 1 日，南方公司取得 S 公司 100% 的控股权，应编制的会计分录如下：

借：长期股权投资——S 公司　　　　　　　　　　124 000 000

　　贷：银行存款　　　　　　　　　　　　　　　124 000 000

南方公司进行控股合并后，银行存款为 56 000 000（180 000 000 – 124 000 000）元，长期股权投资——S 公司为 124 000 000 元，资产总额仍为 370 000 000 元。南方公司取得 S 公司 100% 的控制权后，为反映南方公司和 S 公司这一母子公司整体的资产、负债和所有者权益情况，需在控制权获得日编制合并资产负债表。假设合并前南方公司与 S 公司没有任何业务往来，在编制合并资产负债表时需将南方公司的长期股权投资与 S 公司的所有者权益项目相互抵销，抵销分录如下：

借：股本　　　　　　　　　　　　　　　　　　100 000 000

　　资本公积　　　　　　　　　　　　　　　　 20 000 000

　　盈余公积　　　　　　　　　　　　　　　　　3 000 000

　　未分配利润　　　　　　　　　　　　　　　　1 000 000

贷：长期股权投资——S 公司　　　　　　　　　　　124 000 000

②编制合并资产负债表的合并工作底稿，如表 4 - 13 所示。

**表 4 - 13　南方公司合并资产负债表工作底稿（简表）**

2014 年 1 月 1 日

单位：万元

| 项目 | 南方公司（投资后） | S 公司 | 抵销分录 | | 合并金额 |
| --- | --- | --- | --- | --- | --- |
| | | | 借 | 贷 | |
| 资产 | | | | | |
| 银行存款 | 5 600 | 8 000 | | | 13 600 |
| 应收账款 | 3 000 | 4 000 | | | 7 000 |
| 存货 | 4 000 | 2 400 | | | 6 400 |
| 长期股权投资——S 公司 | 12 400 | | | 12 400 | 0 |
| 固定资产 | 12 000 | 6 000 | | | 18 000 |
| 资产合计 | 37 000 | 20 400 | | 12 400 | 45 000 |
| 负债及所有者权益 | | | | | |
| 短期借款 | 4 000 | 2 000 | | | 6 000 |
| 应付账款 | 3 000 | 2 000 | | | 5 000 |
| 长期借款 | 5 000 | 4 000 | | | 9 000 |
| 负债合计 | 12 000 | 8 000 | | | 20 000 |
| 股本 | 16 000 | 10 000 | 10 000 | | 16 000 |
| 资本公积 | 4 000 | 2 000 | 2 000 | | 4 000 |
| 盈余公积 | 2 500 | 300 | 300 | | 2 500 |
| 未分配利润 | 2 500 | 100 | 100 | | 2 500 |
| 所有者权益合计 | 25 000 | 12 400 | 12 400 | | 25 000 |
| 负债及所有者权益合计 | 37 000 | 20 400 | 12 400 | | 45 000 |

③编制合并资产负债表。将合并金额过入合并资产负债的各项目，如例 1（略）。值得注意的是，S 公司的可辨认净资产是以公允价值进入合并资产负债表，此处刚好其公允价值等于其账面价值。

2）子公司可辨认净资产的公允价值不等于其账面价值。

在这种情况下，虽子公司可辨认净资产的公允价值不等于其账面价值，但由于购买价格与子公司可辨认净资产的公允价值相等，故仍不产生商誉。但在合并工作底稿中，需将母公司对子公司的长期股权投资与子公司可辨认净资产的公允价值相抵销，即除抵销子公司的所有者权益项目外，还应调整子公司公允价值与账面价值不同的项目，调整金额为其差额。

【例 5】沿用例 4 的资料，假设南方公司于 2014 年 1 月 1 日以银行存款 14 000 万元购买 S 公司发行在外的全部股份，对 S 公司实施控股合并。假定合并前南方公司与 S 公司不存在任何关联关系。S公司在购买日存货的公允价值为 3 000 万元，固定资产的公允价值为 7 000 万元，其余项目的公允价值与账面价值相等。S公司公允价值与账面价值的差额见表 4-14。

### 表 4-14　S公司资产负债项目公允价值与账面价值的差额
2014 年 1 月 1 日

单位：万元

| 项目 | 账面价值 | 公允价值 | 差额 |
|------|------|------|------|
| 存货 | 2 400 | 3 000 | 600 |
| 固定资产 | 6 000 | 7 000 | 1 000 |
| 合计 | 8 400 | 10 000 | 1 600 |

相关业务处理如下：

①在购买日 2014 年 1 月 1 日，南方公司取得 S 公司 100% 的控股权，应编制的会计分录如下：

借：长期股权投资——S公司　　　　　　　　　　140 000 000
　　贷：银行存款　　　　　　　　　　　　　　　　　140 000 000

南方公司进行控股合并后，银行存款为 40 000 000（180 000 000 - 140 000 000）元，长期股权投资——S公司为 140 000 000 元，资产总额仍为 370 000 000 元。南方公司取得 S 公司 100% 的控制权后，为反映南方公司和 S 公司这一母子公司整体的资产、负债和所有者权益情况，需在控制权获得日编制合并资产负债表。假设合并前南方公司与 S 公司没有任何业务往来，在编制合并资产负债表时需将南方公司的长期股权投资与 S 公司的所有者权益项目和公允价值与账面价值的差额相互抵销与调整，抵销与调整分录如下：

借：股本　　　　　　　　　　　　　　　　　　100 000 000
　　资本公积　　　　　　　　　　　　　　　　　 20 000 000
　　盈余公积　　　　　　　　　　　　　　　　　　3 000 000
　　未分配利润　　　　　　　　　　　　　　　　　1 000 000
　　存货　　　　　　　　　　　　　　　　　　　　6 000 000
　　固定资产　　　　　　　　　　　　　　　　　 10 000 000
　　贷：长期股权投资——S公司　　　　　　　　　140 000 000

②编制合并资产负债表的合并工作底稿如表 4-15 所示。

### 表 4-15　南方公司合并资产负债表工作底稿（简表）
2014 年 1 月 1 日

单位：万元

| 项目 | 南方公司（投资后） | S公司 | 抵销分录 借 | 抵销分录 贷 | 合并金额 |
|------|------|------|------|------|------|
| 资产 | | | | | |
| 银行存款 | 4 000 | 8 000 | | | 12 000 |

（续上表）

| 项目 | 南方公司（投资后） | S公司 | 抵销分录 | | 合并金额 |
|---|---|---|---|---|---|
| | | | 借 | 贷 | |
| 应收账款 | 3 000 | 4 000 | | | 7 000 |
| 存货 | 4 000 | 2 400 | 600 | | 7 000 |
| 长期股权投资——S公司 | 14 000 | | | 14 000 | 0 |
| 固定资产 | 12 000 | 6 000 | 1 000 | | 19 000 |
| 资产合计 | 37 000 | 20 400 | 1 600 | 14 000 | 45 000 |
| 负债及所有者权益 | | | | | |
| 短期借款 | 4 000 | 2 000 | | | 6 000 |
| 应付账款 | 3 000 | 2 000 | | | 5 000 |
| 长期借款 | 5 000 | 4 000 | | | 9 000 |
| 负债合计 | 12 000 | 8 000 | | | 20 000 |
| 股本 | 16 000 | 10 000 | 10 000 | | 16 000 |
| 资本公积 | 4 000 | 2 000 | 2 000 | | 4 000 |
| 盈余公积 | 2 500 | 300 | 300 | | 2 500 |
| 未分配利润 | 2 500 | 100 | 100 | | 2 500 |
| 所有者权益合计 | 25 000 | 12 400 | 12 400 | | 25 000 |
| 负债及所有者权益合计 | 37 000 | 20 400 | 12 400 | | 45 000 |

③编制合并资产负债表。将合并金额过入合并资产负债表的各项目，如例1（略）。值得注意的是，S公司的可辨认净资产是以公允价值（存货为3 000万元，固定资产为7 000万元）进入合并资产负债表的。

（2）购买价格大于子公司可辨认净资产的公允价值。

在这种情况下，由于购买价格大于子公司可辨认净资产的公允价值，其差额就是购并所产生的商誉，体现在合并资产负债表中。商誉不可摊销，但在期末需进行减值测试。因此在合并工作底稿的抵销与调整分录中会产生商誉。

【例6】沿用例4的资料，假设南方公司于2014年1月1日以银行存款15 000万元购买S公司发行在外的全部股份，对S公司实施控股合并。假定合并前南方公司与S公司不存在任何关联关系。S公司在购买日存货的公允价值为3 000万元，固定资产的公允价值为7 000万元，其余项目的公允价值与账面价值相等。S公司公允价值与账面价值的差额见表4-14。

相关业务处理如下：

①在购买日2014年1月1日，南方公司取得S公司100%的控股权，应编制的会计分录如下：

借：长期股权投资——S公司　　　　　　　　　　　　150 000 000

　　贷：银行存款　　　　　　　　　　　　　　　　　　　　150 000 000

南方公司进行控股合并后，银行存款为30 000 000（180 000 000 – 150 000 000）元，长期股权投资——S公司为150 000 000元，资产总额仍为370 000 000元。南方公司取得S公司100%的控制权后，为反映南方公司和S公司这一母子公司整体的资产、负债和所有者权益情况，需在控制权获得日编制合并资产负债表。假设合并前南方公司与S公司没有任何业务往来，在编制合并资产负债表时需将南方公司的长期股权投资与S公司的所有者权益项目和公允价值与账面价值的差额相互抵销与调整，同时还会产生商誉。商誉的计算如下：

商誉 = 南方公司的合并成本 – S公司可辨认净资产的公允价值

　　　= 150 000 000 – 140 000 000

　　　= 10 000 000（元）

抵销与调整分录如下：

借：股本　　　　　　　　　　　　　　　　　　　　100 000 000

　　资本公积　　　　　　　　　　　　　　　　　　　20 000 000

　　盈余公积　　　　　　　　　　　　　　　　　　　　3 000 000

　　未分配利润　　　　　　　　　　　　　　　　　　　1 000 000

　　存货　　　　　　　　　　　　　　　　　　　　　　6 000 000

　　固定资产　　　　　　　　　　　　　　　　　　　10 000 000

　　商誉　　　　　　　　　　　　　　　　　　　　　10 000 000

　　贷：长期股权投资——S公司　　　　　　　　　　　150 000 000

②编制合并资产负债表的合并工作底稿如表4 – 16所示。

表4 – 16　南方公司合并资产负债表工作底稿（简表）

2014年1月1日

单位：万元

| 项目 | 南方公司（投资后） | S公司 | 抵销分录 | | 合并金额 |
|---|---|---|---|---|---|
| | | | 借 | 贷 | |
| 资产 | | | | | |
| 银行存款 | 3 000 | 8 000 | | | 11 000 |
| 应收账款 | 3 000 | 4 000 | | | 7 000 |
| 存货 | 4 000 | 2 400 | 600 | | 7 000 |
| 长期股权投资——S公司 | 15 000 | | | 15 000 | 0 |
| 商誉 | | | 1 000 | | 1 000 |
| 固定资产 | 12 000 | 6 000 | 1 000 | | 19 000 |
| 资产合计 | 37 000 | 20 400 | 2 600 | 15 000 | 45 000 |
| 负债及所有者权益 | | | | | |

（续上表）

| 项目 | 南方公司（投资后） | S公司 | 抵销分录 | | 合并金额 |
|---|---|---|---|---|---|
| | | | 借 | 贷 | |
| 短期借款 | 4 000 | 2 000 | | | 6 000 |
| 应付账款 | 3 000 | 2 000 | | | 5 000 |
| 长期借款 | 5 000 | 4 000 | | | 9 000 |
| 负债合计 | 12 000 | 8 000 | | | 20 000 |
| 股本 | 16 000 | 10 000 | 10 000 | | 16 000 |
| 资本公积 | 4 000 | 2 000 | 2 000 | | 4 000 |
| 盈余公积 | 2 500 | 300 | 300 | | 2 500 |
| 未分配利润 | 2 500 | 100 | 100 | | 2 500 |
| 所有者权益合计 | 25 000 | 12 400 | 12 400 | | 25 000 |
| 负债及所有者权益合计 | 37 000 | 20 400 | 12 400 | | 45 000 |

③编制合并资产负债表。将合并金额过入合并资产负债表的各项目。值得注意的是，除S公司的可辨认净资产是以公允价值（存货为3 000万元，固定资产为7 000万元）进入合并资产负债表外，在合并资产负债表中还会出现商誉项目，如表4-17所示。

表4-17 南方公司合并资产负债表（简表）
2014年1月1日

单位：万元

| 项目 | 金额 | 项目 | 金额 |
|---|---|---|---|
| 资产 | | 负债及所有者权益 | |
| 银行存款 | 11 000 | 短期借款 | 6 000 |
| 应收账款 | 7 000 | 应付账款 | 5 000 |
| 存货 | 7 000 | 长期借款 | 9 000 |
| 商誉 | 1 000 | 负债合计 | 20 000 |
| 固定资产 | 19 000 | 股本 | 16 000 |
| | | 资本公积 | 4 000 |
| | | 盈余公积 | 2 500 |
| | | 未分配利润 | 2 500 |
| | | 所有者权益合计 | 25 000 |
| 资产合计 | 45 000 | 负债及所有者权益合计 | 45 000 |

（3）购买价格小于子公司可辨认净资产的公允价值。

在这种情况下，由于购买价格小于子公司可辨认净资产的公允价值，应当对合并中取得的资产、负债的公允价值以及作为合并对价的非现金资产或发行的权益性证券等的公允价值进行复核，复核结果表明所确定的各项可辨认资产和负债的公允价值确定是恰当的，应将企业合并成本低于取得的被购买方可辨认净资产公允价值份额之间的差额，计入合并当期的营业外收入，并在会计报表附注中予以说明。①

【例7】沿用例4的资料，假设南方公司于2014年1月1日以银行存款13 000万元购买S公司发行在外的全部股份，对S公司实施控股合并。假定合并前南方公司与S公司不存在任何关联关系。S公司在购买日，存货的公允价值为3 000万元，固定资产的公允价值为7 000万元，其余项目的公允价值与账面价值相等，S公司在购买日可辨认净资产的公允价值为14 000万元。S公司公允价值与账面价值的差额见表4-14。

相关业务处理如下：

①在购买日2014年1月1日，南方公司取得S公司100%的控股权，应编制的会计分录如下：

借：长期股权投资——S公司 　　　　　　　　　　130 000 000
　　贷：银行存款 　　　　　　　　　　　　　　　　130 000 000

南方公司进行控股合并后，银行存款为50 000 000（180 000 000 - 130 000 000）元，长期股权投资——S公司为130 000 000元，资产总额仍为370 000 000元。南方公司取得S公司100%的控制权后，为反映南方公司和S公司这一母子公司整体的资产、负债和所有者权益情况，需在控制权获得日编制合并资产负债表。假设合并前南方公司与S公司没有任何业务往来，在编制合并资产负债表时需将南方公司的长期股权投资与S公司的所有者权益项目和公允价值与账面价值的差额相互抵销与调整。同时，因购买日不需要编制合并利润表，该购买价格与S公司可辨认净资产公允价值之间的差额体现在合并资产负债表上，表现为调整合并资产负债表的盈余公积和未分配利润（假定公司按10%计提盈余公积，则盈余公积为10 000 000 × 10%，未分配利润为10 000 000 × 90%），抵销分录如下：

借：股本 　　　　　　　　　　　　　　　　　100 000 000
　　资本公积 　　　　　　　　　　　　　　　　20 000 000
　　盈余公积 　　　　　　　　　　　　　　　　3 000 000
　　未分配利润 　　　　　　　　　　　　　　　1 000 000
　　存货 　　　　　　　　　　　　　　　　　　6 000 000
　　固定资产 　　　　　　　　　　　　　　　10 000 000
　　贷：长期股权投资——S公司 　　　　　　　130 000 000
　　　　盈余公积 　　　　　　　　　　　　　　1 000 000
　　　　未分配利润 　　　　　　　　　　　　　9 000 000

②编制合并资产负债表的合并工作底稿见表4-18。

---

① 企业合并成本小于合并中取得的被购买方可辨认净资产公允价值的差额，在控股合并的情况下，其差额应体现在合并当期的合并利润表中；吸收合并的情况下，其差额应计入合并当期购买方的个别利润表。

表4-18　南方公司合并资产负债表工作底稿（简表）

2014年1月1日

单位：万元

| 项目 | 南方公司（投资后） | S公司 | 抵销分录 | | 合并金额 |
| --- | --- | --- | --- | --- | --- |
| | | | 借 | 贷 | |
| 资产 | | | | | |
| 银行存款 | 5 000 | 8 000 | | | 13 000 |
| 应收账款 | 3 000 | 4 000 | | | 7 000 |
| 存货 | 4 000 | 2 400 | 600 | | 7 000 |
| 长期股权投资——S公司 | 13 000 | | | 13 000 | 0 |
| 固定资产 | 12 000 | 6 000 | 1 000 | | 19 000 |
| 资产合计 | 37 000 | 20 400 | 1 600 | 13 000 | 46 000 |
| 负债及所有者权益 | | | | | |
| 短期借款 | 4 000 | 2 000 | | | 6 000 |
| 应付账款 | 3 000 | 2 000 | | | 5 000 |
| 长期借款 | 5 000 | 4 000 | | | 9 000 |
| 负债合计 | 12 000 | 8 000 | | | 20 000 |
| 股本 | 16 000 | 10 000 | 10 000 | | 16 000 |
| 资本公积 | 4 000 | 2 000 | 2 000 | | 4 000 |
| 盈余公积 | 2 500 | 300 | 300 | 100 | 2 600 |
| 未分配利润 | 2 500 | 100 | 100 | 900 | 3 400 |
| 所有者权益合计 | 25 000 | 12 400 | 12 400 | 1 000 | 26 000 |
| 负债及所有者权益合计 | 37 000 | 20 400 | 12 400 | 1 000 | 46 000 |

③编制合并资产负债表。将合并金额过入合并资产负债表的各项目（略）。

2. 购买日取得子公司的部分股权

母公司获得了公司的控制权，通常情况下，不一定要购买其100%的股份，只需购入50%以上的股份就可获得控制权，甚至低于50%，但能实质控制其生产经营与财务决策即可形成母、子公司关系，实现控股合并。此种情况下，同样也需要编制合并财务报表。但与100%控股不同的是，由于母公司只购买了子公司部分股权，另一部分由其他股东所拥有，因为他们没有获得子公司的控制权，故被称为非控股股东或少数股东。在编制合并财务报表时，按照实体理论，对于这部分非控股股权（少数股权），与多数股权一样，单独列示在所有者权益项目下。

母公司（购买方）于购买日取得子公司（被购买方）的部分股权，一般也会有三种情形：一是购买价格等于子公司可辨认净资产公允价值的相应份额；二是购买价格大于子公司可辨认净资产公允价值的相应份额；三是购买价格小于子公司可辨认净资产公允价值的相应份额。其会计处理原则同母公司取得子公司的全部股权，只是将子公司可辨认净资产的公允价值乘以相应控股比例。下面将举一例来加以说明。

【例8】沿用例4的资料，假设南方公司于2014年1月1日以银行存款12 000万元购买S公司发行在外的80%股份，对S公司实施控股合并。假定合并前南方公司与S公司不存在任何关联关系。S公司在购买日存货的公允价值为3 000万元，固定资产的公允价值为7 000万元，其余项目的公允价值与账面价值相等，购买日S公司可辨认净资产的公允价值为14 000万元。S公司公允价值与账面价值的差额见表4－14。

相关业务处理如下：

①在购买日2014年1月1日，南方公司取得S公司80%的控股权，应编制的会计分录如下：

借：长期股权投资——S公司　　　　　　　　　　　　120 000 000
　贷：银行存款　　　　　　　　　　　　　　　　　　　　　120 000 000

南方公司在进行控股合并后，银行存款为60 000 000（180 000 000 – 120 000 000）元，长期股权投资——S公司为120 000 000元，资产总额仍为370 000 000元。南方公司取得S公司80%的控制权后，为反映南方公司和S公司这一母子公司整体的资产、负债和所有者权益情况，需在控股权获得日编制合并资产负债表。假设合并前南方公司与S公司没有任何业务往来，在编制合并资产负债表时需将南方公司的长期股权投资与S公司的所有者权益项目和公允价值与账面价值的差额相互抵销与调整，同时会产生商誉，还会出现少数股东权益。商誉的计算如下：

商誉＝南方公司的投资成本 – S公司可辨认净资产的公允价值×80%
　　　＝120 000 000 – 140 000 000×80%
　　　＝8 000 000（元）①

抵销与调整分录如下：

借：股本　　　　　　　　　　　　　　　　　　　100 000 000
　　资本公积　　　　　　　　　　　　　　　　　　 20 000 000
　　盈余公积　　　　　　　　　　　　　　　　　　　3 000 000
　　未分配利润　　　　　　　　　　　　　　　　　　1 000 000
　　存货　　　　　　　　　　　　　　　　　　　　　6 000 000
　　固定资产　　　　　　　　　　　　　　　　　　 10 000 000
　　商誉　　　　　　　　　　　　　　　　　　　　　8 000 000
　贷：长期股权投资——S公司　　　　　　　　　　　120 000 000

---

① 此处商誉的计算是遵循母公司理论来计算的，即在合并资产负债表中只体现母公司所拥有的那部分商誉。若是按照实体理论，则商誉应为整体商誉10 000 000元，计算如下（假设属于少数股东那部分购买价格与母公司部分的购买价格成比例）：

商誉＝整体投资成本 – S公司可辨认净资产的公允价值
　　　＝南方公司的投资成本÷80% – S公司可辨认净资产的公允价值
　　　＝120 000 000÷80% – 140 000 000
　　　＝10 000 000（元）

少数股东权益　　　　　　　　　　　　　　28 000 000

少数股东权益＝S公司可辨认净资产的公允价值×20%

＝140 000 000×20%

＝28 000 000（元）①

②编制合并资产负债表的合并工作底稿见表4-19。

**表4-19　南方公司合并资产负债表工作底稿（简表）**

2014年1月1日

单位：万元

| 项目 | 南方公司（投资后） | S公司 | 抵销分录 | | 合并金额 |
| --- | --- | --- | --- | --- | --- |
| | | | 借 | 贷 | |
| 资产 | | | | | |
| 银行存款 | 6 000 | 8 000 | | | 14 000 |
| 应收账款 | 3 000 | 4 000 | | | 7 000 |
| 存货 | 4 000 | 2 400 | 600 | | 7 000 |
| 长期股权投资——S公司 | 12 000 | | | 12 000 | 0 |
| 商誉 | | | 800 | | 800 |
| 固定资产 | 12 000 | 6 000 | 1 000 | | 19 000 |
| 资产合计 | 37 000 | 20 400 | 2 400 | 12 000 | 47 800 |
| 负债及所有者权益 | | | | | |
| 短期借款 | 4 000 | 2 000 | | | 6 000 |
| 应付账款 | 3 000 | 2 000 | | | 5 000 |
| 长期借款 | 5 000 | 4 000 | | | 9 000 |
| 负债合计 | 12 000 | 8 000 | | | 20 000 |
| 股本 | 16 000 | 10 000 | 10 000 | | 16 000 |
| 资本公积 | 4 000 | 2 000 | 2 000 | | 4 000 |
| 盈余公积 | 2 500 | 300 | 300 | | 2 500 |
| 未分配利润 | 2 500 | 100 | 100 | | 2 500 |
| 少数股东权益 | | | | 2 800 | 2 800 |
| 所有者权益合计 | 25 000 | 12 400 | 12 400 | 2 800 | 27 800 |
| 负债及所有者权益合计 | 37 000 | 20 400 | 12 400 | 2 800 | 47 800 |

③编制合并资产负债表。将合并金额过入合并资产负债表的各项目。如表4-20。

---

① 若是遵循实体理论，少数股东权益＝S公司可辨认净资产的公允价值×20%＋整体商誉×20%

＝140 000 000×20%＋10 000 000×20%

＝30 000 000（元）

**表 4 - 20　南方公司合并资产负债表（简表）**

2014 年 1 月 1 日

单位：万元

| 项目 | 金额 | 项目 | 金额 |
|---|---|---|---|
| 资产 | | 负债及所有者权益 | |
| 银行存款 | 14 000 | 短期借款 | 6 000 |
| 应收账款 | 7 000 | 应付账款 | 5 000 |
| 存货 | 7 000 | 长期借款 | 9 000 |
| 商誉 | 800 | 负债合计 | 20 000 |
| 固定资产 | 19 000 | 股本 | 16 000 |
| | | 资本公积 | 4 000 |
| | | 盈余公积 | 2 500 |
| | | 未分配利润 | 2 500 |
| | | 少数股东权益 | 2 800 |
| | | 所有者权益合计 | 27 800 |
| 资产合计 | 47 800 | 负债及所有者权益合计 | 47 800 |

**（二）吸收合并方式下购买日合并财务报表的编制**

非同一控制下的吸收合并，合并后被购买方取消法人资格并解散，购买方应在购买日编制合并财务报表。但有一点值得注意，若购买价格大于被购买方可辨认净资产的公允价值，则吸收合并所产生的商誉会体现在购买方购并后的个别资产负债表中；若购买价格小于被购买方可辨认净资产的公允价值，其差额计入合并当期购买方的个别利润表。

【例9】沿用例4的资料，假设南方公司于2014年1月1日以银行存款15 000万元吸收合并S公司，合并后S公司解散。假定合并前南方公司与S公司不存在任何关联关系。S公司在购买日存货的公允价值为3 000万元，固定资产的公允价值为7 000万元，其余项目的公允价值与账面价值相等，购买日S公司可辨认净资产的公允价值为140 000 000元。S公司公允价值与账面价值的差额见表4-14。

相关业务处理如下：

①在购买日2014年1月1日，南方公司吸收合并S公司，应编制的会计分录如下：

借：银行存款　　　　　　　　　　　　　　　　　　80 000 000
　　应收账款　　　　　　　　　　　　　　　　　　40 000 000
　　存货　　　　　　　　　　　　　　　　　　　　30 000 000
　　固定资产　　　　　　　　　　　　　　　　　　70 000 000
　　商誉　　　　　　　　　　　　　　　　　　　　10 000 000

```
贷：短期借款                                        20 000 000
    应付账款                                        20 000 000
    长期借款                                        40 000 000
    银行存款                                       150 000 000
```
商誉＝南方公司投资成本－S公司可辨认净资产公允价值

　　　＝150 000 000－140 000 000

　　　＝10 000 000（元）

南方公司吸收合并S公司后，为反映南方公司合并后公司整体的资产、负债和所有者权益情况，需在吸收合并日编制合并资产负债表，此报表既是购并日南方公司的合并资产负债表，也是购并后新南方公司的个别资产负债表，并且购并产生的商誉体现在这一报表中。

②合并资产负债表如表4－21所示。

表4－21　南方公司合并资产负债表（简表）

2014年1月1日

单位：万元

| 项目 | 金额 | 项目 | 金额 |
|---|---|---|---|
| 资产 | | 负债及所有者权益 | |
| 银行存款 | 11 000 | 短期借款 | 6 000 |
| 应收账款 | 7 000 | 应付账款 | 5 000 |
| 存货 | 7 000 | 长期借款 | 9 000 |
| 商誉 | 1 000 | 负债合计 | 20 000 |
| 固定资产 | 19 000 | 股本 | 16 000 |
| | | 资本公积 | 4 000 |
| | | 盈余公积 | 2 500 |
| | | 未分配利润 | 2 500 |
| | | 所有者权益合计 | 25 000 |
| 资产合计 | 45 000 | 负债及所有者权益合计 | 45 000 |

### 📖 本章小结

同一控制下企业合并合并日合并财务报表的编制可分为控股合并方式下合并日合并财务报表的编制和吸收合并方式下合并日合并财务报表的编制。合并日的合并财务报表，一般包括合并资产负债表、合并利润表和合并现金流量表等。

非同一控制下的企业合并，购买日合并财务报表的编制同样也分为控股合并方式下合并财务报表的编制和吸收合并方式下合并财务报表的编制。但在购买日，购买方只需编制合并资产负债表，不需编制合并利润表和合并现金流量表。

## 本章思考题与练习题

### 思考题

1. 同一控制下的企业合并，在合并日需要编制哪些财务报表，为什么？

2. 非同一控制下的企业合并，在购买日需要编制哪些财务报表，为什么？

3. 同一控制和非同一控制下企业合并在合并日编制的合并报表有什么不同？

4. 母公司对子公司拥有全部股权和部分股权的情况下，合并日合并财务报表的编制方法有什么不同？

5. 一般情况下，商誉只出现在合并资产负债表中，什么情况下，商誉会出现在个别财务报表中？

### 练习题

**习题一：** 若兴华公司和 S 公司均为 M 公司的控股子公司，2014 年 7 月 1 日兴华公司自母公司 M 公司处取得 S 公司 100% 的股权，为进行该项企业合并，兴华公司发行 3 500 000 股普通股（每股面值 1 元，每股市价 1.7 元）作为对价。假定兴华公司、S 公司采用的会计政策相同。2014 年 8 月 31 日，兴华公司和 S 公司的资产负债表和利润表如表 4 - 22 和表 4 - 23 所示（假设合并前，兴华公司与 S 公司之间未发生任何交易）。

表 4 - 22　资产负债表

2014 年 6 月 30 日

单位：元

| 项目 | 兴华公司 | S公司 | |
| --- | --- | --- | --- |
| | | 账面价值 | 公允价值 |
| 资产 | | | |
| 银行存款 | 3 000 000 | 500 000 | 500 000 |
| 应收账款 | 4 000 000 | 2 000 000 | 2 000 000 |
| 存货 | 5 000 000 | 2 300 000 | 2 400 000 |
| 长期股权投资 | 0 | 0 | 0 |
| 固定资产净值 | 12 000 000 | 2 700 000 | 3 700 000 |
| 资产合计 | 24 000 000 | 7 500 000 | |
| 负债及所有者权益 | | | |
| 负债 | | | |
| 短期借款 | 4 000 000 | 1 500 000 | 1 500 000 |

（续上表）

| 项目 | 兴华公司 | S公司 | |
| --- | --- | --- | --- |
| | | 账面价值 | 公允价值 |
| 长期借款 | 7 000 000 | 500 000 | 500 000 |
| 负债合计 | 11 000 000 | 2 000 000 | |
| 所有者权益 | | | |
| 股本 | 9 000 000 | 4 000 000 | |
| 资本公积（股本溢价） | 1 000 000 | 200 000 | |
| 盈余公积 | 1 500 000 | 300 000 | |
| 未分配利润 | 1 500 000 | 1 000 000 | |
| 所有者权益合计 | 13 000 000 | 5 500 000 | |
| 负债及所有者权益合计 | 24 000 000 | 7 500 000 | |

表 4 - 23　利润表

2014 年 6 月 30 日

单位：元

| 项目 | 兴华公司 | S公司 |
| --- | --- | --- |
| 主营业务收入 | 17 000 000 | 9 600 000 |
| 主营业务成本 | 9 000 000 | 6 000 000 |
| 营业税金 | 500 000 | 100 000 |
| 管理费用 | 3 000 000 | 1 200 000 |
| 营业费用 | 1 500 000 | 1 100 000 |
| 财务费用 | 500 000 | 200 000 |
| 营业利润 | 2 500 000 | 1 000 000 |
| 投资收益 | | |
| 利润总额 | 2 500 000 | 1 000 000 |
| 所得税 | 500 000 | 300 000 |
| 净利润 | 2 000 000 | 700 000 |

要求：

（1）编制相关的合并抵销与调整分录；

（2）编制合并日的合并财务报表。

**习题二：** 假设兴华公司以发行 3 150 000 股普通股（每股面值 1 元，每股市价 1.7 元）作为对价，获得 M 公司 90% 的股权。其他资料同习题一。

要求：

（1）编制相关的合并抵销与调整分录；

（2）编制合并日的合并财务报表。

**习题三：**假设兴华公司与 M 公司在合并前没有任何关联关系。其他资料同习题一。

要求：

（1）编制相关的合并抵销与调整分录；

（2）编制购买日的合并财务报表。

**习题四：**假设兴华公司与 M 公司在合并前没有任何关联关系。兴华公司以发行 3 150 000 股普通股（每股面值 1 元，每股市价 1.7 元）作为对价，获得 M 公司 90% 的股权。

要求：

（1）编制相关的合并抵销与调整分录（母公司理论和实体理论）；

（2）编制购买日的合并财务报表（母公司理论和实体理论）。

## 延伸阅读文献

1. 中华人民共和国财政部：《企业会计准则》，经济科学出版社，2006 年。

2. 中华人民共和国财政部会计司编写组：《企业会计准则讲解 2010》，人民出版社，2010 年。

3. ［美］弗洛伊德·A. 比姆斯、约瑟夫·H. 安东尼、罗布林·P. 克莱门特等著，储一昀译：《高级会计学》（第十版），中国人民大学出版社，2011。

4. 石本仁主编：《高级财务会计》（第二版），中国人民大学出版社，2011 年。

5. 梁莱歆主编：《高级财务会计》（第三版），清华大学出版社，2011 年。

6. 王泽霞主编：《高级财务会计》，浙江科学技术出版社，2010 年。

7. 王竹泉等主编：《高级财务会计》，东北财经大学出版社，2010 年。

8. 陈信元主编：《高级财务会计》，上海财经大学出版社，2009 年。

# 第五章　合并日后合并财务报表的编制

【本章要点】

1. 理解同一控制下企业合并合并日后合并财务报表编制的要点

2. 掌握同一控制下企业合并合并日后合并财务报表的编制

3. 理解非同一控制下企业合并合并日后合并财务报表编制的要点，并掌握非同一控制下企业合并合并日后合并财务报表的编制

## 第一节　同一控制下企业合并合并日后合并财务报表的编制

只有控股合并方式下才会产生合并日后合并财务报表编制的问题，因为吸收合并方式下，被合并方（或被购买方）在合并后即解散，只有合并方（或购买方）存续下来，从而也就只存在单个公司财务报表的编制。因此，合并日后合并财务报表的编制常被称为控制权取得日后合并财务报表的编制。

控制权取得日后需要编制的合并财务报表包括合并资产负债表、合并利润表、合并现金流量表和合并所有者权益变动表。根据合并财务报表准则规定，合并财务报表应当以母公司和其子公司的财务报表为基础（若子公司存在与母公司会计政策和会计期间不一致的情况，需要对该子公司的个别财务报表进行调整），根据其他有关资料，由母公司编制。值得注意的是，在母、子公司间存在内部交易所形成的内部未实现损益时，应进行调整（具体见第六章）。

控制权取得日后的合并抵销与调整分录的类型主要包括：按权益调整母公司对各子公司的长期股权投资；各子公司所有者权益项目与母公司长期股权投资的抵销；各子公司当年利润和利润分配与母公司投资收益的抵销、母子公司以及子公司之间内部交易事项的抵销。本章将主要介绍前三种类型的抵销与调整，公司间内部交易事项的抵销在第六章进行讨论。

### 一、控制权取得日后第一年合并财务报表的编制

下面将按拥有子公司全部股权和拥有子公司部分股权两种情况来举例分别介绍控制权取得日后第一年合并财务报表的编制。

#### （一）拥有子公司全部股权

【例1】若南方公司和 S 公司为同一集团内的两个子公司，2015 年 1 月 1 日，南方公

司向 S 公司股东定向增发 2 000 万股普通股（每股面值为 1 元）以获得 S 公司 100% 的股权，合并后 S 公司继续存在。2014 年 1 月 1 日，S 公司的所有者权益总额为 3 500 万元，其中股本 1 800 万元，资本公积 500 万元，盈余公积 200 万元，未分配利润 1 000 万元。2014 年，S 公司实现净利润 400 万元，分配现金股利 200 万元，提取盈余公积 40 万元。

假定 S 公司的会计政策和会计期间与南方公司的一致，S 公司净资产的账面价即为 S 公司在其最终控制方的合并财务报表中的账面价，且此期间双方未发生任何交易，不考虑合并资产和负债对所得税的影响。南方公司和 S 公司 2014 年末资产负债表和 2014 年度利润表的相关资料见表 5 - 1 和表 5 - 2。2014 年末，南方公司编制合并财务报表的程序如下：

表 5 - 1　资产负债表（简表）
2014 年 12 月 31 日

单位：万元

| 项目 | 南方公司 | S 公司 |
|---|---|---|
| 资产 | | |
| 货币资金 | 1 600 | 300 |
| 应收账款 | 1 300 | 380 |
| 存货 | 2 600 | 1 000 |
| 长期股权投资 | 4 700 | 300 |
| 固定资产 | 4 500 | 3 300 |
| 无形资产 | 600 | 200 |
| 资产合计 | 15 300 | 5 480 |
| 负债和所有者权益 | | |
| 短期借款 | 1 200 | 480 |
| 应付账款 | 1 000 | 700 |
| 长期应付款 | 1 200 | 600 |
| 负债合计 | 3 400 | 1 780 |
| 股本 | 6 000 | 1 800 |
| 资本公积 | 2 600 | 500 |
| 盈余公积 | 300 | 240 |
| 未分配利润 | 3 000 | 1 160 |
| 所有者权益合计 | 11 900 | 3 700 |
| 负债和所有者权益合计 | 15 300 | 5 480 |

**表 5 - 2　利润表（简表）**

2014 年度

单位：万元

| 项目 | 南方公司 | S 公司 |
|---|---|---|
| 一、主营业务收入 | 5 000 | 1 920 |
| 减：营业成本 | 3 100 | 950 |
| 营业税金及附加 | 200 | 100 |
| 销售费用 | 200 | 100 |
| 管理费用 | 300 | 250 |
| 财务费用 | 100 | 100 |
| 加：投资收益 | 280 | 50 |
| 二、营业利润 | 1 380 | 470 |
| 加：营业外收入 | 200 | 120 |
| 减：营业外支出 | 150 | 100 |
| 三、利润总额 | 1 430 | 490 |
| 减：所得税费用 | 430 | 90 |
| 四、净利润 | 1 000 | 400 |
| 加：期初未分配利润 | 2 400 | 1 000 |
| 减：提取盈余公积 | 100 | 40 |
| 分配股利 | 300 | 200 |
| 期末未分配利润 | 3 000 | 1 160 |

1. 编制合并抵销与调整分录

（1）按权益法调整南方公司对 S 公司的长期股权投资。

在成本法下，母公司个别财务报表中"长期股权投资"项目反映的是母公司对子公司长期股权投资的成本，"投资收益"项目反映的是当期从子公司所分配的现金股利。在采用权益法核算长期股权投资的情况下，长期股权投资反映的是母公司对子公司所有者权益所拥有的份额。根据合并财务报表准则，编制合并财务报表时，需在合并工作底稿中将母公司对子公司的长期股权投资由成本法调整为权益法。此例有关成本法调整为权益法的分录如下：

①确认 2014 年 S 公司实现净利润 400 万元，南方公司应享有的份额（400 万元×100%）：

借：长期股权投资　　　　　　　　　　　　　　　　　4 000 000　　　　　（1）
　　贷：投资收益　　　　　　　　　　　　　　　　　　　4 000 000

②确认南方公司收到 S 公司分配的现金股利（200 万元×100%）：

借：银行存款　　　　　　　　　　　　　　　　　　　2 000 000　　　　　（2）
　　贷：长期股权投资　　　　　　　　　　　　　　　　　2 000 000

①和②是长期股权投资采用权益法来进行核算的结果，然而，根据会计准则，母公司是采用成本法来核算这笔长期股权投资的，因此，应抵销用成本法核算时，由于 S 公司分配现金股利所确认的投资收益，具体如下：

③抵销母公司按成本法核算 S 公司分配现金股利时所确认的投资收益（200 万元×100%）：

借：投资收益                                   2 000 000                 （3）

贷：银行存款                                      2 000 000

按权益法核算的长期股权投资余额 = 初始投资成本 35 000 000 + 本期损益调整 2 000 000
= 37 000 000 （元）

（2）母公司长期股权投资与子公司所有者权益项目的抵销。

母公司对子公司进行的长期股权投资，在母公司的账上，一方面体现为长期股权投资以外的其他资产的减少，另一方面体现为长期股权投资的增加，并在母公司个别资产负债表中作为长期股权投资列示。子公司接受这一权益性投资时，一方面体现为资产增加，另一方面则体现为权益增加，体现为实收资本（或股本）。但从企业集团整体来看，母公司对子公司进行的长期股权投资实际上相当于母公司将资本拨付给下属单位，并不引起整个企业集团的资产、负债和所有者权益的增减变动。因此，编制合并财务报表时，应当在母公司与子公司财务报表数据简单相加的基础上，将母公司对子公司长期股权投资项目与子公司所有者权益项目予以抵销。子公司所有者权益中不属于母公司的份额，即子公司所有者权益中抵销母公司所享有的份额后的余额，在合并财务报表中作为"少数股东权益"处理。在合并资产负债表中，"少数股东权益"项目应当在"所有者权益"项目下单独列示（对于部分控股，详见例2）。

本例南方公司长期股权投资与 S 公司所有者权益项目的抵销分录如下：

借：股本                                  18 000 000                 （4）

资本公积                           5 000 000

盈余公积                           2 400 000 （年初 2 000 000 + 本年计提 400 000）

未分配利润                      11 600 000 （年末）

贷：长期股权投资                    37 000 000 （年初投资成本 35 000 000 + 本期按权益法调增 2 000 000）

（3）母公司投资收益与子公司股利分配的抵销。

母公司对子公司或子公司对母公司、子公司相互之间的长期股权投资的收益，即母公司对子公司的长期股权投资在合并工作底稿中按权益法调整的投资收益，实际上就是子公司当期营业收入减去营业成本和期间费用、所得税费用等后的余额与其持股比例相乘的结果。

在子公司为全资子公司的情况下，母公司对某一子公司在合并工作底稿中按权益法调整的投资收益，实际上就是该子公司当期实现的净利润。编制合并利润表时，实际上是将子公司的营业收入、营业成本和期间费用视为母公司本身的营业收入、营业成本和期间费用同等看待，与母公司相应的项目进行合并。因此，编制合并利润表时，必须将对子公司长期股权投资的投资收益予以抵销。同时，还应当将子公司个别所有者权益变动表中本年利润分配各项目的金额，包括提取盈余公积、对所有者（或股东）的分配和期末未分配利润的金额都必须予以抵销。

在子公司为全资子公司的情况下，子公司本期净利润就是母公司本期子公司长期股权投资按权益法调整的投资收益。假定子公司期初未分配利润为零，子公司本期净利润就是子公司本期可供分配的利润，是本期子公司利润分配的来源，而子公司本期利润分配〔包括提取盈余公积、对所有者（或股东）的分配等〕的金额与期末未分配利润的金额则是本期利润分配的结果。因此，母公司对子公司的长期股权投资按权益法调整的投资收益正好与子公司的本年利润分配项目相抵销。在子公司为非全资子公司的情况下，母公司本期对子公司长期股权投资按权益法调整的投资收益与本期少数股东损益之和就是子公司本期净利润，同样假定子公司期初未分配利润为零，母公司本期对子公司长期股权投资按权益法调整的投资收益与本期少数股东损益之和，正好与子公司本年利润分配项目相抵销。

至于子公司个别所有者权益变动表中本年利润分配项目中的"未分配利润——年初"项目，作为子公司以前会计期间净利润的一部分，在全资子公司的情况下已全额包括在母公司以前会计期间按权益法调整的投资收益之中，从而包括在母公司按权益法调整的本期期初未分配利润之中。因此，也应将其予以抵销。从子公司个别所有者权益变动表来看，其期初未分配利润加上本期净利润就是其本期利润分配的来源；而本期利润分配和期末未分配利润则是利润分配的结果。母公司本期对子公司长期股权投资按权益法调整的投资收益和子公司期初未分配利润正好与子公司本年利润分配项目相抵销。在子公司为非全资子公司的情况下，母公司本期对子公司长期股权投资按权益法调整的投资收益、本期少数股东损益和期初未分配利润与子公司本年利润分配项目也正好相抵销。

本例中，南方公司的投资收益与S公司利润分配项目的抵销分录如下：

| | | |
|---|---|---|
| 借：投资收益 | 4 000 000 | （5） |
| 　　期初未分配利润 | 10 000 000 | |
| 　贷：未分配利润——提取盈余公积 | 400 000 | |
| 　　　未分配利润——分配现金股利 | 2 000 000 | |
| 　　　期末未分配利润 | 11 600 000 | |

2. 编制合并工作底稿

将上述抵销与调整分录过入合并工作底稿并计算合并数，据以编制合并财务报表。本例的合并工作底稿如表5-3所示：

表5-3　合并工作底稿

2014年度

单位：万元

| 项目 | 南方公司 | S公司 | 合计数 | 抵销与调整分录 | | 合并数 |
|---|---|---|---|---|---|---|
| | | | | 借 | 贷 | |
| 利润表项目 | | | | | | |
| 主营业务收入 | 5 000 | 1 920 | 6 920 | | | 6 920 |
| 营业成本 | 3 100 | 950 | 4 050 | | | 4 050 |

（续上表）

| 项目 | 南方公司 | S公司 | 合计数 | 抵销与调整分录 借 | 抵销与调整分录 贷 | 合并数 |
|---|---|---|---|---|---|---|
| 营业税金及附加 | 200 | 100 | 300 | | | 300 |
| 销售费用 | 200 | 100 | 300 | | | 300 |
| 管理费用 | 300 | 250 | 550 | | | 550 |
| 财务费用 | 100 | 100 | 200 | | | 200 |
| 投资收益 | 280 | 50 | 330 | ③200 ⑤400 | ①400 | 130 |
| 营业利润 | 1 380 | 470 | 1 850 | 600 | 400 | 1 650 |
| 营业外收入 | 200 | 120 | 320 | | | 320 |
| 营业外支出 | 150 | 100 | 250 | | | 250 |
| 利润总额 | 1 430 | 490 | 1 920 | 600 | 400 | 1 720 |
| 所得税费用 | 430 | 90 | 520 | | | 520 |
| 净利润 | 1 000 | 400 | 1 400 | 600 | 400 | 1 200 |
| 加：期初未分配利润 | 2 400 | 1 000 | 3 400 | ⑤1 000 | | 2 400 |
| 减：提取盈余公积 | 100 | 40 | 140 | | ⑤40 | 100 |
| 减：分配股利 | 300 | 200 | 500 | | ⑤200 | 300 |
| 期末未分配利润 | 3 000 | 1 160 | 4 160 | ④1 160 1 600 | ⑤1 160 640 | 3 200 |
| 资产负债表项目 | | | | | | |
| 资产 | | | | | | |
| 货币资金 | 1 600 | 300 | 1 900 | ②200 | ③200 | 1 900 |
| 应收账款 | 1 300 | 380 | 1 680 | | | 1 680 |
| 存货 | 2 600 | 1 000 | 3 600 | | | 3 600 |
| 长期股权投资 | 4 700 | 3 00 | 5 000 | ①400 | ②200 ④3 700 | 1 500① |
| 固定资产 | 4 500 | 3 300 | 7 800 | | | 7 800 |
| 无形资产 | 600 | 200 | 800 | | | 800 |
| 资产合计 | 15 300 | 5 480 | 20 780 | 600 | 4 100 | 17 280 |
| 负债和所有者权益 | | | | | | |
| 短期借款 | 1 200 | 480 | 1 680 | | | 1 680 |
| 应付账款 | 1 000 | 700 | 1 700 | | | 1 700 |

① 此处的"长期股权投资"1 500万元由南方公司对其他企业的权益性投资1 200万元和S公司对其他企业的权益性投资300万元组成。南方公司与S公司之间的控股权益性投资已全额抵销。

（续上表）

| 项目 | 南方公司 | S公司 | 合计数 | 抵销与调整分录 | | 合并数 |
| --- | --- | --- | --- | --- | --- | --- |
| | | | | 借 | 贷 | |
| 长期应付款 | 1 200 | 600 | 1 800 | | | 1 800 |
| 负债合计 | 3 400 | 1 780 | 5 180 | | | 5 180 |
| 股本 | 6 000 | 1 800 | 7 800 | ④1 800 | | 6 000 |
| 资本公积 | 2 600 | 500 | 3 100 | ④500 | | 2 600 |
| 盈余公积 | 300 | 240 | 540 | ④240 | | 300 |
| 未分配利润 | 3 000 | 1 160 | 4 160 | 2 760 | 1 800 | 3 200 |
| 所有者权益合计 | 11 900 | 3 700 | 15 600 | 5 300 | 1 800 | 12 100 |
| 负债和所有者权益合计 | 15 300 | 5 480 | 20 780 | 5 300 | 1 800 | 17 280 |

3. 编制合并财务报表

最后，南方公司根据合并工作底稿中的合并数编制合并财务报表，具体做法同第四章，在此就不再重复列示。

对于2013年末，南方公司编制合并财务报表时的合并抵销与调整分录，也可采用下面的思路来编制，具体如下（资料同例1）：

（1）按权益法调整南方公司对S公司的长期股权投资，同上。

确认2014年S公司实现净利润400万元，南方公司应享有的份额（400万元×100%）：

借：长期股权投资 4 000 000 （1）
　　贷：投资收益 4 000 000

确认南方公司收到S公司分配的现金股利（200万元×100%）：

借：银行存款 2 000 000 （2）
　　贷：长期股权投资 2 000 000

抵销母公司按成本法核算S公司分配现金股利时所确认的投资收益（200万元×100%）：

借：投资收益 2 000 000 （3）
　　贷：银行存款 2 000 000

按权益法调整后的长期股权投资余额 = 35 000 000（最初投资成本）＋4 000 000－

2 000 000

= 37 000 000（元）

按权益法核算长期股权投资，则南方公司对S公司的"长期股权投资"与"投资收益"账户的变动情况如下：

| 长期股权投资——S 公司 | | | 投资收益 | |
|---|---|---|---|---|
| 期初　35 000 000 | 2 000 000　(2) | | | 4 000 000　(1) |
| 4 000 000　(1) | | | | |
| 本期变动　2 000 000 | | | 本期变动　4 000 000 | |
| 期末　37 000 000 | | | | |

（2）南方公司对 S 公司的投资成本与期初 S 公司所有者权益项目的抵销：

借：股本　　　　　　　　　　　　　　　　　　18 000 000　　　　　　　　（4）

　　资本公积　　　　　　　　　　　　　　　　　5 000 000

　　盈余公积　　　　　　　　　　　　　　　　　2 000 000

　　未分配利润　　　　　　　　　　　　　　　 10 000 000

　贷：长期股权投资　　　　　　　　　　　　　　　　 35 000 000

（3）本期南方公司的投资收益和长期股权投资变动金额与 S 公司所获利润和股利分配的抵销：

借：投资收益　　　　　　　　　　　　　　　　 4 000 000　　　　　　　　（5）

　贷：未分配利润——分配股利　　　　　　　　　　　 2 000 000

　　　长期股权投资　　　　　　　　　　　　　　　　 2 000 000

（4）S 公司除分配股利外其他利润分配的抵销：

借：盈余公积　　　　　　　　　　　　　　　　　 400 000　　　　　　　　（6）

　贷：未分配利润——提取盈余公积　　　　　　　　　　 400 000

将上述合并抵销与调整分录过入合并工作底稿，并计算合并数，据以编制合并财务报表（略）。

**（二）拥有子公司部分股权**

控制权取得日后，拥有子公司部分股权的合并财务报表编制与拥有全部控股权财务报表的编制方法与程序基本相同，只是子公司的所有者权益中有一部分属于少数股东，反映在"少数股东权益"之中，另外，子公司所获的利润也有一部分属于少数股东，反映在"少数股东损益"之中。具体举例如下：

【例 2】资料同例 1，假设 2014 年 1 月 1 日，南方公司向 S 公司股东定向增发 1 800 万股普通股（每股面值为 1 元）以获得 S 公司 90% 的股权。南方公司和 S 公司 2014 年末资产负债表和 2014 年度利润表的相关资料见表 5 - 4 和表 5 - 5。2014 年末，南方公司编制合并财务报表的程序如下：

表 5 - 4　资产负债表（简表）

2014 年 12 月 31 日

单位：万元

| 项目 | 南方公司 | S 公司 |
|---|---|---|
| 资产 | | |
| 货币资金 | 1 600 | 300 |
| 应收账款 | 1 300 | 380 |
| 存货 | 2 600 | 1 000 |
| 长期股权投资 | 4 350 | 3 00 |
| 固定资产 | 4 500 | 3 300 |
| 无形资产 | 600 | 200 |
| 资产合计 | 14 950 | 5 480 |
| 负债和所有者权益 | | |
| 短期借款 | 1 200 | 480 |
| 应付账款 | 1 000 | 700 |
| 长期应付款 | 1 200 | 600 |
| 负债合计 | 3 400 | 1 780 |
| 股本 | 5 800 | 1 800 |
| 资本公积 | 2 450 | 500 |
| 盈余公积 | 300 | 240 |
| 未分配利润 | 3 000 | 1 160 |
| 所有者权益合计 | 11 550 | 3 700 |
| 负债和所有者权益合计 | 14 950 | 5 480 |

表 5 - 5　利润表（简表）

2014 年度

单位：万元

| 项目 | 南方公司 | S 公司 |
|---|---|---|
| 一、主营业务收入 | 5 000 | 1 920 |
| 减：营业成本 | 3 100 | 950 |
| 　　营业税金及附加 | 200 | 100 |
| 　　销售费用 | 200 | 100 |
| 　　管理费用 | 300 | 250 |
| 　　财务费用 | 100 | 100 |
| 加：投资收益 | 280 | 50 |

（续上表）

| 项目 | 南方公司 | S公司 |
|---|---|---|
| 二、营业利润 | 1 380 | 470 |
| 加：营业外收入 | 200 | 120 |
| 减：营业外支出 | 150 | 100 |
| 三、利润总额 | 1 430 | 490 |
| 减：所得税费用 | 430 | 90 |
| 四、净利润 | 1 000 | 400 |
| 加：期初未分配利润 | 2 400 | 1 000 |
| 减：提取盈余公积 | 100 | 40 |
| 　　分配股利 | 300 | 200 |
| 期末未分配利润 | 3 000 | 1 160 |

1. 编制合并抵销与调整分录

（1）按权益法调整对S公司的长期股权投资：

①确认2014年S公司实现净利润400万元，南方公司应享有的份额（400万元×90%）：

借：长期股权投资　　　　　　　　　　　　　　　　3 600 000　　　　　（1）
　　贷：投资收益　　　　　　　　　　　　　　　　　　　3 600 000

②确认南方公司收到S公司分配的现金股利（200万元×90%）：

借：银行存款　　　　　　　　　　　　　　　　　　1 800 000　　　　　（2）
　　贷：长期股权投资　　　　　　　　　　　　　　　　　1 800 000

③抵销母公司按成本法核算S公司分配现金股利时所确认的投资收益（200万元×90%）：

借：投资收益　　　　　　　　　　　　　　　　　　1 800 000　　　　　（3）
　　贷：银行存款　　　　　　　　　　　　　　　　　　　1 800 000

按权益法调整后的长期股权投资余额＝初始投资成本31 500 000＋本期损益调整

　　　　　　　　　　1 800 000

　　　　　　　　　　＝33 300 000（元）

（2）南方公司长期股权投资与S公司所有者权益项目的抵销：

借：股本　　　　　　　　　　　18 000 000　　　　　　　　　　　　　（4）
　　资本公积　　　　　　　　　　5 000 000
　　盈余公积　　　　　　　　　　2 400 000（年初2 000 000＋本年计提400 000）
　　未分配利润　　　　　　　　11 600 000（年末）
　　贷：长期股权投资　　　　　　　33 300 000
　　　　（年初投资成本31 500 000元＋本期按权益法调增1 800 000元）
　　　　少数股东权益　　　　　　　3 700 000（37 000 000×10%）

（3）南方公司的投资收益和少数股东收益与 S 公司利润分配项目的抵销：

借：投资收益                                 3 600 000         （5）

   期初未分配利润                        10 000 000

   少数股东损益                     400 000 （4 000 000×10%）

  贷：未分配利润——提取盈余公积        400 000

     未分配利润——分配现金股利       2 000 000

     期末未分配利润               11 600 000

2. 编制合并工作底稿

将上述抵销与调整分录过入合并工作底稿并计算合并数，据以编制合并财务报表。本例的合并工作底稿如表 5 - 6 所示：

**表 5 - 6  合并工作底稿**

2014 年度

单位：万元

| 项目 | 南方公司 | S 公司 | 合计数 | 抵销与调整分录 | | 合并数 |
|---|---|---|---|---|---|---|
| | | | | 借 | 贷 | |
| 利润表项目 | | | | | | |
| 主营业务收入 | 5000 | 1 920 | 6 920 | | | 6 920 |
| 营业成本 | 3 100 | 950 | 4 050 | | | 4 050 |
| 营业税金及附加 | 200 | 100 | 300 | | | 300 |
| 销售费用 | 200 | 100 | 300 | | | 300 |
| 管理费用 | 300 | 250 | 550 | | | 550 |
| 财务费用 | 100 | 100 | 200 | | | 200 |
| 投资收益 | 280 | 50 | 330 | ③180 ⑤360 | ①360 | 150 |
| 营业利润 | 1 380 | 470 | 1 850 | 540 | 360 | 1 670 |
| 营业外收入 | 200 | 120 | 320 | | | 320 |
| 营业外支出 | 150 | 100 | 250 | | | 250 |
| 利润总额 | 1 430 | 490 | 1 920 | 540 | 360 | 1 740 |
| 所得税费用 | 430 | 90 | 520 | | | 520 |
| 净利润 | 1 000 | 400 | 1 400 | 540 | 360 | 1 220 |
| 少数股东损益 | | | | ⑤40 | | 40 |
| 归属于母公司所有者的净利润 | | | | | | 1 180 |
| 加：期初未分配利润 | 2 400 | 1 000 | 3 400 | ⑤1 000 | | 2 400 |
| 减：提取盈余公积 | 100 | 40 | 140 | | ⑤40 | 100 |
| 减：分配股利 | 300 | 200 | 500 | | ⑤200 | 300 |

（续上表）

| 项目 | 南方公司 | S公司 | 合计数 | 抵销与调整分录 | | 合并数 |
| --- | --- | --- | --- | --- | --- | --- |
| | | | | 借 | 贷 | |
| 期末未分配利润 | 3 000 | 1 160 | 4 160 | ④1 160<br>1 580 | ⑤1 160<br>600 | 3 180 |
| 资产负债表项目 | | | | | | |
| 资产 | | | | | | |
| 货币资金 | 1 600 | 300 | 1 900 | ②180 | ③180 | 1 900 |
| 应收账款 | 1 300 | 380 | 1 680 | | | 1 680 |
| 存货 | 2 600 | 1 000 | 3 600 | | | 3 600 |
| 长期股权投资 | 4 350 | 3 00 | 4 650 | ①360 | ②180<br>④3 330 | 1 500① |
| 固定资产 | 4 500 | 3 300 | 7 800 | | | 7 800 |
| 无形资产 | 600 | 200 | 800 | | | 800 |
| 资产合计 | 14 950 | 5 480 | 20 430 | 540 | 3 690 | 17 280 |
| 负债和所有者权益 | | | | | | |
| 短期借款 | 1 200 | 480 | 1 680 | | | 1 680 |
| 应付账款 | 1 000 | 700 | 1 700 | | | 1 700 |
| 长期应付款 | 1 200 | 600 | 1 800 | | | 1 800 |
| 负债合计 | 3 400 | 1 780 | 5 180 | | | 5 180 |
| 股本 | 5 800 | 1 800 | 7 600 | ④1800 | | 5 800 |
| 资本公积 | 2 450 | 500 | 2 950 | ④500 | | 2 450 |
| 盈余公积 | 300 | 240 | 540 | ④240 | | 300 |
| 未分配利润 | 3 000 | 1 160 | 4 160 | 2 740 | 1 760 | 3 180 |
| 少数股东权益 | | | | | ④370 | 370 |
| 所有者权益合计 | 11 550 | 3 700 | 15 250 | 5 280 | 2 130 | 12 100 |
| 负债和所有者权益合计 | 14 950 | 5 480 | 20 430 | 5 280 | 2 130 | 17 280 |

3. 根据合并工作底稿中的合并数，编制合并财务报表

同样，也可采用下面的思路来编制合并抵销与调整分录，具体如下（资料同例2）：

（1）按权益法调整南方公司对S公司的长期股权投资，同上。

①确认2014年S公司实现净利润400万元，南方公司应享有的份额（400万元×90%）：

---

① 此处的"长期股权投资"1 500万元由南方公司对其他企业的权益性投资1 200万元和S公司对其他企业的权益性投资300万元组成。南方公司与S公司之间的控股权益性投资已全额抵销。

借：长期股权投资　　　　　　　　　　　　　　　　3 600 000　　　　　（1）
　　贷：投资收益　　　　　　　　　　　　　　　　　　3 600 000

②确认南方公司收到 S 公司分配的现金股利（200 万元×90%）：

借：银行存款　　　　　　　　　　　　　　　　　　1 800 000　　　　　（2）
　　贷：长期股权投资　　　　　　　　　　　　　　　　1 800 000

③抵销母公司按成本法核算 S 公司分配现金股利时所确认的投资收益（200 万元×90%）：

借：投资收益　　　　　　　　　　　　　　　　　　1 800 000　　　　　（3）
　　贷：银行存款　　　　　　　　　　　　　　　　　　1800 000

按权益法调整后的长期股权投资余额 = 31 500 000（最初投资成本）＋3 600 000 –
　　　　　　　　　　　　　　　　　　1 800 000
　　　　　　　　　　　　　　　　　= 33 300 000（元）

按权益法核算长期股权投资，则南方公司对 S 公司的"长期股权投资"与"投资收益"账户的变动情况如下：

| 长期股权投资——S 公司 | | | | 投资收益 | |
|---|---|---|---|---|---|
| 期初 | 31 500 000 | ②1 800 000 | | | ①3 600 000 |
| | ①3 600 000 | | | | |
| 本期变动 | 1 800 000 | | | | |
| 期末 | 33 300 000 | | | 本期变动　3 600 000 | |

（2）南方公司对 S 公司的投资成本与期初 S 公司所有者权益项目的抵销：

借：股本　　　　　　　　　　　　　　　　　　　18 000 000　　　　　（4）
　　资本公积　　　　　　　　　　　　　　　　　　5 000 000
　　盈余公积　　　　　　　　　　　　　　　　　　2 000 000
　　未分配利润　　　　　　　　　　　　　　　　　10 000 000
　　贷：长期股权投资　　　　　　　　　　　　　　　31 500 000
　　　　少数股东权益　　　　　　　　　　　　　　　3 500 000

（3）本期南方公司的投资收益和长期股权投资变动金额与 S 公司所获利润和股利分配的抵销：

借：投资收益　　　　　　　　　　　　　　　　　　3 600 000　　　　　（5）
　　少数股东权益　　　　　　　　　　　　　　　　　200 000
　　贷：未分配利润——分配股利　　　　　　　　　　2 000 000
　　　　长期股权投资　　　　　　　　　　　　　　　1 800 000

（4）S 公司除分配股利外其他利润分配的抵销：

借：盈余公积　　　　　　　　　　　　　　　　　　400 000　　　　　　（6）
　　贷：未分配利润——提取盈余公积　　　　　　　　400 000

（5）确认少数股东损益：

借：少数股东损益　　　　　　　　　　400 000（4 000 000×10%）　　　　（7）

　　贷：少数股东权益　　　　　　　　　400 000

同样，可将上述合并抵销与调整分录过入合并工作底稿，并计算合并数，据以编制合并财务报表（略）。

## 二、控制权取得日后连续各期合并财务报表的编制

在首期（即合并后第一年）编制合并财务报表时，已抵销了集团内部由于股权投资所产生的母公司长期股权投资与子公司的所有者权益项目、母公司的投资收益与子公司的利润分配项目等。但这种抵销仅仅是在合并工作底稿之中进行，并没有计入母公司和子公司的个别账户，故并未反映在个别财务报表之中。而合并财务报表是以个别财务报表为基础编制的，因此，在第二年或以后年度连续编制合并财务报表时，不仅要抵销上述的相应项目，还要考虑以前年度集团内部业务对本年度的后续影响。

下面将按拥有子公司全部股权和拥有子公司部分股权两种情况来举例分别介绍控制权取得日后连续各期合并财务报表的编制。

### （一）拥有子公司全部股权

【例3】续用例1，假设S公司2015年实现净利润500万元，分配现金股利300万元，计提盈余公积50万元，具体相关资料见表5-7。

1. 编制合并抵销与调整分录

（1）按权益法调整对S公司的长期股权投资：

①确认2015年S公司实现净利润500万元，南方公司应享有的份额（500万元×100%）：

借：长期股权投资　　　　　　　　　　　　　　　　5 000 000　　　　　　　（1）

　　贷：投资收益　　　　　　　　　　　　　　　　5 000 000

②确认南方公司收到S公司分配的现金股利（300万元×100%）：

借：银行存款　　　　　　　　　　　　　　　　　　3 000 000　　　　　　　（2）

　　贷：长期股权投资　　　　　　　　　　　　　　3 000 000

③抵销母公司按成本法核算S公司分配现金股利时所确认的投资收益（300万元×100%）：

借：投资收益　　　　　　　　　　　　　　　　　　3 000 000　　　　　　　（3）

　　贷：银行存款　　　　　　　　　　　　　　　　3 000 000

由于母公司是按成本法来核算长期股权投资的，经过上述3个分录的调整，仅将本期调整为权益法，可上期权益法的调整并未计入母公司的账户中，因而需编制调整分录：

借：长期股权投资　　　　　　　　　　　　　　　　2 000 000　　　　　　　（4）

　　贷：期初未分配利润　　　　　　　　　　　　　2 000 000

因此，按权益法核算的长期股权投资的余额=最初投资成本35 000 000+上期损益调整2 000 000+本期损益调整2 000 000=39 000 000（元）

（2）南方公司长期股权投资与 S 公司所有者权益项目的抵销：

借：股本　　　　　　　　　　　18 000 000　　　　　　　　　　　　　　（5）

　　资本公积　　　　　　　　　　5 000 000

　　盈余公积　　　　　　　　　　2 900 000（年初 2 400 000 + 本年计提 500 000）

　　未分配利润　　　　　　　　　13 100 000（年末）

　　贷：长期股权投资　　　　　　39 000 000

（3）南方公司的投资收益与 S 公司股利分配项目的抵销：

借：投资收益　　　　　　　　　　　　　　　5 000 000　　　　　　　　　（6）

　　期初未分配利润　　　　　　　　　　　　11 600 000

　　贷：未分配利润——提取盈余公积　　　　　　500 000

　　　　未分配利润——分配现金股利　　　　　3 000 000

　　　　期末未分配利润　　　　　　　　　　　13 100 000

2. 编制合并工作底稿

将上述抵销与调整分录过入合并工作底稿并计算合并数，据以编制合并财务报表。本例的合并工作底稿如表 5 - 7 所示。

3. 编制合并财务报表（略）

表 5 - 7　合并工作底稿

2015 年度

单位：万元

| 项目 | 南方公司 | S 公司 | 合计数 | 抵销与调整分录 | | 合并数 |
| --- | --- | --- | --- | --- | --- | --- |
| | | | | 借 | 贷 | |
| 利润表项目 | | | | | | |
| 主营业务收入 | 5 800 | 2 520 | 8 320 | | | 8 320 |
| 营业成本 | 3 300 | 1 160 | 4 460 | | | 4 460 |
| 营业税金及附加 | 220 | 150 | 370 | | | 370 |
| 销售费用 | 210 | 150 | 360 | | | 360 |
| 管理费用 | 300 | 290 | 590 | | | 590 |
| 财务费用 | 120 | 120 | 240 | | | 240 |
| 投资收益 | 300 | 60 | 360 | ③300 ⑥500 | ①500 | 60 |
| 营业利润 | 1 950 | 710 | 2 660 | 800 | 500 | 2 360 |
| 营业外收入 | 210 | 130 | 340 | | | 340 |
| 营业外支出 | 160 | 110 | 270 | | | 270 |
| 利润总额 | 2 000 | 730 | 2 730 | | | 2 430 |
| 所得税费用 | 500 | 230 | 730 | | | 730 |
| 净利润 | 1 500 | 500 | 2 000 | 800 | 500 | 1 700 |

（续上表）

| 项目 | 南方公司 | S公司 | 合计数 | 抵销与调整分录 借 | 抵销与调整分录 贷 | 合并数 |
|---|---|---|---|---|---|---|
| 加：期初未分配利润 | 3 000 | 1 160 | 4 160 | ⑥1 160 | ②200 | 3 200 |
| 减：提取盈余公积 | 300 | 50 | 350 | | ⑥50 | 300 |
| 减：分配股利 | 500 | 300 | 800 | | ⑥300 | 500 |
| 期末未分配利润 | 3 700 | 1 310 | 5 010 | ⑤1 310  1 960 | ⑥1 310  1 050 | 4 100 |
| 资产负债表项目 | | | | | | |
| 资产 | | | | | | |
| 货币资金 | 1 900 | 400 | 2 300 | ②300 | ③300 | 2 300 |
| 应收账款 | 1 600 | 500 | 2 100 | | | 2 100 |
| 存货 | 2 800 | 1 080 | 3 880 | | | 3 880 |
| 长期股权投资 | 4 700 | 300 | 5 000 | ①500  ④200 | ②300  ⑤3900 | 1 500 |
| 固定资产 | 4 900 | 3 400 | 8 300 | | | 8 300 |
| 无形资产 | 700 | 200 | 900 | | | 900 |
| 资产合计 | 16 600 | 5 880 | 22 480 | 1 000 | 4 500 | 18 980 |
| 负债和所有者权益 | | | | | | |
| 短期借款 | 1 400 | 580 | 1 980 | | | 1 980 |
| 应付账款 | 1 100 | 800 | 1 900 | | | 1 900 |
| 长期应付款 | 1 200 | 600 | 1 800 | | | 1 800 |
| 负债合计 | 3 700 | 1 980 | 5 680 | | | 5 680 |
| 股本 | 6 000 | 1 800 | 7 800 | ⑤1 800 | | 6 000 |
| 资本公积 | 2 600 | 500 | 3 100 | ⑤500 | | 2 600 |
| 盈余公积 | 600 | 290 | 890 | ⑤290 | | 600 |
| 未分配利润 | 3 700 | 1 310 | 5 010 | 3 270 | 2 360 | 4 100 |
| 所有者权益合计 | 12 900 | 3 900 | 16 800 | 5 860 | 2 360 | 13 300 |
| 负债和所有者权益合计 | 16 600 | 5 880 | 22 480 | 5 860 | 2 360 | 18 980 |

### （二）拥有子公司部分股权

【例4】续用例2，假设S公司2015年实现净利润500万元，分配现金股利300万元，计提盈余公积50万元，具体相关资料见表5-8。

1. 编制合并抵销与调整分录

（1）按权益法调整对 S 公司的长期股权投资：

①确认 2015 年 S 公司实现净利润 500 万元，南方公司应享有的份额（500 万元×90%）：

　　借：长期股权投资　　　　　　　　　　　　4 500 000　　　　　　　　（1）
　　　　贷：投资收益　　　　　　　　　　　　　　　　4 500 000

②确认南方公司收到 S 公司分配的现金股利（300 万元×90%）：

　　借：银行存款　　　　　　　　　　　　　　2 700 000　　　　　　　　（2）
　　　　贷：长期股权投资　　　　　　　　　　　　　　2 700 000

③抵销母公司按成本法核算 S 公司分配现金股利时所确认的投资收益（300 万元×90%）：

　　借：投资收益　　　　　　　　　　　　　　2 700 000　　　　　　　　（3）
　　　　贷：银行存款　　　　　　　　　　　　　　　　2 700 000

由于母公司是按成本法来核算长期股权投资的，经过上述 3 个分录的调整，仅将本期调整为权益法，可上期权益法的调整并未计入母公司的账户中，因而需编制调整分录：

　　借：长期股权投资　　　　　　　　　　　　1 800 000　　　　　　　　（4）
　　　　贷：期初未分配利润　　　　　　　　　　　　　1 800 000

因此，按权益法核算的长期股权投资的余额 = 最初投资成本 31 500 000 + 上期损益调整 1 800 000 + 本期损益调整 1 800 000 = 35 100 000（元）。

（2）南方公司长期股权投资与 S 公司所有者权益项目的抵销：

　　借：股本　　　　　　　　　18 000 000　　　　　　　　　　　　　　（5）
　　　　资本公积　　　　　　　　5 000 000
　　　　盈余公积　　　　　　　　2 900 000（年初 2 400 000 + 本年计提 500 000）
　　　　未分配利润　　　　　　　13 100 000（年末）
　　　　贷：长期股权投资　　　　35 100 000
　　　　　　少数股东权益　　　　　3 900 000

（3）南方公司的投资收益和少数股东收益与 S 公司利润分配项目的抵销：

　　借：投资收益　　　　　　　　4 500 000　　　　　　　　　　　　　　（6）
　　　　少数股东损益　　　　　　　500 000
　　　　期初未分配利润　　　　　11 600 000
　　　　贷：未分配利润——提取盈余公积　　　　500 000
　　　　　　未分配利润——分配现金股利　　　3 000 000
　　　　　　期末未分配利润　　　　　　　　　13 100 000

2. 编制合并工作底稿

将上述抵销与调整分录过入合并工作底稿并计算合并数，据以编制合并财务报表。本例的合并工作底稿如表 5 - 8 所示。

3. 编制合并财务报表（略）

**表 5-8　合并工作底稿**

2015 年度　　　　　　　　　　　　　　　　　　　　单位：万元

| 项目 | 南方公司 | S 公司 | 合计数 | 抵销与调整分录 借 | 抵销与调整分录 贷 | 合并数 |
|---|---|---|---|---|---|---|
| 利润表项目 | | | | | | |
| 主营业务收入 | 5 800 | 2 520 | 8 320 | | | 8 320 |
| 营业成本 | 3 300 | 1 160 | 4 460 | | | 4 460 |
| 营业税金及附加 | 220 | 150 | 370 | | | 370 |
| 销售费用 | 210 | 150 | 360 | | | 360 |
| 管理费用 | 300 | 290 | 590 | | | 590 |
| 财务费用 | 120 | 120 | 240 | | | 240 |
| 投资收益 | 300 | 60 | 360 | ③270 ⑥450 | ①450 | 90 |
| 营业利润 | 1 950 | 710 | 2 660 | 720 | 450 | 2 390 |
| 营业外收入 | 210 | 130 | 340 | | | 340 |
| 营业外支出 | 160 | 110 | 270 | | | 270 |
| 利润总额 | 2 000 | 730 | 2 730 | 720 | 450 | 2 460 |
| 所得税费用 | 500 | 230 | 730 | | | 730 |
| 净利润 | 1 500 | 500 | 2 000 | 720 | 450 | 1 730 |
| 少数股东损益 | | | | ⑥50 | | 50 |
| 归属于母公司所有者的净利润 | | | | | | 1 680 |
| 加：期初未分配利润 | 3 000 | 1 160 | 4 160 | ⑥1 160 | ④180 | 3 180 |
| 减：提取盈余公积 | 300 | 50 | 350 | | ⑥50 | 300 |
| 减：分配股利 | 500 | 300 | 800 | | ⑥300 | 500 |
| 期末未分配利润 | 3 700 | 1 310 | 5 010 | ⑤1 310 1 930 | ⑥1 310 980 | 4 060 |
| 资产负债表项目 | | | | | | |
| 资产 | | | | | | |
| 货币资金 | 1 900 | 400 | 2 300 | ②270 | ③270 | 2 300 |
| 应收账款 | 1 600 | 500 | 2 100 | | | 2 100 |
| 存货 | 2 800 | 1 080 | 3 880 | | | 3 880 |

（续上表）

| 项目 | 南方公司 | S公司 | 合计数 | 抵销与调整分录 | | 合并数 |
|---|---|---|---|---|---|---|
| | | | | 借 | 贷 | |
| 长期股权投资 | 4 350 | 3 00 | 4 650 | ①450 ④180 | ②270 ⑤3 510 | 1 500 |
| 固定资产 | 4 900 | 3 400 | 8 300 | | | 8 300 |
| 无形资产 | 700 | 200 | 900 | | | 900 |
| 资产合计 | 16 250 | 5 880 | 22 130 | 900 | 4 050 | 18 980 |
| 负债和所有者权益 | | | | | | |
| 短期借款 | 1 400 | 580 | 1 980 | | | 1 980 |
| 应付账款 | 1 100 | 800 | 1 900 | | | 1 900 |
| 长期应付款 | 1 200 | 600 | 1 800 | | | 1 800 |
| 负债合计 | 3 700 | 1 980 | 5 680 | | | 5 680 |
| 股本 | 5 800 | 1 800 | 7 600 | ⑤1 800 | | 5 800 |
| 资本公积 | 2 450 | 500 | 2 950 | ⑤500 | | 2 450 |
| 盈余公积 | 600 | 290 | 890 | ⑤290 | | 600 |
| 未分配利润 | 3 700 | 1 310 | 5 010 | 3 240 | 2 290 | 4 060 |
| 少数股东权益 | | | | | ⑤390 | 390 |
| 所有者权益合计 | 12 550 | 3 900 | 16 450 | 5 830 | 2 680 | 13 300 |
| 负债和所有者权益合计 | 16 250 | 5 880 | 22 130 | 5 830 | 2 680 | 18 980 |

# 第二节　非同一控制下企业合并合并日后合并财务报表的编制

非同一控制下企业合并合并日后合并财务报表的编制与同一控制下企业合并合并日后合并财务报表编制的程序和方法基本相同，其不同点在于编制非同一控制下合并日后合并财务报表时，需根据母公司为子公司所设置的备查簿，对合并时取得子公司的个别财务报表进行调整。即将子公司的各项可辨认资产、负债及或有负债调整为购买日的公允价值，以使子公司的个别财务报表建立为在购买日公允价值基础上确定的可辨认资产、负债及或有负债在本期资产负债表日的金额，同时应以子公司各项可辨认资产、负债及或有负债等在购买日的公允价为基础，对该子公司的净利润进行调整。

## 一、控制权取得日后第一年合并财务报表的编制

同样，对于非同一控制下控制权取得日后合并财务报表的编制分拥有子公司全部股权

和拥有子公司部分股权两种情况来举例说明。

**（一）拥有子公司全部股权**

【例5】续第四章例6。假设S公司期初存货在本期已全部售出，固定资产采用直线法按10年计提折旧，商誉每年年底进行减值测试，经测试商誉本期未发生减值。南方公司和S公司的其他相关资料见表5-10。2014年末南方公司编制合并财务报表的基本程序如下：

1. 编制合并抵销与调整分录

（1）按权益法调整南方公司对S公司的长期股权投资：

①确认2014年S公司实现净利润2 100万元，南方公司应享有的份额（2 100万元×100%）：

借：长期股权投资　　　　　　　　　　　　　　　21 000 000　　　　　（1）
　　贷：投资收益　　　　　　　　　　　　　　　　　21 000 000

②确认南方公司收到S公司分配的现金股利（600万元×100%）：

借：银行存款　　　　　　　　　　　　　　　　　6 000 000　　　　　（2）
　　贷：长期股权投资　　　　　　　　　　　　　　　6 000 000

③调整子公司净利润，使各项可辨认净资产建立在购买日的公允价值基础之上（见表5-9）：

借：投资收益　　　　　　　　　　　　　　　　　7 000 000　　　　　（3）
　　贷：长期股权投资　　　　　　　　　　　　　　　7 000 000

**表5-9　S公司公允价值升值项目摊销及商誉减值表**

单位：万元

| 项目 | 账面价 | 公允价 | 差额 | 本期摊销比例（或减值） | 本期应摊销额 |
|------|--------|--------|------|------------------------|--------------|
| 存货 | 2 400 | 3 000 | 600 | 100% | 600 |
| 固定资产 | 6 000 | 7 000 | 1 000 | 10% | 100 |
| 商誉 | 1 000 000 | | | 0 | 0 |
| 合计 | | | | | 700 |

按权益法核算南方公司对子公司S公司的长期股权投资，则"长期股权投资"和"投资收益"的当期变动情况如下：

长期股权投资

| | | | |
|---|---|---|---|
| 2014年1月1日 | 150 000 000 | 2014年分配股利 | ②6 000 000 |
| 2014年确认投资收益 | ①21 000 000 | 2014年调整额 | ③7 000 000 |
| 当期变动金额 | 8 000 000 | | |
| 期末余额 | 158 000 000 | | |

投资收益

| 2014 年确认投资收益 | ③7000 000 | 2014 年确认投资收益 | ①21 000 000 |
| | | 当期变动金额 | 14 000 000 |

④抵销母公司按成本法核算 S 公司分配现金股利时所确认的投资收益（600 万元 ×
100%）：

借：投资收益 6 000 000 （4）
　　贷：银行存款 6 000 000
（2）南方公司对 S 公司的投资成本与期初 S 公司净资产项目的抵销：
借：股本 100 000 000 （5）
　　资本公积 20 000 000
　　盈余公积 3 000 000
　　未分配利润 1 000 000
　　商誉 10 000 000
　　存货 6 000 000
　　固定资产 10 000 000
　　贷：长期股权投资 150 000 000
（3）本期南方公司的投资收益和长期股权投资变动金额与 S 公司所获利润和股利分配
的抵销：
借：投资收益 14 000 000 （6）
　　贷：未分配利润——分配股利 6 000 000
　　　　长期股权投资 8 000 000
（4）S 公司除分配股利外其他利润分配的抵销：
借：盈余公积 2 100 000 （7）
　　贷：未分配利润——提取盈余公积 2 100 000
（5）S 公司公允价升值的摊销：
借：主营业务成本 60 000 000 （8）
　　折旧费用① 1 000 000
　　贷：存货 6 000 000
　　　　固定资产 1 000 000

2. 编制合并工作底稿，将合并抵销与调整分录过入到合并工作底稿，并计算合并数
（见表 5–10）

3. 根据合并工作底稿中的合并数，编制合并财务报表（略）

---

① 关于固定资产的折旧，此处统一反映在"折旧费用"科目中，也可分别计入"管理费用""制造费用""销售
费用"之中，但编制合并报表时，一般采用报表科目。

表 5-10　南方公司合并资产负债表工作底稿（简表）

2014 年度

单位：万元

| 项目 | 南方公司 | S 公司 | 合计数 | 抵销与调整分录 借 | 抵销与调整分录 贷 | 合并数 |
|---|---|---|---|---|---|---|
| 利润表项目 | | | | | | |
| 主营业务收入 | 83 000 | 9 000 | 92 000 | | | 92 000 |
| 营业成本 | 34 000 | 2 500 | 36 500 | ⑧600 | | 37 100 |
| 折旧费用 | | | | ⑧100 | | 100 |
| 营业税金及附加 | 6 500 | 800 | 7 300 | | | 7 300 |
| 销售费用 | 6 400 | 1 000 | 7 400 | | | 7 400 |
| 管理费用 | 19 000 | 1 300 | 20 300 | | | 20 300 |
| 财务费用 | 1 600 | 800 | 2 400 | | | 2 400 |
| 投资收益 | 600 | | | ③700 ④600 ⑥1 400 | ①2 100 | 0 |
| 营业利润 | 16 100 | 2 600 | 18 700 | 3 400 | 2 100 | 17 400 |
| 营业外收入 | 2 000 | 400 | 2 400 | | | 2 400 |
| 营业外支出 | 1 800 | 300 | 2 100 | | | 2 100 |
| 利润总额 | 16 300 | 2 700 | 19 000 | 3 400 | 2 100 | 17 700 |
| 所得税费用 | 4 300 | 600 | 4 900 | | | 4 900 |
| 净利润 | 12 000 | 2 100 | 14 100 | 3 400 | 2100 | 12 800 |
| 加：期初未分配利润 | 2 500 | 100 | 2 600 | ⑤100 | | 2 500 |
| 减：提取盈余公积 | 1 200 | 210 | 1 410 | | ⑦210 | 1 200 |
| 减：分配股利 | 3 000 | 600 | 3 600 | | ⑥600 | 3 000 |
| 期末未分配利润 | 10 300 | 1 390 | 11 690 | 3 500 | 2 910 | 11 100 |
| 资产负债表项目 | | | | | | |
| 资产 | | | | | | |
| 货币资金 | 5 000 | 1 900 | 6 900 | ②600 | ④600 | 6 900 |
| 应收账款 | 6 000 | 5 000 | 11 000 | | | 11 000 |
| 存货 | 5 000 | 5 000 | 10 000 | ⑤600 | ⑧600 | 10 000 |
| 长期股权投资 | 15 000 | | 15 000 | ①2 100 | ②600 ③700 ⑤15 000 ⑥800 | 0 |
| 商誉 | | | | ⑤1 000 | | 1 000 |

（续上表）

| 项目 | 南方公司 | S 公司 | 合计数 | 抵销与调整分录 | | 合并数 |
| --- | --- | --- | --- | --- | --- | --- |
| | | | | 借 | 贷 | |
| 固定资产 | 15 000 | 10 000 | 25 000 | ⑤1 000 | ⑧100 | 25 900 |
| 资产合计 | 46 000 | 21 900 | 67 900 | 5 300 | 18 400 | 54 800 |
| 负债和所有者权益 | | | | | | |
| 短期借款 | 4 000 | 2 000 | 6 000 | | | 6 000 |
| 应付账款 | 3 000 | 2 000 | 5 000 | | | 5 000 |
| 长期应付款 | 5 000 | 4 000 | 9 000 | | | 9 000 |
| 负债合计 | 12 000 | 8 000 | 20 000 | | | 20 000 |
| 股本 | 16 000 | 10 000 | 26 000 | ⑤10 000 | | 16 000 |
| 资本公积 | 4 000 | 2 000 | 6 000 | ⑤2 000 | | 4 000 |
| 盈余公积 | 3 700 | 510 | 4 210 | ⑤300 ⑦210 | | 3 700 |
| 未分配利润 | 10 300 | 1 390 | 11 690 | 3 500 | 2 910 | 11 100 |
| 所有者权益合计 | 34 000 | 13 900 | 47 900 | 16 010 | 2 910 | 34 800 |
| 负债和所有者权益合计 | 46 000 | 21 900 | 67 900 | 16 010 | 2 910 | 54 800 |

### （二）拥有子公司部分股权

非同一控制下企业合并后，拥有子公司部分股权的合并财务报表编制与拥有全部控股权的合并财务报表编制的方法与程序基本相同，只是子公司的所有者权益中有一部分属于少数股东，反映在"少数股东权益"之中，另外，子公司所获的利润也有一部分属于少数股东，反映在"少数股东损益"之中。还有一点值得注意，此种情况下合并财务报表的编制受到合并理论的影响。

【例6】续第四章例8。假设 S 公司期初存货在本期已全部售出，固定资产采用直线法按 10 年计提折旧，商誉每年年底进行减值测试，经测试商誉本期未发生减值。南方公司和 S 公司的其他相关资料见表 5 - 12。2014 年末南方公司编制合并财务报表的基本程序如下：

1. 编制合并抵销与调整分录

（1）按权益法调整南方公司对 S 公司的长期股权投资：

①确认 2014 年 S 公司实现净利润 2 100 万元，南方公司应享有的份额（2 100 万元×80%）：

借：长期股权投资　　　　　　　　　　　　　　16 800 000　　　　　　（1）
　　贷：投资收益　　　　　　　　　　　　　　　　　16 800 000

②确认南方公司收到 S 公司分配的现金股利（600 万元×80%）：

借：银行存款        4 800 000      （2）

   贷：长期股权投资      4 800 000

③调整子公司净利润，使各项可辨认净资产建立在购买日的公允价值基础之上（见表5-9）：

借：投资收益        5 600 000      （3）

   贷：长期股权投资      5 600 000

表5-11　S 公司公允价值升值项目摊销及商誉减值表

单位：万元

| 项目 | 账面价 | 公允价 | 差额 | 本期摊销比例（或减值） | 本期应摊销额 |
|---|---|---|---|---|---|
| 存货 | 2 400×80% | 3 000×80% | 480 | 100% | 480 |
| 固定资产 | 6 000×80% | 7 000×80% | 800 | 10% | 80 |
| 商誉 | 800 000 | | | 0 | 0 |
| 合计 | | | | | 560 |

按权益法核算南方公司对子公司 S 公司的长期股权投资，则"长期股权投资"和"投资收益"的当期变动情况如下：

长期股权投资

| | | | |
|---|---|---|---|
| 2014 年 1 月 1 日 | 120 000 000 | 2014 年分配股利 | ②4 800 000 |
| 2014 年确认投资收益 | ①16 800 000 | 2014 年调整额 | ③5 600 000 |
| 当期变动金额 | 6 400 000 | | |
| 期末余额 | 126 400 000 | | |

投资收益

| | | | |
|---|---|---|---|
| 2014 年调整额 | ③5 600 000 | 2014 年确认投资收益 | ①16 800 000 |
| | | 当期变动金额 | 11 200 000 |

④抵销母公司按成本法核算 S 公司分配现金股利时所确认的投资收益（600 万元×80%）：

借：投资收益        4 800 000      （4）

   贷：银行存款      4 800 000

（2）南方公司对 S 公司的投资成本与期初 S 公司净资产项目的抵销①：

| 借：股本 | 100 000 000 | （5） |
| 资本公积 | 20 000 000 | |
| 盈余公积 | 3 000 000 | |
| 未分配利润 | 1 000 000 | |
| 商誉 | 8 000 000 | |
| 存货 | 6 000 000 | |
| 固定资产 | 10 000 000 | |
| 贷：长期股权投资 | 120 000 000 | |
| 少数股东权益 | 28 000 000 | |

$$少数股东权益 = S 公司可辨认净资产公允价值 \times 20\%$$
$$= 140\ 000\ 000 \times 20\%$$
$$= 28\ 000\ 000（元）$$

（3）本期南方公司的投资收益和长期股权投资变动金额与 S 公司所获利润和股利分配的抵销：

| 借：投资收益 | 11 200 000 | （6） |
| 少数股东权益 | 1 200 000 | |
| 贷：未分配利润——分配股利 | 6 000 000 | |

---

① 若采用实体理论，此分录为：

| 借：股本 | 100 000 000 |
| 资本公积 | 20 000 000 |
| 盈余公积 | 3 000 000 |
| 未分配利润 | 1 000 000 |
| 商誉 | 10 000 000 |
| 存货 | 6 000 000 |
| 固定资产 | 10 000 000 |
| 贷：长期股权投资 | 120 000 000 |
| 少数股东权益 | 30 000 000 |

$$少数股东权益 = S 公司可辨认净资产公允价值 \times 20\% + 整体商誉 \times 20\%$$
$$= 140\ 000\ 000 \times 20\% + 10\ 000\ 000 \times 20\%$$
$$= 30\ 000\ 000（元）$$

若采用母公司理论，则此分录为：

| 借：股本 | 100 000 000 |
| 资本公积 | 20 000 000 |
| 盈余公积 | 3 000 000 |
| 未分配利润 | 1 000 000 |
| 商誉 | 8 000 000 |
| 存货 | 4 800 000 |
| 固定资产 | 8 000 000 |
| 贷：长期股权投资 | 120 000 000 |
| 少数股东权益 | 24 800 000 |

$$少数股东权益 = S 公司可辨认净资产账面价值 \times 20\%$$

    长期股权投资          6 400 000

（4）S公司除分配股利外其他利润分配的抵销：

  借：盈余公积          2 100 000     （7）

   贷：未分配利润——提取盈余公积   2 100 000

（5）S公司公允价升值的摊销①：

  借：主营业务成本        60 000 000    （8）

    折旧费用②         1 000 000

   贷：存货          6 000 000

    固定资产        1 000 000

（6）确认少数股东损益③：

  借：少数股东损益       2 800 000     （9）

   贷：少数股东权益      2 800 000

少数股东损益 =（账面利润2 100 - 存货公允价调整600 - 固定资产公允价调整100）×20% =280（万元）

2. 编制合并工作底稿，将合并抵销与调整分录过入到合并工作底稿，并计算合并数（见表5 - 12）

3. 根据合并工作底稿中的合并数，编制合并财务报表（略）

**表5 - 12 南方公司合并资产负债表工作底稿（简表）**

2014年度

单位：万元

| 项目 | 南方公司 | S公司 | 合计数 | 抵销与调整分录 | | 合并数 |
| --- | --- | --- | --- | --- | --- | --- |
| | | | | 借 | 贷 | |
| 利润表项目 | | | | | | |
| 主营业务收入 | 83 000 | 9 000 | 92 000 | | | 92 000 |
| 营业成本 | 34 000 | 2 500 | 36 500 | ⑧600 | | 37 100 |
| 折旧费用 | | | | ⑧100 | | 100 |

---

① 若采用实体理论，此分录与此相同；若采用母公司理论，此分录为：

借：主营业务成本         4 800 000

  折旧费用          800 000

 贷：存货          4 800 000

  固定资产        800 000

② 关于固定资产的折旧，此处统一反映在"折旧费用"科目中，也可分别计入到"管理费用""制造费用""销售费用"之中，但编制合并报表时，一般采用报表科目。

③ 若采用母公司理论，此分录为：

借：少数股东损益        4 200 000   （9）

 贷：少数股东权益      4 200 000

少数股东损益 = 账面利润2 100 ×20% =420（万元）

（续上表）

| 项目 | 南方公司 | S公司 | 合计数 | 抵销与调整分录 | | 合并数 |
| --- | --- | --- | --- | --- | --- | --- |
| | | | | 借 | 贷 | |
| 营业税金及附加 | 6 500 | 800 | 7 300 | | | 7 300 |
| 销售费用 | 6 400 | 1 000 | 7 400 | | | 7 400 |
| 管理费用 | 19 000 | 1 300 | 20 300 | | | 20 300 |
| 财务费用 | 1 600 | 800 | 2 400 | | | 2 400 |
| 投资收益 | 480 | | | ③560 ④480 ⑥1 120 | ①1 680 | 0 |
| 营业利润 | 15 980 | 2 600 | 18 580 | 2 860 | 1 680 | 17 400 |
| 营业外收入 | 2 000 | 400 | 2 400 | | | 2 400 |
| 营业外支出 | 1 800 | 300 | 2 100 | | | 2 100 |
| 利润总额 | 16 180 | 2 700 | 18 880 | 2 860 | 1 680 | 17 700 |
| 所得税费用 | 4 180 | 600 | 4 780 | | | 4 780 |
| 少数股东损益 | | | | ⑨280 | | 280 |
| 净利润 | 12 000 | 2 100 | | | | 14 100 |
| 加：期初未分配利润 | 2 500 | 100 | 2 600 | ⑤100 | | 2 500 |
| 减：提取盈余公积 | 1 200 | 210 | 1 410 | | ⑦210 | 1 200 |
| 减：分配股利 | 3 000 | 600 | 3 600 | | ⑥600 | 3 000 |
| 期末未分配利润 | 10 300 | 1 390 | 11 690 | 3 240 | 2 490 | 10 940 |
| 资产负债表项目 | | | | | | |
| 资产 | | | | | | |
| 货币资金 | 8 000 | 1 900 | 9 900 | ②480 | ④480 | 9 900 |
| 应收账款 | 6 000 | 5 000 | 11 000 | | | 11 000 |
| 存货 | 5 000 | 5 000 | 10 000 | ⑤600 | ⑧600 | 10 000 |
| 长期股权投资 | 12 000 | | 12 000 | ①1 680 | ②480 ③560 ⑤12 000 ⑥640 | 0 |
| 商誉 | | | | ⑤800 | | 800 |
| 固定资产 | 15 000 | 10 000 | 25 000 | ⑤1 000 | ⑧100 | 25 900 |
| 资产合计 | 46 000 | 21 900 | 67 900 | 4 560 | 14 860 | 57 600 |
| 负债和所有者权益 | | | | | | |
| 短期借款 | 4 000 | 2 000 | 6 000 | | | 6 000 |

（续上表）

| 项目 | 南方公司 | S 公司 | 合计数 | 抵销与调整分录 借 | 抵销与调整分录 贷 | 合并数 |
|---|---|---|---|---|---|---|
| 应付账款 | 3 000 | 2 000 | 5 000 | | | 5 000 |
| 长期应付款 | 5 000 | 4 000 | 9 000 | | | 9 000 |
| 负债合计 | 12 000 | 8 000 | 20 000 | | | 20 000 |
| 股本 | 16 000 | 10 000 | 26 000 | ⑤10 000 | | 16 000 |
| 资本公积 | 4 000 | 2 000 | 6 000 | ⑤2 000 | | 4 000 |
| 盈余公积 | 3 700 | 510 | 4 210 | ⑤300 ⑦210 | | 3 700 |
| 未分配利润 | 10 300 | 1 390 | 11 690 | 3 240 | 2 490 | 10 940 |
| 少数股东权益 | | | | ⑥120 | ⑤2 800 ⑨280 | 2 960 |
| 所有者权益合计 | 34 000 | 13 900 | 47 900 | 15 870 | 5 570 | 37 600 |
| 负债和所有者权益合计 | 46 000 | 21 900 | 67 900 | 15 870 | 5 570 | 57 600 |

## 二、控制权取得日后以后各期连续合并财务报表的编制

与同一控制企业合并下一样，在首期（即合并后第一年）编制合并财务报表时，已抵销了集团内部由于股权投资所产生的母公司长期股权投资与子公司的所有者权益项目、母公司的投资收益与子公司的利润分配项目等。但这种抵销仅仅是在合并工作底稿之中进行，并没有计入到母公司和子公司的个别账户，故并未反映在个别财务报表之中。而合并财务报表是以个别财务报表为基础编制的，因此，在第二年或以后年度连续编制合并报表时，不仅要抵销上述的相应项目，还要考虑以前年度集团内部业务对本年度的后续影响。

下面将按拥有子公司全部股权和拥有子公司部分股权两种情况来举例，分别介绍非同一控制下，控制权取得日后连续各期合并财务报表的编制。

### （一）拥有子公司全部股权

【例7】续例5，假设商誉年底进行减值测试时未发生减值。2015 年，S 公司获得净利润 2 500 万元，分配股利 1 000 万元。南方公司和 S 公司的其他相关资料见表 5－14。2015 年末南方公司编制合并财务报表的基本程序如下：

1. 编制合并抵销与调整分录

（1）按权益法调整南方公司对 S 公司的长期股权投资：

①确认 2015 年 S 公司实现净利润 2 500 万元，南方公司应享有的份额（2 500 万元×100%）：

借：长期股权投资　　　　　　　　　　　　　　　　　25 000 000　　　　（1）
　　贷：投资收益　　　　　　　　　　　　　　　　　　　　25 000 000

②确认南方公司收到 S 公司分配的现金股利（1 000 万元×100%）：

借：银行存款 10 000 000 （2）

　贷：长期股权投资 10 000 000

③调整子公司净利润，使各项可辨认净资产建立在购买日的公允价值基础之上（见表 5－13）：

借：投资收益 1 000 000 （3）

　贷：长期股权投资 1 000 000

表 5－13　S 公司公允价值升值项目摊销及商誉减值表

单位：万元

| 项目 | 账面价 | 公允价 | 差额 | 本期摊销比例（或减值） | 本期应摊销额 |
|---|---|---|---|---|---|
| 固定资产 | 6 000 | 7 000 | 1 000 | 10% | 100 |
| 商誉 | 1 000 000 | | | 0 | 0 |
| 合计 | | | | | 100 |

按权益法核算南方公司对于公司 S 公司的长期股权投资，则"长期股权投资"和"投资收益"的当期变动情况如下：

长期股权投资

| | | | |
|---|---|---|---|
| 2014 年 1 月 1 日 | 150 000 000 | 2014 年分配股利 | 6 000 000 |
| 2014 年确认投资收益 | 21 000 000 | 2014 年损益调整额 | 7 000 000 |
| 2015 年 1 月 1 日 | 158 000 000 | 2015 年分配股利 | ②10 000 000 |
| 2015 确认投资收益 | ①25 000 000 | 2015 年损益调整额 | ③ 1 000 000 |
| 当期变动金额 | 14 000 000 | | |
| 期末余额 | 172 000 000 | | |

投资收益

| | | | |
|---|---|---|---|
| 2015 年调整额 | ③1 000 000 | 2015 年确认投资收益 | ①25 000 000 |
| | | 当期变动金额 | 24 000 000 |

④抵销母公司按成本法核算 S 公司分配现金股利时所确认的投资收益（1 000 万元×100%）：

借：投资收益 10 000 000 （4）

　贷：银行存款 10 000 000

⑤由于母公司是按成本法来核算长期股权投资，经过上述 4 个分录的调整，仅将本期

调整为权益法，可上期权益法的调整并未计入母公司的账户中，只过入到了上期的合并工作底稿，因而需编制调整分录：

借：长期股权投资　　　　　　　　　　　　　8 000 000　　　　　　　　　（5）
　　贷：期初未分配利润　　　　　　　　　　　　　　8 000 000

（2）南方公司对 S 公司的投资成本与期初 S 公司净资产项目的抵销：

借：股本　　　　　　　　　　　　　　　　100 000 000　　　　　　　　　（6）
　　资本公积　　　　　　　　　　　　　　　20 000 000
　　盈余公积　　　　　　　　　　　　　　　5 100 000
　　未分配利润　　　　　　　　　　　　　　13 900 000
　　商誉　　　　　　　　　　　　　　　　　10 000 000
　　固定资产　　　　　　　　　　　　　　　9 000 000
　　贷：长期股权投资　　　　　　　　　　　　　158 000 000

（3）本期南方公司的投资收益和长期股权投资变动金额与 S 公司所获利润和股利分配的抵销：

借：投资收益　　　　　　　　　　　　　　　24 000 000　　　　　　　　　（7）
　　贷：未分配利润——分配股利　　　　　　　　10 000 000
　　　　长期股权投资　　　　　　　　　　　　14 000 000

（4）S 公司除分配股利外其他利润分配的抵销：

借：盈余公积　　　　　　　　　　　　　　　2 500 000　　　　　　　　　（8）
　　贷：未分配利润——提取盈余公积　　　　　　2 500 000

（5）S 公司可辨认净资产公允价值升值的摊销

借：折旧费用　　　　　　　　　　　　　　　1 000 000　　　　　　　　　（9）
　　贷：固定资产　　　　　　　　　　　　　　　1 000 000

2. 编制合并工作底稿，将合并抵销与调整分录过入到合并工作底稿，并计算合并数（见表 5 - 14）

3. 根据合并工作底稿中的合并数，编制合并财务报表（略）

### 表 5 - 14　南方公司合并资产负债表工作底稿（简表）
2015 年度

单位：万元

| 项目 | 南方公司 | S 公司 | 合计数 | 抵销与调整分录 | | 合并数 |
|---|---|---|---|---|---|---|
| | | | | 借 | 贷 | |
| 利润表项目 | | | | | | |
| 主营业务收入 | 84 600 | 9 700 | 94 300 | | | 94 300 |
| 营业成本 | 34 600 | 2 600 | 37 200 | | | 37 200 |

（续上表）

| 项目 | 南方公司 | S公司 | 合计数 | 抵销与调整分录 | | 合并数 |
|---|---|---|---|---|---|---|
| | | | | 借 | 贷 | |
| 折旧费用 | | | | ⑨100 | | 100 |
| 营业税金及附加 | 6 600 | 850 | 7 450 | | | 7 450 |
| 销售费用 | 6 500 | 1 100 | 7 600 | | | 7 600 |
| 管理费用 | 19 000 | 1 300 | 20 300 | | | 20 300 |
| 财务费用 | 1 600 | 800 | 2 400 | | | 2 400 |
| 投资收益 | 1 000 | | | ③100 ④1 000 ⑦2 400 | ①2 500 | 0 |
| 营业利润 | 17 300 | 3 050 | 20 350 | 3 600 | 2 500 | 19 250 |
| 营业外收入 | 2 100 | 500 | 2 600 | | | 2 600 |
| 营业外支出 | 1 900 | 400 | 2 300 | | | 2 300 |
| 利润总额 | 17 500 | 3 150 | 20 650 | 3 600 | 2 500 | 19 550 |
| 所得税费用 | 4 500 | 650 | 5 150 | | | 5 150 |
| 净利润 | 13 000 | 2 500 | 15 500 | 3 600 | 2 500 | 14 400 |
| 加：期初未分配利润 | 10 300 | 1 390 | 11 690 | ⑥1 390 | ⑤800 | 11 100 |
| 减：提取盈余公积 | 1 300 | 250 | 1 550 | | ⑧250 | 1 300 |
| 减：分配股利 | 3 000 | 1 000 | 4 000 | | ⑦1 000 | 3 000 |
| 期末未分配利润 | 19 000 | 2 640 | 21 640 | 4 990 | 4 550 | 21 200 |
| 资产负债表项目 | | | | | | |
| 资产 | | | | | | |
| 货币资金 | 5 000 | 2 000 | 7 000 | ②1 000 | ④1 000 | 7 000 |
| 应收账款 | 8 000 | 5 200 | 13 200 | | | 13 200 |
| 存货 | 9 000 | 5 400 | 14 400 | | | 14 400 |
| 长期股权投资 | 15 000 | | 15 000 | ①2 500 ⑤800 | ②1 000 ③100 ⑥15 800 ⑦1 400 | 0 |
| 商誉 | | | | ⑥1 000 | | 1 000 |
| 固定资产 | 19 000 | 10 800 | 29 800 | ⑥900 | ⑨100 | 30 600 |
| 资产合计 | 56 000 | 23 400 | 79 400 | 6 200 | 19 400 | 66 200 |
| 负债和所有者权益 | | | | | | |
| 短期借款 | 4 000 | 2 000 | 6 000 | | | 6 000 |

（续上表）

| 项目 | 南方公司 | S公司 | 合计数 | 抵销与调整分录 借 | 抵销与调整分录 贷 | 合并数 |
|---|---|---|---|---|---|---|
| 应付账款 | 3 000 | 2 000 | 5 000 | | | 5 000 |
| 长期应付款 | 5 000 | 4 000 | 9 000 | | | 9 000 |
| 负债合计 | 12 000 | 8 000 | 20 000 | | | 20 000 |
| 股本 | 16 000 | 10 000 | 26 000 | ⑥10 000 | | 16 000 |
| 资本公积 | 4 000 | 2 000 | 6 000 | ⑥2 000 | | 4 000 |
| 盈余公积 | 5 000 | 760 | 5 760 | ⑥510 ⑧250 | | 5 000 |
| 未分配利润 | 19 000 | 2 640 | 21 640 | 4 990 | 4 550 | 21 200 |
| 所有者权益合计 | 44 000 | 15 400 | 59 400 | 17 750 | 4 550 | 46 200 |
| 负债和所有者权益合计 | 56 000 | 23 400 | 79 400 | 17 750 | 4 550 | 66 200 |

### （二）拥有子公司部分股权

【例8】续例6。假设商誉年底进行减值测试，本期未发生减值。2015年，S公司获得净利润2 500万元，分配股利1 000万元。南方公司和S公司的其他相关资料见表5-16。2015年末南方公司编制合并财务报表的基本程序如下：

1. 编制合并抵销与调整分录

（1）按权益法调整南方公司对S公司的长期股权投资：

①确认2015年S公司实现净利润2 500万元，南方公司应享有的份额（2 500万元×80%）：

借：长期股权投资　　　　　　　　　　　　　　20 000 000　　　　　（1）
　　贷：投资收益　　　　　　　　　　　　　　　　　20 000 000

②确认南方公司收到S公司分配的现金股利（1 000万元×80%）：

借：银行存款　　　　　　　　　　　　　　　　8 000 000　　　　　（2）
　　贷：长期股权投资　　　　　　　　　　　　　　　8 000 000

③调整子公司净利润，使各项可辨认净资产建立在购买日的公允价值基础之上（见表5-9）：

借：投资收益　　　　　　　　　　　　　　　　800 000　　　　　（3）
　　贷：长期股权投资　　　　　　　　　　　　　　　800 000

表 5 - 15 S公司公允价值升值项目摊销及商誉减值表

单位：万元

| 项目 | 账面价 | 公允价 | 差额 | 本期摊销比例（或减值） | 本期应摊销额 |
|------|--------|--------|------|----------------------|--------------|
| 固定资产 | 6 000 × 80% | 7 000 × 80% | 800 | 10% | 80 |
| 商誉 | 800 000 | | | 0 | 0 |
| 合计 | | | | | 80 |

按权益法核算南方公司对子公司 S 公司的长期股权投资，则"长期股权投资"和"投资收益"的当期变动情况如下：

长期股权投资

| 2014 年 1 月 1 日 | 120 000 000 | 2014 年分配股利 | 4 800 000 |
|---|---|---|---|
| 2014 年确认投资收益 | 16 800 000 | 2014 年损益调整额 | 5 600 000 |
| 2015 年 1 月 1 日 | 126 400 000 | 2015 年分配股利 | ②8 000 000 |
| 2015 年确认投资收益 | ①20 000 000 | 2015 年损益调整额 | ③800 000 |
| 当期变动金额 | 11 200 000 | | |
| 期末余额 | 137 600 000 | | |

投资收益

| 2015 年损益调整额 | ③800 000 | 2015 年确认投资收益 | ①20 000 000 |
|---|---|---|---|
| | | 当期变动金额 | 19 200 000 |

④抵销母公司按成本法核算 S 公司分配现金股利时所确认的投资收益（1 000 万元 × 80%）：

借：投资收益 8 000 000 （4）

　贷：银行存款 8 000 000

⑤由于母公司是按成本法来核算长期股权投资，经过上述 4 个分录的调整，仅将本期调整为权益法，可上期权益法的调整并未计入母公司的账户中，只过入到了上期的合并工作底稿，因而需编制调整分录：

借：长期股权投资 6 400 000 （5）

　贷：期初未分配利润 6 400 000

（2）南方公司对S公司的投资成本与期初S公司净资产项目的抵销①：

借：股本　　　　　　　　　　　　　　　　　100 000 000　　　　　　　　（6）

　　资本公积　　　　　　　　　　　　　　　20 000 000

　　盈余公积　　　　　　　　　　　　　　　5 100 000

　　未分配利润　　　　　　　　　　　　　　13 900 000

　　商誉　　　　　　　　　　　　　　　　　8 000 000

　　固定资产　　　　　　　　　　　　　　　9 000 000

　　贷：长期股权投资　　　　　　　　　　　　　　　　　126 400 000

　　　　少数股东权益　　　　　　　　　　　　　　　　　29 600 000

少数股东权益 = 期初S公司可辨认净资产公允价值 × 20%

　　　　　　　= （100 000 000 + 20 000 000 + 5 100 000 + 13 900 000 + 9 000 000）

　　　　　　　　× 20%

　　　　　　　= 29 600 000（元）

（3）本期南方公司的投资收益和长期股权投资变动金额与S公司所获利润和股利分配的抵销：

借：投资收益　　　　　　　　　　　　　　　19 200 000　　　　　　　　（7）

　　少数股东权益　　　　　　　　　　　　　2 000 000

　　贷：未分配利润——分配股利　　　　　　　　　　　　10 000 000

---

① 若采用实体理论，此分录为：

借：股本　　　　　　　　　　　　　　　　　100 000 000

　　资本公积　　　　　　　　　　　　　　　20 000 000

　　盈余公积　　　　　　　　　　　　　　　51 000 000

　　未分配利润　　　　　　　　　　　　　　13 900 000

　　商誉　　　　　　　　　　　　　　　　　10 000 000

　　固定资产　　　　　　　　　　　　　　　9 000 000

　　贷：长期股权投资　　　　　　　　　　　　　　　　126 400 000

　　　　少数股东权益　　　　　　　　　　　　　　　　31 600 000

少数股东权益 = S公司可辨认净资产公允价值 × 20% + 整体商誉 × 20%

　　　　　　　= 100 000 000 × 20 000 000 + 5 100 0000 + 13 900 000 + 9 000 000

　　　　　　　= 31 600 000（元）

若采用母公司理论，则此分录为：

借：股本　　　　　　　　　　　　　　　　　100 000 000

　　资本公积　　　　　　　　　　　　　　　20 000 000

　　盈余公积　　　　　　　　　　　　　　　5 100 000

　　未分配利润　　　　　　　　　　　　　　13 900 000

　　商誉　　　　　　　　　　　　　　　　　8 000 000

　　固定资产　　　　　　　　　　　　　　　72 000 000

　　贷：长期股权投资　　　　　　　　　　　　　　　　126 400 000

　　　　少数股东权益　　　　　　　　　　　　　　　　27 800 000

少数股东权益 = S公司可辨认净资产账面价值 × 20%

　　　　　　　= （100 000 000 + 20 000 000 + 5 100 000 + 13 900 000）× 20%

　　　　　　　= 27 800 000（元）

| | | |
|---|---|---|
| 长期股权投资 | | 11 200 000 |

（4）S公司除分配股利外其他利润分配的抵销：

| | | | |
|---|---|---|---|
| 借：盈余公积 | | 2 500 000 | （8） |
| 贷：未分配利润——提取盈余公积 | | 2 500 000 | |

（5）S公司公允价升值的摊销①：

| | | | |
|---|---|---|---|
| 借：折旧费用 | | 1 000 000 | （9） |
| 贷：固定资产 | | 1 000 000 | |

（6）确认少数股东损益②：

| | | | |
|---|---|---|---|
| 借：少数股东损益 | | 4 800 000 | （10） |
| 贷：少数股东权益 | | 4 800 000 | |

少数股东损益 =（账面利润 2 500 − 固定资产公允价调整 100）×20% = 480（万元）

2. 编制合并工作底稿，将合并抵销与调整分录过入到合并工作底稿，并计算合并数（见表 5 − 16）

3. 根据合并工作底稿中的合并数，编制合并财务报表（略）

**表 5 − 16　南方公司合并资产负债表工作底稿（简表）**
**2015 年度**

单位：万元

| 项目 | 南方公司 | S 公司 | 合计数 | 抵销与调整分录 | | 合并数 |
|---|---|---|---|---|---|---|
| | | | | 借 | 贷 | |
| 利润表项目 | | | | | | |
| 主营业务收入 | 84 600 | 9 700 | 94 300 | | | 94 300 |
| 营业成本 | 34 600 | 2 600 | 37 200 | | | 37 200 |
| 折旧费用 | | | | ⑨100 | | 100 |
| 营业税金及附加 | 6 600 | 850 | 7 450 | | | 7 450 |
| 销售费用 | 6 500 | 1 100 | 7 600 | | | 7 600 |
| 管理费用 | 19 000 | 1 300 | 20 300 | | | 20 300 |
| 财务费用 | 1 600 | 800 | 2 400 | | | 2 400 |
| 投资收益 | 800 | | | ③80<br>④800<br>⑦1 920 | ①2 000 | 0 |

① 若采用实体理论，此分录与此相同；若采用母公司理论，此分录为：

| | |
|---|---|
| 借：折旧费用 | 800 000 |
| 贷：固定资产 | 800 000 |

② 若采用母公司理论，此分录为：

| | |
|---|---|
| 借：少数股东损益 | 5 000 000 |
| 贷：少数股东权益 | 5 000 000 |

少数股东损益 = 账面利润 2 500 ×20% = 500（万元）

（续上表）

| 项目 | 南方公司 | S公司 | 合计数 | 抵销与调整分录 借 | 抵销与调整分录 贷 | 合并数 |
|------|---------|-------|--------|------|------|--------|
| 营业利润 | 17 100 | 3 050 | 20 150 | 2 900 | 2 000 | 19 250 |
| 营业外收入 | 2 100 | 500 | 2 600 | | | 2 600 |
| 营业外支出 | 1 900 | 400 | 2 300 | | | 2 300 |
| 利润总额 | 17 300 | 3 150 | 20 450 | 2 900 | 2 000 | 19 550 |
| 所得税费用 | 4 300 | 650 | 4 950 | | | 4 950 |
| 少数股东损益 | | | | ⑩480 | | 480 |
| 净利润 | 13 000 | 2 500 | 15 500 | 3 380 | 2 000 | 14 120 |
| 加：期初未分配利润 | 10 300 | 1 390 | 11 690 | ⑥1 390 | ⑤640 | 10 940 |
| 减：提取盈余公积 | 1 300 | 250 | | | ⑧250 | 1 300 |
| 减：分配股利 | 3 000 | 1 000 | | | ⑦1 000 | 3 000 |
| 期末未分配利润 | 19 000 | 2 640 | 21 640 | 4 770 | 3 890 | 20 760 |
| 资产负债表项目 | | | | | | |
| 资产 | | | | | | |
| 货币资金 | 8 000 | 2 000 | 10 000 | ②800 | ④800 | 10 000 |
| 应收账款 | 8 000 | 5 200 | 13 200 | | | 13 200 |
| 存货 | 9 000 | 5 400 | 14 400 | | | 14 400 |
| 长期股权投资 | 12 000 | | | ①2 000 ⑤640 | ②800 ③80 ⑥12 640 ⑦1 120 | 0 |
| 商誉 | | | | ⑥800 | | 800 |
| 固定资产 | 19 000 | 10 800 | 29 800 | ⑥900 | ⑨100 | 30 600 |
| 资产合计 | 56 000 | 23 400 | 79 400 | 5 140 | 15 540 | 69 000 |
| 负债和所有者权益 | | | | | | |
| 短期借款 | 4 000 | 2 000 | 6 000 | | | 6 000 |
| 应付账款 | 3 000 | 2 000 | 5 000 | | | 5 000 |
| 长期应付款 | 5 000 | 4 000 | 9 000 | | | 9 000 |
| 负债合计 | 12 000 | 8 000 | 20 000 | | | 20 000 |
| 股本 | 16 000 | 10 000 | 26 000 | ⑥10 000 | | 16 000 |
| 资本公积 | 4 000 | 2 000 | 6 000 | ⑥2 000 | | 4 000 |
| 盈余公积 | 5 000 | 760 | 5 760 | ⑥510 ⑧250 | | 5 000 |

（续上表）

| 项目 | 南方公司 | S公司 | 合计数 | 抵销与调整分录 | | 合并数 |
| --- | --- | --- | --- | --- | --- | --- |
| | | | | 借 | 贷 | |
| 未分配利润 | 19 000 | 2 640 | 21 640 | 4 770 | 3 890 | 20 760 |
| 少数股东权益 | | | | ⑦200 | ⑥2 960<br>⑩480 | 3 240 |
| 所有者权益合计 | 44 000 | 15 400 | 59 400 | 17 730 | 7 330 | 49 000 |
| 负债和所有者权益合计 | 56 000 | 23 400 | 79 400 | 17 730 | 7 330 | 69 000 |

## 📖 本章小结

同一控制下企业合并，控制权取得日后的合并抵销分录的类型主要包括：各子公司所有者权益项目与母公司长期股权投资的抵销；各子公司当年利润和利润分配与母公司投资收益的抵销、母子公司以及子公司之间内部交易事项的抵销。但在第二年或以后年度连续编制合并报表时，不仅要抵销上述的相应项目，还要考虑以前年度集团内部业务对本年度的后续影响。

非同一控制下企业合并合并日后合并财务报表的编制与同一控制下企业合并合并日后合并财务报表编制的程序和方法基本相同，其不同点在于编制非同一控制下合并日后合并财务报表时，需根据母公司为子公司所设置的备查簿，对合并时取得的子公司的个别财务报表进行调整，以使子公司的个别财务报表反映为在购买日公允价值基础上确定的可辨认资产、负债及或有负债在本期资产负债表日的金额，同时应以子公司各项可辨认资产、负债及或有负债等在购买日的公允为基础，对该子公司的净利润进行调整。

### 本章思考题与练习题

**思考题**

1. 控制权取得日后当期合并财务报表与控制权取得日后连续各期合并财务报表的编制有何不同点？

2. 比较同一控制企业合并与非同一控制企业合并下，控制权取得日后合并财务报表的编制的异同点。

3. 比较母公司对子公司拥有全部股权与拥有部分股权情况下，控制权取得日后合并财务报表编制要点上的差异。

4. 比较在不同合并报表理论下，合并抵销与调整分录上的异同并对合并结果进行差异性分析。

5. 母公司对子公司的投资采用权益法核算与采用成本法核算，对控制权取得日后合并财务报表的编制程序与结果是否有影响？为什么？

**练习题**

**习题一**：2014 年 1 月 1 日，兴华公司向 M 公司的股东支付 1 100 万元，取得 M 公司 100% 的股权。购买日 M 公司净资产的账面价值为 800 万元（其中股本为 500 万元，资本公积 120 万元，盈余公积为 100 万元，未分配利润为 80 万元），各项可辨认净资产的公允价值为 1 000 万元，其中存货公允价升值 50 万元，固定资产公允价升值 150 万元。2014年度 M 公司实现净利润 70 万元，提取盈余公积 7 万元，分派现金股利 30 万元。若 2015 年 M 公司实现净利润 150 万元，提取盈余公积 15 万元，分派现金股利 60 万元。假设兴华公司与 M 公司此期间未发生任何交易。

要求：

（1）若兴华公司与 M 公司均属于 A 公司的子公司，兴华对 M 公司的长期股权投资采用成本法进行核算，编制 2014 年和 2015 年末兴华公司编制合并财务资产负债表和合并利润表时的合并抵销与调整分录。

（2）若兴华公司与 M 公司在合并前不存在任何关联关系，兴华对 M 公司的长期股权投资采用成本法进行核算，编制 2014 年和 2015 年末兴华公司编制合并财务资产负债表和合并利润表时的合并抵销与调整分录。

**习题二**：续习题一，假设 2013 年 1 月 1 日，兴华公司向 M 公司的股东支付 880 万元，取得 M 公司 80% 的股权。其他资料同习题一。

要求：

（1）若兴华公司与 M 公司均属于 A 公司的子公司，兴华对 M 公司的长期股权投资采用成本法进行核算，编制 2014 年和 2015 年末兴华公司编制合并财务资产负债表和合并利润表时的合并抵销与调整分录。

（2）若兴华公司与 M 公司在合并前不存在任何关联关系，兴华公司对 M 公司的长期股权投资采用成本法进行核算，编制 2014 年和 2015 年末兴华公司编制合并财务资产负债表和合并利润表时的合并抵销与调整分录（假定商誉年末进行减值测试时，未发生减值）。

（3）若兴华公司与 M 公司在合并前不存在任何关联关系，兴华公司对 M 公司的长期股权投资采用成本法进行核算，并采用实体理论来编制合并报表，编制 2014 年和 2015 年末兴华公司编制合并财务资产负债表和合并利润表时的合并抵销与调整分录（假定商誉年末进行减值测试时，未发生减值）。

### 延伸阅读文献

1. 中华人民共和国财政部：《企业会计准则》，经济科学出版社，2006 年。

2. 中华人民共和国财政部会计司编写组：《企业会计准则讲解 2010》，人民出版社，2010 年。

3. ［美］弗洛伊德·A. 比姆斯、约瑟夫·H. 安东尼、罗布林·P. 克莱门特等著，储一昀译：《高级会计学》（第十版），中国人民大学出版社，2011 年。

4. 石本仁主编：《高级财务会计》（第二版），中国人民大学出版社，2011 年。

5. 梁莱歆主编：《高级财务会计》（第三版），清华大学出版社，2011 年。

6. 王泽霞主编：《高级财务会计》，浙江科学技术出版社，2010 年。

7. 王竹泉等主编：《高级财务会计》，东北财经大学出版社，2010 年。

8. 陈信元主编：《高级财务会计》，上海财经大学出版社，2009 年。

# 第六章　公司间交易的抵销

【本章要点】
1. 了解公司间交易的类型
2. 掌握公司间存货交易的抵销
3. 掌握公司间固定资产交易的抵销
4. 掌握公司间一般债权债务交易的抵销
5. 了解公司间其他交易的抵销

## 第一节　公司间交易概述

### 一、公司间交易的含义

公司间交易是指母公司与其子公司以及各子公司之间发生的除权益性股权投资以外的各种往来业务和交易事项。

在日常经营过程中，集团内公司间的交易经常发生，这种交易如果不是以成本作为交易价格，就会在母公司或者子公司的个别财务报表上反映出内部交易所产生的损益。但由于合并财务报表反映的是母公司和其全部子公司所形成的企业集团的整体财务状况、经营成果和现金流量，从整体上来看，集团内部各公司之间的交易实质上仅仅是资产的存放地点发生了转移，不应该产生损益，因此在编制合并财务报表时，必须将内部交易所带来的影响进行抵销与调整，以使合并财务报表反映整个集团的财务状况和经营成果。只有将集团间交易的存货、固定资产等向集团外出售或消耗之后，企业集团才可确认损益。有一点值得注意的是，这种抵销与调整，仅是为了满足编制合并财务报表的需要，反映在合并工作底稿上，并不记入母公司或子公司的个别账簿。

### 二、公司间交易的类型

公司间的交易可按不同的标准来进行分类，主要分类标准如下：

1. 按公司间的交易是否涉及损益分类

（1）涉及损益的公司间交易。

涉及损益的公司间交易是指母公司与子公司或子公司之间发生的与损益有关的内部交易事项，如母公司把其生产的产品出售（不以成本为售价）给其子公司。涉及损益的公司间交易按其损益是否实现又可分为已实现集团内部损益的交易事项和未实现集团内部损益的交易事项两种。已实现集团内部损益的交易事项是指母公司与子公司或子公司之间发生了涉及损益的交易事项后，购买方已于当期全部向集团外出售。① 如母公司将其生产的产品出售给其子公司，子公司在当期已全部出售给集团外；未实现集团内部损益的交易事项是指母公司与子公司或子公司之间发生了涉及损益的交易事项后，购买方于当期全部尚未向集团外出售，如母公司将其生产的产品出售给其子公司，子公司在当期全部未向集团外出售。在实务中，涉及损益的公司间内部交易往往是一部分已实现损益，另一部分则尚未实现，将在下一期或未来期间实现。

（2）不涉及损益的公司间交易。

不涉及损益的公司间交易是指母公司与子公司或子公司之间的交易只与资产负债表项目相关，而与损益表项目无关的交易。如公司间的债权债务交易。

**2. 按公司间交易的具体内容分类**

按公司间交易的具体内容主要可分为：①公司间存货交易；②公司间固定资产交易；③公司间债权债务交易；④公司间无形资产交易；⑤公司间其他交易。

本章主要是按照公司间交易的具体内容的分类来进行讨论。重点介绍公司间存货交易的抵销与调整、公司间固定资产交易的抵销与调整以及公司间一般债权债务交易的抵销。在介绍公司间交易的抵销与调整时，分别从当期发生的公司间交易对本期合并财务报表影响的抵销与调整和连续编制合并财务报表时公司间交易对本期合并财务报表影响的抵销与调整来进行举例与说明。②

# 第二节　公司间存货交易的抵销

公司间存货交易是指集团内部母公司与子公司之间或各子公司之间相互提供产成品、半成品以及原材料等存货的交易，是集团内最经常发生的公司间交易。通常，母公司向子公司的销售称为顺销；子公司向母公司的销售称为逆销，子公司之间的销售称为平销。

集团内公司间存货交易的价格，有的按成本价，有的高于或低于成本。对于母、子公司单个会计主体而言，不管采用哪种价格，这些公司间的内部存货交易跟对集团外的交易完全一样，按正常的方式反映在各自的账簿中，由此所产生的损益也反映在各自的财务报表中。公司间的存货交易一般有三种情况：①公司间交易的存货全部实现对外（集团外）销售；②公司间交易的存货全部未售出集团外，形成集团内期末存货；③公司间交易的存货部分对外售出，部分形成期末存货。

第一种情况下，不存在内部未实现损益，但应抵销重复记录的销售收入和销售成本。第二种情况和第三种情况都会存在内部未实现损益的问题，因此，不仅影响当期合并财务

---

① 若为固定资产交易，则此固定资产已退出购买方的使用。

② 不管是同一控制下企业合并还是非同一控制下企业合并所形成的控制权，公司间交易抵销与调整的会计处理是一样的。

报表的编制，由于所形成的存货成为下期的期初存货，故还会影响下期合并财务报表的编制。公司间交易所形成的期末存货成本包括两部分的内容：一部分是真正的存货成本；另一部分是集团内销售方的毛利。对于期末存货中所包含的这部分毛利，从整个企业集团来看，并未真正实现，应予以抵销。[①]

## 一、当期发生的公司间存货交易的抵销处理

【例1】南方公司拥有S公司80%的普通股，2015年，南方公司将成本为500万元的商品以800万元的价格销售给S公司。

从购买方子公司S公司的角度来看，存在三种可能：一是这批存货在当期（2015年）全部售出集团外（假设S公司的销售价格为900万元）；二是这批存货全部作为期末存货；三是一部分已对外售出，一部分形成了期末存货（假设以630万元的价格对外出售了本批存货的70%）。下面将从这三种情况来进行探讨：

1. 本批存货子公司已全部售出集团外（第一种情况）

在这种情况下，从集团内的销售方——南方公司来说，销售给集团内公司与销售给集团外公司的会计处理是相同的，即在销售成立时确认销售收入、结转销售成本，确认当期损益并反映在南方公司的个别利润表中。对集团内的购买方S公司来说，当其将从集团内部购入的商品对集团外销售时，一方面确认销售收入，另一方面按内部购买价格结转销售成本，确认当期损益，反映在S公司的个别利润表中。由此可见，对同一批存货，在销售方——母公司（南方公司）和购买方——子公司S公司的个别利润表上都反映了销售收入和销售成本，都确认了损益。但从整个集团来看，这批存货只实现了一次销售，销售收入是购买方S公司对集团外销售时所实现的销售收入，销售成本是集团内生产该产品的企业的销售成本，集团内部的公司间存货交易只是改变了存货的存放地点。因此，编制合并财务报表时，必须将集团内销售方的销售价格与购买方的按内部转移价格结转的成本予以抵销。本例第一种情况的抵销处理如下：

（1）抵销公司间交易所产生的销售收入与结转的内部销售成本：

借：主营业务收入　　　　　　　　　　　　　　　　8 000 000
　　贷：主营业务成本　　　　　　　　　　　　　　　　　　8 000 000

（2）将此抵销分录过入到合并工作底稿，如表6-1所示：

表6-1　合并工作底稿（部分）

单位：元

| 项目 | 南方公司（母公司） | S公司（子公司） | 合计数 | 合并抵销与调整分录 | | 合并数 |
|------|------|------|------|------|------|------|
| | | | | 借 | 贷 | |
| 利润表项目 | | | | | | |
| 主营业务收入 | 8 000 000 | 9 000 000 | 17 000 000 | 8 000 000 | | 9 000 000 |

---

①　按照实体理论，不管是顺销还是逆销，这部分未实现的损益应全额抵销；按照母公司理论，顺销时全额抵销，逆销时只抵销属于母公司的部分。

（续上表）

| 项目 | 南方公司（母公司） | S公司（子公司） | 合计数 | 合并抵销与调整分录借 | 合并抵销与调整分录贷 | 合并数 |
|---|---|---|---|---|---|---|
| 主营业务成本 | 5 000 000 | 8 000 000 | 13 000 000 | | 8 000 000 | 5 000 000 |
| 毛利 | 3 000 000 | 1 000 000 | 4 000 000 | | | 4 000 000 |

从合并数可知，在合并财务报表中反映的是，成本为 5 000 000 元的存货（南方公司的销售成本）以 9 000 000 元（子公司 S 公司的销售价格）的价格对外售出，集团毛利为 4 000 000（9 000 000 - 5 000 000）元。

2. 本批存货全部未出售，全部作为 S 公司的期末存货（第二种情况）

在这种情况下，以销售方南方公司来说，照样在销售成立时确认销售收入，同时结转销售成本，确认当期损益，反映在当期利润表中。对购买方 S 公司来说，只是购入了一批存货，购入成本为内部结转价格。但从集团整体的角度来看，只是存货的存放地点发生了变化，没有真正实现销售，即没有实现收入，也不应结转成本，不产生损益。同时，存货也不应因存放地点的改变而增值。因此，在编制合并财务报表时，应抵销销售方确认的销售收入和结转的销售成本，同时还应将存货的成本还原为原始成本，消除因地点改变而虚增的存货价值。本例第二种情况的具体会计处理如下：

（1）编制抵销与调整分录：

①抵销公司间交易产生的销售收入与销售成本：

借：主营业务收入　　　　　　　　　　　　　　　8 000 000
　　贷：主营业务成本　　　　　　　　　　　　　　　8 000 000

②抵销期末存货中未实现毛利，还原期末存货成本：

借：主营业务成本　　　　　　　　　　　　　　　3 000 000
　　贷：存货　　　　　　　　　　　　　　　　　　3 000 000

将上面两笔分录合并为：

借：主营业务收入　　　　　　　　　　　　　　　8 000 000
　　贷：主营业务成本　　　　　　　　　　　　　　　5 000 000
　　　　存货　　　　　　　　　　　　　　　　　　3 000 000

（2）将此业务的抵销与调整分录过入到合并工作底稿，见表 6-2：

表 6-2　合并工作底稿（部分）

单位：元

| 项目 | 南方公司（母公司） | S公司（子公司） | 合计数 | 合并抵销与调整分录借 | 合并抵销与调整分录贷 | 合并数 |
|---|---|---|---|---|---|---|
| 利润表项目 | | | | | | |
| 主营业务收入 | 8 000 000 | | 8 000 000 | ①8 000 000 | | 0 |
| 主营业务成本 | 5 000 000 | | 5 000 000 | ②3 000 000 | ① 8 000 000 | 0 |

（续上表）

| 项目 | 南方公司（母公司） | S 公司（子公司） | 合计数 | 合并抵销与调整分录 借 | 合并抵销与调整分录 贷 | 合并数 |
|------|------|------|------|------|------|------|
| 毛利 | 3 000 000 | | 3 000 000 | 11 000 000 | 8 000 000 | 0 |
| 资产负债表 | | | | | | |
| 存货 | | 8 000 000 | | | ②3 000 000 | 5 000 000 |

从合并数可知，在合并财务报表中，集团没有确认任何损益，存货成本仍为 5 000 000 元。

3. 本批存货一部分对外售出，一部分形成期末存货（第三种情况）

这种情况，可分为两部分来理解，一部分是同第一种情况，公司间交易存货已全部对外售出，另一部分同第二种情况，公司间交易存货已全部作为期末存货。根据本例第三种情况的资料，此业务在母、子公司个别账簿的情况如下：

母公司——南方公司：主营业务收入 8 000 000 元，主营业务成本 5 000 000 元；子公司——S 公司：主营业务收入 6 300 000 元，主营成本 5 600 000 元，存货 2 400 000 元。

而从整个集团来看，本期实现的销售收入只有 6 300 000 元，应结转的销售成本为 3 500 000（5 000 000×70%），期末存货成本应为 1 500 000（5 000 000×30%）元。因此，在编制合并财务报表时应抵销销售收入 8 000 000 元，销售成本 7 100 000（5 000 000＋5 600 000－3 500 000）元，还原期末存货成本，以消除存货虚增的 900 000〔（8 000 000－5 000 000）×30%〕元。此例的具体会计处理如下：

（1）编制抵销与调整分录：

①公司间交易的存货全部对外出售时（70%部分）：

借：主营业务收入　　　　　　　　5 600 000（8 000 000×70%）

　　贷：主营业务成本　　　　　　　　5 600 000（8 000 000×70%）

②公司间交易存货全部作为期末存货时（30%部分）：

借：主营业务收入　　　　　　　　2 400 000（8 000 000×30%）

　　贷：主营业务成本　　　　　　　　2 400 000

借：主营业务成本　　　　　　　　900 000（3 000 000×30%）

　　贷：存货　　　　　　　　　　　　900 000

将上面三笔分录合并为：

借：主营业务收入　　　　　　　　　　　　8 000 000

　　贷：主营业务成本　　　　　　　　　　　7 100 000

　　　　存货　　　　　　　　　　　　　　　900 000

也可按这一思路来编制抵销与调整分录：

①抵销公司间存货交易产生的销售收入与销售成本：

借：主营业务收入　　　　　　　　　　　　8 000 000

　　贷：主营业务成本　　　　　　　　　　　8 000 000

②抵销期末存货中未实现毛利，还原期末存货成本：

借：主营业务成本                   900 000

    贷：存货                       900 000

将上面三笔分录合并为：

借：主营业务收入                8 000 000

    贷：主营业务成本              7 100 000

        存货                    900 000

（2）将此笔业务的抵销与调整分录过入到合并工作底稿，如表6-3所示：

表6-3　合并工作底稿（部分）

单位：元

| 项目 | 南方公司<br>（母公司） | S公司<br>（子公司） | 合计数 | 合并抵销与调整分录 | | 合并数 |
|------|------|------|------|------|------|------|
| | | | | 借 | 贷 | |
| 利润表项目 | | | | | | |
| 主营业务收入 | 8 000 000 | 6 300 000 | 14 300 000 | 8 000 000 | | 6 300 000 |
| 主营业务成本 | 5 000 000 | 5 600 000 | 10 600 000 | | 7 100 000 | 3 500 000 |
| 毛利 | 3 000 000 | 700 000 | 3 700 000 | 8 000 000 | 7 100 000 | 2 800 000 |
| 资产负债表 | | | | | | |
| 存货 | | | 2 400 000 | | 900 000 | 1 500 000 |

从合并数可知，在合并财务报表中，整个集团实现的毛利为2 800 000元（6 300 000 - 5 000 000×70%），期末存货的成本为1 500 000元（5 000 000×30%）。

## 二、连续编制合并财务报表时公司间存货交易对本期影响的抵销与调整处理

对于上期公司间交易的存货已全部对外出售的情况下，在本期连续编制合并财务报表时，不需要考虑对本期的影响。因为本期初存货中不包含内部未实现的损益，个别财务报表与合并财务报表确认的累计利润是相同的，不会给期初留存收益带来影响，并且以前期间的交易也不影响本期的营业收入和营业成本。但在实务中，公司间交易的存货未必在当期全部售出，多数情况下，购买方会持有公司间交易的存货到下一期或未来更多的期间。在这种情况下，由于本期编制合并财务报表是以母公司和子公司的个别财务报表为基础，而母公司和子公司个别财务报表中未实现内部销售损益是作为上期已实现损益包括在期初未分配利润之中，因此，上期编制合并财务报表时抵销的公司间存货交易中包含的未实现内部损益，会对本期的年初未分配利润产生影响。本期编制合并财务报表时，必须将上期抵销的未实现内部销售损益对本期年初未分配利润的影响予以抵销，以调整本期年初未分配利润的数额。因此，在连续编制合并财务报表时，首先要抵销上期期末存货价值中包含的未实现内部销售损益对本期年初未分配利润的影响，即按上期期末存货中包含的内部未

实现损益，借记"期初未分配利润"，贷记"主营业务成本"①；然后再对本期的公司间存货交易进行抵销与调整。

【例2】续例1的第二种情况。假设2016年S公司将2015年从南方公司购入的存货以900万元的价格全部售出集团外，2016年，南方公司又将成本为700万元的产品以1 000万元的价格出售给S公司，当年，S公司以600万元的价格对外出售了此批存货的50%。则2016年南方公司编制合并财务报表时，有关公司间存货交易的抵销与调整处理如下：

（1）上期期末存货未实现内部损益本期实现的抵销与调整：

　　借：期初未分配利润　　　　　　　　　　　　　　　　3 000 000　　　　　　　（1）
　　　　贷：主营业务成本　　　　　　　　　　　　　　　　　3 000 000

（2）本期公司间存货交易的抵销与调整处理：

①抵销公司间存货交易产生的销售收入与销售成本：

　　借：主营业务收入　　　　　　　　　　　　　　　10 000 000　　　　　　　（2）
　　　　贷：主营业务成本　　　　　　　　　　　　　　　10 000 000

②抵销期末存货中未实现毛利，还原期末存货成本：

　　借：主营业务成本　　　　　　　　1 500 000　　　　　　　　　　　　　（3）
　　　　贷：存货　　　　　　　　　　　1 500 000　［（10 000 000 - 7 000 000）×50%］

将此笔业务的抵销与调整分录过入到合并工作底稿，如表6-4所示：

表6-4　合并工作底稿（部分）

单位：元

| 项目 | 南方公司（母公司） | S公司（子公司） | 合计数 | 合并抵销与调整分录 | | 合并数 |
| --- | --- | --- | --- | --- | --- | --- |
| | | | | 借 | 贷 | |
| 利润表项目 | | | | | | |
| 主营业务收入 | 10 000 000 | 9 000 000②<br>6 000 000 | 25 000 000 | ②10 000 000 | | 15 000 000 |
| 主营业务成本 | 7 000 000 | 8 000 000③<br>5 000 000 | 20 000 000 | ③1 500 000 | ①3 000 000<br>②10 000 000 | 8 500 000 |
| 毛利 | 3 000 000 | 2 000 000 | 5 000 000 | 11 500 000 | 13 000 000 | 6 500 000 |
| 利润分配表 | | | | | | |
| 期初未分配利润 | ××× | ××× | | ①3 000 000 | | -3 000 000 |
| 资产负债表 | | | | | | |
| 存货 | | 5 000 000 | | | ③1 500 000 | 3 500 000 |

①　此分录可理解为上期未实现内部损益视为在本期实现，一方面调整期初未分配利润，另一方面调整上期期末存货中包含的未实现利润对本期营业成本的影响。

②　S公司上期从南方公司购入存货，本期售出集团外的销售收入。

③　S公司结转上期从南方公司购入，本期售出集团外的销售成本。

由合并数可知，从整个集团来看，本期实现的销售收入为 15 000 000（9 000 000 + 6 000 000）元，应结转的销售成本为 8 500 000（5 000 000 + 3 500 000）元，实现毛利 6 500 000（4 000 000 + 2 500 000）元。期末存货成本为 3 500 000（7 000 000 × 50%）。由此可见，上期 S 公司从南方公司购入作为上期期末存货的商品，本期全部对外售出时，共实现毛利 4 000 000 元（实际上是分阶段实现的，南方公司出售给 S 公司时获毛利 3 000 000 元，S 公司售出集团外的获毛利 1 000 000 元），已体现在本期的合并利润表中，因上期南方公司的利润表已反映了 3 000 000 元的毛利，体现在本期的期初未分配利润中，故本期编制合并财务报表时应予以抵销。

【例 3】续例 1 的第二种情况：假设 2016 年 S 公司将 2015 年从南方公司购入的存货以 720 万元的价格对外售出此批存货的 80%。2015 年，南方公司又将成本为 700 万元的产品以 1 000 万元的价格出售给 S 公司，当年，S 公司以 600 万元的价格对外出售了此批存货的 50%。则 2015 年南方公司编制合并财务报表时，有关公司间存货交易的抵销与调整处理如下：

（1）上期公司间存货交易期末存货对本期的影响：

①上期期末存货未实现内部损益本期实现的抵销与调整：

借：期初未分配利润　　　 2 400 000〔（8 000 000 - 5 000 000）× 80%〕　　　　　（1）

　贷：主营业务成本　　　 2 400 000

②上期期末存货本期仍未售出时的抵销与调整：

借：期初未分配利润　　　 600 000〔（8 000 000 - 5 000 000）× 20%〕　　　　　（2）

　贷：存货　　　　　　　 600 000

（2）本期公司间存货交易的抵销与调整处理：

①抵销公司间存货交易产生的销售收入与销售成本：

借：主营业务收入　　　　　　　　　　　　　　　　 10 000 000　　　　　　　　　（3）

　贷：主营业务成本　　　　　　　　　　　　　　　　　 10 000 000

②抵销期末存货中未实现毛利，还原期末存货成本：

借：主营业务成本　　　 1 500 000　　　　　　　　　　　　　　　　　　　　　　（4）

　贷：存货　　　　　　　 1 500 000〔（10 000 000 - 7 000 000）× 50%〕

将此笔业务的抵销与调整分录过入到合并工作底稿，如表 6 - 5 所示：

表 6 - 5　合并工作底稿（部分）

单位：元

| 项目 | 南方公司（母公司） | S 公司（子公司） | 合计数 | 合并抵销与调整分录 | | 合并数 |
| --- | --- | --- | --- | --- | --- | --- |
| | | | | 借 | 贷 | |
| 利润表项目 | | | | | | |
| 主营业务收入 | 10 000 000 | 7 200 000① 6 000 000 | 23 200 000 | ③10 000 000 | | 13 200 000 |

---

① S 公司上期从南方公司购入存货，本期对外售出 80% 的销售收入。

（续上表）

| 项目 | 南方公司（母公司） | S公司（子公司） | 合计数 | 合并抵销与调整分录 | | 合并数 |
|------|------|------|------|------|------|------|
| | | | | 借 | 贷 | |
| 主营业务成本 | 7 000 000 | 6 400 000① 5 000 000 | 18 400 000 | ④1 500 000 | ①2 400 000 ③10 000 000 | 7 500 000 |
| 毛利 | 3 000 000 | 1 800 000 | 4 800 000 | 11 500 000 | 12 400 000 | 5 700 000 |
| 利润分配表 | | | | | | |
| 期初未分配利润 | ××× | ××× | | ①2 400 000 ②600 000 | | − 3 000 000 |
| 资产负债表 | | | | | | |
| 存货 | | 1 600 000（上期购入）5 000 000（本期购入） | | | ②600 000 ④1 500 000 | 1 000 000（上期购入）3 500 000（本期购入） |

从合并数可知，整个集团来看，本期实现的销售收入为 13 200 000 （7 200 000 + 6 000 000 ） 元，应结转的销售成本为 7 500 000 （4 000 000② + 3 500 000③ ） 元，实现毛利 5 700 000 （3 200 000 + 2 500 000 ） 元。期末存货成本为：上期从南方公司购入的存货 1 000 000 （5 000 000 × 20% ） 元，本期从南方公司购入的存货 3 500 000 （7 000 000 × 50% ） 元。

# 第三节　公司间固定资产交易的抵销

公司间固定资产交易是指集团内部母公司与子公司之间或各子公司之间发生的涉及固定资产的交易。公司间经常发生的固定资产交易主要有两种类型：一种是企业集团内部将本企业自身使用的固定资产出售给集团内的另一企业作为固定资产使用；另一种是集团内某企业将其自身生产的产品销售给集团内另一企业作为固定资产使用。

公司间固定资产交易的抵销与调整原理与公司存货交易的抵销与调整基本相同，其不同主要表现在公司间存货交易所形成的内部未实现损益一般在下一期间已实现（因为存货一般在下一期会对外售出），而公司间固定资产交易所形成的内部未实现损益一般需要多个会计期间，一直等到该固定资产售出折旧计提完毕为止，这部分损益才能得以实现，从而不再影响合并财务报表。

---

① S公司结转上期从南方公司购入存货，本期对外售出80%的销售成本。
② 从集团来看，S公司上期从南方公司购入，本期对外售出80%的销售成本4 000 000 （5 000 000 ×80% ）。
③ 从集团来看，S公司本期从南方公司购入，本期对外售出50%的销售成本3 500 000 （7 000 000 ×50% ）。

## 一、当期发生的公司间固定资产交易抵销处理

1. 企业集团内将本企业自身使用的固定资产出售给集团内另一企业作为固定资产使用

在这种情况下，对出售固定资产的企业来说，其资产负债表上的固定资产原值和累计折旧减少，出售此固定资产的净收益或净损失，作为营业外收入或营业外支出列示在利润表；对于购买企业来说，其资产负债表上则按购入价格（即销售企业的固定资产净值和处理固定资产的损益之和）作为固定资产的原价列示在购买企业的资产负债表中，并以此作为计提折旧的基础。由此可知，在购买企业的固定资产原价中包含了销售企业出售此固定资产所产生的净损益。然而，这部分净损益是对销售企业而言的，对整个企业集团来看，此业务的发生仅仅是使固定资产的使用地点发生了变化，既不会实现这部分损益，也不会使固定资产的净值发生变化。因此，在编制合并财务报表时，必须将这部分未实现的损益与固定资产净值的变化金额予以抵销与调整。应编制的抵销分录为：借记"营业外收入"项目，贷记"固定资产"项目；或借记"固定资产"项目，贷记"营业外支出"。

另外，购买企业是按其固定资产原价（即销售方的销售价格）来计提折旧的，由于其原价包含了这部分内部未实现损益，因此每期计提的折旧额必然要大于或小于按销售企业固定资产净值计提的折旧额，因此，应抵销这部分从未实现损益中多计提或少计提的折旧，借记"累计折旧"项目，贷记"折旧费用[①]"项目或借记"折旧费用"项目，贷记"累计折旧"项目。

【例4】S公司为南方公司的一子公司，2013年1月1日，南方公司将其净值为500 000元的某项固定资产作价520 000元出售给S公司作为固定资产使用，S公司按520 000元入账，预计使用5年，净残值为零，采用直线法计提折旧。

2013年末南方公司编制合并财务报表时对此笔业务的抵销与调整分录如下：

（1）抵销未实现的内部损益与固定资产净值的变化金额：

| | | |
|---|---|---|
| 借：营业外收入 | 20 000 | |
| 贷：固定资产 | | 20 000 |

（2）抵销本期多计提的折旧额：

| | | |
|---|---|---|
| 借：累计折旧 | 4 000 | |
| 贷：折旧费用 | | 4 000 |

将此笔业务过入到合并工作底稿，见表6-6：

---

① 在此使用"折旧费用"项目，实务中固定资产的折旧费用根据其用途反映在"管理费用""制造费用"或"销售费用"等项目中。

表6-6 合并工作底稿（部分）

单位：元

| 项目 | 南方公司（母公司） | S公司（子公司） | 合计数 | 合并抵销与调整分录 借 | 合并抵销与调整分录 贷 | 合并数 |
|------|------|------|------|------|------|------|
| 利润表项目 | | | | | | |
| 营业外收入 | 20 000 | | | | ①20 000 | 0 |
| | | | | | | |
| 折旧费用 | | 104 000 | | | ②4 000 | 100 000 |
| 资产负债表 | | | | | | |
| 固定资产原价 | | 520 000 | | | ①20 000 | 500 000 |
| 减：累计折旧 | | 104 000 | | ②4 000 | | 100 000 |

由合并数可知，从整个集团来看，营业外收入为0，净损益为0，固定资产的原价仍为 500 000 元，当年应计提的累计折旧为 100 000 元（按销售方净值应计提的折旧），本期折旧费用为 100 000 元。

【例5】续例4，假设 2013 年 1 月 1 日，南方公司将其净值为 500 000 元的某项固定资产作价 480 000 元出售给 S 公司作为固定资产使用，S 公司按 480 000 元入账，预计使用 5 年，净残值为零，采用直线法计提折旧。

2013 年末南方公司编制合并财务报表时对此笔业务的抵销与调整分录如下：

（1）抵销未实现的内部损益与固定资产净值的变化金额：

借：固定资产　　　　　　　　　　　　　　　20 000　　　　　（1）

　　贷：营业外支出　　　　　　　　　　　　　　　20 000

（2）抵销本期少计提的折旧额：

借：折旧费用　　　　　　　　　　　　　　　4 000　　　　　（2）

　　贷：累计折旧　　　　　　　　　　　　　　　4 000

将此笔业务过入到合并工作底稿，见表6-7：

表6-7 合并工作底稿（部分）

单位：元

| 项目 | 南方公司（母公司） | S公司（子公司） | 合计数 | 合并抵销与调整分录 借 | 合并抵销与调整分录 贷 | 合并数 |
|------|------|------|------|------|------|------|
| 利润表项目 | | | | | | |
| 营业外支出 | 20 000 | | | | ①20 000 | 0 |
| | | | | | | |
| 折旧费用 | | 96 000 | | | ②4 000 | 100 000 |
| 资产负债表 | | | | | | |
| 固定资产原价 | | 480 000 | | ①20 000 | | 500 000 |
| 减：累计折旧 | | 96 000 | | | ②4 000 | 100 000 |

由合并数可知，从整个集团来看，营业外支出为 0，净损益为 0，固定资产的原价仍为 500 000 元，当年应计提的累计折旧为 100 000 元（按销售方净值应计提的折旧），本期折旧费用为 100 000 元。

2. 集团内某企业将其自身生产的产品销售给集团内另一企业作为固定资产使用

此种情况下，对销售产品的企业来说，已确认了产品的销售收入，结转了产品的销售成本，由此产生的损益列示在利润表。而购买该产品的企业则是以产品的销售价格作为固定资产的原价，并以此为基数计提折旧后将固定资产净值列示在资产负债表。但从整个企业集团来看，这种公司间的固定资产交易相当于自建固定资产，然后交付使用，不可能产生损益。固定资产的生产企业（即产品销售企业）既不应该有销售收入，也不应该发生销售成本，因此，在编制合并财务报表时，必须抵销此项交易所产生的内部销售收入和内部结转的销售成本，同时，调整固定资产原价为自制成本，以消除内部未实现损益。即按销售企业的销售价格借记"主营业务收入"项目，贷记"主营业务成本"项目，贷记或借记"固定资产"项目。

另外，由于购买企业是以销售企业的销售价格（自建成本与未实现内部销售损益之和）作为固定资产的原价入账，并以此来计提折旧，因此购买企业每期计提的折旧必然大于或小于按固定资产自建成本计提的折旧额，在编制合并财务报表时，必须将每期多计提或少计提的这部分折旧予以抵销与调整，即借记"累计折旧"项目，贷记"折旧费用"项目或借记"折旧费用"项目，贷记"累计折旧"项目。

【例 6】S 公司为南方公司子公司，假设 2013 年 1 月 1 日，南方公司将其生产的产品出售给 S 公司作为固定资产使用。此产品的生产成本为 300 000 元，售价为 350 000 元。S 公司按 350 000 元入账作为固定资产原价并以此来计提折旧。S 公司预计该固定资产使用 5 年，残值为零，采用直线法计提折旧。2013 年末南方公司在编制合并财务报表时的会计处理如下：

（1）抵销当年内部未实现销售收入、销售成本以及包含在固定资产原价中的未实现内部销售损益：

借：主营业务收入　　　　　　　　　　　　　　　350 000　　　　　　　　（1）
　　贷：主营业务成本　　　　　　　　　　　　　　300 000
　　　　固定资产　　　　　　　　　　　　　　　　 50 000

（2）抵销当期多计提的折旧：

借：累计折旧　　　　　　　　　　　　10 000（50 000÷5）　　　　　　　（2）
　　贷：折旧费用　　　　　　　　　　　　　　　 10 000

（3）将此笔业务过入到合并工作底稿，如表6-8所示：

**表6-8　合并工作底稿（部分）**

单位：元

| 项目 | 南方公司（母公司） | S公司（子公司） | 合计数 | 合并抵销与调整分录 借 | 合并抵销与调整分录 贷 | 合并数 |
|---|---|---|---|---|---|---|
| 利润表项目 | | | | | | |
| 主营业务收入 | 350 000 | | | ①350 000 | | 0 |
| 主营业务成本 | 300 000 | | | | ①300 000 | 0 |
| 折旧费用 | | 70 000 | | | ②10 000 | 60 000 |
| 资产负债表 | | | | | | |
| 固定资产原价 | | 350 000 | | | ①50 000 | 300 000 |
| 减：累计折旧 | | 70 000 | | ②10 000 | | 60 000 |

由合并数可知，从整个集团来看，主营业务收入为0，主营业务成本为0，销售损益为0，固定资产的原价为300 000元（南方公司的生产成本），当年应计提的累计折旧为60 000元（按南方公司的生产成本计提的折旧300 000÷5），本期折旧费用为60 000元。

## 二、连续编制合并财务报表时公司间固定资产交易对本期影响的抵销处理

由于固定资产的使用期限一般在一年以上，因此，公司间的固定资产交易不仅影响到当期合并财务报表的编制，还会影响到以后期间合并财务报表的编制。所以，对于公司间的固定资产交易，每期在编制合并财务报表时，不仅要抵销与调整当期发生的公司间固定资产交易，而且要抵销与调整以前期间公司间固定资产交易对本期的影响。当期发生的固定资产交易合并会计处理前面已进行了介绍，下面具体介绍以前期间公司间固定资产交易对本期影响的合并会计处理。

以前期间公司间固定资产交易所形成的固定资产在本期不外乎有两种情况：一种是固定资产本期仍在使用中；另一种是固定资产在本期转入清理。下面将这两种情况分别进行介绍。

1. 以前期间公司间固定资产交易所形成的固定资产在本期仍在使用

在这种情况下，销售企业将公司间固定资产交易中当期实现的内部销售损益结转到以后各期的期初未分配利润，列示在其利润表中，而购买企业则以包含内部销售损益的售价作为固定资产的原价列示在其资产负债表中。因此，在公司间固定资产交易以后各期编制合并财务报表时，必须首先将购买企业固定资产原价中包含的这部分内部销售损益与销售企业的期初未分配利润予以抵销，具体会计处理为：借记"期初未分配利润"项目，贷记"固定资产"项目（此交易产生收益时），或借记"固定资产"项目，贷记"期初未分配利润"项目（发生损失时）。

其次，购买企业是以包含内部销售损益的原价来计提固定资产的折旧，由此多计提或

少计提折旧而增加或减少的折旧费用会使购买企业各期的利润减少或增加，并逐年累计影响到期初未分配利润，因此，在以后各期编制合并财务报表时，必须将以前期间累计多计提或少计提的累计折旧与累计对期初未分配利润的影响予以抵销与调整。具体会计处理为：借记"累计折旧"项目，贷记"期初未分配利润"项目（产生收益多计提折旧时）；或借记"期初未分配利润"项目，贷记"累计折旧"项目（发生损失少计提折旧时）。

最后，由于以前期间公司间固定资产交易导致本期购买企业多计提或少计提的折旧也应予以抵销与调整，具体会计处理为：借记"累计折旧"项目，贷记"折旧费用"项目（产生收益多计提折旧时）；或借记"折旧费用"项目，贷记"累计折旧"项目（发生损失少计提折旧时）。

【例7】续例6，2014年至2016年南方公司在年末编制合并财务报表时，对此笔交易以前期间（2013年）发生的公司间固定资产交易的会计处理如表6-9所示：

### 表6-9　以前期间公司间固定资产交易的抵销处理

单位：元

| 项目 | 2014年 | 2015年 | 2016年 |
| --- | --- | --- | --- |
| 调整固定资产原价中包含的未实现内部销售利润 | 借：期初未分配利润　50 000　贷：固定资产　50 000 | 借：期初未分配利润　50 000　贷：固定资产　50 000 | 借：期初未分配利润　50 000　贷：固定资产　50 000 |
| 抵销以前期间多计提的折旧 | 借：累计折旧 10 000　贷：期初未分配利润　10 000 | 借：累计折旧 20 000　贷：期初未分配利润　20 000 | 借：累计折旧 30 000　贷：期初未分配利润　30 000 |
| 抵销本期多计提的折旧 | 借：累计折旧 10 000　贷：折旧费用　10 000 | 借：累计折旧 10 000　贷：折旧费用　10 000 | 借：累计折旧 10 000　贷：折旧费用　10 000 |

**2. 以前期间公司间固定资产交易所形成的固定资产在本期转入清理**

对销售企业来说，公司间固定资产交易所产生的损益总是作为期初未分配利润结转到以后各会计期间。而对购买企业来说，由于固定资产原价中包含这部分内部固定资产交易产生的损益，导致购买企业每期多计提或少计提折旧而减少或增加的利润也会累计结转到以后各会计期间。从整个集团来看，当固定资产使用期满时，购买企业在固定资产清理时，该固定资产原价和已计提的累计折旧都通过"固定资产清理"账户予以转销，期末不再反映在资产负债表中。而销售企业反映在期初未分配利润的这部分内部销售损益已实现部分①会与购买企业以前期间（清理当期前的期间）多计提或少计提折旧而减少或增加的期初未分配利润自然抵销。因此通常情况下，固定资产清理当期只需将销售企业期初未分配利润中未实现的内部损益部分与购买企业本期多计提或少计提的折旧费用予以抵销。但由于固定资产的使用年限是个估计值，实务中固定资产的清理时间可能出现三种情况：①如期清理；②提前清理；③超期清理。下面将按这三种情况来介绍其合并会计处理。

---

① 这部分内部销售损益可看成是随着固定资产的使用而逐步实现。

（1）公司间交易的固定资产预计使用期期满后如期转入清理。

在这种情况下，通常只需将销售企业期初未分配利润中未实现的内部损益部分与购买企业本期多计提或少计提的折旧费用予以抵销。但有一点值得注意，当预计残值为0（即本期计提折旧后，内部交易的固定资产净值为0）时，抵销分录为：借记"期初未分配利润（上期末销售企业还未实现的内部销售利润）"项目，贷记"折旧费用（本期购买企业多计提的折旧费用）"项目。此时，无须调整"营业外收入"或"营业外支出"，因为"营业外收入"或"营业外支出"没有包含公司间固定资产交易损益。若公司间固定资产交易产生损失时，则将抵销分录反过来即可。

当预计残值不为0（即本期计提折旧后，内部交易的固定资产净值不为0）时，需要对"营业外收入"或"营业外支出"进行调整。因为残值中包含公司间固定资产交易的损益，从而导致"营业外收入"或"营业外支出"也包含公司间固定资产交易的损益。抵销分录为：借记"期初未分配利润（上期末销售企业还未实现的内部销售利润）"项目，贷记"折旧费用（本期购买企业多计提的折旧费用）"项目，贷记"营业外收入"项目或"营业外支出"项目（清理时固定资产残值中包含的内部未实现损益）。若公司间固定资产交易产生损失时，则将抵销分录反过来即可。

【例8】续例5，若2017年S公司如期对公司间交易的固定资产进行清理，期末南方公司编制合并财务报表时的合并会计处理如下：

借：期初未分配利润　　10 000（2016年末或2017年初还未实现的内部销售损益）
　　贷：折旧费用　　　　10 000（本期S公司多计提的折旧费用）

（2）公司间交易固定资产预计使用期未满提前转入清理。

在这种情况下，一方面要抵销本期购买企业多计提的折旧，另一方面，还需要对"营业外收入"或"营业外支出"进行调整。因为购买企业固定资产原价中包含了未实现内部损益（还没折旧完的部分），这部分内部未实现损益会随着固定资产转入清理而相应增加或减少了处理此固定资产的净损益。抵销分录为：借记"期初未分配利润（上期末销售企业还未实现的内部销售利润）"项目，贷记"折旧费用（本期购买企业多计提的折旧费用）"项目，贷记"营业外收入"项目或"营业外支出"项目（清理时固定资产净值中包含的内部未实现损益）。若公司间固定资产交易产生损失时，则将抵销分录反过来即可。

【例9】续例5，若2016年末S公司对公司间交易的固定资产进行清理，期末南方公司编制合并财务报表时的合并会计处理如下：

借：期初未分配利润　　　　20 000（2015年末还未实现的内部销售损益）
　贷：折旧费用　　　　　　10 000（本期S公司多计提的折旧费用）
　　营业外收入（或营业外支出）10 000
　　　　　　　　　　　　（清理时固定资产净值中包含的未实现内部损益）

若2015年末S公司对公司间交易的固定资产进行清理，期末南方公司编制合并财务报表时的合并会计处理如下：

借：期初未分配利润　　　　30 000（2014年末还未实现的内部销售损益）
　贷：折旧费用　　　　　　10 000（本期S公司多计提的折旧费用）
　　营业外收入（或营业外支出）20 000
　　　　　　　　　　　　（清理时固定资产净值中包含的未实现内部损益）

（3）公司间交易的固定资产超期使用后转入清理。

公司间交易的固定资产超期使用时，该固定资产在使用期间已计提足了折旧，超期使用期间无须再计提折旧，故无须调整本期的折旧费用。但如果固定资产清理时其净值中包含了未实现的内部销售损益（也就是预计的净残值不为0）时，会相应地增加或减少固定资产的处置净损益，即增加或减少了"营业外收入"或"营业外支出"，因此应予以抵销。抵销分录为：借记"期初未分配利润"项目，贷记"营业外收入"或"营业外支出"项目。

如果公司间交易的固定资产预计净残值为0，则超期使用后转入清理期间无须编制抵销与调整分录。

# 第四节　公司间一般债权债务交易的抵销

公司间一般的债权债务交易是指母公司与子公司或子公司之间因销售商品、提供劳务等产生的应收应付款项以及由于内部资金融通产生的持有至到期投资和应付债券等形成的公司间债权债务交易。这类公司间交易的特点是，在集团的一个企业反映为资产（债权），另一企业则反映为负债（债务），但从整个企业集团来看，这只是集团内部资金的一种融通，既不会增加集团的资产，也不会增加集团的负债。因此，为消除在编制合并财务报表时，直接根据个别财务报表加总而导致的重复计算，需对相应的债权债务项目以及由此产生的对合并财务报表带来影响的项目（如根据应收账款计提坏账准备）予以抵销。

## 一、当期发生的公司间一般债权债务交易的抵销

### 1. 公司间购货与销货产生的债权债务交易的抵销

公司间的购货与销货产生的债权债务主要包括应收账款、应付账款、应付票据、应收票据、预付款项与预收款项等。但在编制合并财务报表时，除了应抵销这些相应的债权债务项目外，还应抵销根据应收账款等计提的坏账准备。因为反映在个别财务报表中的坏账准备是以应收账款的期末余额为基础来进行计提的，随着这笔内部应收账款的抵销，由此所计提的坏账准备也应抵销，抵销分录为：借记"坏账准备"项目，贷记"资产减值损失——坏账准备"项目。

【例10】S公司为南方公司的一子公司，2015年12月31日，南方公司期末应收账款金额为200 000元，其中50 000元为2015年2月赊销商品给S公司所形成的应收账款；另外，S公司为从南方公司购买某一商品，于2015年11月向南方公司预付款项20 000元，至2015年12月31日南方公司尚未发货。假设南方公司按应收账款期末余额的5‰计提坏账准备。2015年12月31日南方公司编制合并财务报表时，应编制的抵销与调整分录如下：

（1）内部债权与债务相应项目的抵销：

应收与应付项目的抵销：

借：应付账款　　　　　　　　　　　　　　　50 000
　　贷：应收账款　　　　　　　　　　　　　　　　50 000

预付与预收项目的抵销

借：预收账款　　　　　　　　　　　　　　　20 000
　　贷：预付账款　　　　　　　　　　　　　　　20 000
（2）根据内部应收账款计提的坏账准备的抵销：
借：坏账准备　　　　　　　　　　　　　250（50 000×5‰）
　　贷：资产减值损失——坏账准备　　　　　　　250

2. 公司间融资和投资活动所产生的债权债务交易的抵销

公司间融资和投资所产生的债权债务主要包括持有至到期债券和应付债券、应收股利和应付股利等。但在编制合并财务报表时，除了应抵销这些相应的债权债务项目外，还应抵销由此产生的利息收入和利息支出等。因为持有债券的债权方会收到债务方支付的利息，作为投资收益或财务费用的减项反映在其利润表中，而债务方也会将其支付的利息支出作为财务费用反映在利润表中，但从整个集团来看，这属于内部资金的融通或调拨，相应的债权债务都应抵销，由此产生的利息收入和利息支出也应抵销。

【例11】S公司为南方公司的一子公司，2015年1月1日，S公司以1 000 000元购买了南方公司当日发行的100张票面金额为10 000元，票面利率为8%，每年末支付利息的三年期债券，准备持至到期。南方公司和S公司各自编制的相关分录如表6-10所示：

表6-10　南方公司和S公司编制的相关分录

单位：元

| 南方公司 | S公司 |
|---|---|
| 2015年1月1日发行债券<br>借：银行存款　　1 000 000<br>　　贷：应付债券　　　　1 000 000 | 2013年1月1日购买债券<br>借：持有至到期债券　　1 000 000<br>　　贷：银行存款　　　　　1 000 000 |
| 2015年12月31日支付利息<br>借：财务费用　　80 000<br>　　贷：应付利息　　　　80 000 | 2015年12月31日计提利息<br>借：应收利息　　80 000<br>　　贷：投资收益　　　　80 000 |

2015年12月31日南方公司编制合并财务报表时应编制的合并抵销与调整分录为：
（1）抵销应付债券与持有至到期投资：
借：应付债券　　　　　　　　　　　　　1 000 000
　　贷：持有至到期投资　　　　　　　　　　　1 000 000
（2）抵销因内部融资与投资活动形成的投资收益与财务费用：
借：投资收益　　　　　　　　　　　　　　80 000
　　贷：财务费用　　　　　　　　　　　　　　80 000
（3）抵销应收与应付利息：
借：应付利息　　　　　　　　　　　　　　80 000
　　贷：应收利息　　　　　　　　　　　　　　80 000

## 二、连续编制合并财务报表时公司间一般债权债务交易的抵销

在连续编制合并财务报表时，对于公司间的一般债权债务交易，一方面应抵销本期发生的公司间一般债权债务交易，另一方面，还应抵销上期公司间发生的一般债权债务交易对本期的影响。

在连续编制合并财务报表时，上期公司间购货与销货产生的债权债务交易对本期的影响主要表现在两个方面，一方面是上期产生的债权债务到本期仍未结算完毕，其抵销方法与抵销当期发生的公司间一般债权债务交易相同，借记"应付账款""应付票据""预收账款"等项目，贷记"应收账款""应收票据""预付账款"等项目，同时还要抵销本期末由此计提或冲减的坏账准备。另一方面是上期根据内部应收账款计提的坏账准备对本期影响的抵销。上期在合并工作底稿中抵销了根据内部应收账款计提的坏账准备与相应的资产减值损失，可在个别报表上，这笔坏账准备的计提金额，也就是资产减值损失的金额，会影响上期个别财务报表的期末未分配利润，从而影响到本期的期初未分配利润，因此在本期编制合并财务报表时，必须将上期根据内部应收账款计提的坏账准备对本期期初未分配利润的影响予以抵销，借记"坏账准备"项目，贷记"期初未分配利润"项目，金额为根据上期内部应收账款计提的坏账准备。在第三期编制合并财务报表时，再将根据第二期内部应收账款计提的坏账准备予以抵销，以调整期初未分配利润。其抵销分录与第二期编制的相同。

由于本期末根据内部应收账款应计提的坏账准备有可能与上期末的坏账准备相等，也可能大于或小于上期内部应收账款对应的坏账准备。因此，下面将举例来分别加以说明。

（1）本期内部应收款项应计提的坏账准备等于上期内部应收款项计提的坏账准备。

在这种情况下，由于本期内部应收款项应计提的坏账准备等于上期末内部应收款项计提的坏账准备，无须根据内部应收款项进一步计提或冲减坏账准备，从而本期的资产减值损失不受内部应收款项计提坏账准备的影响。因此，本期编制合并财务报表时，只需要抵销与调整因上期根据内部应收款项计提的坏账准备以及由此对本期期初未分配利润的影响；另外，再抵销相应的债权债务项目。

【例12】续例9，假设2014年12月31日，南方公司对S公司的期末应收账款余额仍为50 000元，仍按应收账款期末余额的5‰计提坏账准备。2014年12月31日南方公司编制合并财务报表时，应编制的抵销与调整分录如下：

①上期根据内部应收账款计提的坏账准备对本期影响的抵销与调整：

借：坏账准备　　　　　　　　　　　　　　　　250（50 000×5‰）

　　　　　　　　　　　　　　（金额为上期根据内部应收款项计提的坏账准备）

　　贷：期初未分配利润　　　　　　　　　　　250

②内部债权与债务相应项目的抵销：

应收与应付项目的抵销：

借：应付账款　　　　　　　　　　　　　　　　50 000

　　贷：应收账款　　　　　　　　　　　　　　　　50 000

（2）本期内部应收款项应计提的坏账准备大于上期内部应收款项计提的坏账准备。

这种情况与本期内部应收款项应计提的坏账准备等于上期内部应收款项计提的坏账准备不同的是，本期对内部应收款项进一步计提了坏账准备，导致资产减值损失增加，在编制合并财务报表时，必须将其予以抵销与调整，借记"坏账准备"项目，贷记"资产减值损失——坏账准备"项目，其余抵销与调整分录与第一种情况相同。

【例13】续例9，假设2014年12月31日，南方公司对S公司的期末应收账款余额仍为50 000元，但按收账款期末余额的8‰计提坏账准备。2014年12月31日南方公司编制合并财务报表时，应编制的抵销与调整分录如下：

①上期根据内部应收账款计提的坏账准备对本期影响的抵销与调整：

借：坏账准备　　　　　　　　　　　　250（50 000×5‰）

　　　　　　　　　　　（金额为上期根据内部应收款项计提的坏账准备）

　　贷：期初未分配利润　　　　　　　250

②内部债权与债务相应项目的抵销：

应收与应付项目的抵销

借：应付账款　　　　　　　　　　　　50 000

　　贷：应收账款　　　　　　　　　　　50 000

③本期根据内部应收款进一步计提坏账准备的抵销与调整：

借：资产减值损失　　　　　　　　　　150［50 000×（8‰－5‰）］

　　贷：坏账准备　　　　　　　　　　　150

（3）本期内部应收款项应计提的坏账准备小于上期内部应收款项计提的坏账准备。

这种情况与本期内部应收款项应计提的坏账准备等于上期内部应收款项计提的坏账准备不同的是，本期对内部应收款项计提的坏账准备进行了冲减，导致个别财务报表上资产减值损失的减少，在编制合并财务报表时，必须将其予以抵销与调整，借记"资产减值损失——坏账准备"项目，贷记"坏账准备"项目。其余抵销与调整分录与第一种情况相同。

【例14】续例9，假设2014年12月31日，南方公司对S公司的期末应收账款余额仍为50 000元，但按收账款期末余额的3‰计提坏账准备。2014年12月31日南方公司编制合并财务报表时，应编制的抵销与调整分录如下：

①上期根据内部应收账款计提的坏账准备对本期影响的抵销与调整：

借：坏账准备　　　　　　　　　　　　250（50 000×5‰）

　　　　　　　　　　　（金额为上期根据内部应收款项计提的坏账准备）

　　贷：期初未分配利润　　　　　　　250

②内部债权与债务相应项目的抵销：

应收与应付项目的抵销：

借：应付账款　　　　　　　　　　　　50 000

　　贷：应收账款　　　　　　　　　　　50 000

③本期根据内部应收款冲减坏账准备的抵销与调整：

借：坏账准备 100 ［50 000 × （5‰ − 3‰）］

　贷：资产减值损失 100

（4）综合举例。

【例 15】S 公司为南方公司的一子公司，2013 年 12 月 31 日，南方公司期末应收账款余额中有 80 000 元为对 S 公司的应收账款，2014 年 12 月 31 日南方公司对 S 公司的应收账款为 60 000 元，2015 年 12 月 31 日南方公司对 S 公司的应收账款为 90 000 元，假设南方公司按应收账款期末余额的 5‰ 计提坏账准备。2013 年至 2015 年南方公司编制合并财务报表时，应编制的抵销与调整分录如下：

2013 年末：

①内部债权与债务相应项目的抵销：

借：应付账款 80 000

　贷：应收账款 80 000

②根据内部应收账款计提的坏账准备的抵销：

借：坏账准备 400 （80 000 × 5‰）

　贷：资产减值损失——坏账准备 400

本期根据内部应收款计提的坏账准备余额为 400 元。

2014 年末：

①上期根据内部应收账款计提的坏账准备对本期影响的抵销与调整：

借：坏账准备 400 （80 000 × 5‰）

（金额为上期根据内部应收款项计提的坏账准备）

　贷：期初未分配利润 400

②内部债权与债务相应项目的抵销：

应收与应付项目的抵销：

借：应付账款 80 000

　贷：应收账款 80 000

③本期根据内部应收款冲减坏账准备的抵销与调整：

借：坏账准备 100 ［（80 000 − 60 000） × 5‰］

　贷：资产减值损失 100

本期根据内部应收款计提的坏账准备余额为 300 （400 − 100）元。

2015 年末：

①上期根据内部应收账款计提的坏账准备对本期影响的抵销与调整：

借：坏账准备 300 （60 000 × 5‰）

（金额为上期根据内部应收款项计提的坏账准备）

　贷：期初未分配利润 300

②内部债权与债务相应项目的抵销：

应收与应付项目的抵销：

借：应付账款             90 000

  贷：应收账款             90 000

③本期根据内部应收款进一步计提坏账准备的抵销与调整：

借：资产减值损失        150 $[(90\,000-60\,000)\times5‰]$

  贷：坏账准备          150

本期根据内部应收款计提的坏账准备余额为450（300＋150）元。

# 第五节　公司间其他交易的抵销

## 一、公司间无形资产交易的抵销

无形资产是指企业拥有或者控制的没有实物形态的可辨认非货币性资产，通常包括专利权、非专利技术、商标权、著作权、特许权、土地使用权等。无形资产准则规定，企业应当于取得无形资产时分析判断其使用寿命。无形资产的使用寿命如为有限的，应当估计该使用寿命的年限或者构成使用寿命的产量等类似计量单位数量；无法预见无形资产为企业带来未来经济利益期限的，应当视为使用寿命不确定的无形资产。对于使用寿命有限的无形资产，在使用过程中，应在其预计的使用寿命内采用系统合理的方法对应摊销金额进行摊销。当公司间发生这类无形资产的交易时，其在合并财务报表工作底稿中的抵销和调整方法与公司间固定资产交易的抵销处理相同，在此不赘述。

对于使用寿命不确定的无形资产，在持有期间内不需要摊销，如果期末重新复核后仍为不确定的，应当在每个会计期间进行减值测试，严格按照《企业会计准则第8号——资产减值》的规定，需要计提减值准备的，相应计提有关的减值准备，账务处理为：借记"资产减值损失"科目，贷记"无形资产减值准备"科目。如果公司间发生了这类无形资产交易，若此无形资产发生了减值，在编制合并财务报表时，必须将这两个项目予以调整，调整额为当期应计提的无形资产减值准备（从集团角度来看）与个别财务报表中当期实际计提的无形资产减值准备的差额。

【例16】S公司为南方公司一子公司，2013年1月1日，南方公司将一项成本为500万元的无形资产以600万元的价格出售给S公司，该无形资产的预计使用寿命不确定。假设2013年和2014年进行减值测试，均未发生减值，2015年，S公司将此无形资产以680万元售出集团外。则各年度末南方公司编制合并财务报表时应编制的相关抵销与调整分录如下：

（1）2013年末南方公司编制合并财务报表时应编制的抵销与调整分录：

借：营业外收入        1 000 000    （1）

  贷：无形资产        1 000 000

将此笔分录过入到合并工作底稿，见表6-11：

表6-11　合并工作底稿（部分）

单位：元

| 项目 | 南方公司（母公司） | S公司（子公司） | 合计数 | 合并抵销与调整分录 借 | 合并抵销与调整分录 贷 | 合并数 |
|---|---|---|---|---|---|---|
| 利润表项目 | | | | | | |
| 营业外收入 | 1 000 000 | | 1 000 000 | ①1 000 000 | | 0 |
| 资产负债表 | | | | | | |
| 无形资产 | | 6 000 000 | 6 000 000 | | ①1 000 000 | 5 000 000 |

由合并数可知，从整个集团来看，营业收入为0，无形资产的净值为500万元。

（2）2014年末南方公司编制合并财务报表时应编制的抵销与调整分录：

　　借：期初未分配利润　　　　　　　　　　　　　　　1 000 000　　　　　　（2）

　　　　贷：无形资产　　　　　　　　　　　　　　　　　　1 000 000

将此笔分录过入到合并工作底稿，见表6-12：

表6-12　合并工作底稿（部分）

单位：元

| 项目 | 南方公司（母公司） | S公司（子公司） | 合计数 | 合并抵销与调整分录 借 | 合并抵销与调整分录 贷 | 合并数 |
|---|---|---|---|---|---|---|
| 利润分配表项目 | | | | | | |
| 期初未分配利润 | ××× | | | ②1 000 000 | | -1 000 000 |
| 资产负债表 | | | | | | |
| 无形资产 | | 6 000 000 | 6 000 000 | | ②1 000 000 | 5 000 000 |

由合并数可知，整个集团来看，期初未分配利润应调减100万元，因为2013年，南方公司个别财务报表中已反映了营业外收入100万元，从而导致2014年末的期末未分配利润表包含了这100万元的未实现利润，进而影响到本期的期初未分配利润虚增100万元（从集团来看），故应将期初未分配利润调减100万元。无形资产的净值仍为500万元。

（3）2015年末南方公司编制合并财务报表时应编制的抵销与调整分录：

　　借：期初未分配利润　　　　　　　　　　　　　　　1 000 000

　　　　贷：营业外收入　　　　　　　　　　　　　　　　1 000 000

将此笔分录过入到合并工作底稿，见表6-13：

表6-13 合并工作底稿（部分）

单位：元

| 项目 | 南方公司（母公司） | S公司（子公司） | 合计数 | 合并抵销与调整分录 | | 合并数 |
|---|---|---|---|---|---|---|
| | | | | 借 | 贷 | |
| 利润及利润分配表项目 | | | | | | |
| 营业外收入 | 800 000 | 800 000 | | | ③1 000 000 | 1 800 000 |
| 期初未分配利润 | ××× | | | ③1 000 000 | | -1 000 000 |
| 资产负债表 | | | | | | |
| 无形资产 | 0 | | 0 | | | 0 |

由合并数可知，从整个集团来看，2015年实现营业外收入1 800 000元，此无形资产不再反映在集团的资产负债表中，同时，期初未分配利润应调减1 000 000元。

## 二、推定债券赎回交易的抵销

所谓推定债券赎回就是指集团公司内部一债券投资企业不是在集团内部企业的债券发行日直接从该企业购买，而是之后从市场上购买该企业的债券。因为对于整个集团公司来说，这种购买方式相当于赎回集团公司发行在外的债券，故称为推定赎回。

由于利率的变动会导致债券的市场价格与其账面价值不一致，从整个集团来看，集团在赎回债券的价格与其账面价值之间的差额，就形成了损益，被称为推定债券赎回损益。如果债券赎回价格高于发行企业债券的账面价值，则发生了推定损失；若债券赎回价格低于发行企业债券的账面价值，则发生了推定利得。在编制合并财务报表时，应在合并工作底稿中编制相关抵销与调整分录，以在合并财务报表中反映这部分损失或利得。

## 📖 本章小结

公司间交易是指母公司与其子公司以及各子公司之间发生的除权益性股权投资以外的各种往来业务和交易事项。按公司间的交易是否涉及损益可分为涉及损益的公司间交易和不涉及损益的公司间交易。按公司间交易的具体内容可分为：①公司间存货交易；②公司间固定资产交易；③公司间债权债务交易；④公司间无形资产交易；⑤公司间其他交易。

### 本章思考题与练习题

**思考题**

1. 编制合并财务报表时，为什么要对公司间的交易进行抵销与调整？
2. 公司间存货交易与公司间固定资产交易所产生的内部未实现损益在抵销处理上有

什么异同？

    3. 简述连续编制合并报表时，坏账准备抵销的合并处理程序。

    4. 简述公司间交易对以后年度合并财务报表编制的影响。

    5. 公司间一般债权债务交易中，哪些对应账户应予以抵销？

    6. 什么是推定债券赎回？什么是推定债券赎回损益？

**练习题**

    **习题一**：2013 年 1 月 1 日，兴华公司购入 M 公司 80% 的普通股份。2013 年，兴华公司将成本为 200 万元的商品 A 以 300 万元的价格出售给 M 公司，当年 M 公司只对外售出了商品 A 的 70%。2014 年，兴华公司又向 M 公司销售商品 B 一批，成本为 500 万元，销售价格为 800 万元，2014 年 M 公司已对外售出商品 B 的 90%，商品 A 的 50%。

    要求：编制 2013 年和 2014 年末的合并抵销与调整分录。

    **习题二**：2013 年 1 月 1 日，兴华公司购入 M 公司 80% 的普通股份。2013 年 12 月 31 日，兴华公司将其成本为 600 万元的商品销售给子公司 M 公司作为固定资产使用，销售价格为 900 万元，M 公司预计使用 10 年，净残值为 0，按直线法计提折旧。2014 年 7 月 1 日，兴华公司将其自身使用的净值为 200 万元的固定资产出售给子公司 M 公司，出售价格为 280 万元，M 公司预计使用 4 年，净残值为 0，采用直接法计提折旧。

    要求：编制 2013 年和 2014 年末的合并抵销与调整分录。

    **习题三**：M 公司为兴华公司一控股子公司，2013 年、2014 年和 2015 年末，兴华公司对 M 公司的应收账款分别为 50 000 元、80 000 元和 70 000 元，兴华公司按应收账款期末余额的 1% 计提坏账准备。

    要求：编制 2013 年、2014 年和 2015 年末的合并抵销与调整分录。

    **习题四**：M 公司为兴华公司一控股子公司，2014 年 1 月 1 日，M 公司以银行存款 900 万元购买了兴华公司当日发行的三年期债券，该债券面值为 870 万元，年利率 9%，每年末付息一次。

    要求：编制 2014 年、2015 年和 2016 年末的合并抵销与调整分录。

**延伸阅读文献**

1. 中华人民共和国财政部：《企业会计准则》，经济科学出版社，2006 年。

2. 中华人民共和国财政部会计司编写组：《企业会计准则讲解 2010》，人民出版社，2010 年。

3. ［美］弗洛伊德·A. 比姆斯、约瑟夫·H. 安东尼、罗布林·P. 克莱门特等著，储一昀译：《高级会计学》（第十版），中国人民大学出版社，2011 年。

4. 石本仁主编：《高级财务会计》（第二版），中国人民大学出版社，2011 年。

5. 梁莱歆主编：《高级财务会计》（第三版），清华大学出版社，2011 年。

6. 王泽霞主编：《高级财务会计》，浙江科学技术出版社，2010 年。

7. 王竹泉等主编：《高级财务会计》，东北财经大学出版社，2010 年。

8. 陈信元主编：《高级财务会计》，上海财经大学出版社，2009 年。

# 第七章　分支机构会计[①]

**【本章要点】**

1. 理解分支机构会计的特点
2. 掌握总、分支机构会计核算主要账户的设置
3. 掌握总部与分支机构存货交易的会计处理
4. 掌握费用分摊的核算
5. 掌握联合抵销会计处理
6. 掌握联合报表的编制方法

# 第一节　分支机构会计概述

企业的扩张在组织上可分为两种：一种是设立具有独立法人资格的子公司，另一种就是设立不具有法人资格的派出组织。分支机构则是企业派出组织的一种。企业为了更好地开拓市场，满足不同区域、不同层次客户的需要，或扩充相同的业务、多种经营的需要，在本地区或其他地区设立分支机构。与之相伴的分支机构会计也就产生了。

## 一、分支机构的概念及其分类

### （一）分支机构的概念

分支机构是指企业设立的，不具备法人资格，经营管理受企业控制的业务经营单位。企业设立分支机构，应由企业法人向工商行政管理部门申请登记，经登记主管机关核准，领取营业执照，并在核准登记的经营范围内从事经营活动。分支机构不具有企业法人资格，其民事责任由设立该分支机构的企业承担。分支机构在经营业务、经营方针等各方面都要受到公司总部不同程度的控制，这种控制主要表现在资金的筹措、投放、人事管理以及经营决策的确定等各方面。分支机构虽不是独立的法律主体，但在一定意义上，它却是相对独立的会计主体。尤其是在分散制的分支机构中，分支机构独立设置账户，独立核算业务，独立编制财务报表。但值得明确的是，这种独立是相对的，其核算的内容只是分支机构所能控制和负责的部分，其财务报表也只是满足企业内部管理的需要，并不对外提供。

---

[①] 本章由谭小平和赵珑璐共同编写。

分支机构在不同行业有不同的名称，如银行系统中称为分行、支行，证券行业为证券营业部，工业企业称为分厂，商业企业称为分店等。分支机构往往开设在公司总部以外的地区或城市，也可以开设在与公司总部同一城市的不同城区。

在工商企业中，涉及销售职能的企业派出组织一般可分为两种：一种是企业在某地设立的无独立存货、无独立采购职能、不直接对外销售与收款、通常只有展示与销售联络职能的派出组织；另一种则相反。前者通常被称为销售代理（代表）处；而后者则一般被称为分支机构或分公司。在实务中，对销售代理处和分支机构的区分并不严格，比如有的销售代理处也有存货，有些分支机构（分公司）实行收支两条线管理，其收款需要直接上交。但是，两者在会计上是存在明显区别的。销售代理处不是单独的会计主体，其所需要的会计记录仅仅是现金收支记录，它的处理类似于一般的备用金制度，所发生的销售费用等由总公司会计系统加以记录，即使销售代理处有专人负责会计处理，但其核算性质仍然属于会计集中核算，而非独立核算。分支机构则是一个会计主体，需进行独立的会计核算，具体业务的会计处理详见下一节。

### （二）分支机构的分类

根据总部在资金和商品购销上对分支机构的控制程度不同，分支机构可分为分散制分支机构和集中制分支机构两类。

#### 1. 分散制分支机构

分散制分支机构奉行总部统一经营方针和管理方针，它们在总公司的管辖下，拥有相对独立的业务经营自主权，其所需资本完全依赖总部。具体表现如下：分支机构可以自己的名义开立银行往来账户，取得的销售收入作为分支机构的存款，各项营业开支自行支付；分支机构可拥有完备的商品库存，其货源大部分由总公司供给，也可从别处购进；分支机构可全权支配营运资金，自行决定可实行赊销的客户以及赊销的额度，并由分支机构直接向客户交货取款，分支机构单独核算其盈亏。

#### 2. 集中制分支机构

集中制分支机构不设置正式账簿，只有简单的辅助或备查记录，所有一切会计事项及其凭证都随时报送总公司，由总公司并入自己的账簿。或者分支机构虽设有正式账簿，但仍将一部分账项，如应收账款、应付账款和固定资产等，划归总公司直接处理和登记，而在分支机构账簿上则不予记录。集中制可以节省会计处理成本，并能保持总部及各分支机构会计处理的一致性。但是由于各项凭证寄送时容易遗失或延误，影响财务报表编报的时效性和正确性，实际工作中很少采用。

### （三）分支机构的基本特征

#### 1. 非法人主体

分支机构是企业的一个派出组织，是企业的一个组成部分，从法律的角度来看，它只是企业法人的延伸，因此不具有对外筹集资金和对外投资的功能，它与总部的业务往来属于一个法律主体内部的业务。

#### 2. 受总部控制

分支机构作为企业的一个组成部分，需遵循总部的统一经营与管理方针，同时又拥有相对独立的经营自主权，其经营所需资金一般依靠总部拨给，受到总部不同程度的控制。

3. 独立会计主体

分支机构虽不是一个独立的法律主体，但是一个相对独立的会计主体。尤其在分散制分支机构中，分支机构可以独立开设账户、独立核算经营业务、独立编制财务报表。

## 二、分支机构会计的特点

作为整个企业的一个组成部分，分支机构必须严格遵守总部统一的经营与管理方针。分支机构在总部授权范围内具有财务自主权，并作为一级核算单位进行独立核算。它们通常需要设置一套较为完整的账簿，用来记录其自身发生的经济业务，单独核算财务状况和经营成果，定期编制财务报表，向总部报告。但分支机构会计科目的名称与编号、财务报表的内容和格式，以及内部控制制度和会计方针等，一般由总部事先规定。分支机构会计的一般特点如下：

### （一）总部与分支机构账户设置的对应性

在分支机构作为一个相对独立的会计主体，尤其是在分散制上，分支机构需设置一套完整的账簿，用来记录从总部收到的营运资金、存货以及对外发生的购货、销货、应付账款、应收账款以及费用等，并定期编制财务报表，向总部报告。

总部与分支机构之间关系密切，它们之间会发生大量的往来业务，总部与分支机构要设置一些相对应的账户，从不同的角度反映同一会计事项。

由于分支机构经营所需资金一般依靠总部拨付，故分支机构不设置权益类账户，但设置"总部往来"账户来满足类似权益类核算的要求。"总部往来"账户是一个准权益类账户，其贷方登记由总部向分支机构拨付的现金、商品、其他资产、劳务以及分支机构的本期利润等；借方登记分支机构上交总部或向总部提供的现金、商品、其他资产、劳务以及分支机构的本期亏损等。

与此相对应，总部设置"分支机构往来"（或"投资分支机构"）账户，"分支机构往来"账户借方记录总部拨付给分支机构的现金、商品或其他资产以及分支机构转来的利润；贷方记录分支机构向总部交来的现金、商品、其他资产以及分支机构转来的亏损。

分支机构的"总部往来"账户与总部的"分支机构往来"账户是一对相对账户。它们的金额相等、记账的方向相反，其中可能因为单证传递的时间差异而出现暂时的不一致，但在年度末必须查明原因，抵销双方余额。

### （二）总部与分支机构会计信息的披露

总部与分支机构应分别作为会计主体编制财务报表，但分支机构单独编制的财务报表只供内部使用，以满足内部管理的需要，并不将其直接对外披露。企业应将总部与分支机构的财务报表汇总起来，抵销和调整总部与分支机构之间的交易和会计事项，编制反映整个企业财务状况和经营成果的汇总财务报表（联合财务报表），以满足对外提供会计信息的需要。

# 第二节 分支机构的会计核算

分支机构日常业务的会计核算，如向外购进存货、生产和销售等与一般企业的会计核算没什么差异，在这里就不再单独进行讲解。分支机构的特殊之处在于其与总部之间内部往来交易与事项的会计核算。

## 一、分支机构与总部之间内部往来交易与事项的种类

分支机构与总部之间内部往来交易与事项主要可分为两类：一类是分支机构与总部往来的交易，另一类是分支机构与总部往来的其他事项。

分支机构与总部内部往来的交易主要分为两项：一是分支机构与总部之间除了商品存货以外的交易，又称为"非存货交易"，如设立分支机构时总部拨付资金、生产设备等；二是分支机构与总部之间往来的商品存货交易，包括在设立分支机构的存货交易与后续日常的存货交易，其中核心问题是总部拨付存货的计量问题。

## 二、分支机构与总部之间内部往来交易与事项的会计处理

### （一）分支机构与总部之间内部往来交易的会计处理

#### 1. 非存货交易的会计处理

分支机构与总部之间的非存货交易多发生在分支机构设立时，如分支机构设立时，总部会拨付分支机构的营运资金和固定资产等，也可能发生在后续经营中，如追加拨付资金、机器设备，或从分支机构收回流动资金等。

【例1】为满足S社区的购物需求，南方公司总部于2013年初在S社区设立一分支机构，设立时，南方公司拨付营运资金100 000元，存货商品400 000元（按成本价），固定资产200 000元。总部和分支机构的会计处理如下：

总部的会计处理：

| | | |
|---|---|---|
| 借：分支机构往来 | 700 000 | |
| 贷：银行存款（现金） | | 100 000 |
| 库存商品——发送分支机构 | | 400 000 |
| 固定资产 | | 200 000 |

分支机构的会计处理：

| | | |
|---|---|---|
| 借：银行存款（现金） | 100 000 | |
| 库存商品——总部拨付 | 400 000 | |
| 固定资产 | 200 000 | |
| 贷：总部往来 | | 700 000 |

2013年3月，南方公司继续向此分支机构拨付营运资金50 000元，商品存货一批，共300 000元（按成本价），会计处理如下：

总部会计处理如下：

借：分支机构往来　　　　　　　　　　　　　　350 000
　　贷：银行存款（现金）　　　　　　　　　　　　　50 000
　　　　库存商品——发送分支机构　　　　　　　　300 000

分支机构会计处理如下：

借：银行存款　　　　　　　　　　　　　　　　　50 000
　　库存商品——总部拨付　　　　　　　　　　　300 000
　　贷：总部往来　　　　　　　　　　　　　　　350 000

2013 年末，南方公司从分支机构收回流动资金 200 000 元，会计处理如下：

总部的会计处理：

借：现金（银行存款）　　　　　　　　　　　　200 000
　　贷：分支机构往来　　　　　　　　　　　　　200 000

分支机构的会计处理：

借：总部往来　　　　　　　　　　　　　　　　200 000
　　贷：现金（银行存款）　　　　　　　　　　　200 000

2. 存货交易的会计处理

分支机构与总部之间内部存货交易的核心问题是总部拨付商品的计量问题。现行实务中，总部拨付商品存货的计价主要有三种方法：①按成本计价；②按成本加成计价；③按零售价计价。各种计价方法下分支机构与总部之间内部商品存货交易的会计处理如下：

（1）按成本计价。

存货转移按成本计价，是广为采用的一种方法。存货转移的这种计价方法，从会计角度来看，只是存货的存放地点发生了变化，避免了期末存货中含有未实现利润问题，故期末不需考虑因存货转移而产生的内部未实现利润以及对联合财务报表影响的抵销。但这种计价方法使商品的毛利全部归属于分支机构，即使商品是由总部制造也是如此，从而不利于内部业绩评价，体现不出总部对这部分毛利的贡献。[①] 具体会计处理见例2。

【例2】2013 年 6 月，南方公司拨付商品一批给 S 分支机构，成本为 100 000 元，总部和分支机构的会计处理如下：

总部的会计处理：

借：分支机构往来——S 分支机构　　　　　　　100 000
　　贷：库存商品——发送 S 分支机构　　　　　　100 000

S 分支机构的会计处理：

借：库存商品——总部拨付　　　　　　　　　　100 000
　　贷：总部往来　　　　　　　　　　　　　　　100 000

（2）按成本加成计价。

实务中，也有很多公司总部按高于成本的计价方式向分支机构转移存货。按高于成本

---

① 关于内部转移商品对外出售的会计处理由此所形成利润的结转以及利润在总部与分支机构之间的分配情况详见"第三节　联合财务报表的编制"的举例。

计价的原因在于此种计价方法体现总部在这部分毛利中的贡献，使商品销售后的利润一部分体现为总部的经营成果，一部分体现为分支机构的经营成果，有利于正确评价分支机构的经营业绩。然而，这种计价方法，其转移价格的确定存在一定的主观性，有时不一定符合实际情况。

成本加成计价是实务中通常采用的一种高于成本计价的存货转移计价方法。此种计价方法的会计核算要比按成本计价法复杂，当总部按高于成本的转移价格拨付商品给分支机构时，总部对转出商品按成本计价，而分支机构对转入商品是按总部成本加成以后的价格作为存货成本，由此产生了差异。为核算这笔差异，通常设置"存货加价"账户，以反映转移存货中所包含的这部分未实现利润。即：

库存商品（总部拨付）＝库存商品（发送分支机构）＋存货加价

在成本加成计价方法下，由于总部向分支机构发送商品后，并未登记销售，转移商品的销售利润是在分支机构对外销售商品后通过结转销售收入与销售成本体现出来的，而分支机构的销售成本是以成本加成价为基础，当分支机构对外出售以成本加成计价的存货时，从整个企业来看，存货的销售成本高估从而导致利润低估，故需要通过一个调整分录将销售商品的成本调整到原来的成本基础之上。具体做法是从"存货加价"账户中反映的未实现利润结转到总部的"本年利润——分支机构利润"账户中去，即借记"存货加价"，贷记"本年利润——分支机构利润"，以反映原来包含在转移存货中的利润已实现。调整后，"存货加价"账户余额为尚未出售的转移存货中所包含的未实现利润。另外，从企业整体的对外财务报告来看，按成本加成计价，还将导致整个企业的期末存货多计。所以，在编制联合财务报表时，对转移期末存货计价中超过成本的部分应加以抵销，即借记"存货加价"，贷记"存货"。

成本加成计价法下，关于内部商品存货转移的调整与抵销详见"第三节　联合财务报表的编制"例9，总部向分支机构拨付商品存货业务的会计处理如例3。

【例3】续例2，2013年6月，南方公司拨付商品一批给S分支机构，成本为100 000元，假定总部按成本加价10%计价，则总部与分支机构的会计处理如下：

总部的会计处理：

借：分支机构往来 110 000

　　贷：库存商品——发送S分支机构 100 000

　　　　存货加价 10 000

当分支机构对外出售这批商品时，总部需编制调整分录，使销售商品的成本调整到总部原来的成本基础之上。假定2013年6月30日，S分支机构对外出售了这批商品的80%，则总部的调整分录如下：

借：存货加价 8 000

　　贷：本年利润——S分支机构 8 000

分支机构的会计处理：

借：库存商品——总部拨付 110 000

　　贷：总部往来 110 000

（3）按零售价计价。

按零售价计价方法与成本加成计价方法的区别在于，总部日常拨付商品后按零售价登记存货商品的减少，期末再调整"存货加价"。零售价计价方法下，会计期间内"存货加价"账户余额表示的是分支机构期初内部转移存货中未实现利润，"存货加价"账户期末余额为分支机构期末内部转移商品中所包含的未实现利润。而"库存商品——发送分支机构"账户中已包含了存货加价因素，则总部的"库存商品——发送分支机构"账户与分支机构的"库存商品——总部拨付"账户保持相对性，无差异产生。具体会计处理如例4。

【例4】沿用例3，假定这批商品的零售价为110 000元，则总部与分支机构的会计处理如下：

总部的会计处理：

借：分支机构往来 110 000

　　贷：库存商品——发送S分支机构 110 000

期末调整分录如下：

借：库存商品——发送S分支机构 10 000

　　贷：存货加价 10 000

若到期末，分支机构已对外出售了此批商品的80%，结转已实现的利润：

借：存货加价 8 000

　　贷：本年利润——S分支机构 8 000

调整后，"存货加价"账户的期末余额2 000元①表示内部转移存货中所包含的未实现利润，结转至下期期初。

分支机构的会计处理：

借：库存商品——总部拨付 110 000

　　贷：总部往来 110 000

**（二）分支机构与总部往来其他事项的会计处理**

分支机构与总部往来的其他事项可分为以下三项：一是运费的分摊，包括正常的运费如何计入总部或分支机构的存货成本，以及非正常调拨产生的运费如何处理；二是分支机构与总部之间关于期间费用的分摊；三是分支机构与总部之间相对账户的调节，类似于企业与银行的存款余额调节表。

1. 运费的分摊

对于运费的处理，首先要考虑运费是否正常，如果属于正常运费，则进入存货成本，如果运费超常，属于总部的管理责任，则计入管理费用，代表管理的失误。

【例5】续例3，假定总部向S分支机构发送商品时，现金支付运费800元，则总部与分支机构的会计处理如下：

总部的会计处理：

借：分支机构往来 110 800

　　贷：库存商品——发送S分支机构 100 000

---

① 此处假设"存货加价"没有期初余额。

|  |  |
|---|---|
| 　　存货加价 | 10 000 |
| 　　现金 | 800 |

分支机构的会计处理：

|  |  |
|---|---|
| 借：库存商品——总部拨付 | 110 000 |
| 　　库存商品——运费 | 800 |
| 　贷：总部往来 | 110 800 |

如果期末分支机构只对外出售了 50% 的这批商品，则分支机构销售商品成本为 55 400 元，期末存货的成本为 55 400 元。

假定 S 分支机构收到这批商品时，发现有质量问题，将一半商品退回总部，并支付运费 400 元，则总部与分支机构的会计处理为：

总部的会计处理：

|  |  |
|---|---|
| 借：库存商品——发送分支机构 | 50 000 |
| 　　管理费用——超额运费损失 | 800① |
| 　　存货加价 | 5 000 |
| 　贷：分支机构往来 | 55 800 |

分支机构的会计处理：

|  |  |
|---|---|
| 借：总部往来 | 55 800 |
| 　贷：库存商品——总部拨付 | 55 000 |
| 　　库存商品——运费 | 400 |
| 　　现金 | 400 |

2. 分支机构与总部之间关于期间费用的分摊

分支机构与总部之间的费用分摊，主要是指销售费用、管理费用和财务费用在分支机构与总部之间的分摊。在先由总部支付后分摊给分支机构时，分支机构应借记相关费用账户，贷记总部往来账户；在先由分支机构支付后分摊给总部时，总部应借记相关费用账户，贷记分支机构往来账户。

【例6】假定 2013 年 S 分支机构发生广告费 20 000 元，这笔广告费对总部及分支机构的销货产生同样的效果，应由总部和分支机构共同承担，具体会计处理如下：

分支机构的会计处理：

|  |  |
|---|---|
| 借：销售费用——广告费 | 10 000 |
| 　　总部往来 | 10 000 |
| 　贷：银行存款 | 20 000 |

总部的会计处理：

|  |  |
|---|---|
| 借：销售费用——广告费 | 10 000 |
| 　贷：分支机构往来——S 分支机构 | 10 000 |

【例7】假定南方公司总部缴付的退休费用共 400 000 元，分支机构应分担 40%，则会计处理如下：

---

① 为有质量问题商品运往分支机构应分摊的运费 400 元与运回总部的运费 400 元之和。

总部的会计处理：

借：管理费用——退休 240 000

　　分支机构往来——S 分支机构 160 000

　　贷：银行存款 400 000

分支机构的会计处理：

借：管理费用——退休 160 000

　　贷：总部往来 160 000

3. 分支机构与总部之间相对账户的调节

由前述可知，总部的"分支机构往来"账户与分支机构的"总部往来"账户是一对对应账户，原则上期末余额应相等。但在实际中，这两个账户的期末余额往往不一致。其原因有二：一是总部或分支机构一方或双方的记账有错，二是总部与分支机构之间存在未达账项。这主要是由于总部与分支机构之间资金与存货拨付和接收的时间不同，导致一方已入账，而另一方尚未入账。调节年末总部与分支机构之间往来相对账户的方法类似于银行存款余额调节表的编制方法。

【例 8】2013 年末，南方公司总部"分支机构往来"账户的借方余额为 120 000 元，分支机构"总部往来"账户的贷方余额为 32 700 元，核对后发现如下相关资料：

（1）2013 年 12 月 27 日，南方公司总部将成本为 50 000 元的一批商品按 20% 的成本加价拨付给 S 分支机构，S 分支机构 2014 年 1 月 6 日才收到这批商品。

（2）2013 年 12 月 29 日，南方公司总部将 6 900 元的广告费分摊给 S 分支机构，S 分支机构误记为 9 600 元。

（3）2013 年 12 月 30 日，S 分支机构汇给南方公司总部 30 000 元，南方公司总部2014 年 1 月 2 日才收到。

2013 年 12 月 31 日，在编制联合财务报表前，南方总部应做的调节分录如下：

借：银行存款——在途货币资金 30 000

　　贷：分支机构往来——S 分支机构 30 000

2013 年 12 月 31 日，在编制联合财务报表前，南方分部应做的调节分录如下：

借：在途商品——总部拨付 60 000

　　贷：总部往来 60 000

借：总部往来 2 700

　　贷：销售费用——广告费 2 700

由于未达账项和记账错误的影响使南方总部与 S 分支机构往来账户的记录不一致。实际工作中，可编制相对账户余额调节表来消除未达账项和记录错误等的影响。相对账户余额调节表见表 7-1。通过上述分录的调节，总部与分支机构往来账户的余额将会相等。

表 7 - 1　总分支机构相对账户余额调节表

单位：元

| | 总部"分支机构往来"账户 | 分支机构"总部往来"账户 |
|---|---|---|
| 调节前余额 | 120 000 | 32 700 |
| 在途商品 | | 60 000 |
| 错误更正 | | （2 700） |
| 在途货币资金 | （30 000） | |
| 调节后余额 | 90 000 | 90 000 |

# 第三节　联合财务报表的编制

## 一、联合财务报表的概述

年度终了，公司总部和分支机构应根据各自的会计记录，分别编制财务报表，以反映各自的财务状况和经营成果。值得注意的是，公司总部和分支机构单独编制的财务报表只能提供内部管理使用，而不能对外提供。而公司总部需对外提供联合财务报表，以便为投资者、债权人及其他报表使用者提供企业整体财务状况和经营成果等会计信息。因此，联合财务报表实质上就是公司总部与分支机构的合并报表。

联合财务报表是把公司总部与分支机构视为一个整体，内部交易和各种往来事项均需抵销，使其只反映与外界发生的交易与事项的结果。联合财务报表的编制与合并财务报表的编制程序相似，主要有以下几个步骤：①合并相同项目；②抵销总部与分支机构之间的内部交易产生的未实现损益；③抵销相对账户。为便于联合财务报表，可先编制联合财务报表工作底稿。但联合财务报表的工作底稿与合并报表的工作底稿不同，它是在总部与分支机构结账前的试算表基础上编制的。

## 二、联合财务报表的编制

期末在编制联合财务报表前，分支机构要将所有的收入、费用、成本类账户结转至"总部往来"账户，进行结账，总部则需根据分支机构结账情况编制相应的利润调整分录。

分支机构的结账分录一般为：

借：主营业务收入

　　贷：主营业务成本

　　　　营业费用

　　　　总部往来

总部相应的利润调整分录为①：

借：分支机构往来

　　贷：本年利润——分支机构利润

若总部与分支机构之间商品转移的计价方法采用的是高于成本计价，如成本加成或零售价，则总部还需调整反映内部转移商品未实现利润"存货加价"中的已实现部分，调整分录为：

借：存货加价

　　贷：本年利润——分支机构利润

另外，编制联合财务报表前还需抵销总部与分支机构之间的相对账户和内部交易所产生的未实现损益。但这些抵销与调整分录仅为编制联合财务报表，并不记入公司总部和分支机构的账簿。

相对账户的抵销分录为②：

借：总部往来

　　贷：分支机构往来

抵销内部交易中所产生的未实现的损益可分为三个方面：一是期初存货中所包含的未实现损益；二是本期购货中所包含的未实现损益；三是期末存货中所包含的未实现损益。这三个抵销分录分别如下：

抵销期初存货中包含的内部未实现利润③：

借：存货加价

　　贷：主营业务成本

抵销本年度拨付分支机构商品存货的未实现利润：

借：存货加价

　　贷：主营业务成本

抵销分支机构期末内部转移存货的未实现利润：

借：主营业务成本

　　贷：存货

前面两个分录是将子公司已经登记的商品销售成本调整到总部成本的基础上；第三个分录则是将期末未销售的存货成本调整到总部成本基础之上。同时，抵销期末存货中未实现的损益。

【例9】南方公司总部设立 S 分支机构已有数年之久。总部所有运到分支机构的商品

---

①　为明显反映分支机构的利润，总部也可单独设置"分支机构利润"账户来进行核算，具体分录为：

借：分支机构往来

　　贷：分支机构利润

借：存货加价

　　贷：分支机构利润

借：分支机构利润

　　贷：本年利润

②　值得一提的是，此分录的抵销金额为分支机构结账前的金额。

③　若为未实现损失，则将分录倒过来写。

均按成本加价 25% 来计价。分支机构也向外界购货，所有商品均按账面价格的 25% 加价出售。2014 年 12 月 31 日，南方公司总部与其分支机构的资产负债表如下表 7 - 2 所示：

表 7 - 2  2014 年 12 月 31 日南方公司总部及其 S 分支机构资产负债表

单位：元

| 项目 | 总部 | 分支机构 | 项目 | 总部 | 分支机构 |
|------|------|----------|------|------|----------|
| 资产 | | | 负债及所有者权益 | | |
| 银行存款 | 100 000 | 44 000 | 应付账款 | 56 000 | 20 000 |
| 应收账款 | 168 000 | 92 000 | 其他应付款 | 40 000 | 8 000 |
| 存货 | 80 000 | 64 000 | 存货加价 | | 6 400 |
| 固定资产 | 280 000 | | 总部往来 | | 172 000 |
| 分支机构往来 | 172 000 | | 股本 | 600 000 | |
| | | | 未分配利润 | 97 600 | |
| 资产合计 | 800 000 | 200 000 | 负债及所有者权益合计 | 800 000 | 200 000 |

总部与分支机构固定资产的记录均由总部负责。2014 年 12 月 31 日，分支机构64 000 元的存货中有一半是从当地购入的，另一半则是从总部运来的。假定 2015 年，南方公司总部与 S 分支机构发生的经济业务如下：

（1）2015 年度，南方公司的全部销售收入为 1 127 000 元，其中总部销售收入为 800 000 元（不含对分支机构转移），分支机构销售收入为 327 000 元，所有销货均为赊销。

（2）2015 年度，总部与分支机构分别对外购货 820 000 元和 80 000 元，货款尚未支付。总部将成本为 160 000 元的商品按转移价格 200 000 元拨付给 S 分支机构。

（3）2015 年度，总部和分支机构分别收到货款 780 000 元和 319 000 元。

（4）2015 年末，S 分支机构将 220 000 元现金汇往总部。

（5）总部和 S 分支机构分别归还 820 000 元和 82 000 元的货款。

（6）2015 年，总部支付营业费用 80 000 元，S 分支机构支付营业费用 8 000 元。总部支付的营业费用中，分支机构应分摊 4 000 元。

（7）本年度折旧合计为 32 000 元，其中 6 000 元应由 S 分支机构分摊。

（8）总部年末的存货为 100 000 元，分部为 40 000 元，其中一半为总部拨付。

联合财务报表编制的具体过程如下：

1. 编制会计分录

根据上述业务，编制 2015 年度南方公司总部与 S 分支机构相应的会计分录，见表7 - 3。

表7－3　2015年度南方公司总部与S分支机构相应的会计分录

单位：元

| 总部账 | 分支机构账 |
|---|---|
| 1. 记录赊销：<br>借：应收账款　　　　　　800 000<br>　贷：主营业务收入　　　　800 000 | 记录赊销：<br>借：应收账款　　　　　　327 000<br>　贷：主营业务收入　　　　327 000 |
| 2. 记录赊购：<br>借：库存商品　　　　　　820 000<br>　贷：应付账款　　　　　　820 000<br>按成本的25%加价发货给分支机构：<br>借：分支机构往来　　　　200 000<br>　贷：库存商品——发送分支机构　160 000<br>　　存货加价　　　　　　40 000 | 记录赊购：<br>借：库存商品　　　　　　80 000<br>　贷：应付账款　　　　　　80 000<br>收到总部运来商品：<br>借：库存商品——总部拨付　200 000<br>　贷：总部往来　　　　　　200 000 |
| 3. 记录收到账款：<br>借：银行存款　　　　　　780 000<br>　贷：应收账款　　　　　　780 000 | 记录收到账款：<br>借：银行存款　　　　　　319 000<br>　贷：应收账款　　　　　　319 000 |
| 4. 记录收到分支机构的现金：<br>借：银行存款　　　　　　220 000<br>　贷：分支机构往来　　　　220 000 | 记录将现金汇给总部：<br>借：总部往来　　　　　　220 000<br>　贷：银行存款　　　　　　220 000 |
| 5. 记录归还欠款：<br>借：应付账款　　　　　　820 000<br>　贷：银行存款　　　　　　820 000 | 记录归还欠款：<br>借：应付账款　　　　　　82 000<br>　贷：银行存款　　　　　　82 000 |
| 6. 记录费用支出：<br>借：营业费用　　　　　　80 000<br>　贷：银行存款　　　　　　80 000<br>记录分摊给分支机构的费用：<br>借：分支机构往来　　　　4 000<br>　贷：营业费用　　　　　　4 000 | 记录费用支出：<br>借：营业费用　　　　　　8 000<br>　贷：银行存款　　　　　　8 000<br>记录从总部分摊来的费用：<br>借：营业费用　　　　　　4 000<br>　贷：总部往来　　　　　　4 000 |
| 7. 记录折旧费用：<br>借：分支机构往来　　　　6 000<br>　　营业费用　　　　　　26 000<br>　贷：累计折旧　　　　　　32 000 | 记录折旧费用：<br>借：营业费用　　　　　　6 000<br>　贷：总部往来　　　　　　6 000 |
| 8. 结转本期销售商品成本：<br>借：主营业务成本　　　　640 000<br>　贷：库存商品　　　　　　640 000 | 结转本期销售商品成本：<br>借：主营业务成本　　　　304 000<br>　贷：库存商品　　　　　　304 000 |

总部销售商品成本及分支机构销售商品成本的计算，见表7-4。

表7-4 总部及分支机构销售商品成本计算表

单位：元

| 项目 | 总部 | 分支机构 |
|------|------|----------|
| 期初存货 | 80 000 | 64 000 |
| 本期购入存货 | 820 000 | 80 000 |
| 拨付给分支机构商品 | （160 000） | |
| 总部拨付商品 | | 200 000 |
| 可供销售商品 | 740 000 | 344 000 |
| 期末存货 | （100 000） | （40 000） |
| 销售商品成本 | 640 000 | 304 000 |

发生上述总部与分支机构之间的往来业务后，总部的"分支机构往来"账户与分支机构的"总部往来"账户的明细账分别见表7-5、表7-6。

表7-5 "分支机构往来"明细账

单位：元

| 日期 | 摘要 | 借方 | 贷方 | 余额 |
|------|------|------|------|------|
| 2015年度 | 期初余额 | 172 000 | | 172 000（借） |
| | 拨付商品给分支机构 | 200 000 | | 372 000（借） |
| | 收到分支机构汇来的现金 | | 220 000 | 152 000（借） |
| | 支付分支机构营业费用 | 4 000 | | 156 000（借） |
| | 计提分支机构折旧 | 6 000 | | 162 000（借） |
| | 期末余额 | | | 162 000（借） |

表7-6 "总部往来"明细账

单位：元

| 日期 | 摘要 | 借方 | 贷方 | 余额 |
|------|------|------|------|------|
| 2015年度 | 期初余额 | | 172 000 | 172 000（贷） |
| | 收到总部拨付的商品 | | 200 000 | 372 000（贷） |
| | 汇往总部现金 | 220 000 | | 152 000（贷） |
| | 分摊总部支付的营业费用 | | 4 000 | 156 000（贷） |
| | 分摊总部计提的折旧 | | 6 000 | 162 000（贷） |
| | 期末余额 | | | 162 000（贷） |

2. 编制联合财务报表工作底稿

联合财务报表工作底稿是在总、分部试算表的基础上编制的。在上述业登记入账后，总、分部即可编制试算表（见表7－7的前两栏）。试算表中的余额是总部记入分支机构利润之前的余额。将联合财务报表的相关抵销与调整分录过入试算表即可得联合财务报表的工作底稿，见表7－7。联合财务报表的抵销与调整分录如下：

（1）抵销期初存货中包含的内部未实现利润：

借：存货加价 6 400①

　　贷：主营业务成本 6 400

（2）抵销本年度拨付分支机构商品存货的内部未实现利润：

借：存货加价 40 000②

　　贷：主营业务成本 40 000

（3）抵销分支机构期末内部转移存货的未实现利润：

借：主营业务成本 4 000③

　　贷：存货 4 000

（4）抵销"总部往来"与"分支机构往来"两个相对账户：

借：总部往来 162 000

　　贷：分支机构往来 162 000

表7－7　2015年12月31日南方公司总部及S分支机构联合财务报表工作底稿

单位：元

| 项目 | 总部 | 分支机构 | 调整与抵销 | | 利润表 | 资产负债表 |
| --- | --- | --- | --- | --- | --- | --- |
| | | | 借方 | 贷方 | | |
| 借方： | | | | | | |
| 银行存款 | 200 000 | 53 000 | | | | 253 000 |
| 应收账款（净额） | 188 000 | 100 000 | | | | 288 000 |
| 存货 | 100 000 | 40 000 | | ③4 000 | | 136 000 |
| 固定资产（净额） | 248 000 | | | | | 248 000 |
| 分支机构往来 | 162 000 | | | ④162 000 | | |
| 主营业务成本 | 640 000 | 304 000 | ③4 000 | ①6 400 ②40 000 | （901 600） | |
| 营业费用 | 102 000 | 18 000 | | | （120 000） | |
| 借方合计 | 1 640 000 | 515 000 | | | | 925 000 |
| 贷方： | | | | | | |

---

① 6 400 = 32 000/1.25 × 25%

② 40 000 = 160 000 × 25%

③ 4 000 = 20 000/125% × 25%

（续上表）

| 项目 | 总部 | 分支机构 | 调整与抵销 | | 利润表 | 资产负债表 |
|---|---|---|---|---|---|---|
| | | | 借方 | 贷方 | | |
| 应付账款 | 56 000 | 18 000 | | | | 74 000 |
| 其他应付款 | 40 000 | 8 000 | | | | 48 000 |
| 存货加价 | 46 400 | | ①6 400<br>② 40 000 | | | |
| 总部往来 | | 162 000 | ④162 000 | | | |
| 股本 | 600 000 | | | | | 600 000 |
| 未分配利润（期初） | 97 600 | | | | | 97 600 |
| 主营业务收入 | 800 000 | 327 000 | | | 1 127 000 | |
| 贷方合计 | 1 640 000 | 515 000 | | | | |
| 净利润 | | | | | 105 400 | 105 400 |
| 合计 | | | | | | 925 000 |

3. 编制分支机构结账分录和总部结账与调整分录

（1）分支机构结账分录如下：

借：主营业务收入　　　　　　　　　　　　　　　　327 000
　　贷：主营业务成本　　　　　　　　　　　　　　　　304 000
　　　　营业费用　　　　　　　　　　　　　　　　　　18 000
　　　　总部往来　　　　　　　　　　　　　　　　　　5 000

（2）总部调整和结账分录如下：

①调整分录：

根据分支机构利润调整"分支机构往来"账户：

借：分支机构往来　　　　　　　　　　　　　　　　　5 000
　　贷：本年利润——分支机构　　　　　　　　　　　　5 000

调整存货加价账户①：

借：存货加价　　　　　　　　　　　　　　　　　　　42 400
　　贷：本年利润——分支机构　　　　　　　　　　　　42 400

注：42 400 = 期初和本期购进存货中包含的未实现利润 – 期末存货包含的未实现利润 = 40 000 + 6 400 – 4 000

②结账分录：

借：主营业务收入　　　　　　　　　　　　　　　　800 000
　　本年利润——分支机构利润　　　　　　　　　　　47 400

① 表示原包含在"存货加价"中的内部未实现利润通过分支机构对外出售而得以实现。这代表着总部在这部分商品毛利中的贡献。如是按成本转移商品，则没有这个调整分录，从而体现不出总部对这部分商品毛利贡献。

　　贷：主营业务成本　　　　　　　　　　　　　　640 000

　　　　营业费用　　　　　　　　　　　　　　　　102 000

　　　　未分配利润　　　　　　　　　　　　　　　105 400

　　4. 编制总部与分部单独财务报表和联合报表

　　将上述结账与调整分录过入分支机构与总部账目后编制的总部与分支机构的单独财务报表与联合财务报表见表7-8。

　　表7-8　2015年12月31日南方公司总部与分部单独财务报表和联合报表

单位：元

| 项目 | 总部 | 分支机构 | 联合报表 |
|---|---|---|---|
| 利润表 | | | |
| 主营业务收入 | 800 000 | 327 000 | 1 127 000 |
| 分支机构利润 | 47 400 | | |
| 主营业务成本 | 640 000 | 304 000 | 901 600 |
| 营业费用 | 102 000 | 18 000 | 120 000 |
| 净利润 | 105 400 | 5 000 | 105 400 |
| 利润分配表 | | | |
| 期初未分配利润 | 97 600 | | 97 600 |
| 净利润 | 105 400 | | 105 400 |
| 股利 | 0 | | |
| 未分配利润 | 203 000 | | 203 000 |
| 资产负债表 | | | |
| 资产 | | | |
| 银行存款 | 200 000 | 53 000 | 253 000 |
| 应收账款（净额） | 188 000 | 100 000 | 288 000 |
| 存货 | 100 000 | 40 000 | 136 000 |
| 固定资产（净额） | 248 000 | | 248 000 |
| 分支机构往来 | 167 000 | | |
| 资产合计 | 903 000 | 193 000 | 925 000 |
| 负债及所有者权益 | | | |
| 应付账款 | 56 000 | 18 000 | 74 000 |
| 其他应付款 | 40 000 | 8 000 | 48 000 |
| 存货加价 | 4 000 | | |
| 总部往来 | | 167 000 | |
| 股本 | 600 000 | | 600 000 |
| 未分配利润 | 203 000 | | 203 000 |
| 负债与所有者权益合计 | 903 000 | 193 000 | 925 000 |

## 📖 本章小结

分支机构是指企业设立的，不具备法人资格，经营管理受企业控制的业务经营单位。根据总部在资金和商品购销上对分支机构的控制程度不同，分支机构可分为分散制分支机构和集中制分支机构两类。分支机构的基本特征表现为：①非法人主体；②受总部控制；③独立会计主体。

联合财务报表是把公司总部与分支机构视为一个整体，内部交易和各种往来事项均需抵销，使其只反映与外界发生的交易与事项的结果。联合财务报表的编制与合并财务报表的编制程序相似，主要有以下几个步骤：①合并相同项目；②抵销总部与分支机构之间的内部交易产生的未实现损益；③抵销相对账户。

### 本章思考题与练习题

**思考题**

1. 分支机构会计核算有哪些特点？

2. 请解释"对分支机构投资"和"总部往来"这两个账户的性质。

3. 总部与分支机构之间的商品调拨可采用哪几种计价方法？各有什么优缺点？

4. 将总部的费用分摊给分部或者将分部的费用分配给总部，对企业的整个利润会产生影响吗？为什么要进行这种分摊？

5. 请区别以下两组概念：母子公司和总分部、合并财务报表和联合财务报表。

6. 合并抵销与联合抵销的相同点和不同点是什么？

7. 总部编制调整分录包括哪些方面，其目的是什么？

8. 总公司的净利润与分支机构净利润之和是否与联合财务报表的净利润相等？为什么？

**练习题**

**习题一：** 2015 年度，兴华公司向其分部发送商品，成本为 500 000 元。总部对分支机构的销货均以成本加价 20% 计价。要求登记双方的会计分录。

**习题二：** 2015 年，兴华公司 A 分部发生广告费 60 000 元，其中总部应分摊 50%；此外，总部退休保险费用和一般管理费用分别为 50 000 元和 200 000 元，这些费用已经支出，其中，A 分部应承担 20%，请进行相关的会计处理。

**习题三：** 2015 年度，兴华公司某分部期初存货 20 000 元，其中 6 000 元来自总部。此分部本期来自总部的商品金额为 48 000 元。期末存货为 6 000 元，其中一半由外界供应商处购入，总部对分支机构的销货均以成本加价 20% 计价。年末，总分部的商品销售收入、商品销售成本和营业费用分别为 120 000 元和 50 000 元、80 000 元和 30 000 元、20 000 元和 15 000 元，结账前"分支机构往来"与"总部往来"两账户余额均为 85 000 元。

要求：

（1）登记分部结账分录。

（2）登记总部调整和结账分录。

（3）编制联合抵销分录。

**习题四：** 兴华公司 2014 年 12 月 31 日总部及分支机构的资产负债表如表 7 - 9 所示。

表 7 - 9　兴华公司 2014 年 12 月 31 日总部及分支机构的资产负债表

单位：元

| 报表项目 | 总部 | 分支机构 |
|---|---|---|
| 银行存款 | 16 000 | 6 000 |
| 应收账款——净额 | 21 000 | 8 000 |
| 存货 | 30 000 | 22 000 |
| 固定资产——净额 | 90 000 | 40 000 |
| 分支机构往来 | 56 000 | |
| 资产合计 | 213 000 | 76 000 |
| 应付账款 | 10 000 | 15 000 |
| 其他应付款 | 7 000 | 5 000 |
| 存货加价 | 1 000 | |
| 总部往来 | | 56 000 |
| 股本 | 160 000 | |
| 未分配利润 | 35 000 | |
| 负债及所有者权益合计 | 213 000 | 76 000 |

以下是 2015 年公司总部及分支机构的营业情况汇总：

（1）总部销售收入 272 000 元，其中包括对分部的销货 72 000 元。对分部的销货均以成本加价 20% 计价，分支机构对其顾客销货总计 110 000 元。

（2）总部和分部向外界购货金额分别为 200 000 元和 14 000 元。

（3）总部和分部销货收入回收现金为 256 000 元（包括分支机构支付现金 60 000 元）、112 000 元。

（4）总部和分部分别支付应付账款 103 000 元和 8 000 元。

（5）总部和分部分别支付营业费用 40 000 元和 12 000 元。

（6）固定资产折旧总部为 8 000 元，分部为 2 000 元。

（7）总部营业费用分摊至分部 4 000 元。

（8）2013 年 12 月 31 日总部的存货为 22 000 元；分部的存货为 12 900 元，其中 2 100 元从外界购入。

要求：

（1）编制分录，在总部及分支机构账上反映上述经营情况。

（2）将日记账分录过入分类账，编制总部及分支机构的试算表。

（3）编制联合抵销分录。

（4）编制联合财务报表工作底稿。

（5）编制分支机构的结账分录以及总部的调整与结账分录。

（6）编制总分部单独的财务报表和联合财务报表。

## 延伸阅读文献

1. 石本仁主编：《高级财务会计》（第二版），中国人民大学出版社，2011 年。

2. 梁莱歆主编：《高级财务会计》（第三版），清华大学出版社，2011 年。

3. 王竹泉等主编：《高级财务会计》，东北财经大学出版社，2010 年。

4. 陈信元主编：《高级财务会计》，上海财经大学出版社，2009 年。

# 第八章　合伙企业会计①

【本章要点】
1. 了解合伙企业的定义、种类及特征
2. 了解合伙企业会计和合伙企业财务报告
3. 掌握合伙企业设立、权益变动和损益分配的会计处理
4. 掌握合伙企业解散与清算的程序
5. 掌握合伙企业分期分配清算的会计处理

# 第一节　合伙企业概述

## 一、合伙企业的定义及种类

合伙企业是指由各合伙人订立合伙协议，共同出资、合伙经营、共享收益、共担风险，并对合伙企业债务承担无限连带责任的营利性组织。我国《合伙企业法》第二条规定：本法所称合伙企业，是指自然人、法人和其他组织依照本法在中国境内设立的普通合伙企业和有限合伙企业。普通合伙企业由普通合伙人组成，合伙人对合伙企业债务承担无限连带责任。本法对普通合伙人承担责任的形式有特别规定的，从其规定。有限合伙企业由普通合伙人和有限合伙人组成，普通合伙人对合伙企业债务承担无限连带责任，而有限合伙人仅以其认缴的出资额为限对合伙企业债务承担责任。

与独资企业相比，合伙企业具有多人分担所需的投资和所承担的风险以及发挥多人的才干等特点。与公司制企业相比，合伙企业具有成立简便的优点，凭合伙人订立协议即可成立，但对其债务需承担无限责任。合伙企业组织形式适合于规模较小的企业，常见于服务性行业、零售与批发业以及一些特殊的专职行业，如会计师事务所、律师事务所等。

根据合伙人所承担责任的不同，合伙企业可分为普通合伙企业和有限合伙企业两种类型。

普通合伙企业是指每个合伙人对合伙企业的债务均承担无限连带责任的合伙企业。我们通常所讲的合伙企业就是这种类型，普通合伙企业中的合伙人称为普通合伙人，普通合伙人均应对合伙企业的债务承担无限连带责任，一旦合伙企业破产倒闭，任何一个合伙人都必须对企业的全部债务负责。

---

① 本章由谭小平和赵珑璐共同编写。

有限合伙企业是一种特殊的合伙企业，由至少一名普通合伙人和一名或一名以上有限合伙人组成。其中的普通合伙人对合伙企业的债务承担无限责任，而有限合伙人只是一名投资者，以其出资额为限对合伙企业的债务承担有限责任，且不能参加合伙企业的事务。

我国《合伙企业法》除规定合伙企业既可以是普通合伙企业，也可以是有限合伙企业外，还规定，以专业知识和专门技能为客户提供有偿服务的专业服务机构，可以设立为特殊的普通合伙企业。特殊的普通合伙企业是指合伙人依照我国《合伙企业法》第五十七条的规定承担责任的普通合伙企业，即一个合伙人或者数个合伙人在执业活动中因故意或者重大过失造成合伙企业债务的，应当承担无限责任或者无限连带责任，其他合伙人以其在合伙企业中的财产份额为限承担责任；合伙人在执业活动中非因故意或者重大过失造成的合伙企业债务以及合伙企业的其他债务，由全体合伙人承担无限连带责任。特殊的普通合伙企业名称中应当标明"特殊普通合伙"字样。

值得注意的是，在会计上，合伙企业被视为一个独立于其所有者（合伙人）之外的经营主体，但在法律上，合伙企业并不独立于其所有者，合伙人必须共同或单独对合伙企业这个经营主体的活动承担责任。

## 二、合伙企业的特征

合伙企业的主要特征如下：

1. 相互代理

除合伙企业契约另有规定之外，在合伙企业经营活动范围内，每一个合伙人都可以代表其他合伙人从事业务活动，其代表合伙企业的行为，对其他所有合伙人均有约束力。

2. 非独立法人

合伙企业并不独立于其所有者（合伙人），而是依附于合伙人，合伙企业的对外事务是以合伙人个人的名义进行的。

3. 无限责任

普通合伙企业的所有合伙人不论出资多少，都对企业的全部债务负清偿责任。也就是说，每一个合伙人对合伙期间所发生的一切债务都要单独负责，当合伙企业的债权人向合伙企业追索债务时，他可以要求任何一位合伙人予以支付。当然，如果合伙人以个人财产偿还了合伙企业的债务，他同样有权向其他合伙人追索。

4. 经营期有限

合伙企业的法定经营期限会随着原合伙人的退出、死亡，新合伙人的加入或企业破产、解散等而终止。但除合伙企业因破产或解散外，其他原因所导致的合伙企业的终止，只是法律意义上的终止，从会计上，这个经营个体仍将持续经营下去，会计上依然采用持续经营观念。

5. 共有财产

合伙人一旦将其资产投入合伙企业后，他就失去了对这项资产的要求权，而是由所有合伙人共同所有。在合伙企业存续期间，合伙人的出资和所有以合伙企业名义取得的收益均为合伙企业的财产，由全体合伙人共同管理和使用。

6. 非纳税主体

合伙企业不是一个独立的法人，故合伙企业无须对其经营所得缴纳所得税，为非纳税主体。合伙人是将其从合伙企业中获得的收益份额，以个人的名义申报缴纳所得税。

## 三、合伙企业协议

我国于 2006 年 8 月修订通过的《合伙企业法》规定，设立合伙企业，应当具备下列条件：①有两个以上合伙人。合伙人为自然人的，应当具有完全民事行为能力；②有书面合伙协议；③有合伙人认缴或者实际缴付的出资；④有合伙企业的名称和生产经营场所；⑤法律、行政法规规定的其他条件。同时，第十八条明确规定，合伙协议中应当载明下列事项：

（1）合伙企业的名字和主要经营场所的地点；

（2）合伙目的和合伙企业的经营范围；

（3）合伙人的姓名或者名称、住所；

（4）合伙人出资的方式、数额和缴付期限；

（5）利润分配和亏损分担办法；

（6）合伙企业事务的执行；

（7）入伙与退伙；

（8）争议解决方法；

（9）合伙企业的解散与清算；

（10）违约责任。

有限合伙协议除符合本法第十八条的规定外，还应当载明下列事项：

（1）普通合伙人和有限合伙人的姓名或者名称、住所；

（2）执行事务合伙人应具备的条件和选择程序；

（3）执行事务合伙人权限与违约处理办法；

（4）执行事务合伙人的除名条件和更换程序；

（5）有限合伙人入伙、退伙的条件、程序以及相关责任；

（6）有限合伙人和普通合伙人相互转变程序。

## 四、合伙企业的账簿与财务报告

合伙企业会计与公司会计的最大区别体现在所有者权益项目和损益的分配上。合伙企业的所有者权益账户一般设置两个：一是合伙人资本账户，二是合伙人提款账户。

"合伙人资本"账户核算合伙人投入资本以及分享的经营所得，当合伙人投入资本时，借记"有关资产"账户，贷记"合伙人资本"账户，该账户贷方余额随着合伙人追加投资以及利润的分配而增加，并随着合伙人提用资产以及由于亏损相应承担的部分而减少。"合伙人提款"账户用来核算合伙人当期从合伙企业提取的资产，当合伙人提取一定数额的资产（包括现金）时，按提取数借记"合伙人提款"账户，贷记"相关资产"账户。相当于"合伙人资本"账户的备抵账户，会计期终了时，将"合伙人提款"账户的借方余额转入"合伙人资本"账户。

然而，在使用"合伙人提款"账户时，有两点值得注意：一是当合伙人向合伙企业提取实物资产（非存货商品）自用时，通常按照该实物资产的市场价格记账，市场价与该资产的账面价之差额作为该资产的处置损益；二是当合伙人向合伙企业提取存货商品时，通常按照该存货商品的成本价记账。

另外，合伙人有时可能需要从合伙企业提取一笔数额较大的款项，若这笔资金并非长期使用，即有意偿还，此时，这笔款项应视为合伙企业向合伙人的贷款，不能视为合伙人从合伙企业提款。因此当这类业务发生时，借记"其他应收款——应收合伙人贷款"，贷记"银行存款"或"现金"；另一方面，合伙企业有时可能因暂时的资金周转困难而向合伙人借款。由于该项资金不是作为长期性的投资，因此不能看成是合伙人向合伙企业的投资。故发生此类业务时，应借记"银行存款"等账户，贷记"其他应付款——应付合伙人借款"账户。

合伙企业的财务报告主要满足三类人的需要：合伙人、合伙债权人和税务部门。合伙人一般可随时查询企业的账簿和财务报表；合伙企业向银行或其他金融部门申请贷款时，需要提供相关财务报表；税务部门在检查每一个合伙人的个人所得时，也需要查阅合伙企业的财务资料。除这三类使用者外，合伙企业的财务信息无须对外公开，也不需要编制通用的财务报告。

# 第二节　合伙企业的会计处理

此部分所探讨的合伙企业会计处理，主要是指与公司制企业会计处理存在不同的地方，相同之处在此不作讨论。具体从以下三个方面来探讨合伙企业会计处理的不同之处：①合伙企业设立的会计处理；②合伙企业经营的会计处理；③合伙人所有权的变更。

## 一、合伙企业设立的会计处理

合伙人对合伙企业的投资可以有多种形式，包括现金、实物资产、无形资产等。经合伙人协商一致，也可采用劳务的形式投资入伙。一般而言，非现金资产的投资（如房屋、设备、土地等）应经公平估价后再据以入账。理论上说，公允价值应当由独立评估机构评估确定，但由于合伙企业是根据合伙协议而设立的，所以在实务中非现金资产的公允价值有时就由所有合伙人协商确定，所涉及的金额应当在合伙协议中载明。如果合伙人投入资产时伴随有负债的转入，应将资产和负债同时入账，并从资产数额中扣除负债后，以资产净值作为合伙人投入的资本。

【例1】2015年1月1日，甲、乙两人经协商后决定成立一家普通合伙企业——南方商行，双方出资比例各为50%，甲以现金50 000元投资入伙，乙以自己经营的一家小厂投资，其中现金22 000元，一台设备30 000元（公允价），应付账款2 000元。根据上述资料，南方商行设立时的会计处理如下：

借：银行存款　　　　　　　　　　　　　　　　72 000

| | |
|---|---|
| 固定资产——设备 | 30 000 |
| 　　贷：资本——甲 | 50 000 |
| 　　　　资本——乙 | 50 000 |
| 　　　　应付账款 | 2 000 |

当合伙人以非现金资产进行投资设立合伙企业时，其投入资产的公允价值可能与根据合伙协议中的出资比例计算的出资额存在不一致。解决这一问题的基本原则是确保合伙时各合伙人的出资比例与合伙协议中约定的比例相一致。在会计上，有两种方法可供选择：红利法和商誉法。

红利法是指不调整资产价值而仅按交易本身来调整有关合伙人投入资本额的一种会计处理方法，即出资额高的出资人向出资额低的出资人支付一笔红利；商誉法是指不按交易本身调整出资额而是通过调整资产价值的方式来调整出资额的一种会计处理方法，即按每一个合伙人出资额除以约定的出资比例，以所推定的整体资产的最高价值作为入账基础，整体价值超过个别可辨认资产价值总和的部分确认为商誉。究竟采用红利法还是商誉法，由合伙人协商决定。

【例2】假设甲、乙经协商成立一普通合伙企业——南方商行，双方约定出资比例为1∶1，甲投入一台设备40 000元（公允价值），乙投入现金50 000元，南方商行设立时的会计处理如下：

**（一）红利法**

| | |
|---|---|
| 借：银行存款 | 50 000 |
| 　　固定资产——设备 | 40 000 |
| 　　贷：资本——甲 | 40 000 |
| 　　　　资本——乙 | 50 000 |

同时：

| | |
|---|---|
| 借：资本——乙 | 5 000 |
| 　　贷：资本——甲 | 5 000 |

由上述会计处理可知，合伙人乙向合伙人甲支付了一笔红利，共5 000元。

**（二）商誉法**

| | |
|---|---|
| 借：银行存款 | 50 000 |
| 　　固定资产——设备 | 40 000 |
| 　　贷：资本——甲 | 40 000 |
| 　　　　资本——乙 | 50 000 |

同时：

| | |
|---|---|
| 借：商誉 | 10 000 |
| 　　贷：资本——甲 | 10 000 |

这是由于出资总额为90 000元，合伙人甲出资40 000元，合伙人乙出资50 000元，可双方约定出资比例为1∶1，即可推定合伙企业整体价值为100 000元（50 000/50%），但可辨认资产价值只有90 000元，还有10 000元为不可辨认资产价值，即商誉，归合伙人

甲所有，同时增加其资本。

## 二、合伙企业经营的会计处理

在合伙企业的经营过程中，经常会发生增资或减资、合伙人提款以及合伙企业损益分配等情况。下面将分别来进行阐述。

### （一）合伙企业增资与减资业务的会计处理

合伙企业增资与减资业务的会计处理与合伙企业设立时相似，但由于合伙企业成立后，增资与减资将影响到分配比例与经营等问题，如何进行增资与减资的处理必须在合伙协议中有明确的规定。减资的会计处理则做与增资相反的会计分录。

【例3】续例1，假设南方商行经营半年后，合伙人甲决定继续向南方商行增加投资20 000元，则会计处理如下：

借：银行存款           20 000

   贷：资本——甲           20 000

### （二）合伙人提款业务的会计处理

由于合伙企业合伙人的报酬是以合伙企业利润的形式分配给合伙人，因此，合伙人通常从预计可分得的合伙利润中提取适当的报酬，但这一提取数额一般会有额度的限制（一般在合伙协议中作出规定）。有时为鼓励合伙人少从合伙企业提取款项，以使更多的资金留存于合伙企业用于其发展，可针对合伙人所提款项收取利息费用。合伙人的这种从合伙企业提取款项的行为被称为"提款"，通常在"合伙人提款"账户中核算，到月末转入其资本账户。具体会计处理见例4。

【例4】续例1，假设在2015年度，合伙人甲、乙分别从南方商行提取款项20 000元和18 000元，则南方商行的会计处理如下：

借：合伙人提款——甲           20 000

     合伙人提款——乙           18 000

   贷：银行存款           38 000

月末转入各合伙人的资本账户：

借：资本——甲           20 000

     资本——乙           18 000

   贷：合伙人提款——甲           20 000

       合伙人提款——乙           18 000

值得注意的是，由于合伙企业不是纳税主体，合伙人的工资与合伙企业职员工资的性质不一样，合伙人的工资是合伙企业的一项利润分配而非费用，而合伙企业职员的工资则为一项费用。

### （三）合伙企业损益分配的会计处理

合伙企业的损益分配方法是合伙协议的一项重要内容，一般在合伙协议中有明确的规定。我国《合伙企业法》第三十三条规定：合伙企业的利润分配、亏损分担，按照合伙协议的约定办理；合伙协议未约定或者约定不明确的，由合伙人协商决定；协商不成的，由合伙人按照实缴出资比例分配、分担；无法确定出资比例的，由合伙人平均分配、分担。合伙协议不得约定将全部利润分配给部分合伙人或者由部分合伙人承担全部亏损。

合伙人在约定合伙企业的损益分配方法时，应考虑以下几个重要方面：①各合伙人所投入合伙企业资本的相对比例；②各合伙人为合伙企业提供服务的价值大小；③各合伙人在合伙企业所担任的职务以及其在本行业领域的声望等。不同的合伙企业可根据其自身情况来选择公平合理的损益分配方法。通常可供合伙人选择的损益分配方法有：按约定比例分配；按出资额的比例分配；先分配薪金报酬，余额按约定比例分配；先分配薪金报酬和投资利息，余额按约定比例分配等。通常情况下，收益的分配方法与损失的分配方法相一致，因此简称损益分配方法。

1. 按约定比例分配

约定比例法是合伙人在充分考虑了影响合伙企业损益的各种因素后，通过协商确定的一种损益分配方法。

【例5】续例1，假设南方商行2015年度共实现净利润50 000元，合伙协议中规定甲、乙的损益分配比例为3∶2，则南方商行对损益分配的会计处理如下：

借：本年利润　　　　　　　　　　　　　　　　　　　　50 000
　　贷：资本——甲　　　　　　　　　　　　　　　　　　30 000
　　　　资本——乙　　　　　　　　　　　　　　　　　　20 000

2. 按出资额的比例分配

当合伙企业的经营成果主要取决于合伙企业的资本额时，一般采用出资额的比例来分配损益。采用这种分配方法时，由于各合伙人的出资额在合伙企业经营期间经常会发生变化，故应明确规定按哪个时期的出资额比例来分配。通常有以下几种做法：原始出资额比例、期初出资额比例、期末出资额比例和平均出资额比例等。

【例6】续例1，假设经营半年后，合伙人甲继续向南方商行投资20 000元，甲、乙两合伙人均未发生提款业务。2015年度南方商行共实现净利润50 000元，则南方商行按出资额比例来分配损益的会计处理如下：

（1）按原始出资额比例。

根据合伙人甲、乙的原始出资额情况，各为50 000元，故其出资额比例为1∶1，则损益分配如下：

甲分配的净利润 = 50 000 × 50% = 25 000（元）

乙分配的净利润 = 50 000 × 50% = 25 000（元）

会计处理如下：

借：本年利润　　　　　　　　　　　　　　　　　　　　50 000
　　贷：资本——甲　　　　　　　　　　　　　　　　　　25 000
　　　　资本——乙　　　　　　　　　　　　　　　　　　25 000

（2）按期初出资额比例。

2015年期初，合伙人甲与乙的出资额比例同原始出资额比例，都为1∶1，故其损益分配结果同上。

（3）按期末出资额比例。

2015 年期末，合伙人甲与乙的出资额比例为 7∶5，则损益分配如下：

甲分配的净利润 = 50 000 × 7/12 = 29 166.7（元）

乙分配的净利润 = 50 000 × 5/12 = 20 833.3（元）

会计处理如下：

| | | |
|---|---|---|
| 借：本年利润 | 50 000 | |
| 贷：资本——甲 | | 29 166.7 |
| 资本——乙 | | 20 833.3 |

（4）按加权平均出资额比例。

甲、乙平均出资额的比例计算如下：

甲的出资额 = 50 000 + 20 000 × 6/12 = 60 000（元）

乙的出资额 = 50 000（元）

故合伙人甲、乙的出资额比例为 6∶5，则：

甲分配的净利润 = 50 000 × 6/11 = 27 272.7（元）

乙分配的净利润 = 50 000 × 5/11 = 22 727.3（元）

会计处理如下：

| | | |
|---|---|---|
| 借：本年利润 | 50 000 | |
| 贷：资本——甲 | | 27 272.7 |
| 资本——乙 | | 22 727.3 |

上述四种按出资额比例来分配合伙企业损益的方法中，按原始出资额比例和按期初出资额比例的分配方法计算简单，但都未考虑合伙企业在经营过程中合伙人的出资额会发生变化的情况，而这种情况在合伙企业中常有发生，从而导致合伙企业的损益分配存在不合理性。按期末出资额比例的损益分配法，则考虑到了合伙人的出资额会发生变化这一情况，可未考虑其具体发生的时间，而资金在不同时期投入合伙企业，则会给企业带来不同的影响，以此比例来分配损益，故也存在不合理性。相比之下，采用加权平均的出资额比例来分配损益，既考虑了合伙人出资额的变化情况，又考虑了其资金投入合伙企业的时间问题，因此，这种损益分配方法相对较为合理，但其计算要复杂些。

3. 先分配薪金报酬，余额按约定比例进行分配

如果合伙人的劳务投入对合伙企业的经营成果会产生重要影响，且各合伙人所提供的劳务存在不同，则通常在合伙协议中规定，将合伙企业的利润先以薪金或奖金的形式分配给各合伙人，余额再按约定比例或出资额比例来进行损益的分配。

【例 7】续例 1，假设合伙人甲具有较丰富的商行经营与管理经验，平时投入的时间较多，而乙只是提供资本。合伙协议规定在进行损益分配时先分配给合伙人甲薪金 15 000 元，余额再按约定的 1∶1 分配损益。南方商行 2015 年度共实现净利润 50 000 元，则合伙人甲、乙应分配的数额计算见表 8 - 1：

表 8 - 1　南方商行损益分配

单位：元

| 项目 | 甲 | 乙 | 合计 |
|---|---|---|---|
| 可分配净利润 | | | 50 000 |
| 薪金报酬 | 15 000 | 0 | 15 000 |
| 余额 | | | 35 000 |
| 按约定比例1:1 | 17 500 | 17 500 | |
| 合计 | 32 500 | 17 500 | 50 000 |

会计处理如下：

借：本年利润　　　　　　　　　　　　　　　　　　　50 000

　　贷：资本——甲　　　　　　　　　　　　　　　　32 500

　　　　资本——乙　　　　　　　　　　　　　　　　17 500

4. 先分配薪金报酬和资本利息，余额按约定比例进行分配

一般情况下，对合伙企业而言，资本的投入是相当重要的。如果合伙人一致认为劳务与资本都是影响合伙企业经营业绩的重要因素，则合伙企业的损益分配可采用先分配薪金报酬和资本利息，余额再按约定比例来分配。

【例8】承上例，如果在分配薪金报酬后，按期初资本额的10%分配资本利息，余额再按约定的1:1来分配损益，则合伙人甲、乙应分配的数额计算见表 8 - 2：

表 8 - 2　南方商行损益分配

单位：元

| 项目 | 甲 | 乙 | 合计 |
|---|---|---|---|
| 可分配净利润 | | | 50 000 |
| 薪金报酬 | 15 000 | 0 | 15 000 |
| 资本利息（10%） | 5 000 | 5 000 | 10 000 |
| 余额 | | | 25 000 |
| 按约定比例1:1 | 12 500 | 12 500 | |
| 合计 | 32 500 | 17 500 | 50 000 |

会计处理如下：

借：本年利润　　　　　　　　　　　　　　　　　　　50 000

　　贷：资木——甲　　　　　　　　　　　　　　　　32 500

　　　　资本——乙　　　　　　　　　　　　　　　　17 500

值得注意的是，对于合伙企业，合伙人薪金和资本利息的分配都属于利润分配的一部分，而不是费用。

**5. 合伙人薪金和资本利息超过合伙企业净利润的分配处理**

在这种情况下，一般的处理原则是先分配合伙人薪金和资本利息，不足部分按损失约定的分配比例来进行分摊。

【例9】续例8，假设南方商行2015年度共实现净利润20 000元，约定的损益分配比例为1:1，则合伙人甲、乙应分配的数额计算见表8-3：

表8-3 南方商行损益分配

单位：元

| 项目 | 甲 | 乙 | 合计 |
|---|---|---|---|
| 可分配净利润 | | | 20 000 |
| 薪金报酬 | 15 000 | 0 | 15 000 |
| 资本利息（10%） | 5 000 | 5 000 | 10 000 |
| 余额 | | | （5 000） |
| 按约定比例1:1 | （2 500） | （2 500） | |
| 合计 | 17 500 | 2 500 | 20 000 |

会计处理如下：

借：本年利润　　　　　　　　　　　　　　　　　　　　20 000
　　贷：资本——甲　　　　　　　　　　　　　　　　　　　17 500
　　　　资本——乙　　　　　　　　　　　　　　　　　　　　2 500

## 三、合伙人所有权的变更

在合伙企业的经营过程中，可能会出现新合伙人入伙或原合伙人退伙（或死亡）的情况。当这种情况发生时，从法律关系来看，意味着原来的合伙关系结束，新的合伙关系开始成立；而从合伙企业这一经济主体来看，合伙企业仍然继续经营，故改变的只是合伙关系。然而，持续经营的合伙企业往往需要重新订立一份合伙协议。具体的会计处理阐述如下。

### （一）新合伙人入伙的会计处理

合伙企业成立后，由于需要具有特定技术或具有丰富管理经验的人员，或为扩大企业规模而吸收新合伙人入伙。有局外人加盟合伙企业，则称为新合伙人入伙。新合伙人入伙首先得征得全体原合伙人的一致同意。我国《合伙企业法》第四十三条规定：新合伙人入伙，除合伙协议另有约定外，应当经全体合伙人一致同意，并依法订立书面入伙协议。订立入伙协议时，原合伙人应当向新合伙人如实告知原合伙企业的经营状况和财务状况。新合伙人入伙的主要方式有两种：一是向原合伙人购买部分或全部合伙权益；二是直接向合伙企业投资取得合伙权益。

#### 1. 向原合伙人购买部分或全部合伙权益

新合伙人采用这种方式入伙时，合伙企业的资本总额不会产生任何变化。对合伙企业而言，只是合伙关系发生变化，即出资人发生了变化而已。合伙企业对这一业务的会计处理只需变更资本账户中的合伙人即可。值得注意的是，原合伙权益的具体转让金由新合伙人直接转交给原合伙人，并不流入合伙企业。

【例10】续例1，假设2016年3月，丙直接向合伙人甲购买南方商行1/4的合伙权益，甲将以20 000元的价格转让自己在南方商行的一半合伙权益给丙。南方商行的会计处理如下：

借：资本——甲     25 000
    贷：资本——丙     25 000

值得注意的是，无论甲以什么样的价格转让给丙，南方商行的会计处理都同上。

2. 直接向合伙企业投资取得合伙权益

新合伙人采用这种方式入伙时，其会计处理要复杂些。主要是由于合伙企业已经营了一段时期，原合伙企业的各项资产、负债的账面价值往往与新合伙人入伙时的公允价值不一致，需要对各项资产、负债重新进行评估，以避免发生不公平的情况。因对原合伙企业财产的重新评估而产生的增值或减值应按原先约定的损益比例分配给原合伙人。评估后，新合伙人取得合伙权益的投资额可能会等于或不等于以公允价为基础的相应合伙权益份额。若新合伙人的投资额等于其以公允价为基础的相应合伙权益份额时，则会计处理较为简单，借记"银行存款"等账户，贷记"资本"账户；若新合伙人的投资额不等于其以公允价为基础的合伙权益相应份额时，会计上有两种处理方法：商誉法和红利法。商誉法强调合伙所有权变更在法律上的重要性，会确认一项新的资产——商誉；红利法则强调的是合伙企业这一经济主体的持续经营性，仅按交易本身来调整有关合伙人的资本。具体举例如下：

（1）新合伙人实际投资额等于以公允价为基础的相应合伙权益份额。

【例11】续例1，假设2016年3月丙想加盟南方商行，并取得了合伙人甲和乙的一致同意。为公允起见，2016年3月，南方商行对其财产进行评估，评估后，除存货5 000元、固定资产增值15 000元外，其他各项目的账面价都等于其公允价。丙投资30 000元现金以取得南方商行20%的伙权，则南方商行的相应会计处理如下：

南方商行重新进行资产评估后，会计处理如下：

借：存货     5 000
    固定资产     15 000
    贷：资本——甲     10 000
        资本——乙     10 000

评估后，南方商行的资本总额为120 000元，占南方商行80%的伙权，可推断出丙入伙后，南方商行的资本总额应为150 000（120 000/80%）元。丙的相应伙权份额为30 000（150 000×20%），刚好等于其投资额，则南方商行的会计处理为：

借：银行存款     30 000
    贷：资本——丙     30 000

（2）新合伙人实际投资额大于以公允价为基础的相应合伙权益份额。

合伙企业经营一段时期后，很可能产生了较好的声誉，具有较好的获利能力。这时新合伙人入伙，原合伙人可能要求新合伙人的投资额要高于其所获得的相应合伙权益份额。

而新合伙人为加入这一盈余能力较好的合伙企业，也会同意这一条件。此时的会计处理可选用商誉法或红利法。

【例12】续例11，假设南方商行要求合伙人丙投资 35 000 元以获得南方商行 20% 的合伙权益。

①商誉法。

合伙人丙投资 35 000 元以获得南方商行 20% 的权益，可推断出南方商行的总资本应为 175 000（35 000/20%）元。但南方商行净资产的公允价为 155 000（100 000 + 20 000 + 35 000）元，这时南方商行应确认一项新的资产——商誉，共 20 000（175 000 - 155 000）元，在原合伙人之间进行分配。会计处理如下：

| | |
|---|---|
| 借：商誉 | 20 000 |
| 贷：资本——甲 | 10 000 |
| 资本——乙 | 10 000 |
| 借：银行存款 | 35 000 |
| 贷：资本——丙 | 35 000 |

②红利法。

红利法是将新合伙人多投入的资金作为红利的形式分配给原合伙人。合伙人丙投资 35 000 元后，南方商行资本总额为 155 000（100 000 + 20 000 + 35 000）元，丙占南方商行 20% 的权益，则权益份额为 31 000（155 000 × 20%）元，丙多投入的 4 000（35 000 - 31 000）元作为红利分配给原合伙人甲和乙，按原约定的比例来分配。会计处理如下：

| | |
|---|---|
| 借：银行存款 | 35 000 |
| 贷：资本——甲 | 2 000 |
| 资本——乙 | 2 000 |
| 资本——丙 | 31 000 |

由上述的会计处理可知，新合伙人实际投资额大于以公允价为基础的相应合伙权益份额时的商誉和红利都给了原合伙人。

（3）新合伙人实际投资额小于以公允价为基础的相应合伙权益份额。

当合伙企业急需资金，或新合伙人具有独特技术和管理才能时，合伙企业希望争取新合伙人入伙，因此，原合伙人会以较优惠的条件来吸收新合伙人。此时，新合伙人可以投入较低的资金而取得较高的合伙权益。这种情况的会计处理也可选用商誉法或红利法。

【例13】续例11，假设南方商行只要求合伙人丙投资 25 000 元就可获得南方商行 20% 的合伙权益。

①商誉法。

合伙人丙投资 25 000 元即可获得南方商行 20% 的权益，可推断出南方商行的总资本应为 125 000（25 000/20%）元。但丙投资后南方商行净资产的公允价为 145 000（100 000 + 20 000 + 25 000）元，这表明新合伙人丙给南方商行带来了商誉，南方商行应确认一项新的资产——商誉，共 5 000（120 000/80% - 145 000）元，给新合伙人丙。会计处理如下：

| | |
|---|---|
| 借：银行存款 | 25 000 |

　　　商誉　　　　　　　　　　　　　　　　　　　　　　　5 000
　　　　贷：资本——丙　　　　　　　　　　　　　　　　　30 000

　　也可采用另一思路来计算商誉，合伙人甲和乙的资本总额为 120 000（100 000 + 20 000）元，丙加入后，新南方商行的总资本应为 150 000（120 000/80%）元，丙占 20% 的权益，故丙的资本应为 30 000（150 000 × 20%）元，所以给新合伙人丙的商誉为 5 000（30 000 – 25 000）元。

　　②红利法。

　　此种情况下，是将新合伙人少投入的资金看成以红利形式分配给新合伙人。合伙人丙投资 25 000 元后，南方商行资本总额为 145 000（100 000 + 20 000 + 25 000）元，丙占南方商行 20% 的权益，则权益份额为 29 000（145 000 × 20%）元，丙少投入的 4 000（29 000 – 25 000）元看成是原合伙人甲和乙分配给新合伙人丙的红利，所分配的红利在合伙人甲与乙之间按原约定比例分配。会计处理如下：

　　借：银行存款　　　　　　　　　　　　　　　　　　　　25 000
　　　　资本——甲　　　　　　　　　　　　　　　　　　　2 000
　　　　资本——乙　　　　　　　　　　　　　　　　　　　2 000
　　　　贷：资本——丙　　　　　　　　　　　　　　　　　29 000

　　由上述会计处理可知，当新合伙人实际投资额小于以公允价为基础的相应合伙权益份额时，商誉或红利都给了新合伙人。不过，一般情况下，不应将商誉给新合伙人，除非有明显的证据表明新合伙人有卓越的经营才能或专有的技术等。故多数情况下，当新合伙人实际投资额小于以公允价为基础的相应合伙权益份额时，采用红利法来进行会计处理。

　　**（二）合伙人退伙的会计处理**

　　现有合伙人退出合伙企业称为退伙。我国《合伙企业法》第四十五条规定：合伙协议约定合伙期限的，在合伙企业存续期间，有下列情形之一的，合伙人可以退伙：①合伙协议约定的退伙事由出现；②经全体合伙人一致同意；③发生合伙人难以继续参加合伙的事由；④其他合伙人严重违反合伙协议约定的义务。同时，第四十六条规定：合伙协议未约定合伙期限的，合伙人在不给合伙企业事务执行造成不利影响的情况下，可以退伙，但应当提前三十日通知其他合伙人。第四十八条规定：合伙人有下列情形之一的，当然退伙：①作为合伙人的自然人死亡或者被依法宣告死亡；②个人丧失偿债能力；③作为合伙人的法人或者其他组织依法被吊销营业执照、责令关闭、撤销，或者被宣告破产；④法律规定或者合伙协议约定合伙人必须具有相关资格而丧失该资格；⑤合伙人在合伙企业中的全部财产份额被人民法院强制执行。

　　合伙人退伙有两种形式：一是退伙人将其资本出售给其他合伙人或新合伙人；二是从合伙企业抽出资本。合伙人退伙时的会计处理应注意以下事项：①要对合伙企业的资产重新进行评估，退伙人与其他合伙人之间的结算，应当以退伙时合伙企业的资产状况为准，若退伙时与损益分配有关的合伙企业事务尚未结束，应于结束后再分配其损益；②各合伙人应协商支付给退伙人多少款项及支付的方式；③至退伙人退伙时为止，合伙企业所负的所有债务，退伙人负有与其他合伙人相同的责任；④在退伙日与最后清偿日之间，退伙人的资本余额应划分为负债，该负债至最后清偿日为止的任何有关应计权益（或报酬）应视为后续合伙企业的费用。

根据退伙人资本账户余额与其退伙金额的数量关系，退伙时的会计处理存在三种情况：一是退伙金额等于退伙人资本账户余额；二是退伙金额大于退伙人资本账户余额；三是退伙金额小于退伙人资本账户余额。对于第一种情况，只需借记对应的退伙人"资本"账户，贷记"银行存款"等资产账户即可；对于后面两种情况则需采用商誉法或红利法。

【例14】经过一段时间的经营后，现合伙人丙决定退伙，退伙日南方商行各合伙人的资本及损益分配情况见表8-4。

表8-4  南方商行各合伙人的资本及损益分配情况

单位：元

| 项目 | 资本余额 | 资本比例 | 损益分配比例 |
|---|---|---|---|
| 甲 | 80 000 | 40% | 40% |
| 乙 | 80 000 | 40% | 40% |
| 丙 | 40 000 | 20% | 20% |
| 资本总额 | 200 000 | 100% | 100% |

1. 退伙金额等于退伙人资本账户余额

假设经合伙人协商，同意支付给退伙人丙40 000元退伙金。退伙金额恰好等于退伙人资本账户余额，则南方商行的会计处理如下：

借：资本——丙                                                      40 000

  贷：银行存款                                                      40 000

2. 退伙金额大于退伙人资本账户余额

假设经合伙人协商，同意支付给退伙人丙50 000元退伙金。此时退伙金额大于退伙人资本账户余额，则南方商行的会计处理如下：

（1）商誉法。

商誉法又可分为部分商誉法和整体商誉法。所谓部分商誉法就是仅确认属于退伙人部分的商誉，而整体商誉法则是确认合伙企业的全部商誉。

①部分商誉法的会计处理：

借：资本——丙                                                      40 000

  商誉                                                          10 000

  贷：银行存款                                                      50 000

②整体商誉法的会计处理：

合伙人甲和乙，根据所同意的多支付退伙人丙10 000元退伙金，可推出南方商行的整体商誉应为50 000（10 000/20%）元。

商誉价值在合伙人之间的分配：

借：商誉                                                          50 000

  贷：资本——甲                                                      20 000

| 资本——乙 | 20 000 |
| 资本——丙 | 10 000 |

支付退伙人退伙金：

借：资本——丙　　　　　　　　　　　　　　　　　　　　50 000

　　贷：银行存款　　　　　　　　　　　　　　　　　　　50 000

由上述会计处理可知，部分商誉法下，对商誉的确认仅限于多支付给退伙人丙的部分10 000元，而合伙人甲和乙的部分未能确认，从逻辑上来讲存在不合理性。故一般情况下多采用整体商誉法。

（2）红利法。

在红利法下，多支付给退伙人丙的10 000元退伙金看成是合伙人甲和乙送给丙的红利，则南方商行的会计处理：

借：资本——甲　　　　　　　　　　　　　　　　　　　　5 000

　　资本——乙　　　　　　　　　　　　　　　　　　　　5 000

　　资本——丙　　　　　　　　　　　　　　　　　　　40 000

　　贷：银行存款　　　　　　　　　　　　　　　　　　　50 000

上述分录表明，超额分配给丙的10 000元由甲和乙按40%：40%的相对损益分配比例借记其资本账户。

3. 退伙金额小于退伙人资本账户余额

假设经合伙人协商，同意支付给退伙人丙30 000元退伙金。此时退伙金额小于退伙人资本账户余额，则南方商行的会计处理如下：

（1）商誉法。

退伙金额小于退伙人资本账户余额表明合伙企业的账面价值有所高估，应当重新估价合伙企业并调整各合伙人资本账户，以调整后的退伙人资本账户余额退还给退伙人。此例中只同意支付给退伙丙30 000元，表明合伙企业的资本高估了50 000（10 000÷20%）元，重估及支付退伙人退伙金的会计处理如下：

借：资本——甲　　　　　　　　　20 000（50 000×40%）

　　资本——乙　　　　　　　　　20 000（50 000×40%）

　　资本——丙　　　　　　　　　10 000（50 000×20%）

　　贷：商誉（或净资产）　　　　　　50 000

借：资本——丙　　　　　　　　　　　　　　　　　　　30 000

　　贷：银行存款　　　　　　　　　　　　　　　　　　　30 000

（2）红利法。

红利法视退伙金额小于退伙人资本账户余额的差额为退伙人送给其他合伙人的红利，并按合伙人的损益分配比例记入其他合伙人的资本账户。会计处理如下：

借：资本——丙　　　　　　　　　　　　　　　　　　　40 000

　　贷：银行存款　　　　　　　　　　　　　　　　　　　30 000

　　　　资本——甲　　　　　　　　　　　　　　　　　　5 000

　　　　资本——乙　　　　　　　　　　　　　　　　　　5 000

# 第三节　合伙企业的解散与清算

## 一、合伙企业解散与清算的含义及程序

合伙企业的解散与清算是两个有联系但又不同的概念。合伙企业解散是指合伙人之间合伙关系的改变，如新合伙人的加入，现有合伙人的退伙或死亡等。合伙企业解散是作为法律主体的合伙企业的终止，但作为经济主体的合伙企业还可在原有的合伙关系终止后，成立新的合伙关系继续经营。如果原有合伙关系解除后各合伙人都无意继续经营，则结束合伙企业的事务而转入清算，通常称为合伙企业清算。

由于合伙企业存在两个或两个以上的合伙人，合伙企业的清算必然涉及各合伙人的切身利益，因此应当根据合伙协议制定一个公平合理的清算程序与方案来进行。我国《合伙企业法》第八十六条规定：合伙企业解散，应当由清算人进行清算。清算人应由全体合伙人担任；没能由全体合伙人担任清算人的，经全体合伙人过半数同意，可以自合伙企业解散事由出现后十五日内指定一个或者数个合伙人，或者委托第三人，担任清算人。自合伙企业解散事由出现之日起十五日内未确定清算人的，合伙人或者其他利害关系人可以申请人民法院指定清算人。

合伙企业的清算过程中通常包括以下几个重要方面：①变卖合伙企业非现金资产；②收回债权，清偿债务；③支付清算费用；④计算并分配清算损益；⑤根据合伙协议规定的损益分配方式分配剩余现金。

我国《合伙企业法》第八十九条规定：合伙企业财产在支付清算费用和职工工资、社会保险费用、法定补偿金以及缴纳所欠税款、清偿债务后的剩余财产，依照本法第三十三条第一款的规定进行分配。[①]

## 二、合伙企业清算的账务处理

由于合伙企业所拥有资产的性质不同，从而决定了合伙企业清算的方式和清算所需要时间也会有所不同。如果合伙企业的所有资产均能在较短时间内变现，则在清偿合伙企业的债务后，便可将合伙企业剩余的资产一次性分配给各合伙人，这就是一次性分配清算；如果合伙企业存在一部分资产不能在短期内变现，只能分批出售，则在清偿合伙企业债务后，会逐批向各合伙人分配现金，这就是分期分配清算。

### （一）一次性分配清算

一次性分配清算是指在合伙企业将所有资产迅速变现并清偿合伙企业债务后，将剩余财产一次性分配给各合伙人。一次性分配清算的账务处理详见例15。

---

[①] 《合伙企业法》第三十三条规定：合伙企业的利润分配、亏损分担，按照合伙协议的约定办理；合伙协议未约定或者约定不明确的，由合伙人协商决定；协商不成的，由合伙人按照实缴出资比例分配、分担；无法确定出资比例的，由合伙人平均分配、分担。

【例15】假定南方商行经营一段时间后，合伙人乙决定退伙，甲和丙在协商后不打算继续经营下去，于是南方商行直接进行清算。损益分配比例甲、乙、丙为3:4:3。清算前南方商行的资产负债表见表8-5。

表8-5　清算日南方商行资产负债表

单位：元

| 资产 | | 负债与合伙人资本 | |
|---|---|---|---|
| 现金 | 20 000 | 应付账款 | 80 000 |
| 应收账款 | 100 000 | 长期借款 | 70 000 |
| 存货 | 70 000 | 合伙人资本 | |
| 固定资产（机器设备） | 110 000 | 合伙人甲 | 60 000 |
| | | 合伙人乙 | 60 000 |
| | | 合伙人丙 | 30 000 |
| 资产总计 | 300 000 | 负债与资本总计 | 300 000 |

一次性分配清算中，如果清算变现的收入超过资产的账面价，则其程序十分简单。但如果清算中发生了清算损失，则清算程序要复杂些，且又存在多种情况，下面分别进行阐述。

1. 变卖非现金资产获得收益

假设南方商行全额收回应收账款，出售存货获得90 000元现金，出售机器设备获得120 000元现金，根据以上资料，有关会计处理如下：

（1）变卖非现金资产：

借：银行存款　　　　　　　　　　　　　　　310 000
　　贷：应收账款　　　　　　　　　　　　　　　100 000
　　　　存货　　　　　　　　　　　　　　　　　70 000
　　　　固定资产　　　　　　　　　　　　　　　110 000
　　　　清算损益　　　　　　　　　　　　　　　30 000

（2）清偿债务：

借：应付账款　　　　　　　　　　　　　　　80 000
　　长期借款　　　　　　　　　　　　　　　70 000
　　贷：银行存款　　　　　　　　　　　　　　　150 000

（3）分配清算损益：

借：清算损益　　　　　　　　　　　　　　　30 000
　　贷：资本——甲　　　　　　　　　　　　　　9 000
　　　　资本——乙　　　　　　　　　　　　　　12 000
　　　　资本——丙　　　　　　　　　　　　　　9 000

（4）分配剩余资产给各合伙人：

| 借：资本——甲 | 69 000 | |
|---|---|---|
| 资本——乙 | 72 000 | |
| 资本——丙 | 39 000 | |
| 贷：银行存款 | | 180 000 |

2. 变卖非现金资产发生损失，各合伙人资本账户能承担所分配的损失

假设南方商行收回全部应收账款，出售存货获得 50 000 元现金，出售机器设备获得 90 000 元现金，根据以上资料，有关会计处理如下：

（1）变卖非现金资产：

| 借：银行存款 | 240 000 | |
|---|---|---|
| 清算损益 | 40 000 | |
| 贷：应收账款 | | 100 000 |
| 存货 | | 70 000 |
| 固定资产 | | 110 000 |

（2）清偿债务：

| 借：应付账款 | 80 000 | |
|---|---|---|
| 长期借款 | 70 000 | |
| 贷：银行存款 | | 150 000 |

（3）分配清算损失：

| 借：资本——甲 | 12 000 | |
|---|---|---|
| 资本——乙 | 16 000 | |
| 资本——丙 | 12 000 | |
| 贷：清算损益 | | 40 000 |

（4）分配剩余资产给各合伙人：

| 借：资本——甲 | 48 000 | |
|---|---|---|
| 资本——乙 | 44 000 | |
| 资本——丙 | 18 000 | |
| 贷：银行存款 | | 110 000 |

3. 变卖非现金资产发生损失，一个合伙人资本账户不能承担所分配的损失

假设南方商行的应收账款收回现金 50 000 元，出售存货获得 30 000 元现金，出售机器设备获得 80 000 元现金，根据以上资料，有关会计处理如下：

（1）变卖非现金资产：

| 借：银行存款 | 160 000 | |
|---|---|---|
| 清算损益 | 120 000 | |
| 贷：应收账款 | | 100 000 |
| 存货 | | 70 000 |
| 固定资产 | | 110 000 |

（2）清偿债务：

借：应付账款　　　　　　　　　　　　　　　　　80 000

　　长期借款　　　　　　　　　　　　　　　　　70 000

　　贷：银行存款　　　　　　　　　　　　　　　　　　150 000

（3）分配清算损失：

借：资本——甲　　　　　　　　　　　　　　　　36 000

　　资本——乙　　　　　　　　　　　　　　　　48 000

　　资本——丙　　　　　　　　　　　　　　　　36 000

　　贷：清算损益　　　　　　　　　　　　　　　　　　120 000

将清算损失分配给各合伙人后，各合伙人的资本账户余额见表8－6。

表8－6　各合伙人资本账户余额

单位：元

|  | 甲 | 乙 | 丙 |
|---|---|---|---|
| 资本账户初始余额 | 60 000 | 60 000 | 30 000 |
| 清算损失分配 | 36 000 | 48 000 | 36 000 |
| 余额 | 24 000 | 12 000 | −6 000 |

如果合伙人丙能支付6 000元现金以弥补其资本账户上的借方余额，则会计处理如下：

借：现金　　　　　　　　　　　　　　　　　　　6 000

　　贷：资本——丙　　　　　　　　　　　　　　　　　　6 000

同时：

借：资本——甲　　　　　　　　　　　　　　　　24 000

　　资本——乙　　　　　　　　　　　　　　　　12 000

　　贷：银行存款　　　　　　　　　　　　　　　　　　36 000

如果丙不能支付6 000元现金，则由合伙人甲和乙按损益比例共同承担该损失：

借：资本——甲　　　　　　　　　　　　　　　　2 571.4

　　资本——乙　　　　　　　　　　　　　　　　3 428.6

　　贷：资本——丙　　　　　　　　　　　　　　　　　　6 000

然后再按甲和乙的资本账户余额进行分配：

借：资本——甲　　　　　　　　　　　　　　　　21 428.6

　　资本——乙　　　　　　　　　　　　　　　　8 571.4

　　贷：银行存款　　　　　　　　　　　　　　　　　　30 000

4. 变卖非现金资产发生损失，两个合伙人资本账户不能承担所分配的损失

假设南方商行的应收账款收回现金50 000元，出售存货获得10 000元现金，出售机器设备获得80 000元现金，根据以上资料，有关会计处理如下：

（1）变卖非现金资产：

借：银行存款  140 000

  清算损益  140 000

 贷：应收账款    100 000

   存货    70 000

   固定资产    110 000

（2）清偿债务：

借：应付账款  80 000

  长期借款  70 000

 贷：银行存款    150 000

（3）分配清算损失：

借：资本——甲  42 000

  资本——乙  56 000

  资本——丙  42 000

 贷：清算损益    140 000

将清算损失分配给各合伙人后，各合伙人的资本账户余额见表8-7。

表8-7  各合伙人资本账户余额

单位：元

|  | 甲 | 乙 | 丙 |
|---|---|---|---|
| 资本账户初始余额 | 60 000 | 60 000 | 30 000 |
| 清算损失分配 | 42 000 | 56 000 | 42 000 |
| 余额 | 18 000 | 4 000 | −12 000 |

如果合伙人丙能支付12 000元现金以弥补其资本账户上的借方余额，则会计处理如下：

借：现金  12 000

 贷：资本——丙    12 000

同时：

借：资本——甲  18 000

  资本——乙  4 000

 贷：银行存款    22 000

如果合伙人丙不能支付12 000元现金以弥补其资本账户上的借方余额，则先由甲和乙按损益分配比例承担损失。

借：资本——甲  5 142.9

  资本——乙  6 857.1

 贷：资本——丙    12 000

将这部分损失分配给合伙人甲和乙后，合伙人甲和乙的资本账户余额见表8-8。由表

8-8可知，分配合伙人丙的资本红字后，合伙人乙的资本账户也不够承担这部分损失，余额为借方2 857.1。如果此时乙能支付现金2 857.1元，则：

借：银行存款　　　　　　　　　　　　　　　　　　　　2 857.1

　　贷：资本——乙　　　　　　　　　　　　　　　　　2 857.1

同时：

借：资本——甲　　　　　　　　　　　　　　　　　　　12 857.1

　　贷：银行存款　　　　　　　　　　　　　　　　　12 857.1

如果乙不能支付现金2 857.1元，则将这部分损失分配给合伙人甲，分配后甲的资本余额见表8-8。由表8-8可知，分配后合伙人甲的资本余额为贷方10 000元。则：

借：资本——甲　　　　　　　　　　　　　　　　　　　10 000

　　贷：银行存款　　　　　　　　　　　　　　　　　10 000

表8-8　　各合伙人资本账户余额

单位：元

|  | 甲 | 乙 | 丙 |
|---|---|---|---|
| 资本账户初始余额 | 60 000 | 60 000 | 30 000 |
| 清算损失分配 | 42 000 | 56 000 | 42 000 |
| 余额 | 18 000 | 4 000 | -12 000 |
| 分配丙资本红字 | -5 142.9 | -6 857.1 | 12 000 |
| 余额 | 12 857.1 | -2 857.1 | 0 |
| 分配乙资本红字 | -2 857.1 | 2 857.1 |  |
| 余额 | 10 000 | 0 | 0 |

有些情况下，合伙企业无力偿还合伙企业债务，也就是说将合伙企业的所有资产变现后仍不足以支付合伙企业的债务，表现为部分或全部合伙人的资本账户出现借方余额。此时，由于合伙企业得承担无限责任，不是以合伙企业的资产为限，故合伙人得以其个人的财产来支付合伙企业的债务。

**（二）分期分配清算**

上述的一次性分配清算是假定合伙企业的所有非现金资产在短期内都被变现，且在承担清算损失和偿还合伙企业债务后，一次性分配给各合伙人。可现实中有的非现金资产无法在短期内变现，而是逐批变现，在还有非现金资产变现前，如果已有一部分现金可分配给各合伙人，则可进行分配，不必等到所有非现金资产全部变现后再一次性分配给各合伙人，这就是分期分配清算。在分期分配清算情况下，如果合伙人损益分配比例与其资本比例是一致的，每期所实现的现金在偿还所有债务后，即可直接按损益分配比例来分配。但如果两者不一致时，就会出现这样一个问题，即资本比例低而损益比例高的合伙人就会在早期多分现金，而后期待非现金资产变现后可能不足以补偿资本比例大而损益分配比例低的合伙人资本。显然这种分配方式不合理。为避免出现这种情况，在分期分配清算法下，当合伙人的损益分配比例与资本比例不一致时，则需要编制一个更安全的现金清算分配计划。安全现金清算分配计划编制的原理是：根据资本比例高而损益分配比例低的合伙人负担损失的潜力大，资本比例低而损益分配比例高的合伙人负担损失的潜力小，因而在编制现金清算分配计划时，先分配给前者，当资本比例与损益比例达到一致时，再按资本比例来进行分配，这样就防止了超额分配的现象。根据这一原理，编制现金分配计划的步骤如下：

（1）从清算前的合伙人资本余额开始，确定将抵销某一合伙人资本余额的最小资产变现损失；

（2）按照损益分配比例将可抵销的资产变现损失分配于各合伙人的资本账户；

（3）对仍拥有资本余额的合伙人，再确定其可抵销的最小资产变现损失，并按损益分配比例分配于这些合伙人；

（4）重复第（3）步，一直到抵销所有合伙人的资本余额；

（5）根据以上计算和分配的结果，列出现金分配计划。

下面先举例说明分期清算的分配顺序。

【例16】各合伙人资本账户余额保持不变，损益分配比例假定为甲：乙：丙为20%：60%：20%，假定南方商行采用分期分配清算，则清算程序如下：

第一步，根据各合伙人资本账户余额和损益分配比例，计算各合伙人负担资产损失的潜力，见表8-9。

表8-9

单位：元

| 合伙人 | 资本账户余额 | 损益分配比例 | 可承担资产变卖损失的金额 |
| --- | --- | --- | --- |
| 甲 | 60 000 | 20% | 60 000÷20%＝300 000 |
| 乙 | 60 000 | 60% | 60 000÷60%＝100 000 |
| 丙 | 30 000 | 20% | 30 000÷20%＝150 000 |

由表8-9可知，合伙人乙承担损失的能力最低，当发生资产变卖损失100 000元时，其资本余额就为0，超过100 000元时，就会出现资本账户的借方余额，所以应最后分配现金。

第二步，计算抵销100 000元资产变卖损失后，各合伙人的资本账户余额，见表8-10。

表8-10

单位：元

| 项目 | 甲 | 乙 | 丙 |
| --- | --- | --- | --- |
| 清算前资本余额 | 60 000 | 60 000 | 30 000 |
| 抵销资产变卖损失（100 000元） | 20 000 | 60 000 | 20 000 |
| 抵销损失后各资本账户余额 | 40 000 | 0 | 10 000 |

第三步，按同样的原理进一步计算甲和丙负担资产损失的潜力，见表8－11。

表8－11

单位：元

| 合伙人 | 资本账户余额 | 损益分配比例 | 可承担资产变卖损失的金额 |
|---|---|---|---|
| 甲 | 40 000 | 50% | 40 000÷50% ＝80 000 |
| 丙 | 10 000 | 50% | 10 000÷50% ＝20 000 |

从表8－11可知，合伙人丙承担损失的能力低于甲，当发生资产变卖损失20 000元时，其资本余额就为0，超过20 000元时，就会出现资本账户的亏空。

第四步，再计算抵销20 000元资产变卖损失后，甲和丙的资本账户余额，见表8－12。

表8－12

单位：元

| 项目 | 甲 | 乙 | 丙 |
|---|---|---|---|
| 清算前资本余额 | 60 000 | 60 000 | 30 000 |
| 抵销资产变卖损失（100 000元） | 20 000 | 60 000 | 20 000 |
| 抵销损失后各资本账户余额 | 40 000 | 0 | 10 000 |
| 抵销资产变卖损失（20 000元） | 10 000 | | 10 000 |
| 抵销损失后各资本账户余额 | 30 000 | | 0 |

第五步，根据上述计算结果，分期分配清算顺序确定如下：

（1）资产变卖现金收入的第一个150 000元用于偿还合伙企业债务；

（2）其次取得收入的30 000元现金，全部分配给合伙人甲；

（3）再次取得的收入20 000元，按1∶1的比例分配给甲和丙。至此，各合伙人的资本账户余额比例与损益分配比例取得一致。

（4）以后取得的收入按资本比例来分配即可。

## 📖 本章小结

合伙企业是指由各合伙人订立合伙协议，共同出资、合伙经营、共享收益、共担风险，并对合伙企业债务承担无限连带责任的营利性组织。根据合伙人所承担责任的不同，合伙企业可分为普通合伙企业和有限合伙企业两种类型。合伙企业的主要特征如下：①相互代理；②非独立法人；③无限责任；④经营期有限；⑤共有财产；⑥非纳税主体。

合伙企业会计与公司会计的最大区别体现在所有者权益项目和损益的分配上。合伙企业的所有者权益账户一般设置两个：一是合伙人资本账户，二是合伙人提款账户。

合伙企业的解散与清算是两个有联系但又不同的概念。合伙企业解散是指合伙人之间合伙关系的改变。合伙企业解散是作为法律主体的合伙企业的终止，但作为经济主体的合伙企业还可在原有的合伙关系终止后，成立新的合伙关系继续经营。如果原有合伙关系解除后各合伙人都无意继续经营，则结束合伙企业的事务并转入清算，通常称为合伙企业清算。

## 本章思考题与练习题

### 思考题

1. 合伙与独资和公司制企业的区别有哪些？
2. 合伙企业的账户设置与公司制企业有何区别？
3. 合伙人提款、减资及借贷款之间有何区别？
4. 简述合伙企业资本变动的几种不同情况及其会计处理。
5. 合伙会计与股份公司会计的不同之处在什么地方？请列举几点出来。
6. 简述合伙人损益分配的几种方法。
7. 合伙企业的损益分配方式可采用哪些形式，你认为何种方式最合理，请说明理由。
8. 新合伙人入伙时，有哪几种处理方法，并阐述每种方法的特点。
9. 合伙人退伙时，有哪几种处理方法，并阐述每种方法的特点。
10. 简述合伙企业清偿的基本顺序。
11. 合伙清算的主要方法有几种，并说明每种方法的基本核算程序。
12. 简述合伙企业清算时编制现金分配计划的意义。

### 练习题

**习题一：** AB 合伙企业 2015 年 12 月 31 日合伙人 A 和 B 的资本账户所反映的内容如表 8 - 13：

表 8 - 13

单位：元

| 项目 | A | B |
|---|---|---|
| 余额（1 月 1 日） | 150 000 | 300 000 |
| 投资（7 月 1 日） | 75 000 | |
| 提款（10 月 1 日） | | （150 000） |

2015 年 12 月 31 日 AB 合伙企业的净利润是 240 000 元。

按照以下假设条件编制分配 240 000 元净利润的工作底稿：

（1）合伙合同未对净利润和净损失的分配做出规定；

（2）净利润和净损失根据平均资本账户余额来分配（不包括当年的净利润和净损失）；

（3）净利润和净损失按资本账户的年初余额分配（不包括当年的净利润和净损失）；

（4）净利润和净损失按资本账户的年末余额分配（不包括当年的净利润和净损失）。

**习题二**：阳城普通合伙企业合伙协议中对合伙人工资和净利润或净损失的分配做了如下规定：

（1）甲一年工资 20 000 元，乙一年工资 25 000 元。

（2）按年初平均资本账户余额的 10% 支付资本利息。

（3）余下的净收益或净损失按甲 60% 、乙 40% 的比例进行分配。2015 年 12 月 31 日，合伙企业实现净利润 300 000 元，2015 年 1 月 1 日的资本账户余额甲为 150 000 元，乙为 175 000 元，甲在 2015 年 7 月 1 日另外又投入了 50 000 元。根据合伙协议，两位合伙人在年度内以现金方式提取他们的工资。

要求：登记该企业上述业务的会计分录并列出计算过程。

**习题三**：甲、乙、丙是发展合伙企业的普通合伙人，他们的资本账户余额以及损益分配比例如表 8 – 14 所示。现有新合伙人丁有意投资入伙，享有合伙权益的 25% ，为获得此权益，丁愿意以支付 250 000 元现金为代价。

表 8 – 14　资本账户余额及收益分配比例

单位：元

|  | 资本账户余额 | 收益分配比例 |
|---|---|---|
| 甲 | 280 000 | 35% |
| 乙 | 440 000 | 25% |
| 丙 | 200 000 | 40% |
| 合计 | 920 000 | 100% |

要求：

（1）若丁直接向现有合伙人投资入伙，编制相应的会计分录。

（2）若定向合伙企业投资入伙，分别用红利法和商誉法编制会计分录并列出详细计算过程。

**习题四**：ABC 合伙企业的普通合伙人 C 由于身体原因欲退伙，经过 3 人商议，一致同意支付 C 现金 200 000 元，至退伙日 ABC 三人的资本账户余额及损益分配比例如表 8 – 15 所示。

要求：分别使用红利法、商誉法编制会计分录。

表 8 – 15

单位：元

|  | 资本账户余额 | 收益分配比例 |
|---|---|---|
| A | 260 000 | 40 % |
| B | 400 000 | 40 % |
| C | 120 000 | 20 % |
| 合计 | 780 000 | 100% |

**习题五**：2015 年 12 月 31 日春城合伙企业（普通合伙）的合伙人 A、B、C 三人的资本账户余额及损益分配比例如表 8-16 所示，若合伙人 A、B、C 决定以分期付款方式清算，逐步变卖其非现金资产，企业的现金资产在偿付负债之后的余额为 120 000 元。

要求：编制现金分配计划，并得出第一期付款中每位合伙人应得的金额。

表 8-16

单位：元

|  | 资本账户余额 | 收益分配比例 |
|---|---|---|
| A | 150 000 | 30% |
| B | 250 000 | 30% |
| C | 100 000 | 40% |
| 合计 | 500 000 | 100% |

### 延伸阅读文献

1. 石本仁主编：《高级财务会计》（第二版），中国人民大学出版社，2011 年。

2. 梁莱歆主编：《高级财务会计》（第三版），清华大学出版社，2011 年。

3. 王竹泉等主编：《高级财务会计》，东北财经大学出版社，2010 年。

4. 陈信元主编：《高级财务会计》，上海财经大学出版社，2009 年。

5. 《中华人民共和国合伙企业法》。

# 第九章 外币交易会计

**【本章要点】**

1. 了解记账本位币、外币、汇率等外币交易的一些基本概念
2. 掌握汇兑损益的会计处理
3. 掌握外币购销业务会计处理的两种观点：单一交易观与两项交易观
4. 掌握我国《企业会计准则》对外币业务的会计处理
5. 理解期汇合约及对外币交易进行套期保值

## 第一节 外币交易会计的一些基本概念

### 一、功能货币、记账本位币与外币

功能货币（Functional Currency）概念最早出现在 1981 年美国财务会计准则委员会发布的《第 52 号财务会计准则公告——外币交易》中。2003 年国际会计准则委员会在修订的《国际会计准则第 21 号——汇率变动的影响》中，也正式采用了功能货币概念。我国财政部于 2006 年发布的《企业会计准则第 19 号——外币折算》中没有使用功能货币概念，使用的是记账本位币。我国会计准则上所称的记账本位币，与国际财务报告准则中的功能货币，虽然名称不同，但实质内容是一样的。

记账本位币是指企业经营所处的主要经济环境中的货币，通常这一货币是企业主要收支现金的经济环境中的货币。例如，我国企业一般以人民币为记账本位币。

1. 企业记账本位币的确定

《中华人民共和国会计法》规定，一般情况下，中国境内的各单位应选择人民币为记账本位币；业务收支以人民币以外的货币为主的单位，可以选择其中一种货币作为记账本位币，但编报的财务会计报告应当折算为人民币。《企业会计准则第 19 号——外币折算》针对如何选择记账本位币进行了规范。企业记账本位币的确定，应当考虑下列因素：

（1）该货币主要影响商品和劳务的销售价格，通常以该货币进行商品和劳务销售价格的计价和结算。

（2）该货币主要影响商品和劳务所需人工、材料和其他费用，通常以该货币进行上述费用的计价和结算。

企业在选定记账本位币时，上述两个因素应该综合考虑，不能仅考虑其中的一个。如果综合考虑以上两个因素仍难以确定其记账本位币时，还需要兼顾融资活动获得的资金以

及保存从经营活动中收取款项时所使用的货币进行确定。

2. 境外经营记账本位币的确定

境外经营是企业在境外的子公司、合营公司、联营公司、分支机构。当企业在境内的子公司、合营公司、联营公司或者分支机构选定的记账本位币不同于企业的记账本位币时，也应当视同境外经营。企业境外经营的记账本位币的选定，除要考虑一般企业确定记账本位币应考虑的因素外，还要考虑境外经营与企业的关系，具体因素如下：

（1）境外经营对其所从事的活动是否拥有很强的自主性。如果境外经营所从事的活动视同企业经营活动的延伸，则该境外经营应当选择与企业记账本位币相同的货币作为记账本位币；如果境外经营所从事的活动拥有极大的自主性，则境外经营不能选择与企业记账本位币相同的货币作为记账本位币。

（2）境外经营与企业的交易是否在境外经营活动中占有较大的比重。如果境外经营与企业的交易在境外经营活动中所占比例较高，则境外经营应当选择与企业记账本位币相同的货币作为记账本位币，反之，应选择其他货币。

（3）境外经营活动产生的现金流量是否直接影响企业的现金流量、是否可以随时汇回。如果境外经营活动产生的现金流量直接影响企业的现金流量，并可随时汇回，则境外经营应当选择与企业记账本位币相同的货币作为记账本位币，反之，应选择其他货币。

（4）境外经营活动产生的现金流量是否足以偿还其现有债务和可预期的债务。如果境外经营活动产生的现金流量在企业不提供资金的情况下，难以偿还其现有债务和正常情况下可以预期的债务，则境外经营应当选择与企业记账本位币相同的货币作为记账本位币，反之，应选择其他货币。

企业选择的记账本位币一经确定，一般不得改变，除非与确定记账本位币相关的企业经营所处的主要经济环境发生了重大变化。主要经营环境发生重大变化，通常是指企业主要产生和支出现金的环境发生重大变化，使用该环境中的货币最能反映企业的主要交易业务的经济结果。企业需要提供确凿证据证明企业经营所处的主要经济环境确实发生了重大变化，并应当在附注中披露变更理由。

外币（Foreign Currency）就是企业所采用的记账本位币以外的货币。在会计计量中，外币可以是本国的货币，也可以是非本国的货币。如果我国国内企业采用某一外国货币作为记账本位币，则此时的人民币就成了会计计量意义上的"外币"。

## 二、外币交易与外币折算

1. 外币交易

外币交易是指企业以记账本位币以外的货币计价或者结算的业务。外币交易的内容很多，主要包括以下几个方面：①外币兑换，是指将外币兑换成本国货币、将本国货币兑换成外国货币或者不同外币之间的兑换，主要发生在用外币结算的交易中，如企业将销售所得的外币出售给外汇经纪银行即结汇，或是当企业需要某种外币时，从外汇经纪银行换入外汇的过程即售汇等；②企业购买或销售以外币标价的商品或劳务；③企业借入或出借外币资金；④企业作为尚未履行的外汇远期合同的一方；⑤企业基于其他原因取得或处置以外币计价的资产，承担或清偿以外币计价的负债，等等。

需要指出的是，对外交易不一定是外币交易。对外交易是指一个国家或地区与另一个国家或地区之间进行的交易。一笔交易是否属于外币交易取决于该交易中是否涉及以记账本位币以外的货币来进行计价或结算。例如同样以美元为记账本位币的我国企业与美国企业之间以美元结算的商品购销交易，对于我国企业和美国企业而言，都不属于外币交易，但属于对外交易。还有，即使是本国企业之间的交易（非对外交易），如果选择以其记账本位币以外的货币来进行结算，也属于外币交易。

2. 外币折算

外币折算是关于将非记账本位币的业务或财务报表按一定的汇率，使用一定的计算方法，转换成按记账本位币来反映的过程。

外币交易之所以要进行折算，是因为会计计量需要有一个统一的计量尺度。在外币交易中，原始计量单位是不同的外币，在将这些交易记入账簿之前，必须将外币交易的金额折算成记账本位币的等值。否则，就不可能用同一货币表述的金额来总括反映会计主体的经济事项和编制财务报告。

外币折算与外币兑换不同，主要区别在于"折算"与"兑换"。"折算"是对某类外币业务发生额或外币报表金额的重新表述。例如，某企业欧元存款为 10 000 欧元，在其会计记录上会同时标明记账本位币的金额为人民币 81 000 元（假定汇率为 1 欧元 = 8.1 元人民币），此时企业拥有的仍是 10 000 欧元，只是其价值折算为人民币 81 000 元。"兑换"则是不同货币之间的实际转换，是将一种货币转换成另一种货币。例如企业因实际需要将上述 10 000 欧元兑换为人民币，企业需要向外汇经纪银行支付欧元，并收取人民币，兑换业务完成之后企业拥有的是人民币 81 000 元（假定汇率为 1 欧元 = 8.1 元人民币），而不是欧元。

## 三、外汇与汇率

### （一）外汇

外汇（Foreign Exchange）是以外币表示的能用于国际结算的支付手段。根据我国《外汇管理暂行条例》的规定，外汇一般包括：

（1）外国货币，包括纸币、铸币等；

（2）外币有价证券，包括政府公债、国库券、公司债券、股票、息票等；

（3）外汇收支凭证，包括票据、银行存款凭证、邮政储藏凭证等；

（4）其他外汇资金。

外币和外汇是两个不同的概念，不能混用。在我国广泛使用的是"外汇"这个词，但从会计学的角度来看，企业的会计核算使用"外币"概念更为精确。

### （二）汇率

1. 汇率的含义及其标价方法

汇率（Exchange Rate）是指一国货币兑换成另一国货币的折算比率，即一种货币用另一种货币表示的价格，也称汇价或外汇牌价。

当两种或两种以上的货币进行兑换买卖时，首先得确定不同货币之间的汇率或汇价，然后才能将外币资产变成一种商品进行交换。而确定不同货币之间的汇价时，根据选择哪种货币作为标准，产生了两种标价法，即直接标价法和间接标价法。根据国际惯例，在汇率标价中，数量固定不变的称为"基准货币"，而与之相对应数量发生变化的货币称为"标价货币"。

（1）直接标价法。

直接标价法又称应付标价法，是指用一定单位的外国货币为标准，折合成若干本国货币来表示汇率，例如1美元兑换人民币6.2元。在直接标价法下，外国货币的数额固定不变，本国货币的数额随汇率高低而发生变化，本国货币币值的大小与汇率高低成反比。当汇率上升时，换得同样数额的外国货币需要付出更多的本国货币，表明本国货币币值上升；当汇率下降时，换得同样数额的外国货币可少付出本国货币，表明本国货币币值下降。

在直接标价法中，外国货币是基准货币，本国货币是标价货币。目前，世界上大多数国家汇率的标价均采用该种方法，我国也采用这种方法。①

（2）间接标价法。

间接标价法又称应收标价法，是指用一定单位的本国货币为标准，折合成若干外国货币来表示汇率。例如人民币1元兑换0.162美元。在间接标价法下，本国货币的数额固定不变，外国货币的数额随汇率的高低发生变化，本国货币币值大小与汇率的高低成正比。当汇率上升时，对于同样数额的本国货币换得更多的外国货币，表明本国货币币值上升；当汇率下降时，对于同样数额的本国货币可只能换得较少的外国货币，表明本国货币币值下降。

在间接标价法中，本国货币是基准货币，外国货币是标价货币。英国是长期以来一直采用间接标价方法的国家，美国为了与国际外汇市场对美元的标价一致，于1978年9月1日起，改用了间接标价法，但对英镑的汇率仍沿用直接标价法。

2. 汇率的分类

汇率可按不同的标准来进行分类，主要类别如下：

（1）按汇率制度分类。

按汇率制度可分为固定汇率和浮动汇率。

固定汇率（Fixed Exchange Rate）是一国货币与另一国货币的兑换比率基本固定不变。固定汇率并非完全固定不变，而是在一个相对固定的平价的上下限范围内波动，由官方的干预来保证汇率的稳定，是金本位制度和布林雷顿森林体系下通行的汇率制度。20世纪70年代后，因美元一再贬值，1971年8月美国宣布停止外国银行用美元向美国交换黄金。随着1973年2月美元再度大幅度贬值，布林雷顿森林体系解体，固定汇率制度随之崩溃，由浮动汇率制替代。

浮动汇率（Floating Exchange Rate）是指一国货币与另一国货币的兑换比率没有上下限波动幅度，而由外汇市场的供求关系自行决定。浮动汇率按政府是否干预，又可分为自由浮动汇率和管理浮动汇率两种。在现实生活中，政府对本国货币的汇率完全采取自由浮

---

① 可参见表9-1。

动汇率的国家几乎没有。由于汇率对国家的国际收支和经济的均衡有重大影响，各国政府大多通过调整利率，在外汇市场买卖外汇以及控制资本移动等方式来控制汇率的走向。

2005 年 7 月，中国人民银行宣布，中国开始实行以市场供求为基础的、参考"一篮子货币"进行调节的、有管理的浮动汇率制度。中国人民银行的这一决定标志着中国汇率制度改革进入一个新的阶段。

（2）按银行买卖外汇的角度来分类。

大多数外汇交易都与银行发生关系，故从银行买卖外汇的角度可分为现汇买入价、现汇卖出价、中间价、现钞买入价和现钞卖出价。

现汇买入价是指银行向客户买入外币现汇时所采用的汇率，也称买入价。

现汇卖出价是指银行向客户卖出外币现汇时所采用的汇率，也称卖出价。

中间汇率是现汇买入价与现汇卖出价的平均数，也称中间价，是银行制定外汇牌价的基础。

现钞买入价是指银行向客户买入外币现钞时所采用的汇率。

现钞卖出价是指银行向客户卖出外币现钞时所采用的汇率。

现汇是由国外汇入或由境外携入、寄入的外币票据或凭证。现钞是指由境外携入或个人持有的可自由兑换的外国货币。由于人民币是我国法定货币，外币现钞在我国境内不能作为支付手段，只有在境外才能成为流通货币，银行在使用中需要支付包装、运输、保险等费用，而现汇则是账面上的外汇，它的转移出境只需进行账面上的划拨就可以了，因此相对现钞，现汇可使银行节约一定的现金保管和海外调运费用等，故其价格要高些。我国银行每日都会公布外汇牌价。在我国人民银行与外币汇率采用直接标价法下，各银行的现汇买入价总是低于现汇卖出价，差额即为银行买卖外汇的手续费。现钞的卖出价一般与现汇的卖出价相同，而现钞的买入价往往是最低的。2013 年 10 月 2 日中国人民银行公布的外汇牌价（几种主要外币）如表 9 - 1 所示。

表 9 - 1　主要几种外币的外汇牌价（100 外币兑换人民币）

| 货币名称 | 现汇买入价 | 现汇卖出价 | 中间价 | 现钞买入价 | 现钞卖出价 |
|---|---|---|---|---|---|
| 美元 | 610. 68 | 613. 12 | 614. 8 | 605. 78 | 613. 12 |
| 欧元 | 824. 16 | 830. 78 | 829. 83 | 798. 72 | 830. 78 |
| 日元 | 6. 256 5 | 6. 300 4 | 6. 279 3 | 6. 063 4 | 6. 300 4 |
| 港元 | 78. 75 | 79. 05 | 79. 29 | 78. 12 | 79. 05 |
| 英镑 | 987. 62 | 995. 95 | 993. 95 | 957. 13 | 995. 95 |
| 加拿大元 | 588. 62 | 593. 34 | 596. 23 | 570. 44 | 593. 34 |
| 澳大利亚元 | 569. 76 | 573. 76 | 570. 84 | 552. 18 | 573. 76 |

对于我国的外汇牌价，中国人民银行每日会根据当日银行日外汇交易市场中的美元、欧元、日元和港元这四个交易币种的交易价格进行加权平均计算出次日这些币种的中间价，其他币种的中间价则由各外汇指定银行以美元交易中间价为依据，结合国际外汇市场

行情自行套算。然后指定各外汇以中间价为基础，各银行在中国人民银行规定的汇率浮动范围内自行制定次日的外汇牌价，即现汇买入价、现汇卖出价、中间价、现钞买入价和现钞卖出价，并对外挂牌。

（3）按处理外币业务登记入账的时间分类。

按会计上处理外币业务登记入账的时间可分为现行汇率、历史汇率和平均汇率。

现行汇率（Current Rate）是指外币交易发生当天的汇率或会计报表日所使用的汇率。一旦交易日过去，这一汇率就变成了历史汇率。

历史汇率（Historical Rate）是指最初取得外币资产或承担外币负债时记录入账的汇率。

现行汇率和历史汇率是相对而言的，期初记录外币业务时采用的是当时的现行汇率，但到期末时，汇率可能已经发生了变化，变化了的汇率即为新的现行汇率，而账面上记录的汇率则为历史汇率。

（4）按外汇交易的交割期限分类

外汇市场有现汇市场和期汇市场两种，相应地，这两种市场所运用的汇率也不同，即期汇率和远期汇率。

即期汇率（Spot Rate）指现汇交易中即期交割的汇率，即期外汇交易通常是在当天或两个营业日内交割。我国 2006 年发布的《企业会计准则第 19 号——外币折算》从外币业务会计处理的角度做出了规定，指出即期汇率一般是指当日中国人民银行公布的人民币汇率的中间价。

在会计处理中，当汇率变动不大时，为简化核算，企业在外币交易日或对外币报表的某些项目进行折算时也可以选择即期汇率的近似汇率折算。即期汇率的近似汇率是"按照系统合理的方法确定的、与交易发生日即期汇率近似的汇率"，通常是指当期平均汇率或加权平均汇率等。

远期汇率（Forward Rate）是由外汇经纪人和客户事先约定的将在一定时日据以交割时的外汇汇率。期汇交易的交割期限，大都为 30 天、60 天、90 天或 180 天，但也可约定其他到期日。无论到期日的即期汇率涨跌如何，均按原约定的汇率进行交割。

远期汇率是在即期汇率基础上根据不同货币的利率来确定的。例如，设人民币对美元的即期汇率为 1 美元 = 6.2 元人民币，假定我国半年期（180 天）的国库券的年利率为 2.5%，在美国期限相同、风险程度相似的期限为 180 天的国债利率为 3%。则当日 180 天期的远期汇率应该是投资 1 美元 180 天所获得的本息等于投资 6.2 元人民币 180 天将获得的本息的汇率。180 天远期汇率的计算如表 9 - 2 所示。

表 9 - 2　即期汇率与远期汇率

| 币种 | 美元 | 人民币（元） |
| --- | --- | --- |
| 即期汇率 | 1 | 6.2 |
| 利率 | 3% | 2.5% |

（续上表）

| 币种 | 美元 | 人民币（元） |
| --- | --- | --- |
| 180 天的利息 | 0.015 | 0.077 5 |
| 180 天后的价值（本息和） | 1.015 | 6.277 5 |
| 180 天远期汇率 | 1 | 6.184 7① |

# 第二节　汇兑损益

## 一、汇兑损益的含义及分类

如果汇率稳定不变，则外币业务处理非常简单，同等金额外币在不同时间点会折合成同等数量的记账本位币，不会存在差额，也不会产生损益。然而，在浮动汇率制下，外汇汇率瞬息万变，外币业务处理也因此变得十分复杂，同等金额的外币在不同时点会折合为不同金额的、等值的记账本位币，其差额即为汇兑损益。

汇兑损益就是指将一种货币兑换或折算为另一种货币时，由于汇率的变动所产生的折合为记账本位币的差额，具体表现为外币汇率差额与外币金额的乘积。在我国的直接标价法下，当汇率上升时，债权性质的应收外币款会产生汇兑收益；而债务性质的应付外币款则会产生汇率损失。当汇率下降时，则相反。

企业由于外币业务而产生汇兑损益的情况很多，通常可按以下几个标准来进行分类：

1. 根据形成汇兑损益的情况来分类

根据汇兑损益的形成情况，一般可分为外币交易汇兑损益和报表折算损益。

（1）外币交易汇兑损益，指以外币计价或结算的交易因汇率变动所产生的汇兑损益。如我国某出口商向美国某进口商销售商品一批，以美元结算，货款 20 000 美元，款项于 3 个月后支付。交易日汇率为 1 美元 = 6.2 元人民币。3 个月后收回货款，当日汇率为 1 美元 = 6.18 元人民币。于是，这笔 20 000 美元的应收款由原账面上的 124 000 元人民币减少到了 123 600 元人民币，少了 400 元人民币，此差额 400 元人民币就是外币交易汇兑损益（在此是汇兑损失）。主要可分为：①企业外币购、销业务的应收应付项目在结算时产生的汇兑损益；②外币兑换时，由于实际兑换汇率与账面汇率的不同而产生的汇兑损益；③对外币货币性账户用期末汇率进行折算调整时，由于账面汇率与期末汇率的不同而产生的汇兑损益。

（2）报表折算损益，指跨国集团公司在编制合并财务报表时，对于以不同于母公司记

---

① 180 天远期汇率为：6.277 5 人民币/1.015 美元 = 6.184 7 人民币/1 美元，即 USD1 = RMB6.184 7。

由此可知，变动中的即期汇率与远期汇率有着密切的关系。在直接标价法下，远期汇率大于即期汇率的差额称为升水（Premium），远期汇率小于即期汇率的差额为贴水（Discount）。远期汇率等于即期汇率则称为平价。远期汇率与升水和贴水的关系可表示为：升水时，远期汇率 = 即期汇率 + 升水；贴水时，远期汇率 = 即期汇率 - 贴水。

账本位币编制财务报表的子公司报表，折算为以母公司记账本位币表述的财务报表时所产生的汇兑损益。

2. 根据汇兑损益在当期是否已实现来分类

根据汇兑损益在当期是否已实现，可分为已实现汇兑损益和未实现汇兑损益。

（1）已实现汇兑损益，指产生汇兑损益的外币业务在报表编制日之前已结算完毕，汇总损益金额已确定的汇兑损益。如应收的债权已收回，应付的债务已偿付。上述汇兑损益的分类中，第一种中的外币兑换汇兑损益则属于已实现汇兑损益，而外币购、销交易汇兑损益则有可能已实现，也有可能未实现，要视其在报表编制日是否已结算完毕来定。

（2）未实现汇兑损益，指产生汇兑损益的外币业务在报表编制日之前未结算完毕，汇总损益金额未最终确定，或仅仅是由于外币折算而形成的汇兑损益。上述的汇兑损益的分类中，第一种中的企业外币购、销业务的应收应付项目，如果在报表编制日，应收的债权尚未收回，应付的债务尚未偿付，在报表日根据汇率变动进行调整所产生的汇兑损益；第二种即报表折算汇兑损益属于未实现汇兑损益。因为报表折算只是用母公司的记账本位币重新表述用其他货币反映的子公司的财务状况、经营成果和现金流量，子公司并未因此会计处理而产生收益或损失。

发生的外币兑换业务或涉及外币兑换的交易事项，应当以交易实际采用的汇率，即银行买入价或卖出价折算。由于汇率变动产生的折算差额计入当期损益。

可用图9-1来反映上述各种汇兑损益间的关系：

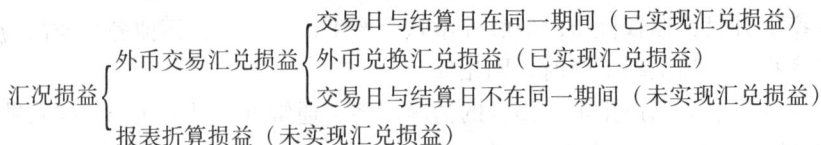

$$
汇况损益 \begin{cases} 外币交易汇兑损益 \begin{cases} 交易日与结算日在同一期间（已实现汇兑损益）\\ 外币兑换汇兑损益（已实现汇兑损益）\\ 交易日与结算日不在同一期间（未实现汇兑损益）\end{cases} \\ 报表折算损益（未实现汇兑损益）\end{cases}
$$

**图9-1　汇兑损益的分类**

## 二、汇兑损益的会计处理原则

产生汇兑损益的情况很多，而不同情况所产生的汇兑损益，其会计处理也不相同，具体如下：

1. 企业购建固定资产发生的汇兑损益

企业为购买或建造固定资产而对外借款，由此产生的汇兑损益其处理原则同借款费用，具体如下：①在购建的固定资产未达到交付使用前，其本金和利息随汇率变动所产生的汇兑损益予以资本化，记入所购建固定资产的成本；②在该固定资产交付使用后，其本金和利息随汇率变动所产生的汇兑损益计入当期财务费用。

2. 企业日常生产经营中产生的汇兑损益

外币业务多发生在企业的生产经营过程中，其所发生的汇兑损益作为当期损益处理，即计入当期财务费用，当发生汇兑收益时，贷记"财务费用"科目，发生汇兑损失时，借记"财务费用"科目①。

3. 购买无形资产发生的汇兑损益

企业为购买专利、商标等无形资产发生的汇兑损益，应当计入相应的无形资产成本，并随该项无形资产的成本和使用年限而分期摊销。

4. 报表折算汇兑损益

企业集团在编制合并财务报表时，由于报表折算所产生的汇兑损益，单列"外币报表折算损益"反映在合并资产负债表的所有者权益项目中。

5. 清算期间发生的汇兑损益

如果企业被清算，在此期间发生的汇兑损益作为"清算损益"来处理。

# 第三节　外币交易的会计处理

## 一、外币购销交易会计处理的两种观点

对于企业发生的以外币计价的商品购销业务，其会计处理存在两种不同的观点，即单一交易观（Single Transaction）和两项交易观（Two Transactions）。

1. 单一交易观

单一交易观，亦称一笔业务交易观，是指将企业外币销售或购货及随后的账款结算视为单一的一项交易，销售或购货及随后的账款结算被认为是这项单一交易不可分割的两个阶段，交易发生日与结算日之间汇率发生变化时应对原交易记录进行相应的调整。

在这种观点下，由于汇率的变动，外币记价入账的商品销售收入或商品购货成本，在结算前，其价值是不确定的，即随着汇率的变动而发生变动，只有在外币货款结算以后，以结算日汇率折算的记账本位币金额才是商品的销售收入或商品的购货成本。由此可见，在单一交易观下，交易发生日、报表编制日和交易结算日这三个时点由于汇率的变动所产生的记账本位币的差额，都会相应地调整商品的销售收入或商品的购货成本。因此，在会计账上就不会出现汇兑损益。

根据单一交易观，外币购销交易业务的会计处理要点如下：

（1）交易发生日，按当日即期汇率，将交易发生的外币金额折合为记账本位币，确认外币资产或负债及销货收入或购货成本。

（2）资产负债表日，以当日即期汇率，调整外币应收或应付项目（折算为等值的记账本位币金额）及相应的销货收入或购货成本。

（3）结算日，以当日即期汇率调整外币应收或应付项目（折算为等值的记账本位币金额）及相应的销货收入或购货成本，并进行结算。

2. 两项交易观

两项交易观，亦称两笔交易观，是指将企业外币销售或购货购销业务的发生和随后货

---

① 对于计入当期的汇兑损益，一般是通过"财务费用"下的二级科目"汇兑损益"来核算的。

款的结算视为两项独立的交易，交易发生日与结算日之间汇率发生变化时不对原交易记录进行相应的调整。在该种观点下外币购销交易的发生金额（商品销售收入或商品购货成本）取决于交易发生日的汇率，而与以后货款结算日的汇率无关。企业在外币债权和债务上所承担的汇率变动的风险属于财务决策，并不是销货或购货决策，也就是说销售收入或购货成本在交易发生时即已经确定，不受汇率变动的影响，在交易中形成的应收或应付外币账款将承受汇率变动的风险。由此可见，在两项交易观下，交易发生日与结算日之间，汇率发生变动时不对交易发生时所确认的销货收入或购货成本进行调整，而作为汇兑损益来单独反映，以提供给报表使用者汇率变动风险的会计信息。

根据两项交易观，外币购销交易业务的会计处理要点如下：

（1）交易发生日，按当日即期汇率，将交易发生的外币金额折合为记账本位币，确认外币资产或负债及销售收入或购货成本。

（2）资产负债表日，以当日即期汇率调整外币应收或应付项目（折算为等值的记账本位币金额），同时确认汇率变动产生的汇兑损益。

（3）结算日，以当日即期汇率调整外币应收或应付项目（折算为等值的记账本位币金额），同时确认汇率变动产生的汇兑损益，并进行结算。

在两项交易观下，对于产生于结算日之前的汇兑损益（未实现汇兑损益），存在着两种不同的处理方式：一种是当期确认法；二是递延法。

（1）当期确认法。报表编制日，将外币资产、负债因汇率变动而产生的未实现汇兑损益确认为当期损益。采用这种方法的理由是，汇率变动是客观存在的，它对资产负债表的影响也是客观存在的，采用当期确认法能使本期的会计报表及时反映外汇汇率变动对企业的影响，从而更加真实地反映了报表编制日的企业财务状况。

（2）递延法。报表编制日，将外币资产、负债因汇率变动而产生的未实现汇兑损益在资产负债表作为递延项目，而不在当期确认损益。在这种方法下，无论汇率变动有多大，均将外币资产或负债产生的汇兑损益予以递延，直到结算时，未实现的汇兑损益转化成已实现汇兑损益后，才计入当期损益。采用这种方法的理由是：汇率变动可能逆转，在这种情况下，在上一会计期末确认的汇兑损益就不可能真正实现，从而导致前后两个会计期间报告损益的歪曲。

【例1】南方公司于2015年10月26日向美国S公司销售商品一批，共计200 000美元。商品已发出，双方约定货款以美元结算，结算日为2016年1月26日。南方公司的记账本位币为人民币（不考虑应交增值税），该期间的即期汇率如下：

2015年10月26日，USD1 = RMB6. 31

2015年12月31日，USD1 = RMB6. 32

2016年1月26日，USD1 = RMB6. 28

根据上述资料，按单一交易观和两项交易观（两种汇兑损益确认法）形成的三种会计处理方法见表9-3：

表9－3 不同交易观下的会计处理

| 日期 | 单一交易观 | 两项交易观 | |
| --- | --- | --- | --- |
| | | 当期确认法 | 递延法 |
| 2015 年<br>10 月 26 日 | 借：应收账款<br>1 262 000<br>（200 000×6. 31）<br>贷：主营业务收入<br>1 262 000 | 借：应收账款<br>1 262 000<br>（200 000×6. 31）<br>贷：主营业务收入<br>1 262 000 | 借：应收账款<br>1 262 000<br>（200 000×6. 31）<br>贷：主营业务收入<br>1 262 000 |
| 2015 年<br>12 月 31 日 | 借：应收账款<br>2 000<br>（200 000×0. 01）<br>贷：主营业务收入<br>2 000 | 借：应收账款<br>2 000<br>（200 000×0. 01）<br>贷：财务费用——汇兑损益<br>2 000 | 借：应收账款<br>2 000<br>（200 000×0. 01）<br>贷：递延汇兑损益<br>2 000 |
| 2016 年<br>1 月 26 日 | 借：主营业务收入<br>8 000<br>（200 000×0. 04）<br>贷：应收账款<br>8 000<br>借：银行存款<br>1 256 000<br>贷：应收账款<br>1 256 000 | 借：财务费用——汇兑损益<br>8 000<br>贷：应收账款<br>8 000<br>借：银行存款<br>1 256 000<br>贷：应收账款<br>1 250 600 | 借：财务费用——汇兑损益<br>8 000<br>贷：应收账款 8 000<br>借：递延汇兑损益 2 000<br>贷：财务费用——汇兑损益<br>2 000<br>借：银行存款 1 256 000<br>贷：应收账款 125 600 |

【例2】南方公司于2015 年 10 月 26 日向美国 S 公司采购原材料一批，共计 200 000 美元，原材料已发出，双方约定货款以美元结算，结算日为 2016 年 1 月 26 日，南方公司的记账本位币为人民币（不考虑应交增值税）。该期间的即期汇率如下：

2015 年 10 月 26 日，USD1 = RMB6. 31

2015 年 12 月 31 日，USD1 = RMB6. 32

2016 年 1 月 26 日，USD1 = RMB6. 28

根据上述资料，按单一交易观和两项交易观（两种汇兑损益确认法）形成的三种会计处理方法见表 9－4：

表9-4 不同交易观下的会计处理

| 日期 | 单一交易观 | 两项交易观 | |
| --- | --- | --- | --- |
| | | 当期确认法 | 递延法 |
| 2015年<br>10月26日 | 借：物资采购<br>　　1 262 000<br>　（200 000×6.31）<br>贷：应付账款<br>　　1 262 000 | 借：物资采购<br>　　1 262 000<br>　（200 000×6.31）<br>贷：应付账款<br>　　1 262 000 | 借：物资采购<br>　　1 262 000<br>　（200 000×6.31）<br>贷：应付账款<br>　　1 262 000 |
| 2015年<br>12月31日 | 借：物资采购<br>　　2 000<br>　（200 000×0.01）<br>贷：应付账款<br>　　2 000 | 借：财务费用——汇兑损益<br>　2 000（200 000×0.01）<br>贷：应付账款<br>　　2 000 | 借：递延汇兑损益<br>　2 000（200 000×0.01）<br>贷：应付账款<br>　　2 000 |
| 2016年<br>1月26日 | 借：应付账款<br>　　8 000<br>（200 000×0.04）<br>贷：物资采购<br>　　8 000<br>借：原材料<br>　　1 256 000<br>贷：物资采购<br>　　1 256 000<br>借：应付账款<br>　　1 256 000<br>贷：银行存款<br>　　1 256 000 | 借：应付账款<br>　　8 000<br>贷：财务费用——汇兑损益<br>　　8 000<br>借：原材料<br>　　1 262 000<br>贷：物资采购<br>　　1 262 000<br>借：应付账款<br>　　1 256 000<br>贷：银行存款<br>　　1 256 000 | 借：应付账款<br>　　8 000<br>贷：财务费用——汇兑损益<br>　　8 000<br>借：财务费用-汇兑损益<br>　　2 000<br>贷：递延汇兑损益<br>　　2 000<br>借：原材料　1 262 000<br>贷：物资采购<br>　　1 262 000<br>借：应付账款<br>　　1 256 000<br>贷：银行存款<br>　　1 256 000 |

3. 三种不同处理方法的比较

从上面的举例可明显地看出，在单一交易观下，交易发生日至结算日之间由于汇率变动导致的折算差额直接调整主营业务收入或商品采购成本，不存在汇兑损益；而在两项交易观下，不管是采用即期确认法还是递延法，主营业务收入或商品采购成本与汇率的变动无关，只受交易发生日当天即期汇率的影响，交易发生日至结算日间汇率变动所带来的影响直接反映在汇兑损益（当期确认法将汇率变动带来的影响当期就作为损益确认，而递延法则递延到结算期才确认损益）。例1，三种不同处理方法在2015年12月31日资产负债表和2012年度利润报表上反映的差异见表9-5：

表9-5　三种不同处理方法在报表上反映的差异

单位：元

| 报表项目 | 单一交易观 | 两项交易观 | |
|---|---|---|---|
| | | 当期确认法 | 递延法 |
| 资产负债表项目<br>应收账款<br>递延汇兑损益 | 1 264 000 | 1 264 000 | 1 264 000<br>2 000 |
| 利润表项目<br>主营业务收入<br>财务费用——汇兑损益 | 1 264 000<br>0 | 1 262 000<br>2 000 | 1 262 000<br>0 |

从表9-5可知，无论采用哪一种方法，资产负债表上"应收账款"项目的金额都是1 264 000元，即外币金额与资产负债表日即期汇率的乘积；而利润表上的"主营业务收入"项目的金额则不相同，单一交易观下为1 264 000元（由资产负债表日即期汇率决定），两项交易观下为1 262 000元（由交易日汇率决定），两种交易处理观相差2 000元，即汇率变动带来的折算差额，单一交易观下直接调整主营业务收入，而两项交易观则反映在汇兑损益。

在单一交易观下，以记账本位币计量的销售收入或购货成本，不是在销售或购货成立时确定，而是在应收应付款项结算时才最终确定，这是"现金收付制"原则的体现，与非外币交易的处理原则相悖；另外，单一交易观把汇率变动影响反映为对销货收入或购货成本的调整，不能反映外币交易中汇率变动的风险，从而影响会计信息的决策有用性。

两项交易观以记账本位币计量的销货收入和购货成本，是在销货和购货成立时确定的，这是权责发生制的体现，与非外币交易的处理原则一致；两项交易观将汇率变动的影响单独反映为汇兑损益，明确地体现了汇率变动对企业带来的影响。在两项交易观下的当期确认法和递延法，如果未实现汇兑损益数额不大，时间跨度也不大，那么两种方法的差异造成的影响并不大。相比而言，当期确认法处理较为简单，且能使当期报表及时反映汇率变动对企业财务状况的潜在影响，但若外币交易结算时间跨度较大，且汇率变动幅度也较大时，这时会导致企业当期收益中包含较大数额的未实现损益，从而影响企业经营成果的真实性，此时使用递延会较合理一些。

目前大多数国家对外币购销交易都是采用两项交易观，而其中又以采用当期确认法的为多。我国在《企业会计准则》中已明确提出在外币交易的会计处理中采用两项交易观，并在当期确认损益，不递延。

## 二、我国外币交易的会计处理

### （一）折算汇率的确定

中华人民共和国财政部2006年2月15日颁布的《企业会计准则第19号——外币折算》对外币交易会计处理进行了规范。我国外币交易会计采用的是两笔交易观，未实现的汇兑损益当期确认。外币交易的会计处理主要涉及两个环节：一是在交易日对外币交易进行初始确认，将外币金额折算为记账本位币的金额；二是在资产负债表日或结算日对相关项目进行折算，将因汇率变动产生的差额计入当期损益。无论是在交易日对外币交易进行初始确认，还是在资产负债表日对外币交易余额进行处理，均涉及折算汇率的选择。外币折算准则规定了两种折算汇率：即期汇率和即期汇率的近似汇率。

即期汇率一般是指当日中国人民银行公布的人民币汇率的中间价。但是，在企业发生单纯的货币兑换交易或涉及货币兑换的交易时，需要用现钞买入价或现钞卖出价折算。

当汇率变化不大时，为了简化核算，企业在外币交易日或对外币报表的某些项目进行折算时也可以选择即期汇率的近似汇率折算。即期汇率的近似汇率是按照系统合理的方法确定的、与交易发生日即期汇率近似的汇率，通常是指当期平均汇率或加权平均汇率等。以人民币兑美元的周平均汇率为例，假定人民币兑美元每天的即期汇率分别为周一6.289、周二6.287、周三6.290、周四6.286、周五6.288，则周平均汇率为（6.289 + 6.287 + 6.290 + 6.286 + 6.288)/5 = 6.288。月平均汇率的计算方法与周平均汇率的计算方法相同。月加权平均汇率需要采用当月外币交易的外币金额作为权重进行计算。无论是采用平均汇率，还是加权平均汇率，或是采用其他方法确定即期汇率的近似汇率，所采用的方法应在前后各期保持一致。如果汇率波动使得采用即期汇率的近似汇率折算不适当时，应当采用交易发生日的即期汇率折算。

**（二）交易日的会计处理**

企业发生外币交易时，应当在初始确认时采用交易日的即期汇率或即期汇率的近似汇率将外币金额折算为记账本位币金额。企业收到投资者以外币投入的资本，无论是否有合约汇率，均不得采用合约汇率或即期汇率的近似汇率折算，而应采用交易日即期汇率折算。

**1. 外币购、销业务**

（1）外币销货业务。

【例3】南方公司于2015年11月1日以赊销的方式向美国S公司销售商品一批，共计100 000美元，当天的汇率为1美元 = 6.305元人民币。南方公司的记账本位币为人民币，并以业务发生当日的即期汇率作为折算汇率。不考虑应交增值税。南方公司2015年11月1日应编制会计分录如下：

借：应收账款——S公司——美元户（USD100 000 ×6.305）　　　　630 500
　　贷：主营业务收入　　　　630 500

（2）外币购货业务。

【例4】南方公司2015年11月10日以赊购的方式向美国A公司采购商品一批，共计50 000美元，当天的汇率为1美元 = 6.29元人民币。南方公司的记账本位币为人民币，以业务发生当日的即期汇率作为折算汇率。不考虑应交增值税。南方公司2015年11月10日应编制会计分录如下：

借：库存商品　　　　314 500（50 000 ×6.29）
　　贷：应付账款——A公司——美元户（USD50 000）　　　　314 500

2. 外币兑换

（1）买入外汇。

企业买入外汇也就是银行卖出外汇，企业按照外汇现钞卖出价购入，银行按照现钞卖出价收取人民币。企业的"银行存款——人民币户"账户按实际支付的金额记账，而"银行存款——外币户"账户按照当日即期汇率或即期汇率的近似汇率来折算，两者之间的差额记入"财务费用——汇兑损益"账户。

【例5】2016年3月10日，南方公司从银行买入80 000美元，当日银行卖出价为1美元 = 6.29元人民币，买入价为1美元 = 6.20元人民币。南方公司的记账本位币为人民币，并以业务发生当日的即期汇率作为折算汇率，当日即期汇率为1美元 = 6.26元人民币。南方公司2016年3月10日应编制会计分录如下：

借：银行存款——美元户（USD80 000）      500 800（80 000 × 6.26）
　　财务费用——汇兑损益      2 400
　　贷：银行存款——人民币户      503 200（80 000 × 6.29）

（2）卖出外汇。

企业卖出外汇也就是银行买入外汇，银行按照当日买入价支付企业人民币。企业的"银行存款——人民币户"账户按实际收到的人民币金额记账，而"银行存款——外币户"账户按照当日即期汇率或即期汇率的近似汇率折算，两者之间的差额记入"财务费用——汇兑损益"账户。

【例6】续例5，假设南方公司向银行卖出80 000美元，则南方公司2016年3月10日应编制会计分录如下：

借：银行存款——人民币户      496 000（80 000 × 6.20）
　　财务费用——汇兑损益      4 800
　　贷：银行存款——美元户（USD80 000）      500 800（80 000 × 6.26）

3. 外币借贷业务

企业借入外汇时，将借入当日即期汇率作为折算汇率，同时按照借入外汇的金额登记相关的外币账户。

【例7】南方公司的记账本位币为人民币。2015年7月18日从中国工商银行借入欧元10 000元，期限为3个月，年利率为6%，当日的即期汇率为1欧元 = 8.2元人民币，利息到期时一次支付。假定借入的欧元暂存银行，相关会计分录如下：

借：银行存款——欧元      82 000（10 000 × 8.2）
　　贷：短期借款——欧元      82 000

4. 接受外币投资

【例8】某外商投资企业以人民币为记账本位币，按照规定允许开立现汇账户，以业务发生当日的即期汇率作为折算汇率。合同约定外方出资10 000美元，汇率为1美元 = 6.32元人民币。2016年6月15日，外方B公司交足出资额，当日市场汇率为1美元 = 6.29元人民币。该企业2016年6月15日应编制会计分录如下：

借：银行存款——美元户（USD10 000）      62 900
　　贷：实收资本——B公司      62 900

### （三）会计期末或结算日外币交易余额的会计处理

资产负债表日，企业应当对外币货币性项目和外币非货币性项目分别进行处理，具体如下：

1. 货币性项目的处理

货币性项目是指企业持有的货币和将以固定或可确定金额的货币收取的资产或者偿付的负债。货币性项目分为货币性资产和货币性负债，货币性资产包括现金、银行存款、应收账款和应收票据以及持有至到期投资等；货币性负债包括应付账款、其他应付款、短期借款、应付债券、长期借款、长期应付款等。

对于外币货币性项目，资产负债表日或结算日，因汇率波动而产生的汇兑差额作为财务费用处理，同时调增或调减外币货币性项目的记账本位币金额。

（1）对外销售商品产生的货币性项目。

【例9】南方公司的记账本位币为人民币。2015年12月1日，向美国M公司出口商品一批，货款共计100 000美元，货款尚未收到，约定结算日2016年3月1日，当日即期汇率为1美元＝6.29元人民币。假定2015年12月31日的即期汇率为1美元＝6.30元人民币（假定不考虑增值税等相关税费），2016年3月1日的即期汇率为1美元＝6.26元人民币，则南方公司于2015年12月31日应编制的会计分录为：

借：应收账款　　　　　　　　　　　1 000（100 000×0.01）
　　贷：财务费用——汇兑损益　　　　　　1 000

2013年3月1日南方公司收到货款（即结算日）时应编制的会计分录如下：

借：银行存款　　　　　　　　　　　626 000（100 000×6.26）
　　财务费用——汇兑损益　　　　　　4 000
　　贷：应收账款　　　　　　　　　　630 000（100 000×6.30）

（2）对外采购商品产生的货币性项目。

【例10】南方公司的记账本位币为人民币。2015年12月10日，向德国N公司购入商品一批，商品已验收入库，货款共计100 000欧元，款项尚未支付，约定结算日2016年3月10日，当日即期汇率为1欧元＝8.29元人民币。假定2015年12月31日的即期汇率为1欧元＝8.30元人民币（假定不考虑增值税等相关税费），2016年3月10日的即期汇率为1欧元＝8.26元人民币，则南方公司于2015年12月31日应编制的会计分录为：

借：财务费用——汇兑损益　　　　　　1 000（100 000×0.01）
　　贷：应付账款　　　　　　　　　　1 000

2016年3月10日南方公司支付货款时应编制的会计分录如下：

借：应付账款　　　　　　　　　　　830 000
　　贷：银行存款　　　　　　　　　　826 000（100 000×8.26）
　　　　财务费用——汇兑损益　　　　4 000

（3）借款产生的货币性项目。

【例11】续例7，2014年10月18日以人民币归还所借欧元，当日银行的欧元卖出价为1欧元＝8.3元人民币，则当日应归还银行借款利息150（10 000×6%÷12×3）欧元，按当日欧元卖出价折算为人民币为1 245（150×8.3）元。相关会计分录如下：

偿还本金 10 000 欧元时：

借：短期借款　　　　　　　　　　　　　　82 000

　　财务费用——汇兑损益　　　　　　　　1 00 （10 000×0.01）

　　贷：银行存款　　　　　　　　　　　　83 000 （10 000×8.3）

支付利息：

借：财务费用　　　　　　　　　　　　　　1 245 （150×8.3）

　　贷：银行存款　　　　　　　　　　　　1 245

2. 非货币性项目的处理

非货币性项目是指货币性项目以外的项目，如存货、长期股权投资、交易性金融资产（股票、基金）、固定资产、无形资产等。

（1）对于以历史成本计量的外币非货币性项目，已在交易发生日按当日即期汇率折算，资产负债表日不应改变其原记账本位币金额，不产生汇兑损益。因为这些项目在取得时已按取得日即期汇率折算，从而构成这些项目的历史成本，如果再按资产负债表日的即期汇率折算，就会导致这些项目价值不断变动，从而使这些项目的折旧、摊销和减值不断地随之变动。这与这些项目的实际情况不符。

例如某外商投资企业的记账本位币是人民币。2015 年 8 月 15 日，进口一台机器设备，设备价款 800 000 美元，尚未支付，当日的即期汇率为 1 美元 =6.2 元人民币。2015 年 12 月 31 日的即期汇率为 1 美元 =6.1 元人民币。假定不考虑其他相关税费，该项设备属于企业的固定资产，在购入时已按当日即期汇率折算为人民币 4 960 000 （800 000×6.2）元。由于"固定资产"属于非货币性项目，因此，2015 年 12 月 31 日，不需要按当日即期汇率进行调整。

但是，对于存货有个例外，在以外币购入存货并且该存货在资产负债表日的可变现净值是以外币反映的情况下，在计提存货跌价准备时应当考虑汇率变动的影响。因为存货在资产负债表日是采用成本与可变现净值孰低法来计量的。

【例 12】南方公司以人民币为记账本位币。2015 年 11 月 20 日以每台 500 美元的价格从美国某供货商手中购入国际最新型号 M 商品 20 台，货款于当日已支付。2015 年 12 月 31 日，南方公司已售出此商品 8 台，国内市场仍无此商品供应，但商品 M 在国际市场的价格已降至每台 490 美元。2015 年 11 月 20 日的即期汇率是 1 美元 =6.3 元人民币，2015 年 12 月 31 日的汇率是 1 美元 =6.2 元人民币。假定不考虑增值税等相关税费，南方公司应作会计分录如下：

11 月 20 日，购入商品 M 时：

借：库存商品——M　　　　　　　　　　　63 000 （20×500×6.3）

　　贷：银行存款　　　　　　　　　　　　63 000

12 月 31 日，由于库存 12 台 M 商品市场价格下跌，其可变现净值低于成本，应计提存货跌价准备，会计分录如下：

借：资产减值损失　　　　　　　　　　　　1 344

　　贷：存货跌价准备　　　　　　　　　　1 344

12×500×6.3 – 490×12×6.2 = 1 344 元（人民币）

本例中，期末在计算库存商品 M 的可变现净值时，由于在国内没有相应产品的价格，因此只能以 M 商品的国际市场价格为基础来确定其可变现净值，但需要考虑汇率变动的影响，即以期末国际市场价格为基础确定的可变现净值应按照期末汇率折算，再与库存商品 M 的记账本位币成本相比较，最终确定其应计提的跌价准备。

（2）对于以公允价值计量的股票、基金等非货币性项目，如果期末的公允价值以外币反映，则应当先将该外币按照公允价值确定当日的即期汇率折算为记账本位币金额，再与原记账本位币金额进行比较，其差额作为公允价值变动损益，计入当期损益。如属于可供出售外币非货币性项目的，形成的汇兑损益，计入资本公积。

【例 13】南方公司的记账本位币为人民币。2015 年 12 月 10 日以每股 1.5 美元的价格购入 M 公司 B 股 10 000 股作为交易性金融资产，当日即期汇率为 1 美元 = 6.3 元人民币，款项已付。2015 年 12 月 31 日，由于市价变动，当月购入的 M 公司 B 股的市价变为每股 1.8 美元，当日即期汇率为 1 美元 = 6.27 元人民币。2016 年 2 月 18 日以每股 2.0 美元的价格全部售出，当日即期汇率为 1 美元 = 6.25 元。假定不考虑相关税费的影响。南方公司对上述交易应编制的会计分录如下：

①交易日（2015 年 12 月 10 日）：

借：交易性金融资产　　　　　　　　　94 500（10 000 × 1.5 × 6.3）

　　贷：银行存款　　　　　　　　　　　　94 500

②资产负债表日（2015 年 12 月 31 日）：

根据《企业会计准则第 22 号——金融工具确认和计量》规定，交易性金融资产以公允价值计量。由于该项交易性金融资产是以外币计价，在资产负债表日，不仅应考虑美元市价的变动，还应一并考虑美元与人民币之间汇率变动的影响，上述交易性金融资产在资产负债表日的人民币金额为 112 860（10 000 × 1.8 × 6.27）元，与原账面价值 94 500 元（10 000 × 1.5 × 6.3）的差额为 18 360 元人民币，应计入公允价值变动损益。相应的会计分录为：

借：交易性金融资产　　　　　　　　　　　　　　　　18 360

　　贷：公允价值变动损益　　　　　　　　　　　　　　　18 360

18 360 元人民币既包含南方公司所购 M 公司 B 股股票公允价值变动的影响（由每股 1.5 美元涨为每股 1.8 美元），又包含人民币与美元之间汇率变动的影响（汇率 1 美元 = 6.3 元人民币，降为 1 美元 = 6.2 元人民币）。

③出售日（2016 年 2 月 18 日）：

售出当日，对于汇率的变动和股票市价的变动不进行区分，均作为投资收益进行处理，并将原记入"公允价值变动损益"项目的金额转为"投资收益"。

借：银行存款　　　　　　　　　　　125 000（10 000 × 2 × 6.25）

　　贷：交易性金融资产　　　　　　　　112 860

　　　　投资收益　　　　　　　　　　　12 140

同时：

借：公允价值变动损益　　　　　　　　　　　　　　　18 360

　　贷：投资收益　　　　　　　　　　　　　　　　　　18 360

## 三、外币交易会计的记账方法

外币交易会计的记账方法一般分为外币统账制记账方法和外币分账制记账方法两种。在实务中，无论是采用分账制记账方法，还是采用统账制记账方法，只是账务处理程序不同，产生的结果相同，计算出的汇兑损益也相同。

### （一）外币统账制记账方法

外币统账制记账法又称为记账本位币法，在这种方法下，企业选择一种货币作为记账本位币，其他各种货币计价的业务都应折算为记账本位币进行反映，外币金额在账上只作为补充资料进行反映。外币统账制记账方法又可分为逐笔结转法和集中结转法两种。

#### 1. 逐笔结转法

逐笔结转法是指企业对每一笔外币业务，均按业务发生日的即期汇率入账，每次结算一次或收付，根据账面汇率计算一次汇兑损益，期末（月末、季末、年末）再按期末市场汇率进行调整，调整后的期末记账本位币金额与原账面本位币金额之间的差额作为当期的汇兑损益。在这种方法下，外币资产和负债的增加采用交易日即期汇率折算，外币资产和负债的减少选用账面汇率进行折算，其账面汇率的计算可以采用先进先出法、加权平均法等方法确定。

【例14】南方公司2015年8月末各外币货币性项目账户的余额见表9-6：

表9-6  各外币货币性账户的期初余额

| 账户名称 | 借方 | | | 贷方 | | | 余额 | | |
|---|---|---|---|---|---|---|---|---|---|
| | 原币 $ | 汇率 | 人民币 ¥ | 原币 $ | 汇率 | 人民币 ¥ | 原币 $ | 汇率 | 人民币 ¥ |
| 银行存款——美元户 | 5 000 | 6.2 | 31 000 | | | | 5 000 | 6.2 | 31 000 |
| 应收账款——A 公司 | 10 000 | 6.2 | 62 000 | | | | 10 000 | 6.2 | 62 000 |
| 应付账款——B 公司 | | | | 8 000 | 6.2 | 49 600 | 8 000 | 6.2 | 49 600 |
| 短期借款——美元户 | | | | 10 000 | 6.2 | 62 000 | 10 000 | 6.2 | 62 000 |

2015年9月，南方公司发生了以下业务：

（1）3日，向A公司出口商品一批，计8 000美元，已办理出口交单手续，货款未收。当日市场汇率为1美元 = 6.19元人民币。

（2）8日，收回A公司前欠货款6 000美元。当日市场汇率为1美元 = 6.18元人民币。

（3）15日，归还B公司前欠货款5 000美元。当日市场汇率为1美元 = 6.17元人民币。

（4）23 日，向 B 公司进口一批商品计 6 000 美元，货款未付。当日市场汇率为 1 美元 =6.16 元人民币。

（5）25 日，归还短期借款 2 000 美元。当日市场汇率为 1 美元 =6.16 元人民币。

2015 年 9 月 30 日的市场汇率为 1 美元 =6.15 元人民币。

根据上述业务，南方公司应编制的会计分录如下：

（1）借：应收账款——A 公司（美元户）　　49 520（8 000×6.19）

　　　贷：主营业务收入　　　　　　　　　　　　49 520

（2）借：银行存款——美元户　　　　　　　37 080（6 000×6.18）

　　　财务费用——汇兑损益　　　　　　　　120

　　　贷：应收账款——A 公司（美元户）　　37 200（6 000×6.2）

注："银行存款"采用当日市场汇率，而"应收账款"采用原账面汇率（先进先出法），差额为这笔交易产生的汇兑损益。

（3）借：应付账款——B 公司（美元户）　　31 000（5 000×6.2）

　　　贷：银行存款——美元户　　　　　　　　31 000（5 000×6.2）

注："应付账款"和"银行存款"采用的都是账面汇率，并使用先进先出法。

（4）借：物资采购　　　　　　　　　　　　36 960（6 000×6.16）

　　　贷：应付账款——B 公司（美元户）　　36 960（6 000×6.16）

（5）借：短期借款——美元户　　　　　　　12 400（2 000×6.2）

　　　贷：银行存款——美元户　　　　　　　　12 360（2 000×6.18）

　　　财务费用——汇兑损益　　　　　　　　40

注："银行存款"的账面汇率为 1 美元 =6.16 元人民币，因为采用先进先出法，这 2 000 美元系第二笔交易收到的回货款。

月末各账户汇兑损益的计算见表 9 – 7：

表 9 – 7　逐笔结转法下月末汇兑损益的计算

| 账户名称 | 日期 | 借方 | | | 贷方 | | | 余额 | | |
|---|---|---|---|---|---|---|---|---|---|---|
| | | 原币 $ | 汇率 | 人民币 ¥ | 原币 $ | 汇率 | 人民币 ¥ | 原币 $ | 汇率 | 人民币 ¥ |
| 银行存款 | 初 | 5 000 | 6.2 | 31 000 | | | | | | |
| | 8 | 6 000 | 6.18 | 37 080 | | | | | | |
| | 15 | | | | 5 000 | 6.2 | 31 000 | | | |
| | 25 | | | | 2 000 | 6.18 | 12 360 | | | |
| | | | | | | | | 4 000 | 6.18 | 24 720 |
| 月末调整数 | 30 | | | | | | | 4 000 | 6.15 | 24 600 |
| | | | | | | | | | | （120） |

（续上表）

| 账户名称 | 日期 | 借方 | | | 贷方 | | | 余额 | | |
|---|---|---|---|---|---|---|---|---|---|---|
| | | 原币 $ | 汇率 | 人民币 ¥ | 原币 $ | 汇率 | 人民币 ¥ | 原币 $ | 汇率 | 人民币 ¥ |
| 应收账款 | 初 3 8 | 10 000 8 000 | 6.2 6.19 | 62 000 49 520 | 6 000 | 6.2 | 37 200 | 4 000 8 000 12 000 | 6.2 6.19 | 24 800 49 520 74 320 |
| 月末 调整数 | 30 | | | | | | | 12 000 | 6.15 | 73 800 (520) |
| 应付账款 | 初 15 23 | 5 000 | 6.2 | 31 000 | 8 000 6 000 | 6.2 6.16 | 49 600 36 960 | 3 000 6 000 9 000 | 6.2 6.16 | 18 600 36 960 55 560 |
| 月末 调整数 | 30 | | | | | | | 9 000 | 6.15 | 55 350 210 |
| 短期借款 | 初 25 | 2 000 | 6.2 | 12 400 | 10 000 | 6.2 | 62 000 | 8 000 | 6.2 | 49 600 |
| 月末 调整数 | 30 | | | | | | | 8 000 | 6.15 | 49 200 400 |
| 月末调整 汇兑损益 | | | | | | | | | | (30) |

（6）9月末，按月末汇率 1 美元 = 6.15 元人民币对货币性项目进行调整，会计分录如下：

借：短期借款——美元户　　　　　　　　　　　　　400

　　应付账款——B 公司（美元户）　　　　　　　　210

　　财务费用——汇兑损益　　　　　　　　　　　　30

　　贷：银行存款——美元户　　　　　　　　　　　　120

　　　　应收账款——A 公司（美元户）　　　　　　　520

在逐笔结转法下，南方公司全月汇兑损失为 110 元，具体如下：

财务费用——汇兑损益

| | | | | |
|---|---|---|---|---|
| （2） | 120 | | （5） | 40 |
| 月末 | 30 | | | |
| | 110 | | | |

2. 集中结转法

集中结转法指企业对外币货币性项目账户平时一律按业务发生日即期汇率记账，不确认汇兑损益，期末（月末、季末、年末）将外币账户的余额按期末即期汇率进行调整，将调整后的期末记账本位币与原账面余额的差额集中计算一笔汇兑损益。

【例15】资料同例14，按集中结转法进行账务处理，其上述业务的会计分录如下：

（1）借：应收账款——A 公司（美元户）  49 520（8 000×6.19）

　　　　贷：主营业务收入　　　　　　　　49 520

（2）借：银行存款——美元户　　　　　　37 080（6 000×6.18）

　　　　贷：应收账款——A 公司（美元户）　37 080（6 000×6.18）

（3）借：应付账款——B 公司（美元户）　30 850（5 000×6.17）

　　　　贷：银行存款——美元户　　　　　　30 850（5 000×6.17）

（4）借：物资采购　　　　　　　　　　　36 960（6 000×6.16）

　　　　贷：应付账款——B 公司（美元户）　36 960（6 000×6.16）

（5）借：短期借款——美元户　　　　　　12 320（2 000×6.16）

　　　　贷：银行存款——美元户　　　　　　12 320（2 000×6.16）

月末各账户汇兑损益的计算见表9-8：

表 9 - 8　集中结转法下月末汇兑损益的计算

| 账户名称 | 日期 | 借方 | | | 贷方 | | | 余额 | | |
|---|---|---|---|---|---|---|---|---|---|---|
| | | 原币 $ | 汇率 | 人民币 ¥ | 原币 $ | 汇率 | 人民币 ¥ | 原币 $ | 汇率 | 人民币 ¥ |
| 银行存款 | 初 | 5 000 | 6.2 | 31 000 | | | | | | |
| | 8 | 6 000 | 6.18 | 37 080 | | | | | | |
| | 15 | | | | 5 000 | 6.17 | 30 850 | | | |
| | 25 | | | | 2 000 | 6.16 | 12 320 | 4 000 | | 24 910 |
| 月末 调整数 | 30 | | | | | | | 4 000 | 6.15 | 24 600 |
| | | | | | | | | | | (310) |
| 应收账款 | 初 | 10 000 | 6.2 | 62 000 | | | | | | |
| | 3 | 8 000 | 6.19 | 49 520 | | | | | | |
| | 8 | | | | 6 000 | 6.18 | 37 080 | 12 000 | | 74 440 |

（续上表）

| 账户名称 | 日期 | 借方 | | | 贷方 | | | 余额 | | |
|---|---|---|---|---|---|---|---|---|---|---|
| | | 原币 $ | 汇率 | 人民币 | 原币 $ | 汇率 | 人民币 | 原币 $ | 汇率 | 人民币 |
| 月末调整数 | 30 | | | | | | | 12 000 | 6.15 | 73 800<br>（640） |
| 应付账款 | 初<br>15<br>23 | 5 000 | 6.17 | 30 850 | 8 000<br>6 000 | 6.2<br>6.16 | 49 600<br>36 960 | 9 000 | | 55 710 |
| 月末调整数 | 30 | | | | | | | 9 000 | 6.15 | 55 350<br>360 |
| 短期借款 | 初<br>25 | 2 000 | 6.16 | 12 320 | 10 000 | 6.2 | 62 000 | 8 000 | 6.2 | 49 680 |
| 月末调整数 | 30 | | | | | | | 8 000 | 6.15 | 49 200<br>480 |
| 月末调整汇兑损益 | | | | | | | | | | （110） |

（6）9月末，按月末汇率1美元＝6.15元人民币对货币性项目进行调整，会计分录如下：

借：短期借款——美元户　　　　　　　　　　　　　　　　480
　　应付账款——B公司（美元户）　　　　　　　　　　　360
　　财务费用——汇兑损益　　　　　　　　　　　　　　　110
　贷：银行存款——美元户　　　　　　　　　　　　　　　　　310
　　　应收账款——A公司（美元户）　　　　　　　　　　　　640

在集中结转法下，南方公司全月的汇兑损失同样为110元。

从例14和例15可知，上述两种方法的计算结果是一致的，但逐笔结转法需要随时查找或计算账面汇率，较为复杂，适用于外币业务不多的企业；集中结转法平时不需计算汇兑损益，而是将汇兑损益的计算工作集中在期末，适用于外币业务较频繁、业务量较大的企业。

**（二）外币分账制记账方法**

外币分账制法又称为原币记账法，在这种方法下，企业的记账本位币业务和外币业务分别设置账户反映，也就是说有多少种货币入账，就应设立多少套账户。当发生外币业务时，先用该种业务的外币直接计入该外币账户，平时不需要进行汇率折算，亦不需要反映记账本位币的金额。会计期末，一次性将所有外币账户全部按照市场汇率折算为记账本位币的金额，并且确认其汇兑损益。外币分账制适用于外币交易发生频繁、外币币种较多的企业，如金融类企业。

在分账制记账方法下，为保持不同币种借贷方金额合计相等，需要设置"货币兑换"进行核算。实务中又可采用两种方法来进行核算，具体如下：

（1）所有外币交易均通过"货币兑换"科目处理。

在这种方法下，会计处理包括以下内容：

①企业发生的外币交易同时涉及货币性项目和非货币性项目的，按相同外币金额同时记入货币性项目和"货币兑换（外币）"科目，同时，按以交易发生日即期汇率折算为记账本位币金额记入非货币性项目和"货币兑换（记账本位币）"科目；

②企业发生的外币交易只涉及记账本位币外的一种币种的货币性项目的，按相同币种金额入账，不需要通过"货币兑换"科目核算；如果涉及两种以上的货币，则按照相同币种金额计入相应货币性项目和"货币兑换（外币）"科目；

③期末，应将所有以记账本位币以外的货币反映的"货币兑换"科目余额按照期末汇率折算为记账本位币金额，并与"货币兑换（记账本位币）"科目的余额相比较，其差额转入汇兑损益。

④结算外币货币性项目产生的汇兑差额记入"汇兑损益"。

【例16】某金融类企业采用分账制记账法进行记账，该企业的记账本位币为人民币，采用市场汇率作为折算汇率。假设2015年8月31日的汇率为1美元＝6.19元人民币，1英镑＝9.66元人民币，2015年8月发生的业务如下：

①8月5日，收到投资者投入的货币资本200 000美元，无合同约定汇率，当日汇率为1美元＝6.21元人民币；

②8月14日，以5 000美元购入一台固定资产，当日汇率为1美元＝6.2元人民币；

③8月22日，某客户以48 200元人民币购入5 000英镑，当日英镑卖出价为1英镑＝9.64元人民币；

对于上述交易，该企业应编制的会计分录如下：

①8月5日，收到投资者投入的200 000美元：

借：银行存款（美元）　　　　　　　　　　USD＄200 000
　　贷：货币兑换（美元）　　　　　　　　　USD＄200 000
借：货币兑换（人民币）　　　RMB￥1 242 000（200 000×6.21）
　　贷：实收资本　　　　　　　　　　　　　RMB￥1 242 000

②8月14日，以美元购入固定资产：

借：货币兑换（美元）　　　　　　　　　　USD＄5 000
　　贷：银行存款（美元）　　　　　　　　　USD＄5 000
借：固定资产　　　　　　　　RMB￥31 000（5 000×6.2）
　　贷：货币兑换（人民币）　　　　　　　　RMB￥31 000

③8月22日，售出英镑：

借：货币兑换（英镑）　　　　　　　　　　GBP£5 000
　　贷：银行存款（英镑）　　　　　　　　　GBP£5 000
借：银行存款（人民币）　　　　　　　　　RMB￥48 200

贷：货币兑换（人民币）                                       RMB￥48 200

期末"货币兑换"外币账户余额如下：

货币兑换——美元户

|  | ① 200 000 |
|---|---|
| ②5 000 |  |
|  | 195 000 |

货币兑换——英镑户

| ③5 000 |  |
|---|---|
| 5 000 |  |

期末，按照期末汇率将"货币兑换"的外币账户进行折算，"货币兑换——美元户"贷方余额为 195 000（200 000 – 5 000）美元，按照期末汇率 1 美元 = 6.19 元人民币折算，为 1 207 050 元人民币；"货币兑换——英镑户"借方余额额为 5 000 英镑，按照期末汇率 1 英镑 = 9.66 元人民币折算，为 48 300 元人民币。因此"货币兑换——外币户"贷方余额为 1 158 750（1 207 050 – 48 300）元人民币；"货币兑换——人民币户"的借方余额为 1 162 800（1 242 000 – 31 000 – 48 200）元人民币。将非记账本位币的"货币兑换"账户与"货币兑换——人民币户"的余额之差 4 050（1 162 800 – 1 158 750）元人民币计入汇兑损益，应编制会计分录如下：

借：财务费用——汇兑损益                                     RMB 4 050

　贷：货币兑换——人民币户                                   RMB 4 050

（2）外币交易日常核算不通过"货币兑换"科目，仅在资产负债表日结转汇兑损益时通过"货币兑换"科目处理。

在外币交易发生时直接以发生的币种进行账务处理，期末，由于所有账户均需要折算为记账本位币列报，因此，所有以外币反映的账户余额均需要折算为记账本位币余额。其中，货币性项目以资产负债表日即期汇率折算，非货币性项目以交易日即期汇率折算。折算后，所有账户借方余额之和与所有账户贷方余额之和的差即为当期汇兑差额，应当计入当期损益，作为汇兑损益。

【例 17】资料同例 16，日常核算中应编制会计分录如下：

① 8 月 5 日，收到投资者投入的 200 000 美元：

借：银行存款（美元）                                        USD＄200 000

　贷：实收资本                                              USD＄200 000

②8月14日，以美元购入固定资产：

借：固定资产　　　　　　　　　　　　　　　　　　USD＄5 000

　　贷：银行存款（美元）　　　　　　　　　　　　USD＄5 000

③8月22日，售出英镑：

借：银行存款（人民币）　　　　　　　　　　　　　RMB￥48 200

　　贷：银行存款（英镑）　　　　　　　　　　　　GBP￡5 000

资产负债表日，编制账户科目余额（人民币）的调节表：非人民币货币性项目以资产负债表日即期汇率折算，非人民币非货币性项目以交易日即期汇率折算（如表9-9所示）。

表9-9　科目余额（人民币）调节表

| 借方余额账户 | 币种 | 外币余额 | 汇率 | 人民币余额 | 贷方余额账户 | 币种 | 外币余额 | 汇率 | 人民币余额 |
|---|---|---|---|---|---|---|---|---|---|
| 银行存款 | 美元 | 195 000 | 6.19 | 1 207 050 | 实收资本 | 美元 | 200 000 | 6.21 | 1 242 000 |
| | 人民币 | | | 48 200 | 银行存款 | 英镑 | 5 000 | 9.66 | 48 300 |
| 固定资产 | 美元 | 5 000 | 6.2 | 31 000 | | | | | |
| 人民币余额合计 | | | | 1 286 250 | 人民币余额合计 | | | | 1 290 300 |
| 汇兑损益 | | | | 4 050 | | | | | |

根据科目余额（人民币）调节表应编制会计分录如下：

借：财务费用——汇兑损益　　　　　　　　　　　　RMB 4 050

　　贷：货币兑换——人民币户　　　　　　　　　　RMB 4 050

# 第四节　期汇合约对外币交易进行套期保值的会计处理

由于汇率会随着政治、经济等各种因素的影响而不断发生变化，为了避免在商品进、出口贸易中由于汇率变动使企业的应收应付项目遭受损失，企业可在外汇市场上与外汇经纪银行签订一项应付或应收某一外币的远期合同，以抵销汇率变动风险可能导致的损失。

## 一、远期外汇合约及相关的会计处理

远期外汇合约，又称为期汇合约，是指外汇买卖双方分别承诺在未来某一日期，以特定汇率买进或卖出约定数额外汇的合约。因此，在远期外汇合约中，规定了交割外汇的数量、汇率以及交割日期。一到交割日，买卖合约双方根据合同的规定，买方按合同约定的汇率付款，卖方则按约定的外汇数额付汇，至此交易完成。

国际上对签订远期外汇合约时的会计处理存在两种观点：一种观点认为签订合约时无

须正式登记入账。该观点认为，一个在将来交换经济资源的协议，在没履行之前，对合约双方而言只是一个约定义务，得到其中一方完成协议的某一部分而对另一方有违约赔偿的重大强制力时才需入账；另一种观点则认为在签订远期合约时就需正式入账。其理由是一个期汇合约既是一个经济资源（企业可向对方要求其支付不同的货币），又是一个经济债务（企业也要向对方交出另一种货币），并且这种合约在不少发达国家可以转让，具有市场价值，因此应在签订时就正式入账。美国《财务会计准则》支持第二种观点，并要求将签订远期外汇合约的成本分期摊销。

外汇经纪银行在签订远期外汇合约时，会设定不同于签约日的远期汇率，以抵偿其自身的风险。这种由于远期汇率与签约日即期汇率之间的差异所产生的规避汇率变动风险的成本，就是远期外汇合约成本，又称为升水或贴水损益（见例18）。远期汇率高于即期汇率产生升水时，卖出外汇方会产生升水收益，而买进外汇方则会产生升水损失；另一方面，若远期汇率低于即期汇率，则卖出外汇方会产生贴水损失，而买进外汇方则会产生贴水收益。

在签订期汇合约时，买进或卖出远期外汇所产生的外币金额应按合约日的即期汇率折合为记账本位币入账，买入的远期外汇作为"应收期汇合同款"，卖出的外汇作为"应付期汇合同款"。由于汇率的变化，往往在合约日、资产负债表日和交割日的汇率存在差异，由此导致"应收期汇合同款"或"应付期汇合同款"记账本位币金额也存在差异，这种由于汇率变动产生的折算差额，作为汇兑损益处理，具体处理方法同外币交易的处理（单一交易观或两项交易观）。

值得注意的是，期汇合同的升水或贴水损益与外币折算的汇兑损益是两个不同的概念，前者是由于签约日的即期汇率与远期汇率的不等产生的差额；而后者是由于合约日、资产负债表日与交割日汇率的不等产生的差额，其会计处理也存在不同。目前国际上的通行做法是，前者递延处理，在期汇合约期内摊销；而后者是按两项交易观中的当期确认法处理，确认为当期损益。

## 二、期汇合约对外币交易进行套期保值的会计处理

外币交易业务的套期保值是指外币业务交易者为避免汇率变动可能带来的风险，买入或卖出相当于所承担或持有的外币负债或资产的远期外汇，交割期限与资产变现或负债偿还的日期相匹配，使资产或负债以本币表示的价值免受汇率波动的影响，从而达到保值的目的。

通过期汇合约对外币交易进行套期保值，以避免或降低汇率风险，这是企业在外币交易业务中通常采取的一种基本做法。下面举例说明企业采用期汇合约对外币交易进行套期保值的会计处理。

【例18】南方公司的记账本位币为人民币，2015年11月2日南方公司向英国B公司购进一种特殊材料，计GBP£ 100 000，货物暂未收到，合同约定在2016年2月2日付款，货款以英镑结算，南方公司为了避免汇率变动的风险，于同日与银行签订了一份购买期为3个月的英镑期汇合约。有关人民币兑换英镑的汇率资料如下：

11月2日　　　　即期汇率　　　1英镑＝9.82元人民币
11月2日　　　　3个月远期　　　1英镑＝9.88元人民币

12 月 31 日　　　　即期汇率　　　1 英镑 = 9.86 元人民币

2 月 2 日　　　　　即期汇率　　　1 英镑 = 9.94 元人民币

南方公司通过签订期汇合约来进行套期保值的会计处理如下：

（1）11 月 2 日，购买原材料：

借：物资采购　　　　　　　　　　　　　982 000

　　贷：应付账款　　　　　　　　　　　　　982 000（9.82 × 100 000）

（2）南方公司与银行签订期汇合约：

借：应收期汇合同款（GBP£ 100 000）　　982 000

　　递延升水损益　　　　　　　　　　　　6 000

　　贷：应付期汇合同款（RMB ¥）　　　　988 000

注：在上述分录中，"应付期汇合同款"988 000 元人民币是确定不变的，即按 3 个月远期汇率折算（100 000 × 9.88），这是南方公司 2 月 2 日最终向银行支付的人民币数额；而"应收期汇合同款"982 000 元人民币是按当日的即期汇率折算出来的（100 000 × 9.82），它随着汇率的变动而发生相应的变动；远期汇率与即期汇率形成的升水损益就是期汇合约的成本，在期汇合约期内摊销。

（3）12 月 31 日，按期末即期汇率调整应付账款（GBP£ 100 000）和应收期汇合约款（GBP£ 100 000），并摊销递延折算损益的 2/3。

借：财务费用——汇兑损益　　　　　　　4 000

　　贷：应付账款（GBP£）　　　　　　　　4 000 [100 000 × （9.86 - 9.82）]

借：应收期汇合约款（GBP£ 100 000）　　4 000 [100 000 × （9.86 - 9.82）]

　　贷：财务费用——汇兑损益　　　　　　　4 000

摊销本期应承担的递延期汇合约成本：

借：溢价支出　　　　　　　　　　　　　4 000

　　贷：递延升水损益　　　　　　　　　　　4 000（6 000 × 2/3）

（4）2 月 2 日，兑现期汇合约和支付原材料货款，并摊销剩余的期汇合约成本。

兑现期汇合约，支付 988 000 元人民币：

借：应付期汇合同款（RMB）　　　　　　988 000

　　贷：银行存款　　　　　　　　　　　　　988 000（100 000 × 9.88）

注：支付的人民币金额在签订期汇合约时已确定，不管汇率发生怎样的变化，南方公司只需向银行支付 988 000 元人民币即可获得 100 000 英镑。

兑现期汇合约，收到 100 000 英镑：

借：银行存款——英镑户（GBP£ 100 000）　994 000（100 000 × 9.94）

　　贷：应收美元期汇合约（GBP£ 100 000）　986 000

　　　　财务费用——汇兑损益　　　　　　　8 000

注：收到的 100 000 英镑按当日的即期汇率折算（100 000 × 9.94）。

材料入库：

借：原材料　　　　　　　　　　　　　　982 000

　　贷：物资采购　　　　　　　　　　　　　982 000

支付货款：

借：应付账款（GBP£ 100 000） 986 000

　　财务费用——汇兑损益 8 000

　　贷：银行存款——英镑户（GBP£ 100 000） 994 000

摊销剩余的期汇合约成本：

借：溢价支出 2 000

　　贷：递延升水损益 2 000

以上是南方公司采用期汇合约来进行套期保值的会计处理，如果不进行套期保值，则相关的会计处理如下：

（1）11 月 2 日，购买原材料：

借：物资采购 982 000

　　贷：应付账款 982 000（9.82 × 100 000）

（2）12 月 31 日，按期末即期汇率调整应付账款（GBP£ 100 000）：

借：财务费用——汇兑损益 4 000

　　贷：应付账款（GBP£ ） 4 000［100 000 ×（9.86 − 9.82）］

（3）2 月 2 日，材料入库并支付原材料货款：

材料入库：

借：原材料 982 000

　　贷：物资采购 982 000

支付货款：

借：应付账款（GBP£ 100 000） 986 000

　　财务费用——汇兑损益 8 000

　　贷：银行存款（GBP£ 100 000） 994 000

比较本例中南方公司采用期汇合约进行套期保值与不采用期汇合约来进行套期保值的结果可知，南方公司通过套期保值，避免了因汇率上升造成的 12 000［100 000 ×（9.94 − 9.82）］元人民币的损失。尽管公司在购买远期合约中发生了 6 000［100 000 ×（9.88 − 9.82）］元的期汇合约成本（由签约日远期汇率与即期汇率所形成的），公司仍受益 6 000 元人民币，这就是套期保值给南方公司带来的正效应。但未必套期保值都能给企业带来正效应，套期保值最终能否给企业带来好处，取决于两个方面：一是远期汇率与结算日的即期汇率之间的差额与变动方向；二是债权与债务的性质决定了损益的方向。具体可分下面四种情况，见表 9 – 10：

表 9 – 10　汇率变动与套期保值的结果

| 应收外币账款 | 远期汇率 > 结算日即期汇率 | 利得 |
|---|---|---|
| | 远期汇率 < 结算日即期汇率 | 损失 |
| 应付外币账款 | 远期汇率 > 结算日即期汇率 | 损失 |
| | 远期汇率 < 结算日即期汇率 | 利得 |

## 本章小结

记账本位币是指企业经营所处的主要经济环境中的货币，通常这一货币是企业主要收支现金的经济环境中的货币。外币就是企业所采用的记账本位币以外的货币，而外币交易是指企业以记账本位币以外的货币计价或者结算的业务。对于企业发生的以外币计价的商品购销业务，其会计处理存在两种不同的观点，即单一交易观和两项交易观。我国外币交易会计采用的是两项交易观，且对未实现的汇兑损益当期确认。

为避免汇率变动可能带来的风险，从事外币业务的企业可买入或卖出相当于所承担或持有的外币负债或资产的远期外汇，交割期限与资产变现或负债偿还的日期相匹配，使资产或负债以本币表示的价值免受汇率波动的影响，从而达到保值的目的。

### 本章思考题与练习题

**思考题**

1. 如何理解外币和外汇，二者有什么区别？
2. 简述外币交易与对外交易的区别？
3. 简述跨国公司应怎样来选择其记账本位币？
4. 简述外币交易业务中的单一交易观与两项交易观的主要区别？
5. 理解外币折算与兑换的区别。
6. 什么是远期外汇合约？
7. 影响远期汇率的主要因素是什么？怎样理解升水与贴水？
8. 简述企业应如何根据其自身业务需要来合理运用期汇合约？
9. 采用期汇合约来进行套期保值一定会给企业带来正效应吗？为什么？

**练习题**

**习题一：** 兴华公司的记账本位币为人民币。2015年10月6日向德国某进出口公司销售商品一批，共计100 000欧元，商品已发出，双方约定货款以欧元结算，结算日为2016年1月6日（不考虑应交增值税）。该期间的即期汇率如下：

2015年10月6日，EUR1 = RMB8.31

2015年12月31日，EUR1 = RMB8.32

2016年1月6日，EUR1 = RMB8.28

要求：

（1）按单一交易观编制相关会计分录。

（2）按两项交易观编制相关会计分录（当期确认法）。

**习题二：** 兴华公司的记账本位币为人民币。2015年12月6日向美国某进出口公司采购商品一批，共计200 000美元。商品已发出，双方约定货款以美元结算，结算日为2016年2月6日（不考虑应交增值税）。该期间的即期汇率如下：

2015年12月6日，US $1 = RMB6.21

2015 年 12 月 31 日，US＄1 = RMB6. 20

2016 年 2 月 6 日，　US＄1 = RMB6. 18

要求：

（1）按单一交易观编制相关会计分录。

（2）按两项交易观编制相关会计分录（当期确认法）。

习题三：2015 年 10 月 18 日，兴华公司将 10 000 英镑兑换成美元，并采用交易日的即期汇率进行会计处理，假定当日中国银行的外汇牌价如表 9 - 11：

表 9 - 11

| 货币名称 | 现汇买入价 | 现汇卖出价 | 中间价 | 现钞买入价 | 现钞卖出价 |
|---|---|---|---|---|---|
| 美元 | 611. 68 | 614. 12 | 615. 8 | 606. 78 | 614. 12 |
| 英镑 | 988. 62 | 996. 95 | 994. 95 | 958. 13 | 996. 95 |

要求：计算所兑换的美元数并编制相应的会计分录。

习题四：兴华公司的记账本位币为人民币，2015 年 10 月 21 日，兴华公司向美国一进出口公司销售商品一批，计 200 000 美元，商品已发出，合同约定在 2016 年 1 月 21 日以美元结算，兴华公司为了避免汇率变动的风险，于同日与银行签订了一份 3 个月卖出 200 000 美元的期汇合约。有关人民币兑换美元的汇率资料如下：

10 月 21 日　　　即期汇率　　　1 美元 = 6. 22 元人民币

10 月 21 日　　　3 个月远期　　1 美元 = 6. 24 元人民币

12 月 31 日　　　即期汇率　　　1 美元 = 6. 19 元人民币

1 月 21 日　　　即期汇率　　　1 美元 = 6. 27 元人民币

要求：为兴华公司编制该项业务的相关会计分录。

### 延伸阅读文献

1. 中华人民共和国财政部：《企业会计准则》，经济科学出版社，2006 年。

2. 中华人民共和国财政部会计司编写组：《企业会计准则讲解2010》，人民出版社，2010 年。

3. ［美］弗洛伊德·A. 比姆斯、约瑟夫·H. 安东尼、罗布林·P. 克莱门特等著，储一昀译：《高级会计学》（第十版），中国人民大学出版社，2011 年。

4. 石本仁主编：《高级财务会计》（第二版），中国人民大学出版社，2011 年版。

5. 梁莱歆主编：《高级财务会计》（第三版），清华大学出版社，2011 年。

6. 王泽霞主编：《高级财务会计》，浙江科学技术出版社，2010 年。

7. 王竹泉等主编：《高级财务会计》，东北财经大学出版社，2010 年。

8. 陈信元主编：《高级财务会计》，上海财经大学出版社，2009 年。

# 第十章  外币报表折算

## 【本章要点】

1. 了解外币报表折算的目的
2. 了解外币报表折算的主要会计问题
3. 理解各外币报表折算方法
4. 了解外币报表折算损益的会计处理
5. 掌握我国现行会计准则对外币报表折算的规定

## 第一节  外币报表折算概述

### 一、外币报表折算的目的

外币财务报表折算是指跨国公司使用母公司的记账本位币重新表述子公司或分支机构按外币编制的报表的一种程序或方法。外币报表折算是跨国公司在会计处理上的一个必不可少的步骤。因为跨国公司要定期将其分布在不同国家或地区的子公司及分支机构的会计报表进行合并，以全面综合地反映整个企业集团的财务状况、经营成果和现金流量等。而国外的子公司或分支机构通常是使用所在国或地区的本地货币来编制报表的，故其编报货币常常与母公司的记账本位币不同，因此，在编制合并财务报表之前，首先要将子公司或分支机构的报表折算为以母公司记账本位币所表示的报表，然后再进行合并。

值得注意的是，外币报表折算只是将会计报表中各项目的表述由一种货币单位转化为另一种货币单位，从理论上来讲，外币报表折算并不改变资产、负债的计量基础。外币报表折算的目的主要表现在以下两个方面：

1. 满足跨国公司编制合并财务报表的需要

企业进行国际投资产生了大型的跨国公司，跨国公司的子公司分布在不同的国家和地区，通过控股方式将各子公司结合起来达到合并经营的目的，从而使母、子公司间形成了一种特殊的经济关系。一方面，母公司和子公司各自都是独立的法律实体，按要求编制各自的财务报表；另一方面，它们又共同结合为一个经济实体，因此需要编制合并财务报表，以反映整个经济实体的财务状况、经营成果和现金流量等。由于国外子公司通常使用所在国本地货币来编制财务报表，其编报货币与母公司的编报货币往往不同，故在编制合并财务报表之前，首先要统一货币计量单位。又因编制合并财务报表的目的是满足母公司股东和债权人的需要，所以合并报表通常是以母公司的记账本位币来表述。所以，在合并前必须将以非母公司记账本位币表示的子公司报表折算为以母公司记账本位币表示的财务报表，即外币报表的折算。

2. 满足个别报表信息使用者的需要

个别报表信息使用者主要有投资者、债权人和其他信息使用者。企业在国外资本市场发行股票、债券进行融资时，需要提供以市场所在国货币为编报货币的会计报表，因而产生了报表折算的需求。例如我国企业为了到美国、中国香港等资本市场上市，必须提供以美元和港元表示的会计报表（产生外币财务报表折算），甚至需要提供按照对方会计准则和惯例调整后的会计报表。我国境内的企业选择人民币以外的货币作为记账本位币的，报表日需要提供以人民币表示的财务报表，也产生了将非人民币表示的财务报表折算为人民币表示的财务报表的需要。

## 二、外币报表折算的主要会计问题

外币财务报表折算的困难源于汇率变动。如果汇率固定不变，外币财务报表折算就是轻而易举的事情，只需将所有报表项目都乘以该固定汇率即可。而在浮动汇率制度下，汇率经常发生变动，外币财务报表折算也就变得复杂起来了。外币报表折算主要涉及两方面的会计问题，即外币报表折算汇率的选择和外币报表折算差额的处理。

1. 外币报表折算汇率的选择

外币财务报表各项目的折算，可供选择的汇率有以下三种：现行汇率、历史汇率和平均汇率。其中现行汇率是指公司报表编制日的汇率；历史汇率是报表中各项目确认入账时的汇率，由于各项目发生的时间不同，因此相对于各项目的历史汇率也各不相同；平均汇率一般是指某一历史汇率与现行汇率的平均值。

外币财务报表折算首先要明确选择何种汇率进行折算。然而，由于资产和负债、货币性项目和非货币性项目性质上的差异，其对汇率变动的反映程度也不尽相同。实务中并非选用上述某种汇率对所有的报表项目进行折算，往往是对不同的报表项目选择不同的折算汇率。汇率的选择取决于报表项目承受的外汇风险，以及报表的折算目的等。到底怎样恰当地选择折算汇率才更合理，多年来一直为人们所争论，至今尚未形成一致的国际标准。

2. 外币报表折算差额的处理

外币报表的折算差额源于对外币报表的各项目采用不同的汇率来进行折算。不同的折算方法，会产生不同的折算差额。关键问题是当对外币报表各项目以特定的汇率进行折算时，折算后的资产负债表上的留存收益项目与所有者权益变动表上留存收益项目折算后的金额就可能存在差异，两者之间的差额即为外币报表折算差额。由于这一差额的出现打破了资产负债表的平衡，从而产生了会计上如何对其进行处理的问题，这也是外币报表折算争论较多的一个难题。目前外币报表折算差额的处理方法主要有以下几种：

（1）折算差额全部计入当期损益。也就是说将本期的外币报表的折算差额，全部计入本期利润表。主张这种处理方法的依据是：汇率变动是客观存在的，汇率的变动会引起资产和负债折算后价值的改变，使资产的净值发生变化。而资产净值的变动必然会影响企业的收益，因此将该部分金额计入当期损益是合理的。

反对采用这种处理方法的人认为，报表折算差额并未导致子公司现金流量的增减，它只是将按一种货币反映的报表重新以另一种货币来反映，折算差额就是这一转换报表反映货币过程的产物，将其全部列入当期损益是不合理的。将汇率变动引起的外币报表折算差额计入当期损益会歪曲公司损益表反映的真实经营成果，从而不能提供真实的会计信息。

（2）递延全部折算差额。也就是说将外币报表折算差额单独列示于资产负债表内，并在以后期间进行摊销。主张这种处理方法的理由是：外币报表折算差额只是将外币表示的资产、负债项目以母公司记账本位币重新计量所产生的差额，并不是已实现的损益。由于汇率的多变，本期表现为折算收益（损失），下期有可能就转变为折算损失（收益），从而使二者相互抵销。因此，如果将此项未实现的损益全部计入当期损益，会歪曲公司的经营成果。而作为递延处理，则可避免这种情况。至于怎样递延，则是人为确定递延方法，以后各期内进行摊销。

反对这种处理方法的人认为，递延处理没有足够的理论根据，因为产生于某一期间的外币报表折算差额，与其后期间并没什么关系，并且递延方法是人为来确定，这样处理的结果使公司各期收益平稳化，实际上掩盖了汇率变动的真实情况。

（3）确认折算损失，递延折算收益。也就是说将未实现的折算损失立即确认为当期损失，而将未实现的折算收益予以递延，列示于资产负债表内，在以后期间递延。这符合稳健性原则的要求。但该种处理方法也受到了人们的批评，批评者认为，报表折算差额属于未实现的损益，因此对折算损失和折算收益应采用同样的处理方式，将折算收益予以递延、折算损失记入当期利润表，是不合理的。

（4）作为所有者权益的调整项。也就是说将折算差额以"报表折算差额"的形式在资产负债表中的"所有者权益"下单独列示。主张这种处理方法的理由是：折算差额只是外币报表被重新表述的产物，只是将外币表示的资产、负债项目以母公司记账本位币重新表述所产生的差额，并不是真正已实现的收益或损失，也并不影响公司的现金流量，因此不应作为当期损益，列入利润表，而应列入资产负债表。然而，也有人认为此种处理方法不符合总收益观，因为总收益观要求在利润表内包括一切非正常和非营业性的损益项目。

对折算差额的不同处理将会导致折算程序的不同，即是先折算收益及留存收益表，并以其留存收益项目的金额为准调整资产负债表中该项目的金额，最后折算出资产负债表，或是相反。世界各国外币报表的折算方法经历了区分流动与非流动项目法、区分货币性与非货币性项目法、时态法和现行汇率法，至今尚未形成一致的国际惯例。以下分别阐述这四种外币报表折算方法以及目前我国《企业会计准则》所规定的外币财务报表折算方法。

# 第二节　外币报表折算方法

## 一、区分流动与非流动项目法

区分流动与非流动项目法是 20 世纪 30 年代至 60 年代世界各国普遍采用的一种外币报表折算方法。该方法最先是由一位叫 L. R. 迪克西的学者在 1911 年出版的《高级会计》一书中提出的。美国会计师协会（AICPA）在 1931 年发布了第 92 号公报，正式提出区分流动与非流动项目法，这是历史上第一个含有折算方法内容的会计公告。随后 AICPA 在 1934 年的第 117 号公报、1939 年的第 4 号会计研究公报——《国外经营与外汇》以及第 43 号会计研究公报都分别再次提出了区分流动与非流动项目法。目前国际上仅有少数国家采用，实际上此方法正在被逐渐淘汰。

### （一）折算汇率的选择

区分流动与非流动项目法是将资产和负债项目按照其流动性分为流动性项目和非流动性项目，并分别采用不同的汇率来进行折算，具体折算要求如下：

1. 资产负债表项目

（1）流动性项目（包括流动资产和流动负债）按期末现行汇率，即资产负债表日的即期汇率进行折算。

（2）非流动性项目（包括非流动资产和非流动负债）按照历史汇率即资产取得日或负债承担日的即期汇率进行折算。

（3）所有者权益类项目，实收资本按股份发行时的历史汇率进行折算，留存收益项目根据资产负债表的平衡原理倒轧计算。

2. 收益及收益分配表项目

除了固定资产折旧费用和无形资产摊销费用按照资产取得日的汇率折算外，其他项目均按照报告期的平均汇率（简单平均或加权平均）折算。销货成本按照"本期销货 = 期初存货 + 本期购货 - 期末存货"这一等式计算得出，式中"期初存货"为已知的上期期末数据，"本期购货"则因购货的分散性和频繁性而采用本期平均汇率折算，"期末存货"按期末汇率折算，即资产负债表日的即期汇率。股利分配按分配日的现行汇率折算。

### （二）折算差额的处理

区分流动与非流动项目法，基于稳健性的考虑，将未实现的折算损失确认为当期损失计入利润表，而将未实现的折算收益予以递延，作为暂记项目列入资产负债表，用来抵销未来期间可能发生的折算损失。此方法一般先分别折算资产负债表和收益及留存收益表，然后比较留存收益项目在资产负债表与收益及留存收益表中的金额，若资产负债表中留存收益项目的金额大于收益及留存收益表中留存收益的金额，则留存收益项目以收益及留存收益表中的金额列示，倒轧计算出资产负债表中折算调整额，这样折算收益就予以递延了；若资产负债表中留存收益项目的金额小于收益及留存收益表中留存收益项目的金额，则留存收益项目以资产负债表中的金额列示，倒轧计算出收益表中折算损失，这样折算损失就计入了当期损益。

### （三）对区分流动与非流动项目法的评价

区分流动与非流动项目法的理由是：非流动资产在短期内不会转变为现金，非流动负债在短期内也无须偿还，所以它们不受现行汇率的影响。

此种方法的缺点在于：①对不同的资产和负债项目分别采用不同的汇率来进行折算，对此缺乏足够的理论依据，且会改变公司原有的财务报表比率。②流动项目的计价基础与折算汇率的不一致影响了折算后项目金额的意义。例如，存货若以历史成本计价，在这一方法下，存货所使用的折算汇率却不是历史汇率而是现行汇率。因此，折算后的存货金额既不能反映历史价值（由于使用现行汇率），也不能反映现实价值（由于使用历史成本），其结果使存货项目的金额失去意义。③非流动项目按历史汇率掩盖了汇率变动对其的影响，如长期负债。

## 二、区分货币性与非货币性项目法

区分货币性与非货币性项目法最早是由美国的 Samuel R. Hepworth 教授于 1956 年提出的。1960 年，美国会计师协会发表第 36 号研究公报——《国外经营中的会计问题》，提倡使用区分货币性与非货币性项目法。此方法针对区分流动与非流动项目法的不足，提出外币折算应以资产负债表项目的属性而不是按资产负债的时间长短来分类。目前采用这种折算方法的国家和地区比较少。

### （一）折算汇率的选择

区分货币性与非货币性项目法将资产与负债项目区分为货币性项目与非货币性项目两大类，并分别按不同的汇率来进行折算，具体折算要求如下：

1. 资产负债表项目

（1）货币性项目（包括货币性资产和货币性负债）均按照期末现行汇率折算；

（2）非货币性项目（包括非货币性资产与非货币性负债），按照取得各项资产或承担各项负债时的历史汇率折算；

（3）所有者权益项目：实收资本按照股份发行日的历史汇率折算，留存收益则根据资产负债表的平衡原理倒轧计算。

2. 收益及收益分配表项目

收益及收益分配表项目的折算方法和区分流动与非流动项目法相同，除了固定资产折旧费用和无形资产摊销费用按照资产取得日的汇率折算外，其他项目均按照报告期的平均汇率（简单平均或加权平均）折算。销货成本按照"本期销货成本 = 期初存货成本 + 本期购货成本 - 期末存货成本"这一等式计算得出，式中"期初存货"为已知的上期期末数据，"本期购货"则因购货的分散性和频繁性而采用本期平均汇率折算，"期末存货"按历史汇率折算①。股利分配按分配日的现行汇率折算。

### （二）折算差额的处理

区分货币性与非货币性项目法是将折算差额全部作为当期损益，列示在本期收益表中。此方法一般先折算资产负债表，根据资产负债表等式计算出"留存收益"项目的金额，然后将资产负债表中"留存收益"项目的金额直接填入收益分配表中的"期末留存收益"项目，倒轧计算出收益表中折算损失（或折算收益），这样折算差额就计入了当期损益。

---

① 由于存货品种繁多，收发频繁，要追溯其购入时的历史汇率是难以做到的，而且存货的发出计价方法也带有假设性，折算时采用历史汇率，还须与存货发出计价的方法相联系。例如，如果存货发出计价采用加权平均法，采用全年的平均汇率折算期末存货是可行的，如果采用先进先出法，则期末存货必然是在接近期末的若干月份内购入的，可采用接近年末这几个月份的平均汇率作为折算汇率。

### （三）对区分货币性与非货币性项目法的评价

区分货币性与非货币性项目法的理由是：货币性项目的主要特征是其价值是按外币（子公司编报货币）的固定金额表示的。因此，一旦汇率发生变动，这些项目按母公司记账本位币反映的金额也会随之发生变动，所以，货币性项目应按报表编制日的现行汇率折算；而非货币性项目是随着当地物价涨跌即通胀的变动而变动，因而它们按历史成本计量的价值应当按历史汇率折算。

此种方法的缺点在于：①和区分流动与非流动项目法一样，此方法也是根据对报表项目的分类来确定采用的折算汇率，同样没有充分的理论依据说明这种分类与不同折算汇率之间的直接联系；②如果外币报表的非货币性项目以现时价格反映，则使用历史汇率折算就不合理了，如用市价反映的存货，用历史汇率来折算就掩盖了在存货项目上的汇率风险。

## 三、时态法

时态法是 1972 年由美国会计学家 Leonard Lorenson 提出的。美国财务会计准则委员会于 1975 年 10 月公布的第 8 号公告曾明确规定，美国企业应采用时态法折算外币财务报表。

### （一）折算汇率的选择

时态法亦称时间度量法，是针对资产负债项目的计量属性，分别采用不同折算汇率的整片方法。时态法是对区分货币性与非货币性项目法的改进。如果外币报表的所有非货币性项目都以历史成本计量，则时态法同区分货币性与非货币性项目法对外币报表的折算是完全一样的。但若外币报表的某些非货币性项目以现行价值或重置成本计量而非历史成本，时态法则显示出其灵活性。时态法并不局限于货币性项目和非货币性项目的分类，而是根据资产和负债的计量属性选择折算汇率。具体折算要求如下：

1. 资产负债表项目

（1）货币性项目，采用现行汇率进行折算，因为其计量属性为现行成本；

（2）非货币性项目，在其采用历史成本计价时，采用历史汇率进行折算，在其采用现行成本或重置成本计价时，则采用现行汇率进行折算；

（3）所有者权益项目，实收资本仍按照股份发行日的历史汇率折算，留存收益根据资产负债表的平衡原理倒轧计算得出。只有这样，以外币表述的历史成本用历史汇率折算才能产生以所选货币单位表述的历史成本，以外币表述的现行成本用现行汇率折算才能产生以所选货币表述的现行成本。

2. 收益表及收益分配表项目

收入和费用项目应按照交易发生日的即期汇率折算。但是，由于涉及收入和费用的交易频繁发生，所以一般用平均汇率来代替交易发生日的即期汇率进行折算。固定资产折旧费用和无形资产摊销费用按照历史汇率来折算，销货成本根据公式"本期销货 = 期初存货 + 本期购货 - 期末存货"计算，式中汇率的选用要考虑存货是按成本计价还是按市价计价。股利分配按分配日的现行汇率折算。

### （二）折算差额的处理

时态法对折算差额的处理与区分货币性与非货币性项目法相同，折算差额全部作为当期损益，列示在本期收益表中。此方法同样是先折算资产负债表，根据资产负债表等式计算出"留存收益"项目的金额，然后将资产负债表中"留存收益"项目的金额直接填入收益分配表中的"期末留存收益"项目，倒轧计算出收益表中折算损失（或折算收益），这样折算差额就计入了当期损益。

### （三）对时态法的评价

时态法是对区分货币性与非货币性项目法的改进，它在区分货币性与非货币性项目法的基础上，用会计计量属性推导出了外币财务报表折算的全面原则。主张采用这种方法的人认为，这种方法具有明确的理论依据，触及了外币财务报表折算的核心——计量属性，它所依据的原则使此方法保持了折算前后会计计量属性的一致性，体现了它的合理性和灵活性。

但时态法的反对者认为：①将折算差额计入当期损益，歪曲了企业的经营成果，当汇率急剧波动时，其结果更难预料；②时态法因选择不同的汇率进行折算会改变公司原有的财务报表比率；③这种方法折算程序较复杂、操作较烦琐。

## 四、现行汇率法

现行汇率法是在 1967 年英镑贬值后，由英格兰和威尔士特许会计师协会在 1968 年的会计实务公告中提出的。目前国际上众多国家采用这种方法。

### （一）折算汇率的选择

现行汇率法又称为期末汇率法，是指将外币资产负债表中的所有资产负债项目均按现行汇率进行折算的一种外币财务报表折算方法。具体折算要求如下：

1. 资产负债表项目

（1）所有资产和负债项目均按现行汇率折算；

（2）所有者权益项目：实收资本按历史汇率折算，留存收益项目由折算后的收益分配表中获取。

2. 收益及收益分配表项目

收益表中的收入和费用项目应按照交易发生时的汇率进行折算，但是由于收入和费用的交易频繁发生，为了简化核算，按照当期的平均汇率进行折算。股利分配按分配日的现行汇率折算。

### （二）折算差额的处理

现行汇率法将报表折算差额以"报表折算差额"的形式，在资产负债表中的所有者权益下单独列示。因此折算程序是先折算收益及收益分配表，然后将收益分配表中"期末留存收益"项目的金额直接填入资产负债表的"留存收益"项目，倒轧计算出资产负债表中"报表折算差额"，作为所有者权益项目单独列示。

### （三）对现行汇率法的评价

现行汇率法采用单一的汇率对各项资产负债进行折算，相当于将各项目乘上一个常数，折算后，外币财务报表原来表述的财务关系、财务比率不变；折算后的子公司的账面价值即为用母公司记账本位币表述的外币财务报表，反映了汇率变动对母公司在子公司投资净额的累积影响；此外，采用单一汇率也使这种方法成为最简单的折算方法。

然而，该方法的缺陷也很明显。第一，目前世界范围内通行的会计计量模式是修正历史成本模式，而现行汇率法将外币报表中按历史成本表示的资产和负债项目按报表编制日的现行汇率折算，无异于假设所有以外币表述的资产和负债项目都承受汇率变动的影响，这与子公司的存货、固定资产等的价格在一定程度上不受汇率变动影响的现象不一致。第二，折算后的结果既不是资产的历史成本，也不是资产的现行市价，而只是外币资产的历史成本与报表编制日现行汇率两个不同时点数字的乘积。

### 五、我国现行会计准则对外币报表折算的规定

在外币报表折算方法上，我国已逐步向国际惯例靠拢。2006 年我国新发布的《企业会计准则第 19 号——外币折算》规定，在对企业境外经营财务报表进行折算前，应当调整境外经营的会计期间和会计政策，使之与企业会计期间和会计政策相一致，根据调整后的会计政策及会计期间编制相应货币（记账本位币以外的货币）的财务报表，再按照以下方法对境外经营财务报表进行折算：

（1）资产负债表中的资产和负债项目，采用资产负债表日的即期汇率折算，所有者权益项目除"未分配利润"项目外，其他项目采用发生时的即期汇率折算。

（2）利润表中的收入和费用项目，采用交易发生日的即期汇率或即期汇率的近似汇率折算。

（3）产生的外币财务报表折算差额，在编制合并财务报表时，应在合并资产负债表中所有者权益项目下作为"外币报表折算差额"项目单独列示。

# 第三节  外币报表折算举例

上一节具体介绍了各种外币报表折算方法的折算要求以及折算差额的处理，本节将举例说明各种折算方法的应用。

【例1】S 公司为南方公司在美国的一个 100% 控股子公司，S 公司的编报货币为美元。S 公司 2015 年度的收益及留存收益表、资产负债表如表 10 - 1、10 - 2 所示。其他相关资料如下：

| | |
|---|---|
| 2014 年 12 月 31 日汇率 | 1 美元 = 6.2 元人民币 |
| 2015 年 12 月 31 日汇率 | 1 美元 = 6.1 元人民币 |
| 2015 年平均汇率 | 1 美元 = 6.15 元人民币 |
| 2015 年股利支付日汇率 | 1 美元 = 6.12 元人民币 |
| 股票发行日汇率 | 1 美元 = 6.7 元人民币 |
| 固定资产取得日汇率 | 1 美元 = 6.4 元人民币 |
| 无形资产取得日汇率 | 1 美元 = 6.7 元人民币 |

长期借款借入日汇率　　　1美元=6.4元人民币
期初留存收益　　　　　　RMB¥7 140 000/US$1 020 000
期初存货　　　　　　　　RMB¥3 100 000/US$500 000

**表 10-1　S公司收益及留存收益表**
2015 年度

单位：万美元

| 项目 | 金额 |
|---|---|
| 主营业务收入 | 500 |
| 减：主营业务成本 | 280 |
| 　　　折旧费用 | 60 |
| 　　　无形资产摊销 | 5 |
| 　　　其他费用 | 25 |
| 　　　营业利润 | 130 |
| 减：所得税 | 42 |
| 　　　净利润 | 88 |
| 加：期初留存收益 | 102 |
| 　　　可分配利润 | 190 |
| 减：股利 | 8 |
| 　　　期末留存收益 | 182 |

**表 10-2　S公司资产负债表**
2015 年 12 月 31 日

单位：万美元

| 项目 | 金额 | 项目 | 金额 |
|---|---|---|---|
| 资产 | | 负债及所有者权益 | |
| 流动资产： | | 负债 | |
| 货币资金 | 22 | 短期借款 | 50 |
| 应收账款 | 45 | 应付账款 | 75 |
| 存货 | 53 | 长期负债 | 100 |
| 流动资产合计 | 120 | 负债合计 | 225 |
| 固定资产（原值） | 430 | 股本 | 80 |
| 减：累计折旧 | 100 | 留存收益 | 182 |
| 固定资产净值 | 330 | 所有者权益合计 | 262 |
| 无形资产 | 37 | | |
| 非流动资产合计 | 367 | | |
| 资产合计 | 487 | 负债及所有者权益合计 | 487 |

## 一、区分流动与非流动项目法

根据区分流动与非流动项目法的折算要求，S 公司折算后的资产负债表、收益及留存收益表见表 10 - 3 和表 10 - 4[①]。

**表 10 - 3　S 公司资产负债表**

2015 年 12 月 31 日

单位：万货币单位

| 项目 | 美元 | 折算汇率 | 人民币（元） |
|---|---|---|---|
| 资产 | | | |
| 流动资产： | | | |
| 货币资金 | 22 | 6.1 | 134.2 |
| 应收账款 | 45 | 6.1 | 274.5 |
| 存货 | 53 | 6.1 | 323.3 |
| 流动资产合计 | 120 | | 732 |
| 固定资产净值 | 330 | 6.4 | 2 112 |
| 无形资产净值 | 37 | 6.7 | 247.9 |
| 非流动资产合计 | 367 | | 2 359.9 |
| 资产合计 | 487 | | 3 091.9 |
| 负债及所有者权益 | | | |
| 短期借款 | 50 | 6.1 | 305 |
| 应付账款 | 75 | 6.1 | 457.5 |
| 长期借款 | 100 | 6.4 | 640 |
| 股本 | 80 | 6.7 | 536 |
| 留存收益 | 182 | | 1 153.4 |
| 负债及所有者权益合计 | 487 | | 3 091.9 |

注：留存收益 = 资产合计 - （短期借款 + 应付账款 + 长期借款 + 股本）

= 3 091.9 - （305 + 457.5 + 640 + 536）

= 1 153.4

①　采用此方法一般先分别折算资产负债表和收益及留存收益表，然后比较折算后资产负债表与折算后留存收益表中"留存收益"项目的金额。此例中，折算后资产负债表中"留存收益"项目的金额为 1 153.4 万元人民币，而收益及留存收益表中的"期末留存收益"项目金额为 1 183.34 万元人民币，资产负债表中"留存收益"项目的金额小于收益及留存收益表中"期末留存收益"项目的金额，所以"期末留存收益"项目以资产负债表中的金额列示，倒轧计算出收益表中的折算损失，以计入当期损益。

**表 10 - 4　S 公司收益及留存收益表**
**2015 年度**

单位：万货币单位

| 项目 | 美元 | 折算汇率 | 人民币（元） |
|---|---|---|---|
| 主营业务收入 | 500 | 6. 15 | 3 075 |
| 减：主营业务成本 | 280 | | 1 727. 15 |
| 折旧费用 | 60 | 6. 4 | 384 |
| 无形资产摊销 | 5 | 6. 7 | 33. 5 |
| 其他费用 | 25 | 6. 15 | 153. 75 |
| 营业利润 | 130 | | 776. 6 |
| 减：折算损失（折算收益） | | | 29. 94 |
| 利润总额 | | | 746. 66 |
| 减：所得税 | 42 | 6. 15 | 258. 3 |
| 净利润 | 88 | | 488. 36 |
| 加：期初留存收益 | 102 | | 714 |
| 可分配利润 | 190 | | 1 202. 36 |
| 减：股利 | 8 | 6. 12 | 48. 96 |
| 期末留存收益 | 182 | | 1 153. 4 |

　　注：主营业务成本 = 期初存货 + 本期购货 - 期末存货

　　　　　　　　 = 310 + 283 × 6. 15（平均汇率）- 53 × 6. 1（期末汇率）

　　　　　　　　 = 310 + 1 740. 45 - 323. 3

　　　　　　　　 = 1 727. 15

　　表 10 - 4 中的"期末留存收益"来自折算后的资产负债表（表 10 - 3），折算损失是按以下方式倒轧计算出来的：

　　可分配利润 = 期末留存收益 + 股利 = 1 153. 4 + 48. 96 = 1 202. 36

　　净利润 = 可分配利润 - 期初留存收益 = 1 202. 36 - 714 = 488. 36

　　利润总额 = 净利润 + 所得税费用 = 488. 36 + 258. 3 = 746. 66

　　营业利润 = 主营业务收入 - 主营业务成本 - 折旧费用 - 无形资产摊销费用 - 其他费用

　　　　　　 = 3 075 - 1 727. 15 - 384 - 33. 5 - 153. 75

　　　　　　 = 776. 6

　　折算损失 = 营业利润 - 利润总额 = 776. 6 - 746. 66 = 29. 94

## 二、区分货币性与非货币性项目法

　　当 S 公司采用区分货币性与非货币性项目法来进行折算时，由于该方法通常是将折算损益直接列入当期利润表，所以要先折算资产负债表，然后再折算收益及留存收益表。S 公司采用区分货币性与非货币性项目法折算后的资产负债表和收益及留存收益表见表 10 - 5 和表 10 - 6。

　　补充资料，假设 2015 年度第四季度的平均汇率为 1 美元 = 6. 14 元人民币，且 2015 年度的期末存货全为第四季度购入的存货。

**表 10 - 5　S公司资产负债表**

2015 年 12 月 31 日

单位：万货币单位

| 项目 | 美元 | 折算汇率 | 人民币（元） |
|---|---|---|---|
| 资产 | | | |
| 流动资产： | | | |
| 货币资金 | 22 | 6.1 | 134.2 |
| 应收账款 | 45 | 6.1 | 274.5 |
| 存货 | 53 | 6.14 | 325.42 |
| 流动资产合计 | 120 | | 734.12 |
| 固定资产净值 | 330 | 6.4 | 2 112 |
| 无形资产净值 | 37 | 6.7 | 247.9 |
| 非流动资产合计 | 367 | | 2 359.9 |
| 资产合计 | 487 | | 3 094.02 |
| 负债及所有者权益 | | | |
| 短期借款 | 50 | 6.1 | 305 |
| 应付账款 | 75 | 6.1 | 457.5 |
| 长期借款 | 100 | 6.1 | 610 |
| 股本 | 80 | 6.7 | 536 |
| 留存收益 | 182 | | 1 185.52 |
| 负债及所有者权益合计 | 487 | | 3 094.02 |

注：留存收益 = 资产合计 - （短期借款 + 应付账款 + 长期借款 + 股本）

　　　　　 = 3 094.02 - （305 + 457.5 + 610 + 536）

　　　　　 = 1 185.52

**表 10 - 6　S公司收益及留存收益表**

2015 年度

单位：万货币单位

| 项目 | 美元 | 折算汇率 | 人民币（元） |
|---|---|---|---|
| 主营业务收入 | 500 | 6.15 | 3 075 |
| 减：主营业务成本 | 280 | | 1 725.03 |
| 折旧费用 | 60 | 6.4 | 384 |
| 无形资产摊销 | 5 | 6.7 | 33.5 |
| 其他费用 | 25 | 6.15 | 153.75 |

（续上表）

| 项目 | 美元 | 折算汇率 | 人民币（元） |
|---|---|---|---|
| 营业利润 | 130 | | 778.72 |
| 减：折算损失（折算收益） | | | -0.06 |
| 利润总额 | | | 778.78 |
| 减：所得税 | 42 | 6.15 | 258.3 |
| 净利润 | 88 | | 520.48 |
| 加：期初留存收益 | 102 | | 714 |
| 可分配利润 | 190 | | 1 234.48 |
| 减：股利 | 8 | 6.12 | 48.96 |
| 期末留存收益 | 182 | | 1 185.52 |

注：主营业务成本 = 期初存货 + 本期购货 - 期末存货

　　　　　　　= 310 + 283 × 6.15（平均汇率） - 53 × 6.14（第四季度汇率）

　　　　　　　= 310 + 1 740.45 - 325.42

　　　　　　　= 1 725.03

表 10 - 6 中的"期末留存收益"来自折算后的资产负债表（表 10 - 5），折算损益是按以下方式倒轧计算出来的：

可分配利润 = 期末留存收益 + 股利 = 1 185.52 + 48.96 = 1 234.48

净利润 = 可分配利润 - 期初留存收益 = 1 234.48 - 714 = 520.48

利润总额 = 净利润 + 所得税费用 = 520.48 + 258.3 = 778.78

营业利润 = 主营业务收入 - 主营业务成本 - 折旧费用 - 无形资产摊销费用 - 其他费用

　　　　　= 3 075 - 1 725.03 - 384 - 33.5 - 153.75

　　　　　= 778.72

折算损失 = 营业利润 - 利润总额 = 778.72 - 778.78 = -0.06，由此可见，此处为折算收益。

## 三、时态法

当 S 公司采用时态法来进行折算时，由于该方法通常是将折算损益直接列入当期利润表，所以要先折算资产负债表，然后再折算收益及留存收益表。S 公司采用时态法折算后的资产负债表和收益及留存收益表见表 10 - 7 和表 10 - 8。

补充资料，假设 2015 年度第四季度的平均汇率为 1 美元 = 6.14 元人民币，且 2015 年度的期末存货全为第四季度购入的存货。其中 53 万美元的期末存货中，有 20 万美元是按市价计价，有 33 万美元的存货是按成本计价。

### 表 10 - 7  S公司资产负债表

2015 年 12 月 31 日

单位：万货币单位

| 项目 | 美元 | 折算汇率 | 人民币（元） |
|---|---|---|---|
| 资产 | | | |
| 流动资产： | | | |
| 货币资金 | 22 | 6.1 | 134.2 |
| 应收账款 | 45 | 6.1 | 274.5 |
| 存货 | | | 324.62 |
| 　按市价计价 | 20 | 6.1 | 122 |
| 　按成本计价 | 33 | 6.14 | 202.62 |
| 流动资产合计 | 120 | | 733.32 |
| 固定资产净值 | 330 | 6.4 | 2 112 |
| 无形资产净值 | 37 | 6.7 | 247.9 |
| 非流动资产合计 | 367 | | 2 359.9 |
| 资产合计 | 487 | | 3 093.22 |
| 负债及所有者权益 | | | |
| 短期借款 | 50 | 6.1 | 305 |
| 应付账款 | 75 | 6.1 | 457.5 |
| 长期借款 | 100 | 6.1 | 610 |
| 股本 | 80 | 6.7 | 536 |
| 留存收益 | 182 | | 1 184.72 |
| 负债及所有者权益合计 | 487 | | 3 093.22 |

注：留存收益 = 资产合计 - （短期借款 + 应付账款 + 长期借款 + 股本）

　　　　= 3 093.22 - （305 + 457.5 + 610 + 536）

　　　　= 1 184.72

### 表 10 - 8  S公司收益及留存收益表

2015 年度

单位：万货币单位

| 项目 | 美元 | 折算汇率 | 人民币（元） |
|---|---|---|---|
| 主营业务收入 | 500 | 6.15 | 3 075 |
| 减：主营业务成本 | 280 | | 1 725.83 |
| 　折旧费用 | 60 | 6.4 | 384 |
| 　无形资产摊销 | 5 | 6.7 | 33.5 |

（续上表）

| 项目 | 美元 | 折算汇率 | 人民币 |
|---|---|---|---|
| 其他费用 | 25 | 6.15 | 153.75 |
| 营业利润 | 130 | | 777.92 |
| 减：折算损失（折算收益） | | | −0.06 |
| 利润总额 | | | 777.98 |
| 减：所得税 | 42 | 6.15 | 258.3 |
| 净利润 | 88 | | 519.68 |
| 加：期初留存收益 | 102 | | 714 |
| 可分配利润 | 190 | | 1 233.68 |
| 减：股利 | 8 | 6.12 | 48.96 |
| 期末留存收益 | 182 | | 1 184.72 |

注：主营业务成本 = 期初存货 + 本期购货 − 期末存货

    = 310 + 283 × 6.15（平均汇率）− 324.62（见表 10 − 7 中的存货金额）

    = 310 + 1 740.45 − 324.62

    = 1 725.83

表 10 − 8 中的"期末留存收益"来自折算后的资产负债表（表 10 − 7），折算损益是按以下方式倒轧计算出来的：

可分配利润 = 期末留存收益 + 股利 = 1 184.72 + 48.96 = 1 233.68

净利润 = 可分配利润 − 期初留存收益 = 1 233.68 − 714 = 519.68

利润总额 = 净利润 + 所得税费用 = 519.68 + 258.3 = 777.98

营业利润 = 主营业务收入 − 主营业务成本 − 折旧费用 − 无形资产摊销费用 − 其他费用

    = 3 075 − 1 725.83 − 384 − 33.5 − 153.75

    = 777.92

折算损失 = 营业利润 − 利润总额 = 777.92 − 777.98 = −0.06，由此可见，此处为折算收益。

## 四、现行汇率法

当 S 公司采用现行汇率法来进行折算时，由于该方法通常是将报表折算差额列入资产负债表而不是当期利润表，所以要先折算收益及留存收益表，然后再折算资产负债表。S 公司采用现行汇率法折算后的收益及留存收益表和资产负债表见表 10 − 9 和表 10 − 10。

表 10 - 9 **收益及留存收益表**

2015 年度

单位：万货币单位

| 项目 | 美元 | 折算汇率 | 人民币（元） |
|---|---|---|---|
| 主营业务收入 | 500 | 6.15 | 3 075 |
| 减：主营业务成本 | 280 | 6.15 | 1 722 |
| 折旧费用 | 60 | 6.15 | 369 |
| 无形资产摊销 | 5 | 6.15 | 30.75 |
| 其他费用 | 25 | 6.15 | 153.75 |
| 营业利润 | 130 | | 799.5 |
| 利润总额 | | | 799.5 |
| 减：所得税 | 42 | 6.15 | 258.3 |
| 净利润 | 88 | | 541.2 |
| 加：期初留存收益 | 102 | | 714 |
| 可分配利润 | 190 | | 1 255.2 |
| 减：股利 | 8 | 6.12 | 48.96 |
| 期末留存收益 | 182 | | 1 206.24 |

表 10 - 10 **资产负债表**

2015 年 12 月 31 日

单位：万货币单位

| 项目 | 美元 | 折算汇率 | 人民币（元） |
|---|---|---|---|
| 资产 | | | |
| 流动资产： | | | |
| 货币资金 | 22 | 6.1 | 134.2 |
| 应收账款 | 45 | 6.1 | 274.5 |
| 存货 | 53 | 6.1 | 323.3 |
| 流动资产合计 | 120 | | 732 |
| 固定资产净值 | 330 | 6.4 | 2 112 |
| 无形资产净值 | 37 | 6.7 | 247.9 |
| 非流动资产合计 | 367 | | 2 359.9 |
| 资产合计 | 487 | | 3 091.9 |
| 负债及所有者权益 | | | |
| 短期借款 | 50 | 6.1 | 305 |
| 应付账款 | 75 | 6.1 | 457.5 |
| 长期借款 | 100 | 6.1 | 610 |

（续上表）

| 项目 | 美元 | 折算汇率 | 人民币（元） |
|---|---|---|---|
| 股本 | 80 | 6.7 | 536 |
| 留存收益 | 182 | | 1 206.24 |
| 报表折算差额 | | | (22.84) |
| 负债及所有者权益合计 | 487 | | 3 091.9 |

注：留存收益来自于表10-9，即折算后收益及留存收益表中的"期末留存收益"金额。报表折算差额＝资产合计－（短期借款＋应付账款＋长期借款＋股本＋留存收益）＝3 091.9－（305＋457.5＋610＋536＋1 206.24）＝－22.84

## 五、四种外币报表折算方法的比较

下面将从折算汇率的选择、折算差额的处理以及折算结果这三个方面，对区分流动与非流动项目法、区分货币性与非货币性项目法、时态法和现行汇率法这四种外币报表折算方法进行比较。

### （一）折算汇率选择的比较

从上一节所述内容可知，四种外币报表折算方法在折算汇率选择上的差异主要表现在资产负债表项目上。现行汇率法采用的是单一汇率法，其他三种均为多种汇率法，具体差异见表10-11。

表10-11 四种外币财务报表折算方法下资产负债表项目的汇率选择

| 项目 | 区分流动与非流动项目法 | 区分货币性与非货币性项目法 | 时态法 | 现行汇率法 |
|---|---|---|---|---|
| 资产 | | | | |
| 现金 | C | C | C | C |
| 应收账款 | C | C | C | C |
| 存货 | | | | |
| 按成本计价 | C | H | H | C |
| 按市价计价 | C | H | C | C |
| 长期投资 | | | | |
| 按成本计价 | H | H | H | C |
| 按市价计价 | H | H | C | C |
| 固定资产 | H | H | H | C |
| 其他资产 | H | H | H | C |
| 负债 | | | | |
| 应付账款 | C | C | C | C |

（续上表）

| 项目 | 区分流动与<br>非流动性项目法 | 区分货币性与<br>非货币性项目法 | 时态法 | 现行汇率法 |
|---|---|---|---|---|
| 长期负债 | H | C | C | C |
| 所有者权益 | | | | |
| 股本 | H | H | H | H |
| 留存收益 | B 或 * | B | B | * |

注：C 表示现行汇率；H 表示历史汇率；B 表示"留存收益"金额是按资产负债表等式倒轧计算出来的；* 表示直接来源于"收益及留存收益表"。

#### （二）折算差额处理的比较

前已述及，在外币财务报表折算差额的四种处理方法中，区分流动与非流动项目法对折算差额采用收益递延，损失计入当期损益的方法；区分货币性与非货币性项目法和时态法将折算差额反映在当期利润表的"折算损失（折算收益）"项目中，计入当期损益；现行汇率法将折算差额作为所有者权益项目单独列示。

#### （三）折算结果的比较

在上述各种折算方法的举例中，使用的是同一外币报表资料，然而采用不同的折算方法却得出截然不同的折算结果。表 10 - 12 是对主要项目折算结果的对比。

表 10 - 12　外币财务报表折算方法折算结果对比表

单位：元

| 项目 | 区分流动与<br>非流动项目法 | 区分货币性与<br>非货币性项目法 | 时态法 | 现行汇率法 |
|---|---|---|---|---|
| 折算后资产总额 | 30 919 000 | 30 940 200 | 30 932 200 | 30 919 000 |
| 折算差额调整 | | | | （228 400） |
| 折算后留存收益 | 11 534 000 | 11 855 200 | 11 847 200 | 12 062 400 |
| 折算后净利润 | 4 883 600 | 5 204 800 | 5 196 800 | 5 412 000 |
| 折算损失<br>（折算收益） | 299 400 | （600） | （600） | 无 |

表 10 - 12 中的比较数据表明，不同的外币报表折算方法不仅产生了不同的折算差额（折算损失），而且还导致折算后的资产总额、净利润和留存收益等出现差异。

### 📖 本章小结

外币财务报表折算是指跨国公司使用母公司的记账本位币重新表述子公司或分支机构

按外币编制的报表的一种程序或方法。外币报表折算的目的主要表现在以下三个方面：①满足跨国公司编制合并财务报表的需要；②满足个别报表信息使用者的需要。

外币财务报表折算的困难源于汇率变动。外币报表折算主要涉及两方面的会计问题，即外币报表折算汇率的选择和外币报表折算损益的处理。外币报表的折算存在四种方法：区分流动与非流动项目法、区分货币性与非货币性项目法、时态法和现行汇率法。目前国际通行的方法是现行汇率法，但也有一些国家和地区采用时态法。

## 本章思考题与练习题

### 思考题

1. 简述外币报表折算的意义。

2. 外币报表折算差额（折算损益）有哪几种处理方式？

3. 简述各外币报表折算方法的折算要求？

4. 简要评价各种外币报表折算方法。

5. 简述我国现行会计准则对外币报表的折算要求。

6. 你认为哪种外币报表折算方法更为合理？

### 练习题

资料：兴华公司的记账本位币为人民币，其在境外的全资子公司 S 公司以英镑为记账本位币。2015 年末 S 公司的资产负债表和收益及留存收益表如表 10-13 和表 10-14，其他相关资料如下：

| | |
|---|---|
| 2014 年 12 月 31 日汇率 | 1 英镑 = 10. 15 元人民币 |
| 2015 年 12 月 31 日汇率 | 1 英镑 = 9. 8 元人民币 |
| 2015 年度平均汇率 | 1 英镑 = 9. 6 元人民币 |
| 2015 年股利支付日汇率 | 1 英镑 = 9. 75 元人民币 |
| 股票发行日汇率 | 1 英镑 = 10. 4 元人民币 |
| 期末存货平均汇率 | 1 英镑 = 9. 70 元人民币 |
| 固定资产取得日汇率 | 1 英镑 = 10. 3 元人民币 |
| 长期借款借入日汇率 | 1 英镑 = 10. 25 元人民币 |

其中，期初存货为 1 200 英镑，购入时汇率为 1 英磅 = 10. 2 元人民币，本期购货为 7 800英磅，期末存货以现行成本计价，固定资产以历史成本计价。

以英磅表述的乙公司 2015 年资产负债表、收益及留存收益表如表 10-13、表 10-14 所示。

要求：

（1）分别按照四种外币财务报表折算方法进行报表折算。

（2）比较各种方法下折算后报表的差异。

表 10 – 13 资产负债表

2015 年 12 月 31 日

单位：英磅

| 资产 | 金额 | 负债及所有者权益 | 金额 |
|---|---|---|---|
| 货币资金 | 300 | 应付票据 | 600 |
| 应收账款 | 500 | 长期借款 | 1 000 |
| 存货 | 1 000 | 普通股本 | 3 000 |
| 固定资产 | 3 000 | 留存利润 | 200 |
| 资产合计 | 4 800 | 权益合计 | 4 800 |

表 10 – 14 收益及留存收益表

2015 年度

单位：英磅

| 项目 | 金额 |
|---|---|
| 销售收入 | 10 100 |
| 减：销售成本 | 8 000 |
| 折旧费 | 200 |
| 管理费用 | 300 |
| 营业利润 | 1 600 |
| 减：所得税 | 500 |
| 净利润 | 1 100 |
| 加：期初留存收益 | 0 |
| 可分配利润 | 1 100 |
| 减：股利 | 900 |
| 期末留存收益 | 200 |

**延伸阅读文献**

1. 中华人民共和国财政部：《企业会计准则》，经济科学出版社，2006 年。

2. 中华人民共和国财政部会计司编写组：《企业会计准则讲解 2010》，人民出版社，2010 年。

3. ［美］弗洛伊德·A. 比姆斯、约瑟夫·H. 安东尼、罗布林·P. 克莱门特等著，储一昀译，《高级会计学》（第十版），中国人民大学出版社，2011 年。

4. 石本仁主编：《高级财务会计》（第二版），中国人民大学出版社，2011 年。

5. 梁莱歆主编：《高级财务会计》（第三版），清华大学出版社，2011 年。

6. 王泽霞主编：《高级财务会计》，浙江科学技术出版社，2010 年。

7. 王竹泉等主编：《高级财务会计》，东北财经大学出版社，2010 年。

8. 陈信元主编：《高级财务会计》，上海财经大学出版社，2009 年。

# 第十一章　金融工具会计

## 【本章要点】

1. 了解金融工具的定义及具体内容
2. 了解衍生金融工具的定义及主要类型
3. 掌握金融资产与金融负债的确认
4. 掌握金融资产与金融负债的计量
5. 了解金融工具的列报

# 第一节　金融工具概述

现代经济的核心是金融，而金融市场的健康发展离不开金融工具的广泛运用与创新。我国的金融工具交易尤其是衍生工具的交易已有了较快的发展，基于此，2006年我国财政部发布的新会计准则体系中首次将金融工具会计列入新会计准则体系，主要包括《企业会计准则第22号——金融工具的确认和计量》《企业会计准则第23号——金融资产转移》《企业会计准则第24号——套期保值》和《企业会计准则第37号——金融工具列报》。2014年6月，财政部对《企业会计准则第37号——金融工具列报》进行了修订。

## 一、金融工具的定义及具体内容

根据《企业会计准则第22号——金融工具的确认和计量》的解释，金融工具是指形成一个企业的金融资产，并形成其他单位的金融负债或权益工具的合同。由定义可知，金融工具包括金融资产、金融负债和权益工具。金融资产是从金融工具持有者的角度来定义的，而金融负债和权益工具则是从金融工具发行者的角度来定义的。金融资产与金融负债或权益工具为一对对应的概念，一方为金融资产，另一方则为金融负债或权益工具。金融资产、金融负债和权益工具的具体内容如下：

1. 金融资产

金融资产主要包括下列内容：

（1）现金。即包括库存现金和银行存款等货币资金。

（2）持有的其他单位的权益工具。即持有的其他单位的股票，以及股权性投资的资产，如股权投资。

（3）从其他单位收取现金或其他金融资产的合同权利。如应收账款、应收票据、贷款。

（4）在潜在有利条件下，与其他单位交换金融资产或金融负债的合同权利。如期权持有者以低于市场价格购买另一公司股票的权利。

（5）将来须用或可用企业自身权益工具进行结算的非衍生工具的合同权利，企业根据该合同将收到非固定数量的自身权益工具。如企业以预收款项形式形成的未来股权结算款项等。

（6）将来须用或可用企业自身权益工具进行结算的衍生工具的合同权利。但不包括企业以固定金额的现金或其他金融资产换取固定数量的自身权益工具的衍生工具合同权利。其中，企业自身权益工具不包括本身就是在将来收取或支付企业自身权益工具的合同。此类金融资产较为复杂，主要表现为股份期权和认股权证等。

2. 金融负债

金融负债主要包括下列内容：

（1）向其他方交付现金或其他金融资产的合同义务。如应付账款、应付票据、短期借款、长期借款、应付债券等。

（2）在潜在不利条件下，与其他方交换金融资产或金融负债的合同义务。

（3）将来须用或可用企业自身权益工具进行结算的非衍生工具合同，且企业根据该合同将交付可变数量的自身权益工具，企业作为发行方预收的股票款等。

（4）将来须用或可用企业自身权益工具进行结算的衍生工具合同，但以固定数量的自身权益工具交换固定金额的现金或其他金融资产的衍生工具合同除外。企业对全部现有同类别非衍生自身权益工具的持有方同比例发行配股权、期权或认股权证，使之有权按比例以固定金额的任何货币换取固定数量的该企业自身权益工具的，该类配股权、期权或认股权证应当分类为权益工具。其中，企业自身权益工具不包括应按照《企业会计准则第37号——金融工具列报》（2014）分类为权益工具的金融工具，也不包括本身就要求在未来收取或交付企业自身权益工具的合同。

3. 权益工具

权益工具，是指能证明拥有某个企业在扣除所有负债后的资产中的剩余权益的合同。在同时满足下列条件的情况下，企业应当将发行的金融工具分类为权益工具：

（1）该金融工具应当不包括交付现金或其他金融资产给其他方，或在潜在不利条件下与其他方交换金融资产或金融负债的合同义务。

（2）将来须用或可用企业自身权益工具结算该金融工具。如为非衍生工具，该金融工具应当不包括交付可变数量的自身权益工具进行结算的合同义务；如为衍生工具，企业只能通过以固定数量的自身权益工具交换固定金额的现金或其他金融资产结算该金融工具。

4. 金融负债与权益工具的区分

在编制财务报表时，企业应正确区分金融负债和权益工具。《企业会计准则第37号——金融工具列报》第七条规定：企业应当根据所发行金融工具的合同条款及其所反映的经济实质而非仅以法律形式，结合金融资产、金融负债和权益工具的定义，在初始确认时将该金融工具或其组成部分分类为金融资产、金融负债或权益工具。金融资产的区分相对较为容易，而金融负债与权益工具的区分相对要复杂些。具体区分金融负债和权益工具时，应注意以下几个方面：

（1）如果企业不能无条件地避免以交付现金或其他金融资产来履行一项合同义务，则该金融工具应划分为金融负债。

（2）一项金融工具须用或可用企业自身权益工具来进行结算，如果用于结算该工具的企业自身权益工具是作为现金或其他金融资产的替代品，则该工具是发行方的金融负债；如果用于结算该工具的企业自身权益工具是为了使该工具持有方享有在发行方扣除所有负债后的资产中的剩余权益，该工具是发行方的权益工具。在某些情况下，一项金融工具合同规定企业须用或可用自身权益工具结算该金融工具，其中合同权利或合同义务的金额等于可获取或需交付的自身权益工具的数量乘以其结算时的公允价值，则无论该合同权利或合同义务的金额是固定的，还是完全或部分地基于除企业自身权益工具的市场价格以外变量（例如利率、某种商品的价格或某项金融工具的价格）的变动而变动，该合同应当分类为金融负债。

（3）除根据《企业会计准则第37号——金融工具列报》（2014）第三章分类为权益工具的金融工具外，如果一项合同使发行方承担了以现金或其他金融资产回购自身权益工具的义务，即使发行方的回购义务取决于合同对手方是否行使回售权，发行方应当在初始确认时将该义务确认为一项金融负债，其金额等于回购所需支付金额的现值。如果最终发行方无须以现金或其他金融资产回购自身权益工具，应当在合同到期时将该项金融负债按照账面价值重新分类为权益工具。

（4）对于附有或有结算条款的金融工具①，发行方不能无条件地避免交付现金、其他金融资产或以其他导致该工具成为金融负债的方式进行结算的，应当分类为金融负债。但是，满足下列条件之一的，发行方应当将其分类为权益工具：

①要求以现金、其他金融资产或以其他导致该工具成为金融负债的方式进行结算的或有结算条款几乎不具有可能性，即相关情形极端罕见、显著异常或几乎不可能发生；

②只有在发行方清算时，才须以现金、其他金融资产或以其他导致该工具成为金融负债的方式进行结算；

③按照《企业会计准则第37号——金融工具列报》（2014）第三章分类为权益工具的可回售工具。

（5）存在结算选择权的衍生工具（如合同规定发行方或持有方能选择以现金净额或以发行股份交换现金等方式进行结算的衍生工具），发行方应当将其确认为金融资产或金融负债，但所有可供选择的结算方式均表明该衍生工具应当确认为权益工具的除外。

（6）对于复合金融工具，发行方应于初始确认时将各组成部分分别分类为金融负债、金融资产或权益工具。企业发行的一项非衍生工具同时包含金融负债成分和权益工具成分的，应于初始计量时先确定金融负债成分的公允价值（包括其中可能包含的非权益性嵌入衍生工具的公允价值），再从复合金融工具公允价值中扣除负债成分的公允价值，作为权益工具成分的价值。

---

① 附有或有结算条款的金融工具，指是否通过交付现金或其他金融资产进行结算，或者是否以其他导致该金融工具成为金融负债的方式进行结算，需要由发行方和持有方均不能控制的未来不确定事项（如股价指数，消费价格指数变动，利率或税法变动，发行方未来收入、净收益或债务权益比率等）的发生或不发生（或发行方和持有方均不能控制的未来不确定事项的结果）来确定的金融工具。

## 二、衍生金融工具的定义及分类

### （一）衍生金融工具的定义

金融工具可以分为基础金融工具和衍生金融工具。基础金融工具包括企业持有的现金、存放于金融机构的款项、普通股，以及代表在未来期间收取或支付金融资产的合同权利或义务等，如应收账款、应付账款、其他应收款、其他应付款、存出保证金、存入保证金、客户贷款、客户存款、债券投资、应付债券等。衍生金融工具又被称为衍生工具，是指衍生于基础金融工具，并能够相对独立存在的金融工具。我国《企业会计准则第22号——金融工具的确认和计量》规定具有下列特征的金融工具或其他合同为衍生金融工具：

（1）其价值随着特定利率、金融价格、商品价格、汇率、价格指数、费率指数、信用等级、信用指数或其他类似变量的变动而变动，变量为非金融变量的，该变量与合同的任一方不存在特定关系。衍生工具的价值变动取决于标的变量的变化。

（2）不要求初始净投资，或与对市场情况变动有类似反应的其他类型合同相比，要求很少的初始净投资。

（3）在未来某一日期结算。在未来某一日期结算，表明衍生工具结算需要经历一段特定期间。但是，"在某一日期结算"不能理解为只在未来某一日期进行一次结算。例如，利率互换可能涉及合同到期前多个结算日期。另外，有些期权可能由于是价外期权而到期不行权，也是在未来日期结算的一种方式。

### （二）衍生金融工具的分类

根据不同的分类标准，衍生金融工具可进行不同的分类，具体如下：

**1. 按照不同的交易方法与特点来分类**

此分类标准是衍生金融工具最基本、最普遍的分类，按照衍生金融工具的交易方法和特点来分，衍生金融工具可分为以下四种类型：

（1）远期合同。是指合同双方同意在将来某一特定日期按事先约定的价格，以预先确定的方式买卖约定数量的某种金融工具的合同，如远期外汇合同、远期股票合同、远期利率协议等。

（2）期货合同。是指合同双方在有组织的交易所内以公开竞价形式达成的、在将来某一特定时间交割标准数量特定金融工具的合同，如外汇期货、利率期货、股票指数期货等。期货交易实质上是在期货交易所内进行的标准化合约双方的远期交易。

（3）期权。是指期权购买方（投资者）按一定价格购买期权合同，从而获得在约定时间内以约定价格买入或卖出某种金融工具的权利。期权的最大特点是不对称的风险与收益机制。如现货期权、期货期权和认股权证等。

（4）互换。是指合同双方根据互换合同，按照事先约定的方式，交换未来各自债务现金流量的一种金融交易方式。如货币互换和利率互换。互换实质上是一种一系列远期合同的组合，可以被认为是对期货、期权和远期合同交易的一种扩展。

**2. 按照基础工具的种类来分类**

按照基础工具的种类来分，衍生金融工具可分为以下三种类型：

（1）基于股权的衍生金融工具。是指合同双方的交易都被限定于股票一级市场和二级市场，即股票市场中以合同为主要表现形式的跨期交易。运用于一级市场中的衍生金融工具主要有可转换公司债券和认股权证，运用于二级市场的衍生金融工具则主要有股票指数期货、股票指数期权以及在此基础上形成的混合交易合同。

（2）基于货币的衍生金融工具。是指合同双方的交易被限定于与外汇有关的各类跨期业务，主要包括外汇远期、外汇期货、外汇期权、货币互换以及在此基础上形成的混合交易合同。

（3）基于利率的衍生金融工具。是指以利率工具及其载体（如债券）为基础工具的衍生金融工具，主要包括利率期货、利率期权、利率互换、远期利率协议以及在此基础上形成的混合交易合同。

3. 按照不同的交易性质分类

按照衍生金融工具的不同交易性质，衍生金融工具可分为以下两种类型：

（1）远期交易性质的衍生金融工具。是指交易双方签订并履行的在将来某一特定日期按一定条件进行交易的合同，主要是远期合同、期货合同和互换合同。

（2）选择权交易性质的衍生金融工具。是指交易双方虽签约在未来进行交易，但合同购买方有权选择履行与否的合同，主要有期权合同、认股权证、可转换公司债券、利率上限、利率下限等。

# 第二节　金融资产和金融负债的确认与计量

金融资产和金融负债的确认与计量，与其分类密切相关。因此，在讲述金融资产和金融负债的确认与计量前，我们首先来了解金融资产和金融负债的分类。

## 一、金融资产和金融负债的分类

当企业成为金融工具合同的一方时，应确认为一项金融资产或金融负债。在初始确认时，企业应结合自身的业务特点和风险管理要求，将取得的金融资产或承担的金融负债分为以下几类：①以公允价值计量且其变动计入当期损益的金融资产或金融负债；②持有至到期投资；③贷款和应收款项；④可供出售金融资产；⑤其他金融负债。在初始确认时的上述分类一经确定，不得随意变更。从上述的分类可知，金融资产在初始确认时一般分为四类，即以公允价值计量且其变动计入当期损益的金融资产、持有至到期投资、贷款和应收款项、可供出售金融资产。金融负债一般分为两类，即以公允价值计量且其变动计入当期损益的金融负债和其他金融负债。

### （一）以公允价值计量且其变动计入当期损益的金融资产或金融负债

以公允价值计量且其变动计入当期损益的金融资产或金融负债，可以进一步分为交易性金融资产或金融负债和直接指定为以公允价值计量且其变动计入当期损益的金融资产或金融负债。

1. 交易性金融资产或金融负债

满足以下条件之一的金融资产或金融负债，应当划分为交易性金融资产或金融负债：

（1）取得该金融资产或承担该金融负债是为了近期内出售、回购或赎回。例如，企业为充分利用闲置资金，以赚取差价为目的从二级市场购入的股票、债券和基金等。

（2）属于进行集中管理的可辨认金融工具组合的一部分，且有客观证据表明企业近期采用短期获利方式对该组合进行管理。在这种情况下，即使组合中有某个组成项目持有的期限稍长也不受影响。其中，"金融工具组合"是指金融资产组合或金融负债组合。

（3）衍生金融工具。包括远期合同、期货合同、互换、期权等，但被指定为有效套期工具的衍生工具、属于财务担保合同的衍生工具、与在活跃市场中没有报价且其公允价值不能可靠计量的权益工具投资挂钩并须通过交付该权益工具结算的衍生工具除外。

2. 直接指定为以公允价值计量且其变动计入当期损益的金融资产或金融负债

（1）包括一项或多项嵌入衍生工具的混合工具①，如果不是以下两种情况，那么企业可以将其直接指定为以公允价值计量且其变动计入当期损益的金融资产或金融负债：①嵌入衍生工具对混合工具的现金流量没有重大改变；②类似混合工具所嵌入的衍生工具，明显不应当从相关混合工具中分拆。例如嵌在客户贷款中的、允许借款人以大致等于贷款摊余成本的金额提前还款的权力。

（2）除混合工具以外的其他金融资产或金融负债，只有直接指定能够产生更相关的会计信息时才能将某项金融资产或金融负债直接指定为以公允价值计量且其变动计入当期损益的金融资产或金融负债。符合以下条件之一，就说明直接指定能够产生更相关的会计信息：

①该指定可以消除或明显减少由于该金融资产或金融负债的计量基础不同而导致的相关利得或损失在确认和计量方面不一致的情况。

设立这项条件，目的在于通过直接指定为以公允价值计量，并将其变动计入当期损益，以消除会计上可能存在的不配比现象。例如，按照金融工具确认和计量准则规定，有些金融资产可以被指定或划分为可供出售类，从而其公允价值变动计入所有者权益（其他综合收益），但与之直接相关的金融负债却划分为以摊余成本进行后续计量的金融负债，从而导致"会计不配比"。但是，如果将以上金融资产和金融负债均直接指定为以公允价值计量且其变动计入当期损益类，那么这种会计不配比就能够消除。

②企业的风险管理或投资策略的正式书面文件已载明，该金融资产组合、该金融负债组合或该金融资产和金融负债组合，以公允价值为基础进行管理、评价并向关键管理人员报告。

此项条件着重企业日常管理和评价业绩的方式，而不是关注金融工具组合中各组成部分的性质。例如，风险投资机构、证券投资基金或类似会计主体，其经营活动的主要目的在于从投资工具的公允价值变动中获取回报，它们在风险管理或投资策略的正式书面文件

---

① 衍生工具通常是独立存在的，但也可能嵌入到非衍生金融工具或其他合同中。嵌入衍生工具，是指嵌入到非衍生工具（即主合同）中，使混合工具的全部或部分现金流量随特定利率、金融工具价格、商品价格、汇率、价格指数、费率指数、信用等级、信用指数或其他类似变量的变动而变动的衍生工具。

中对此也有清楚的说明。在这种情况下，应将该组合进行指定。

### （二）持有至到期投资

持有至到期投资，是指到期日固定、回收金额固定或可确定，且企业有明确意图和能力持有至到期的非衍生金融资产。理解"持有至到期投资"需把握好以下三个方面：

1. 到期日固定、回收金额固定或可确定

"到期日固定、回收金额固定或可确定"是指相关合同明确了投资者在确定的期间内获得或应收取现金流量（如投资利息、本金等）的金额和时间。因此，从投资者角度看，如果不考虑其他条件，在将某项投资划分为持有至到期投资时可以不考虑可能存在的发行方重大支付风险。另外，还有两点值得注意：一是由于要求到期日固定，从而权益工具投资不能划分为持有至到期投资；二是若符合其他条件时，浮动利率的债务工具投资应将其划分为持有至到期投资。

2. 有明确意图持有至到期

"有明确意图持有至到期"是指投资者在取得投资时意图就是明确的，除非遇到一些企业所不能控制、预期不会重复发生且难以合理预计的独立事件，否则将持有至到期。

存在下列情况之一的，表明企业没有明确意图将金融资产投资持有至到期：

（1）持有该金融资产的期限不确定。

（2）发生市场利率变化、流动性需要变化、替代投资机会及其投资收益率变化、融资来源和条件变化、外汇风险变化等情况时，将出售该金融资产。但是，无法控制、预期不会重复发生且难以合理预计的独立事项引起的金融资产出售除外。

（3）该金融资产的发行方可以按照明显低于其摊余成本的金额清偿。

（4）其他表明企业没有明确意图将该金融资产持有至到期的情况。

据此，对于发行方可以赎回的债务工具，如发行方行使赎回权，投资者仍可收回其几乎所有初始净投资（含支付的溢价和交易费用），那么投资者可以将此类投资划分为持有至到期投资。但对于投资者有权要求发行方赎回的债务工具投资，投资者不能将其划分为持有至到期投资。

3. 有能力持有至到期

"有能力持有至到期"是指企业有足够的财力资源，并不受外部因素影响将投资持有至到期。

存在下列情况之一的，表明企业没有能力将具有固定期限的金融资产投资持有至到期：①没有可利用的财务资源持续地为该金融资产投资提供资金支持，以使该金融资产投资持有至到期；②受法律、行政法规的限制，使企业难以将该金融资产投资持有至到期；③其他表明企业没有能力将具有固定期限的金融资产投资持有至到期的情况。

企业应当于每个资产负债表日对持有至到期投资的意图和能力进行评价。发生变化的，应当将其重分类为可供出售金融资产进行处理。

### （三）贷款和应收款项

贷款和应收款项，是指在活跃市场中没有报价、回收金额固定或可确定的非衍生金融资产。贷款和应收款项主要是指金融企业发放的贷款和其他债权，但不限于金融企业发放的贷款和其他债权。非金融企业持有的现金和银行存款、销售商品或提供劳务形成的应收款项、企业持有的其他企业的债权（不包括在活跃市场上有报价的债务工具）等，只要符合贷款和应收款项的定义，也可以划分为这一类。

一项金融资产，初始确认是划分为贷款和应收款项类还是划分为持有至到期投资类，主要依据其在活跃市场上是否有报价。贷款和应收款项类金融资产在活跃市场上没有报价，且不像持有至到期投资那样在出售或重分类方面受到严格的限制。

### （四）可供出售金融资产

可供出售金融资产通常是指企业没有将其划分为以公允价值计量且其变动计入当期损益的金融资产、持有至到期投资以及贷款和应收款项的金融资产。如在活跃市场上有报价的股票投资、债券投资等。相对于交易性金融资产，可供出售金融资产的持有意图不明确。

值得注意的是，企业持有上市公司限售股权且对上市公司不具有控制、共同控制或重大影响的，应将该限售股权划分为可供出售金融资产，或以公允价值计量且其变动计入当期损益的金融资产。

### （五）其他金融负债

其他金融负债是指没有划分为以公允价值计量且其变动计入当期损益的金融负债。通常为企业购买商品所形成的应付账款、长期借款、企业发行的债券、长期应付款和商业银行吸收的客户存款等。

## 二、金融资产和金融负债的确认

金融资产和金融负债的确认是指将符合金融资产和金融负债的定义与确认条件的项目记入和列入资产负债表的过程。

### （一）金融资产和金融负债的确认条件

企业成为金融工具合同的一方时，就应当确认为一项金融资产或金融负债。对于衍生金融工具，企业应将衍生金融工具合同形成的权利或义务，确认为金融资产或金融负债。但是，如果衍生工具涉及金融资产转移，且导致该金融资产转移不符合终止确认条件，则不应将其确认，否则会导致衍生工具形成的义务被重复确认。

### （二）金融资产和金融负债的终止确认

1. 金融资产的终止确认

金融资产的终止确认，是指将金融资产从企业的账户和资产负债表内予以转销。当金融资产满足下列条件之一时，企业应终止确认金融资产：一是收取该金融资产现金流量的合同权利终止；二是金融资产已经转移，且符合《企业会计准则第23号——金融资产转移》规定的金融资产终止确认条件。①

---

① 按照金融资产转移准则，金融资产转移满足下列条件的，企业应当终止确认该金融资产：企业已将金融资产所有权上几乎所有的风险和报酬转移给了转入方；企业既没有转移也没有保留金融资产所有权上几乎所有的风险和报酬，但放弃了对该金融资产的控制。

2. 金融负债的终止确认

金融负债终止确认，是指将金融负债从企业的账户和资产负债表内予以转销。企业只有在金融负债的现时义务全部或部分已经解除的，才能终止确认该金融负债或其一部分。

企业在确定是否终止确认金融负债时，重在把握金融负债的现时义务是否已解除或部分已解除。有时金融负债现时义务解除的情形较为复杂，此时，企业应当注重分析其交易的法律形式和经济实质。几种复杂情形的判定如下：

（1）企业将用于偿付金融负债的资产转入某个机构或设立信托，偿付债务的义务仍存在的，不应当终止确认该金融负债，也不能终止确认转出的资产。

（2）企业（债务人）与债权人之间签订协议，以承担新金融负债方式替换现存金融负债，且新金融负债与现存金融负债的合同条款实质上不同的，应当终止确认现存金融负债，并同时确认新金融负债。"实质上不同"是指按照新的合同条款，新金融负债未来现金流量现值与原金融负债的剩余期间现金流量现值之间的差异至少相差10%。

（3）企业回购金融负债一部分的，应当在回购日按照继续确认部分和终止确认部分的相对公允价值，将该金融负债整体的账面价值进行分配。分配给终止确认部分的账面价值与支付的对价（包括转出的非现金资产或承担的新金融负债）之间的差额，计入当期损益。

## 三、金融资产和金融负债的计量

### （一）金融资产和金融负债的初始计量

企业初始确认金融资产或金融负债时，应当按照公允价值计量。与此相关的交易费用，应分类来进行处理。对于以公允价值计量且其变动计入当期损益的金融资产或金融负债，相关交易费用直接计入当期损益；对于其他类别的金融资产或金融负债，相关交易费用则计入初始确认金额，构成实际利息组成部分。但企业取得金融资产所支付的价款中包含的已宣告而尚未发放的债券利息或现金股利，应当单独确认为应收项目进行处理。

金融资产或金融负债在进行初始计量时，涉及两个重要概念：一是公允价值；二是交易费用。金融资产或金融负债在初始确认并进行计量时的公允价值通常指交易价格，即所收到或支付对价的公允价值，但如果收到或支付的对价的一部分并非针对该金融工具，该金融工具的公允价值应根据估值技术来进行估计。交易费用，是指可直接归属于购买、发行或处置金融工具新增的外部费用。新增的外部费用，是指企业不购买、发行或处置金融工具就不会发生的费用，包括支付给代理机构、咨询公司、券商等的手续费和佣金及其他必要支出，不包括债券溢价、折价、融资费用、内部管理成本及其他与交易不直接相关的费用。交易费用是实际利息的组成部分。

### （二）金融资产和金融负债的后续计量

1. 金融资产的后续计量

金融资产的后续计量与其分类密切相关，不同类别的金融资产，其后续计量的原则不一样。企业对四种类别金融资产进行后续计量的原则如下：

（1）以公允价值计量且其变动计入当期损益的金融资产，应当按照公允价值计量，且不扣除将来处置该金融资产时可能发生的交易费用；

（2）持有至到期投资，应当采用实际利率法，按摊余成本计量；

（3）贷款和应收款项，应当采用实际利率法，按摊余成本计量；

（4）可供出售金融资产，应当按公允价值计量，且不扣除将来处置该金融资产时可能发生的交易费用。

当企业发生不同类别的金融资产交易时，应根据不同的计量原则来进行会计处理，具体举例如下：

第一类，以公允价值计量且其变动计入当期损益的金融资产①。

为核算此类金融资产，企业应设置"交易性金融资产"科目。对直接指定为以公允价值计量且其变动计入当期损益的金融资产，也在本科目核算。企业取得此类资产时，借记"交易性金融资产"，发生的交易费用，借记"投资收益"；企业在持有期间取得的利息或现金股利，应确认为投资收益；资产负债表日，企业应以资产负债表日的公允价值重新计量此类金融资产，且其变动计入当期损益（公允价值变动损益）；处置该金融资产时，将该金融资产的公允价值与其账面金额之间的差额确认为投资收益，同时转出原计入该金融资产的公允价值变动损益②。

【例1】南方公司于2015年1月1日从二级市场上购入面值为20 000元、票面利率为6%的债券，共支付价款21 200元（含已宣告发放利息1 200元），另支付交易费用500元。该债券剩余期限为三年，每年末支付利息一次，南方公司将其作为交易性金融资产。其他资料如下：

（1）2015年1月3日收到该债券2013年的利息1 200元。

（2）2015年12月31日该债券的公允价值为21 000元（不含利息）。

（3）2016年1月4日收到2014年的利息1 200元。

（4）2016年3月31日出售该债券，取得价款21 600元（含一季度利息400元）。

假定不考虑其他因素，南方公司的会计处理如下：

（1）2015年1月1日购入该债券：

借：交易性金融资产——成本　　　　　　　　　　　20 000

　　投资收益　　　　　　　　　　　　　　　　　　　500

　　应收利息　　　　　　　　　　　　　　　　　　1 200

　　贷：银行存款　　　　　　　　　　　　　　　　　　21 700

（2）2015年1月3日，收到最初支付价款中所含的利息1 200元：

借：银行存款　　　　　　　　　　　　　　　　　　　500

　　贷：应收利息　　　　　　　　　　　　　　　　　　　500

（3）2015年12月31日，确认该债券的公允价值变动和投资收益（利息）：

借：交易性金融资产——公允价值变动　　　　　　　1 000

---

① 如果一项金融工具以前被确认为一项金融资产并以公允价值计量，而现在它的公允价值低于零，企业应将其确认为一项负债。

② "投资收益"才是企业真正取得该金融资产的利得或损失，而"公允价值变动损益"表示的是未真正实现的利得或损失。

|   |   |
|---|---|
| 　　　贷：公允价值变动损益 | 1 000 |
| 　借：应收利息 | 1 200 |
| 　　　贷：投资收益 | 1 200 |

（4）2016 年 1 月 4 日，收到 2015 年的利息 1 200 元：

|   |   |
|---|---|
| 　借：银行存款 | 1 200 |
| 　　　贷：应收利息 | 1 200 |

（5）2016 年 3 月 31 日，出售该债券：

|   |   |
|---|---|
| 　借：银行存款 | 21 600 |
| 　　　公允价值变动损益 | 1 000 |
| 　　　贷：交易性金融资产——成本 | 20 000 |
| 　　　　　　　　　　——公允价值变动 | 1 000 |
| 　　　　投资收益 | 1 600 |

第二类，持有至到期投资。

对于此类金融资产，初始计量时，企业应当按取得时的公允价值和相关交易费用之和作为初始确认金额，但支付价款中包含的已宣告发放的利息，不应包括在初始确认金额之中，而应单独确认为应收项目。持有期间则应当采用实际利率法，按摊余成本进行后续计量。实际利率法（Effective Interest Method）是指按照金融资产或金融负债（含一组金融资产或金融负债）的实际利率计算其摊余成本及各期利息收入或利息费用的方法。由此可知，实际利率法中有两个重要的概念：一是实际利率；二是摊余成本。具体阐述如下：

（1）实际利率（Effective Interest Rates）。实际利率是指将金融资产或金融负债在预期存续期间或适用的更短期间内的未来现金流量，折现为该金融资产或金融负债当前账面价值所使用的利率。实际利率应在初始确认以摊余成本计量的金融资产或金融负债时确定，且在相关金融资产或金融负债的预期存续期间或适用的更短期间内保持不变。

在确定实际利率时，应当在考虑金融资产或金融负债所有合同条款（包括提前还款权、看涨期权、类似期权等）的基础上预计未来现金流量，但不应考虑未来信用损失；另外，还应考虑金融资产或金融负债合同各方之间支付或收取的、属于实际利率组成部分的各项收费、交易费用及溢价或折价等。金融资产或金融负债的未来现金流量或存续期间无法可靠预计时，应当采用该金融资产或金融负债在整个合同期内的合同现金流量。

（2）摊余成本。金融资产或金融负债的摊余成本（Amortized Cost of a Financial Asset or Financial Liability），是指该金融资产或金融负债的初始确认金额经下列调整后的结果：第一，扣除已偿还的本金；第二，加上或减去采用实际利率法将该初始确认金额与到期日金额之间的差额进行摊销形成的累计摊销额；第三，扣除已发生的减值损失（仅适用于金融资产）。

为核算持有至到期投资，企业应设置"持有至到期投资"账户并分别设置"成本""利息调整"和"应计利息"等明细账。

【例 2】2014 年 1 月 1 日，南方公司从活跃市场上买入 S 公司的 5 年期债券，共支付价款 2 000 万元（包含交易费用）。债券面值为 2 200 万元，年票面利率为 7.6%（即每年支付利息 167.2 万元），按年支付利息。有关资料见表 11 - 1。南方公司打算持有至到期。

不考虑减值损失、所得税等其他因素。

首先计算实际利率 $R$：

$167.2 \times (1+R)^{-1} + 167.2 \times (1+R)^{-2} + 167.2 \times (1+R)^{-3} + 167.2 \times (1+R)^{-4} + 167.2 \times (1+R)^{-5} + 2\,200 \times (1+R)^{-5} = 2\,000$

计算确定的实际利率约为 10%。

表 11－1

单位：万元

| 年份 | 期初摊余成本<br>（A） | 实际利息（B）<br>（按 10% 计算） | 现金流入<br>（C） | 期末摊余成本<br>（D＝A＋B－C） |
|---|---|---|---|---|
| 2014 年 | 2 000 | 200 | 167.2 | 2 032.8 |
| 2015 年 | 2 032.8 | 203.28 | 167.2 | 2 068.88 |
| 2016 年 | 2 068.88 | 206.89 | 167.2 | 2 108.57 |
| 2017 年 | 2 108.57 | 210.86 | 167.2 | 2 152.23 |
| 2018 年 | 2 152.23 | 214.97* | 2 367.2 | 0 |

注：＊数字考虑了计算过程出现的尾数。

南方公司具体的账务处理如下（金额单位：万元）：

（1）2014 年 1 月 1 日购入某公司债券时：

借：持有至到期投资——成本　　　　　　　　　　2 200

　　贷：银行存款　　　　　　　　　　　　　　　　2 000

　　　　持有至到期投资——利息调整　　　　　　　　200

（2）2014 年 12 月 31 日确认利息收入，收到票面利息时：

借：持有至到期投资——利息调整　　　　　　　　32.8

　　应收利息　　　　　　　　　　　　　　　　167.2

　　贷：投资收益　　　　　　　　　　　　　　　　200

借：银行存款　　　　　　　　　　　　　　　　167.2

　　贷：应收利息　　　　　　　　　　　　　　　167.2

（3）2015 年 12 月 31 日确认利息收入，收到票面利息时：

借：持有至到期投资——利息调整　　　　　　　　36.08

　　应收利息　　　　　　　　　　　　　　　　167.2

　　贷：投资收益　　　　　　　　　　　　　　203.28

借：银行存款　　　　　　　　　　　　　　　　167.2

　　贷：应收利息　　　　　　　　　　　　　　167.2

（4）2016 年 12 月 31 日确认利息收入，收到票面利息时：

借：持有至到期投资——利息调整　　　　　　　　39.69

　　应收利息　　　　　　　　　　　　　　　　167.2

　　贷：投资收益　　　　　　　　　　　　　　206.89

借：银行存款                                           167.2

    贷：应收利息                                  167.2

（5）2017 年 12 月 31 日确认利息收入，收到票面利息时：

借：持有至到期投资——利息调整               43.66

       应收利息                             167.2

    贷：投资收益                              210.86

借：银行存款                                       167.2

    贷：应收利息                               167.2

（6）2018 年 12 月 31 日确认利息收入，收到票面利息和投资成本时：

借：持有至到期投资——利息调整               47.77

       应收利息                             167.2

    贷：投资收益                              214.97

借：银行存款                                     2 367.2

    贷：持有至到期投资——成本              2 200

       应收利息                             167.2

第三类，贷款和应收款项。

对于此类金融资产，初始计量时，企业应当按取得时的公允价值和相关交易费用之和作为初始确认金额。金融企业按当前市场条件发放的贷款，应将发放贷款的本金和相关交易费用之和作为初始确认金额。非金融企业对外销售商品或提供劳务形成的应收债权，应按从购货方应收的合同或协议价值作为初始入账金额。贷款持有期间所确认的利息收入，应当根据实际利率计算，且实际利率应在取得贷款时确定。如实际利率与名义利率相差很小时，也可采用名义利率成本来进行后续计量。企业收回或处置贷款和应收款项时，应将取得的价款与该贷款和应收款项账面价值之间的差额，确认为当期损益。

第四类，可供出售金融资产。

对于此类金融资产，初始计量时，企业应当按取得时的公允价值和相关交易费用之和作为初始确认金额。支付的价款中包含了已宣告发放的债券利息或现金股利的，应单独确认为应收项目。持有可供出售金融资产期间所取得的利息或现金股利，应当计入投资收益；资产负债表日，可供出售金融资产应当以公允价值计量，且公允价值变动计入其他综合收益；处置可供出售金融资产时，应按取得的价款与原计入其他综合收益的公允价值变动累计额对应处置部分的金额，与该金融资产账面价值之间的差额，确认为投资收益。

为核算可供出售金融资产，企业应设置"可供出售金融资产"科目，并设置"成本""利息调整""应计利息""公允价值变动"等明细账来进行核算。可供出售金融资产发生减值的，可单独设置"可供出售金融资产减值准备"科目。

【例3】南方公司于2015年7月1日从二级市场购入股票200万股，每股市价16元，手续费7万元，南方公司将其划分为可供出售金融资产。2015年12月31日南方公司仍持有该股票，该股票当时的市价为每股17元。2016年3月1日，南方公司将该股票全部售出，售价为每股15元，另支付交易费用4万元。假定不考虑其他因素，南方公司的账务处理如下（金额单位：万元）：

（1）2015 年 7 月 1 日，购入股票：

借：可供出售金融资产——成本                                 3 207

   贷：银行存款                                          3 207

（2）2015 年 12 月 31 日，确认股票价格变动：

借：可供出售金融资产——公允价值变动                     193

    贷：其他综合收益                                  193

（3）2016 年 3 月 1 日，出售股票：

借：银行存款                                      3 000

   其他综合收益                                  193

   投资收益                                     207

   贷：可供出售金融资产——成本                      3 207

           ——公允价值变动                  193

支付交易费用：

借：投资收益                                      4

   贷：银行存款                                      4

**2. 金融负债的后续计量**

企业应根据金融负债的不同类别，按照以下原则对金融负债进行后续计量：（1）以公允价值计量且其变动计入当期损益的金融负债，应按照公允价值计量，且不扣除将来结清金融负债时可能发生的交易费用；（2）不属于指定为以公允价值计量且其变动计入当期损益的金融负债的财务担保合同，应当在初始确认后按照下列两项金额之中的较高者进行后续计量：①按照《企业会计准则第 13 号——或有事项》确定的金额；②初始确认金额扣除按照《企业会计准则第 14 号——收入》的原则确定的累计摊销额后的余额；（3）上述金融负债以外的金融负债，应按摊余成本进行后续计量。具体举例如下：

第一类，以公允价值计量且其变动计入当期损益的金融负债。

对于按照公允价值进行后续计量的金融负债，其公允价值变动形成利得或损失，除与套期保值有关外，应当计入当期损益。为核算此类负债，企业应设置"交易性金融负债"账户并可设置"本金""公允价值变动"等明细科目。

【例 4】南方公司于 2015 年 10 月 1 日在全国银行间债券市场发行 1 000 万元短期融资券，期限为 9 个月，票面年利率 6%，每张面值为 100 元，到期一次性还本付息。南方公司将其指定为以允价值计量且其变动计入当期损益的金融负债。2015 年 12 月 31 日，该短期融资券的市场价格为每张 110 元（不含利息）；2016 年 3 月 31 日，该短期融资券的市场价格为每张 105 元（不含利息）；2016 年 6 月 30 日，该短期融资券到期兑付完成。假设不考虑交易费用，南方公司的会计处理如下（金额单位：万元）：

（1）2015 年 10 月 1 日南方公司发行短期融资券：

借：银行存款                                    1 000

   贷：交易性金融负债——本金                    1 000

（2）2015 年 10 月 1 日，南方公司确认公允价值变动和利息费用：

借：公允价值变动损益                              100

   贷：交易性金融负债——公允价值变动      100

  借：投资收益        15（1 000×6%/4）

   贷：应付利息          15

  （3）2016 年 3 月 31 日，南方公司确认公允价值变动和利息费用：

  借：交易性金融负债——公允价值变动     50

   贷：公允价值变动损益         50

  借：投资收益           15

   贷：应付利息          15

  （4）2016 年 6 月 30 日，融资券到期还本付息：

  借：投资收益           15

   贷：应付利息          15

  借：交易性金融负债——本金      1 000

       ——公允价值变动    50

   应付利息          45

   贷：银行存款         1 045

    投资收益         50

  借：投资收益          50

   贷：公允价值变动损益         50

  第二类，按摊余成本进行后续计量的金融负债。

  以摊余成本或成本计量的金融负债，在摊销、终止确认时产生的利得或损失，应当计入当期损益。但是，该金融负债被指定为被套期项目的，相关的利得或损失的处理，适用《企业会计准则第 24 号——套期保值》。

  【例5】南方公司于 2014 年 1 月 1 日发行公司债券以购买固定资产。该债券的发行价格为 15 510 万元，期限 3 年，每年末支付一次利息。债券的票面金额为 16 000 万元，票面利率 4.5%，实际年利率 5.64%，到期按面值偿还。假定不考虑发行费用且固定资产及时交付使用。则南方公司的会计处理如下：

  南方公司根据实际利率和票面利率计算得出的各期摊余成本见表11－2。

表 11－2

单位：万元

| 年份 | 期初摊余成本（A） | 实际利息（B）<br>（按 5.64% 计算） | 现金流出（C）<br>（按 4.5% 计算） | 期末摊余成本<br>（D＝A＋B－C） |
|---|---|---|---|---|
| 2014 年 | 15 510 | 874.76 | 720 | 15 664.76 |
| 2015 年 | 15 664.76 | 883.49 | 720 | 15 828.25 |
| 2016 年 | 15 828.25 | 891.75* | 16 720 | 0 |

  注：*数字考虑了计算过程出现的尾数。

（1）2014 年 1 月 1 日发行债券：

借：银行存款　　　　　　　　　　　　　　　　　　　　　　15 510

　　应付债券——利息调整　　　　　　　　　　　　　　　　　490

　　贷：应付债券——面值　　　　　　　　　　　　　　　　　　　　16 000

（2）2014 年 12 月 31 日确认和支付利息：

借：财务费用　　　　　　　　　　　　　　　　　　　　　　874.76

　　贷：应付利息　　　　　　　　　　　　　　　　　　　　　　720

　　　应付债券——利息调整　　　　　　　　　　　　　　　154.76

借：应付利息　　　　　　　　　　　　　　　　　　　　　　720

　　贷：银行存款　　　　　　　　　　　　　　　　　　　　　　720

（3）2015 年 12 月 31 日确认和支付利息：

借：财务费用　　　　　　　　　　　　　　　　　　　　　　883.49

　　贷：应付利息　　　　　　　　　　　　　　　　　　　　　　720

　　　应付债券——利息调整　　　　　　　　　　　　　　　163.49

借：应付利息　　　　　　　　　　　　　　　　　　　　　　720

　　贷：银行存款　　　　　　　　　　　　　　　　　　　　　　720

（4）2015 年 12 月 31 日债券到期并兑付：

借：财务费用　　　　　　　　　　　　　　　　　　　　　　891.75

　　贷：应付利息　　　　　　　　　　　　　　　　　　　　　　720

　　　应付债券——利息调整　　　　　　　　　　　　　　　171.75

借：应付债券——面值　　　　　　　　　　　　　　　　16 000

　　贷：银行存款　　　　　　　　　　　　　　　　　　　　　　16 000

借：应付利息　　　　　　　　　　　　　　　　　　　　　　720

　　贷：银行存款　　　　　　　　　　　　　　　　　　　　　　720

# 第三节　金融工具的列报①

为规范金融工具的列报，2006 年我国发布了《企业会计准则第 37 号——金融工具列报》。2014 年 6 月，财政部对《企业会计准则第 37 号——金融工具列报》进行了修订。金融工具信息的列报，应当有助于财务报表使用者了解发行方对发行的金融工具如何进行分类、计量和列示，并就金融工具对企业财务状况和经营成果影响的重要程度、金融工具使企业在报告期间和期末所面临的风险的性质和程度，以及企业如何管理这些风险作出合理评价。金融工具的列报，包括金融工具列示和金融工具披露。

---

① 本节内容大部分摘自准则原文，不作教学要求，读者了解即可。

## 一、金融资产和金融负债的列示要求

企业应在资产负债表内分别列示金融资产和金融负债，不得相互抵销。但同时满足下列两个条件的，应以相互抵销后的净额在资产负债表内列示：

（1）企业具有抵销已确认金额的法定权利，且该种法定权利是当前可执行的。

抵销权是债务人根据合同或其他协议，以应收债权人的金额全部或部分抵销应付债权人的金额的法定权利。在某些情况下，如果债务人、债权人和第三方三者之间签署的协议明确表示债务人拥有该抵销权，并且不违反相关法律或法规，债务人可能拥有以应收第三方的金额抵销应付债权人的金额的法定权利。在确定抵销权是否可执行时，企业应当充分考虑相关法律和法规要求以及合同约定等各方面因素。

（2）企业计划以净额结算，或同时变现该金融资产和清偿该金融负债。

企业同时结算金融资产和金融负债的，如果结算方式同时具备如下特征，可视为满足净额结算标准：

①符合抵销条件的金融资产和金融负债在同一时点提交处理；

②金融资产和金融负债一经提交处理，各方即承诺履行结算义务；

③金融资产和金融负债一经提交处理，除非处理失败，这些资产和负债产生的现金流量不可能发生变动；

④以证券作为担保物的金融资产和金融负债，通过证券结算系统或其他类似机制进行结算（例如券款对付），即如果证券交付失败，则以证券作为抵押的应收款项或应付款项的处理也将失败，反之亦然；

⑤若发生④所述的失败交易，将重新进入处理程序，直至结算完成；

⑥由同一结算机构执行；

⑦有足够的日间信用额度，并且能够确保该日间信用额度一经申请提取即可履行，以支持各方能够在结算日进行支付处理。

在下列情况下，企业不得抵销相关金融资产和金融负债以净额列示：

①使用多项不同金融工具来仿效单项金融工具的特征，即"合成工具"。例如，利用浮动利率长期债券与收取浮动利息且支付固定利息的利率互换，合成一项固定利率长期负债。

②金融资产和金融负债虽然具有相同的主要风险敞口（例如远期合同或其他衍生工具组合中的资产和负债），但涉及不同的交易对手方。

③无追索权金融负债与作为其担保品的金融资产或其他资产。

④债务人为解除某项负债而将一定的金融资产进行托管（例如偿债基金或类似安排），但债权人尚未接受以这些资产清偿负债。

⑤因某些导致损失的事项而产生的义务预计可以通过保险合同向第三方索赔而得以补偿。

## 二、金融工具对财务状况和经营成果影响的列报

### （一）列报的一般性要求

企业在对金融工具各项目进行列报时，应当根据金融工具的特点及相关信息的性质对

金融工具进行归类，并充分披露与金融工具相关的信息，使得财务报表附注中的披露与财务报表列示的各项目相互对应。在确定金融工具的列报类型时，企业至少应将金融工具区分为以摊余成本计量和以公允价值计量两种类型。

企业应当披露编制财务报表时对金融工具所采用的重要会计政策、计量基础和与理解财务报表相关的其他会计政策等信息，主要包括：

（1）对于指定为以公允价值计量且其变动计入当期损益的金融资产或金融负债，应当披露下列信息：①指定的金融资产或金融负债的性质；②初始确认时对上述金融资产或金融负债做出指定的标准；③如何满足运用指定的标准。对于以消除或显著减少会计错配为目的的指定，企业应当披露该指定所针对的确认或计量不一致的描述性说明。对于以更好地反映组合的管理实质为目的的指定，企业应当披露该指定符合企业正式书面文件载明的风险管理或投资策略的描述性说明。对于整体指定为以公允价值计量且其变动计入当期损益的混合工具，企业应当披露运用指定标准的描述性说明。

（2）指定金融资产为可供出售金融资产的标准。

（3）金融资产常规购买和出售的会计政策。

（4）核销减值准备并减记金融资产账面价值的原则。

（5）如何确定每类金融工具的利得或损失。

（6）存在客观证据表明金融资产已发生减值的适用标准。

（7）为避免金融资产逾期或减值而重新议定条款的金融资产所适用的会计政策。

**（二）列报的具体要求**

1. 在资产负债表中的列报要求

企业应当在资产负债表或相关附注中列报下列金融资产或金融负债的账面价值：①以公允价值计量且其变动计入当期损益的金融资产，并分别反映交易性金融资产和在初始确认时指定为以公允价值计量且其变动计入当期损益的金融资产；②持有至到期投资；③贷款和应收款项；④可供出售金融资产；⑤以公允价值计量且其变动计入当期损益的金融负债，并分别反映交易性金融负债和在初始确认时指定为以公允价值计量且其变动计入当期损益的金融负债；⑥其他金融负债。

企业将单项或一组贷款或应收款项指定为以公允价值计量且其变动计入当期损益的金融资产的，应当披露下列信息：①资产负债表日该贷款或应收款项使企业面临的最大信用风险敞口[①]；②相关信用衍生工具或类似工具使得该最大信用风险敞口降低的金额；③该贷款或应收款项因信用风险变动引起的公允价值本期变动额和累计变动额。这些变动额，是该贷款或应收款项公允价值变动扣除由于市场风险因素的变化导致公允价值变动后的部分；或是企业以能够更真实地反映信用风险变动导致该贷款或应收款项公允价值变动的其他方法确定的金额。市场风险因素的变化包括可观察的利率、商品价格、汇率以及价格指数、利率指数、汇率指数等指数的变动；④相关信用衍生工具或类似工具的公允价值本期变动额和自该贷款或应收款项被指定以来的公允价值累计变动额。

企业将一项金融负债指定为以公允价值计量且其变动计入当期损益的金融负债的，应

---

① 信用风险，是指金融工具的一方不履行义务，造成另一方发生财务损失的风险。

当披露下列信息：①该金融负债因信用风险变动引起的公允价值本期变动额和累计变动额。这些变动额，是该金融负债公允价值变动扣除由于市场风险因素的变化导致公允价值变动后的部分；或是企业以能够更真实地反映信用风险变动导致该金融负债公允价值变动的其他方法确定的金额。对于包含投资联结特征的合同，市场风险因素的变化包括相关内部或外部投资组合业绩的变动。②该金融负债的账面价值与按合同约定到期应支付债权人金额之间的差额。

2. 在利润表中的列报要求

企业应当披露与金融工具有关的下列收入、费用、利得或损失：①当期各类金融资产和金融负债所产生的利得或损失。其中，指定为以公允价值计量且其变动计入当期损益的金融资产和金融负债以及交易性金融资产和金融负债的利得或损失应当分别披露。对于可供出售金融资产，应当分别披露当期在其他综合收益中确认的以及当期从权益转入损益的利得或损失。②除以公允价值计量且其变动计入当期损益的金融资产或金融负债外，按实际利率法计算的金融资产或金融负债产生的利息收入或利息费用总额，以及直接计入当期损益但在确定实际利率时未包括的手续费收入或支出。③企业通过信托和其他托管活动代他人持有资产或进行投资而形成的，直接计入当期损益的手续费收入或支出；④已发生减值的金融资产产生的利息收入。⑤每类金融资产本期发生的减值损失。

## 📖 本章小结

金融工具是指形成一个企业的金融资产，并形成其他单位的金融负债或权益工具的合同。金融工具包括金融资产、金融负债和权益工具。

衍生金融工具又被称为衍生工具，是指衍生于基础金融工具，并能够相对独立存在的金融工具。

金融资产和金融负债的确认是指将符合金融资产和金融负债的定义与确认条件的项目记入和列入资产负债表的过程。企业初始确认金融资产或金融负债时，应当按照公允价值计量。与此相关的交易费用，应分类来进行处理。不同类别的金融资产或金融负债，其后续计量的原则不一样。

金融工具信息的列报，应当有助于财务报表使用者了解发行方对发行的金融工具如何分类、计量和列示，具体包括金融工具列示和金融工具披露。

### 本章思考题与练习题

**思考题**

1. 什么是金融工具？金融工具包括哪些类型？

2. 什么是衍生金融工具？衍生金融工具有哪些特点？

3. 金融资产和金融负债分别包括哪些具体内容？

4. 有人说企业倾向于将权益工具分类为金融负债，你认同吗？说明理由。

5. 如何区分金融负债和权益工具？

6. 期货合同与远期合同有什么联系与区别？

7. 谈谈期权合同的特点。

8. 如何对金融资产和金融负债进行初始计量和后续计量？

**练习题**

**习题一（交易性金融资产）**：兴华公司于 2015 年 12 月 1 日从二级市场上购入 S 公司 100 万元普通股，每股市价 7.5 元，支付交易费用 3 000 元。兴华公司将其作为交易性金融资产。2015 年 12 月 31 日 S 公司每股市价为 8.0 元且宣告每股发放现金股利 0.1 元。2016 年 2 月 18 日收到 S 公司发放的现金股利。2016 年 5 月 30 日，兴华公司以每股市价 8.5 元出售 S 公司全部股票并支付交易费用 4 000 元。

要求：为兴华公司进行会计处理。

**习题二（持有至到期投资）**：2015 年 1 月 1 日，兴华公司从活跃市场上买入 S 公司的 3 年期债券，共支付价款 3 000 万元（包含交易费用）。债券面值为 3 200 万元，年票面利率为 7.5%（即每年支付利息 240 万元），按年支付利息。兴华公司打算持有至到期。不考虑减值损失、所得税等其他因素。

要求：编制兴华公司持有此债券期间的相关会计分录。

**习题三（可供出售金融资产）**：续习题一，假设兴华公司将其作为可供出售金融资产处理，其余资料同习题一。

要求：为兴华公司进行会计处理。

**习题四（金融负债）**：兴华公司于 2015 年 1 月 1 日发行公司债券以购买固定资产。该债券的发行价格为 15 000 万元，支付交易费用 10 万元，期限 3 年，每年末支付一次利息。债券的票面金额为 16 000 万元，票面利率 4.5%，到期按面值偿还。假定固定资产于 2015 年 3 月 31 日交付使用。

要求：为兴华公司编制有关会计分录。

## 延伸阅读文献

1. 中华人民共和国财政部：《企业会计准则》，经济科学出版社，2006 年。

2. 中华人民共和国财政部会计司编写组：《企业会计准则讲解 2010》，人民出版社，2010 年。

3. 《企业会计准则第 37 号——金融工具列报》，2014 年。

4. 梁莱歆主编：《高级财务会计》（第三版），清华大学出版社，2011 年。

5. 耿建新、戴德明主编：《高级会计学》（第五版），中国人民大学出版社，2010 年。

6. ［美］弗洛伊德·A. 比姆斯、约瑟夫·H. 安东尼、罗布林·P. 克莱门特等著，储一昀译：《高级会计学》（第十版），中国人民大学出版社，2011 年。

7. 陈信元主编：《高级财务会计》，上海财经大学出版社，2009 年。

# 第十二章　分部报告与中期财务报告

## 【本章要点】

1. 了解分部报告的必要性及其演进过程
2. 掌握报告分部的确定
3. 掌握分部信息的披露
4. 了解编制中期财务报告的意义
5. 理解编制中期财务报告的理论基础
6. 掌握我国中期财务报告的编制

# 第一节　分部报告

现行的财务报告是把企业作为一个整体（企业集团）来提供整个企业集团的财务状况、经营成果和现金流量等信息。本书的大部分篇幅探讨的也就是把企业作为一个整体来报告企业财务信息的问题，即合并财务报表或联合财务报表，而本节则探讨分部报告。随着现代经济的飞速发展，尤其是企业并购浪潮的此起彼伏、企业经营规模与范围的不断扩大，导致从事多元化经营与跨国（地区）经营的企业不断增加，由此引发了分部信息的报告问题，且其重要性日益凸显出来。

分部报告并不涉及新的记账问题，只是按相关规定对分部信息进行披露，且通常情况下，分部信息是作为会计报表附注的一个组成部分来进行披露的。

## 一、分部报告的必要性

分部报告的必要性主要表现在以下两个方面：一是弥补合并财务报表的不足；二是提高会计信息的决策相关性。

1. 弥补合并财务报表的不足

集团公司通过编制合并财务报表，能够从整体上反映整个企业集团的财务状况、经营成果和现金流量等，在一定程度上满足了信息使用者的需要，但在合并财务报表的编制过程中，需抵销集团的内部交易，从而缺乏母公司和子公司的个体详细信息；另外，合并财务报表所披露的财务信息降低了会计信息的可比性和有用性。因为一个从事跨行业、跨国界（地区）经营的企业，由于其经营活动是由在不同的行业或不同的地区所进行的经营单位所构成，而这些经营单位在客观上又存在着经济、政治、文化和技术等方面的差异，从而导致整个企业集团的各个经营单位在获利能力、经营风险和发展前景等方面均存在差异。合并的信息则掩盖了这个差异，使信息使用者难以作出全面、准确的判断。而分部报告则能较好地弥补合并报表的这些不足。

2. 提高会计信息的决策相关性

随着企业经营方式的重大变化，多元化经营和跨国经营日益普遍，分部信息的披露问题也随之日益受到重视。在企业跨行业、跨国（地区）经营的情况下，财务分析人员或其他信息使用者使用合并信息所面临的不确定因素大大增加。为了降低各种不确定因素所带来的影响，财务分析人员或其他信息使用者在决策过程中会要求更多的信息，他们不仅会关注企业作为一个整体的经营情况，还会关注企业各个分部的情况，甚至"在信息使用者希望获得更多信息的领域中，最重要的是分部信息"①，可见分部信息可提高会计信息的决策相关性。

## 二、我国上市公司分部信息披露制度的演变

我国的上市公司分部信息披露制度经历了一个从无到有，从定性描述性的披露要求到量化的强制性披露要求的过程。同时，由于我国制定和实施企业会计准则起步较晚，直到2006年才由财政部发布了一套由一个基本准则、38个具体准则和应用指南构成的会计准则体系，因此，分部信息的披露制度又经历了由证券监督管理部门主导到由企业会计制度和企业会计准则来主导的过程。在由证券监督管理部门主导时期，分部信息的披露又经历了从完全的自愿披露、指导性的自愿披露、半强制性的披露和较为严格的强制性披露等几个阶段。我国上市公司分部信息披露制度演变的具体过程如下：

### （一）证券监督管理部门主导阶段（2001 年以前）

在由证券监督管理部门主导时期，分部信息的披露大体经历了以下四个阶段：

（1）完全的自愿披露阶段（1994 年以前）。在 1994 年以前，由于中国证券监督管理委员会没有公布正式的定期报告内容和格式，大部分上市公司只能按照《公司法》《股票发行与管理暂行条例》等法律法规中的相关规定进行披露。1993 年 6 月，虽然中国证券监督管理委员会发布了《公开发行股票公司信息披露实施细则（试行）》的通知，但该细则并未对分部信息的披露作出规定与要求，因此，此阶段各上市公司在披露分部信息的程度与范围上存在很大的差异。

（2）指导性的自愿披露阶段（1994—1995 年）。1994 年 1 月 10 日，中国证监会颁布了《公开发行股票公司信息披露的内容与格式准则第 2 号——年度报告的内容与格式（试行）》（以下简称《披露准则第 2 号（试行）》），此准则是根据《股票发行与交易管理暂行条例》和《公开发行股票公司信息披露实施细则》来制定的。《披露准则第 2 号（试行）》的发布使上市公司的年度报告的披露在内容与格式上都得到了较大的提高。其中关于分部信息的披露要求主要体现在对年度报告正文披露内容要求的"会计数据和业务数据摘要"和"董事长或总经理的业务报告"这两个方面，具体如下：①在"会计数据和业务数据摘要"的内容要求中指出："除会计数据和财务指标外，公司也可以采用数据列表

---

① AICPA, "Improving Business Reporting: A Customer Focus", Report of the AICPA Special Committee on Financial Reporting, 1994.

方式或图形表方式，提供与上述会计数据相同期间的业务数据和指标，例如，产品销售量、市场份额、以实物量计算的人均劳动生产率、公司各项主要业务占总收入的百分比，公司各地区收入占总收入的百分比等等。"②在"董事长或总经理的业务报告"的内容要求中指出："如果公司实行多元化经营，其业务涉及不同行业，则应对占公司主营业务10%（含）的经营活动及其所在的行业分别作出介绍。如果公司在不同地区或国家开展业务，还应该按照不同地区或国家来反映公司主营业务收入的构成。"由此可知，《披露准则第2号（试行）》对公司分部信息的披露要求只是模糊的定性描述，还不够具体和详细，且对分部会计数据并未做强制性的披露规定。

（3）半强制性的披露阶段（1996—1997年）。1995年12月21日，中国证监会发布了《披露准则第2号（试行）》第一次修订稿。《披露准则第2号（试行）》（1995）对分部信息的披露要求除保留《披露准则第2号（试行）》（1994）正文中模糊的定性描述外，还在《财务报表附注指引（试行）》①中给出了"分地区、分行业资料"的披露格式，要求公司按产业和地区分类提供前后两年的主营业务收入、税前利润和净资产信息，且要求对集团内分部间的交易结果予以抵销。

（4）较为严格的强制性披露阶段（1998—2001年）。1997年12月17日，中国证监会发布了《披露准则第2号（试行）》第二次修订稿。此次修订对分部信息的披露要求在定量披露方面做了较大的调整。在《财务报表附注指引（试行）》中，只要求对多元化公司的行业分部，且行业收入占主营业务收入10%（含10%）以上的进行定量披露，未对地区分部做出定量的披露要求，且其披露内容也做了较大的改变，仅要求披露行业分部的营业收入、营业成本和营业利润信息，不再要求披露分部净利润和净资产数据。1999年12月中国证监会对《披露准则第2号（试行）》又进行了修订，并将名称改为现在的《公开发行股票公司信息披露的内容和格式准则第2号——年度报告的内容和格式》，去掉了"试行"两字。在分部信息的披露方面未作调整。2001年12月中国证监会修订《披露准则第2号》时，取消了《财务报表附注指引》，同时在第五十三条中明确规定：会计报表附注应当按照《企业会计准则》《企业会计制度》和中国证监会发布的相关规定编制。

**（二）由会计制度和会计准则主导阶段（2002年至今）**

1998年1月27日财政部颁布了《股份有限公司会计制度——会计科目和会计报表》，要求股份公司将"分部营业利润和资产表"作为对外提供的四个附表之一，但此时分部信息的披露主要由证券监督管理部门颁发的相关规定主导。2000年12月29日，财政部制定了《企业会计制度2001》，该制度暂在股份有限公司实行，并取代了《股份有限公司会计制度——会计科目和会计报表》。在新制度中，对股份有限公司的分部信息披露作了重大调整，要求股份有限公司应按业务分部和地区分部分别编制分部报表，反映企业各行业、各地区经营业务的收入、成本、费用、营业利润、资产总额以及负债总额的情况。2001年

---

① 此次对《公开发行股票公司信息披露的内容与格式准则第2号——年度报告的内容与格式（试行）》的修订，特别以附件的形式颁布了《财务报表附注指引（试行）》，以使报表使用者更好地理解财务报表，更好地了解公司的财务状况和经营成果。其原则是所有在财务报表内未提供的、与公司财务状况与经营成果有关的、有助于报表使用者更好地了解财务报表的且可以公开的信息都应包括在财务报表附注中。

11 月，财政部又颁布了《企业会计准则——分部报告（征求意见稿）》，开始借鉴国际惯例，开始以准则来约束分部信息披露。2006 年 2 月 15 日，财政部发布了《企业会计准则第 35 号——分部报告》，以规范分部报告的编制和相关信息的披露。《企业会计准则第 35 号——分部报告》与《企业会计制度》的主要区别在于：改进了确定报告分部的营业利润的 10% 标准，取消了报告分部不超过 10 个的规定和对某一分部对外营业收入超过企业营业收入 90% 则可以不编写分部报告的规定；另外，在《企业会计制度》中未区分主要报告形式和次要报告形式，而《企业会计准则第 35 号——分部报告》则要求企业区分主要报告形式和次要报告形式来披露分部信息。2009 年 6 月 11 日，财政部又发布了《企业会计准则解释第 3 号》，对分部报告准则进行了修订，以进一步改进分部报告的信息披露。具体的相关要求将在下面进行详细的阐述。

## 三、报告分部的确定

我国《企业会计准则解释第 3 号》规定，企业应当以内部组织结构、管理要求、内部报告制度为依据确定经营分部，以经营分部为基础确定报告分部，并按其规定披露分部信息。可见，在确定报告分部之前，首先得确定经营分部。

### （一）经营分部

经营分部，是指企业内同时满足下列条件的组成部分：①该组成部分能够在日常活动中产生收入、发生费用；②企业管理层能够定期评价该组成部分的经营成果，以决定向其配置资源、评价其业绩；③企业能够取得该组成部分的财务状况、经营成果和现金流量等有关会计信息。

企业应当根据企业（企业集团）的内部组织结构、管理要求、内部报告制度来确定经营分部。经济特征不相似的经营分部，应当分别确定为不同的经营分部。在实务中，并非所有的经营分部都作为独立的经营分部来考虑，当具有相似经济特征（通常表现出相似的长期财务业绩，如长期平均毛利率、资金回报率和未来现金流量等）的两个或多个经营分部同时满足下面五个条件的，可以合并为一个经营分部。这五个条件分别是：①各单项产品或劳务的性质相同或相似；②生产过程的性质相同或相似；③产品或劳务的客户类型相同或相似；④销售产品或提供劳务的方式相同或相似；⑤生产产品或提供劳务受法律、行政法规的影响相同或相似。

### （二）报告分部的确定

报告分部是指符合经营分部定义，按规定应予披露的经营分部。同此可知报告分部是以经营分部为基础，而经营分部的划分通常是以不同的风险和报酬为基础，而不考虑其是否重要。报告分部的研究则应当考虑其重要性，通常情况下，只有符合重要性标准的经营分部才能确定为报告分部。共有三个重要性标准，分别是：①该经营分部的分部收入占所有分部收入合计的 10% 或者以上。分部收入是指可归属于经营分部的对外交易收入和对其他分部交易收入。②该分部的分部利润（亏损）的绝对额，占所有盈利分部利润合计额或者所有亏损分部亏损合计额的绝对额两者中较大者的 10% 或以上。分部利润是分部收入减去分部费用，而分部费用是指归属于经营分部的对外交易费用和对其他分部的交易费用。

③该分部的分部资产占所有分部资产合计额的 10% 或者以上。分部资产是指经营分部日常活动中使用的可归属于该经营分部的资产，不包括递延所得税资产。

企业以经营分部为基础确定报告分部时，只有满足上述三个 10% 的重要性标准之一的经营分部才能确定为报告分部。对于未满足上述三个 10% 重要性标准的，但企业认为披露该经营分部信息对财务报告使用者有用的，也可将其确定为报告分部。对于不将该经营分部直接指定为报告分部，也不将该经营分部与其他未作为报告分部的经营分部合并为一个报告分部的，企业在披露分部信息时，应当将该经营分部的信息与其他组成部分的信息合并，作为其他项目单独披露。

企业的经营分部达到规定的 10% 重要性标准认定为报告分部后，确定为报告分部的经营分部的对外交易收入合计额占合并总收入或企业总收入的比重应当达到 75% 的比例。如果未达到 75% 的标准，企业必须增加报告分部的数量，将其他未作为报告分部的经营分部纳入报告分部的范围，直到该比例达到 75%。

报告分部的数量通常不应超过 10 个。如果报告分部的数量超过 10 个，企业应当考虑将具有相似经济特征、满足经营分部合并条件的报告分部进行合并，以使合并后的报告分部数量不超过 10 个。

## 四、分部信息的披露

企业（企业集团）确定报告分部后，应从描述性信息和定量信息两个角度来披露分部的信息。

### （一）描述性信息

描述性信息的披露主要包括以下两个方面的内容：一是确定报告分部考虑的因素。通常包括企业管理层是否按照产品和服务、地理区域、监管环境或综合各种因素进行组织管理。二是报告分部的产品和劳务的类型。2014 年美的集团年度报告中关于分部的描述性信息的披露如下：

公司以内部组织结构、管理要求、内部报告制度等为依据确定经营分部。公司的经营分部是指同时满足下列条件的组成部分：

（1）该组成部分能够在日常活动中产生收入、发生费用。

（2）管理层能够定期评价该组成部分的经营成果，以决定向其配置资源、评价其业绩。

（3）能够通过分析取得该组成部分的财务状况、经营成果和现金流量等有关会计信息。

本公司以产品分部为基础确定报告分部，与各分部共同使用的资产、负债按照规模比例在不同的分部之间分配。

### （二）定量信息

定量信息披露的主要内容为每一报告分部的利润（亏损）总额、资产总额和负债总额信息。每一报告分部的利润（亏损）总额相关信息，包括利润（亏损）总额组成项目及计量的相关会计政策信息；每一报告分部的资产总额、负债总额相关信息，包括资产总额组成项目的信息，以及有关资产、负债计量的相关会计政策。2014 年美的集团年度报告中关于分部的定量财务信息的披露如下：

表 12 – 1　产品分部

| 项目 | 本期数 | | | |
| --- | --- | --- | --- | --- |
| | 空调及零部件 | 冰箱及零部件 | 洗衣机及零部件 | 小家电 |
| 营业收入 | 81 004 947.78 | 9 952 970.27 | 10 879 737.29 | 33 822 313.46 |
| 其中：对外交易收入 | 80 929 082.41 | 9 906 283.78 | 10 855 702.31 | 33 551 078.06 |
| 分部间交易收入 | 75 865.37 | 46 686.49 | 24 034.98 | 271 235.40 |
| 营业费用 | 74 272 408.59 | 9 282 138.09 | 10 055 396.33 | 30 369 040.47 |
| 营业利润（亏损） | 6 732 539.19 | 670 832.18 | 824 340.96 | 3 453 272.99 |
| 资产总额 | 66 395 208.38 | 8 039 500.93 | 11 438 623.16 | 24 061 390.84 |
| 负债总额 | 46 164 397.27 | 4 620 201.37 | 6 249 999.47 | 20 286 712.40 |

| 项目 | 本期数 | | | | |
| --- | --- | --- | --- | --- | --- |
| | 电机 | 物流 | 其他 | 抵销 | 合计 |
| 营业收入 | 7 873 132.93 | 3 564 558.63 | 1 485 307.92 | 6 272 001.26 | 142 310 967.02 |
| 其中：对外交易收入 | 4 468 629.62 | 1 966 344.60 | 633 846.24 | | 142 310 967.02 |
| 分部间交易收入 | 3 404 503.31 | 1 598 214.03 | 851 461.68 | 6 272 001.26 | |
| 营业费用 | 7 219 266.00 | 3 519 965.23 | 1 345 591.89 | 6 345 011.60 | 129 718 795.00 |
| 营业利润（亏损） | 653 866.93 | 44 593.40 | 139 716.03 | – 73 010.34 | 12 592 172.02 |
| 资产总额 | 7 109 578.99 | 5 147 059.27 | 57 775 325.20 | 59 674 598.61 | 120 292 088.16 |
| 负债总额 | 2 853 070.66 | 3 994 166.36 | 39 539 181.00 | 49 147 095.61 | 74 560 632.92 |

表 12 – 2　产品分部

| 项目 | 上年同期数 | | | |
| --- | --- | --- | --- | --- |
| | 空调及零部件 | 冰箱及零部件 | 洗衣机及零部件 | 小家电 |
| 营业收入 | 67 561 758.64 | 8 309 574.34 | 8 775 193.25 | 28 719 098.47 |
| 其中：对外交易收入 | 67 557 954.28 | 8 264 808.41 | 8 764 858.60 | 28 706 824.21 |
| 分部间交易收入 | 3 804.36 | 44 765.93 | 10 334.65 | 12 274.26 |
| 营业费用 | 63 742 359.47 | 8 105 094.65 | 8 303 120.43 | 26 859 937.16 |
| 营业利润（亏损） | 3 819 399.17 | 204 479.69 | 472 072.82 | 1 859 161.31 |

（续上表）

| 项目 | 上年同期数 | | | |
|---|---|---|---|---|
| | 空调及零部件 | 冰箱及零部件 | 洗衣机及零部件 | 小家电 |
| 资产总额 | 44 788 995.94 | 5 955 286.94 | 9 262 021.99 | 18 573 886.94 |
| 负债总额 | 27 006 611.04 | 2 837 488.59 | 4 655 548.02 | 12 585 139.58 |

| 项目 | 上年同期数 | | | | |
|---|---|---|---|---|---|
| | 电机 | 物流 | 其他 | 抵销 | 合计 |
| 营业收入 | 7 772 296.26 | 2 631 320.67 | 11 486 645.22 | 13 990 706.83 | 121 265 180.02 |
| 其中：对外交易收入 | 4 881 309.13 | 1 759 584.14 | 1 329 841.25 | | 121 265 180.02 |
| 分部间交易收入 | 2 890 987.13 | 871 736.53 | 10 156 803.97 | 13 990 706.83 | – |
| 营业费用 | 7 108 403.97 | 2 648 266.92 | 10 679 144.44 | 13 960 552.91 | 113 485 774.13 |
| 营业利润（亏损） | 663 892.29 | – 16 946.25 | 807 500.78 | 30 153.92 | 7 779 405.89 |
| 资产总额 | 6 608 519.88 | 3 766 190.01 | 46 663 132.50 | 38 672 009.43 | 96 946 024.77 |
| 负债总额 | 2 847 395.61 | 2 598 545.17 | 25 919 379.53 | 20 584 645.05 | 57 865 462.49 |

# 第二节　中期财务报告

中期财务报告，是指以中期为基础编制的财务报告。中期，是指短于一个完整的会计年度的报告期间，它可以是一个月、一个季度或者半年，也可以是其他短于一个会计年度的期间，如1月1日至9月30日的期间等。由此可知，中期财务报告既包括月度财务报告、季度财务报告、半年度财务报告，也包括年初至本中期末的财务报告。

## 一、编制中期财务报告的意义

编制中期财务报告的意义主要表现在以下几个方面：

1. 及时向信息使用者提供重要的会计信息

及时性直接影响对外披露财务报告信息的质量。对于相关的信息，如果提供的时间相对滞后，它的价值也会大打折扣。尤其是随着经济的发展和市场竞争的日趋激烈，投资者、债权人等对公开披露的财务报告信息的及时性提出了更高的要求。而企业的年度财务会计报告，得等到年度终了后120天内才能对外提供，这样难以满足信息使用者及时掌握企业会计信息的需求。而中期财务报告可以在很大程度上满足了及时性这一要求，可用来弥补年度报告时间间隔过长的缺陷，从而提高财务报告信息质量。

2. 有助于建立更为完善的上市公司信息披露制度

中期财务报告是会计信息披露制度的一个组成部分，编制中期财务报告可以更广泛地满足国内外信息使用者对高质量会计信息的需求，从而有助于建立更完善的上市公司信息披露制度，提高证券市场效率，促进资源的有效配置。

3. 有助于规范企业经营者的行为

中期财务报告可以使信息使用者对企业的业绩评价和监督管理更加及时，从而有助于及时发现问题，寻求相应的应对措施，规范企业经营者的行为。

## 二、编制中期财务报告的理论基础

中期财务报告要和年度报告采用同样的会计政策，只是报告的期间较短一些。然而，是将会计中期作为一个独立的会计期间，采用与年度财务报告一致的方法、政策，还是将会计中期作为整个年度的一部分，应用与年度财务报告一致的方法、政策？不同的理解对中期财务报告的确认与计量会有很大的影响。这些问题主要体现在以下四个方面：①收入。某些季节性很强的企业（如供暖业、冷饮业等），因其生产与销售的季节性波动而使收入在各中期期间有很大的升降变化，这种收入如果按照收入发生时确认的原则，就可能会对年度内收入或者利润的预测产生误导。②与收入相匹配的成本。与收入的问题一样，季节性的成本费用是直接计入当期，还是按全年业务总量情况平均分摊到各中期？③费用。有些费用是在年度中不均匀发生的，如大修理费用、重组费用，在某一期发生的这些费用是直接计入当期还是根据费用收益期间在不同的中期中进行估计和递延？④中期所得税的处理。中期所得税的处理主要涉及两方面的问题：一是中期财务报告中是否有必要确认所得税？二是如果确认，应怎样计量？目前，会计界对如何处理上述问题，存在两种理论方法，即独立论和整体论。

1. 独立论

独立论将每一中期报告期间视为一个独立的基本会计期间，因此编制每一期的中期报告时，采用与年度报告相同的会计政策与会计方法，其会计估计、成本分配、各个应计项目和递延项目的处理与编制年度报告的处理方法相同。这种理论的优点在于中期报告所反映的经营业绩和财务状况比较可靠，不容易被操纵；缺点在于可能会导致各中期收入与费用的不合理配比和各中期收益的非正常波动，影响对企业业绩的正常评价与预测。

2. 整体论

整体论又被称为一体论，该理论认为中期不是一个独立的会计期间，而是整个会计年度期间的一部分，因此在编制每一期的中期报告时，其会计估计、成本分配、各应计项目和递延项目的处理都必须考虑全年将要发生的情况，受对年度经营成果判断的影响。中期报告期内某一事项如果影响整个年度，则要根据一定的分配基础估计，并在各中期报告期间分配。这种理论的优点在于可以避免因人为割裂会计期间而导致的各期间收益的非正常波动，从而有利于年度收益的预测，提高中期财务报告信息的有用性；缺点是可能导致年度内各中期收益的平滑，公司管理层容易操控收益，影响收益信息的可靠性。

目前国际上，美国采用的是"整体论"，而英国、加拿大、国际会计准则委员会主要采用的是"独立论"。当前，从各国中期报告会计准则制定实践来看，一般都不会纯粹采用一种观点，往往是两者并用，有所侧重。我国《企业会计准则第 32 号——中期财务报告》侧重于"独立论"。如"企业在确认、计量和报告各中期财务报表项目时，对项目重要性程度的判断，应当以中期财务数据为基础，不应以年度财务数据为基础"，再如"企业在中期财务报表中应采用与年度财务报表相一致的会计政策"都体现了"独立论"的思想，但"财务报告的频率不应当影响年度结果的计量"又表明了一个中期是一个会计年度的一部分。

## 三、我国中期财务报告的编制

2006年2月，财政部发布了我国现行规范中期财务报告的企业会计准则——《企业会计准则第32号——中期财务报告》。下面将对相关规定进行具体说明。

### （一）中期财务报告编制应遵循的原则

编制中期财务报告时应遵循以下三个原则：

1. 一致性原则

一致性原则是指企业在编制中期财务报告时，应当遵循与年度财务报告相一致的会计政策。中期财务报告与年度财务报告的会计政策应保持一致，不得在中期内随意变更，以保持会计政策前后各期的一致性，提高会计信息的可比性和有用性。不仅所采用的会计政策应当与年度财务报表所采用的会计政策相一致，还包括会计要素确认和计量原则相一致。企业如果在中期进行会计政策和会计估计变更，应当按照《企业会计准则第28号——会计政策、会计估计变更和差错更正》的规定进行处理。如果在上年度资产负债表日之后发生了会计政策变更，且该变更了的会计政策在本年度会计报表中采用，则中期财务报告应当采用该变更了的会计政策。

2. 重要性原则

重要性原则是企业编制中期财务报告的一项十分重要的原则。企业在判断重要性程度时，应以中期财务数据为基础，而不能以预计的年度财务数据为基础。这里所指的"中期财务数据"既包括本中期的财务数据，也包括年初至本中期末的财务数据。企业在运用重要性原则时，应当避免在中期财务报告中由于不确认、不披露或者忽略某些信息而对信息使用者的决策产生误导。另外，重要性程度的判断需要根据具体情况作具体分析和职业判断。通常，在判断某一项目的重要性程度时，应当将项目的金额和性质结合在一起予以考虑，而且在判断项目金额的重要性时应当以资产、负债、净资产、营业收入、净利润等直接相关项目数字作为比较基础，并综合考虑其他相关因素。

3. 及时性原则

为了体现企业编制中期财务报告的及时性原则，中期财务报告计量相对于年度财务数据的计量而言，在很大程度上依赖于估计。例如，企业通常在会计年度末对存货进行全面、详细的实地盘点。因此，对年末存货可以达到较为精确的计价。但是在中期末，由于时间上的限制和成本方面的考虑，有时不大可能对存货进行全面、详细的实地盘点，在这种情况下，对于中期末存货的计价就可在更大程度上依赖于会计估计。但是，企业应当确保所提供的中期财务报告包括了相关的重要信息。

### （二）中期财务报告编制中的确认与计量

1. 中期财务报告的确认与计量的基本原则

（1）中期财务报告中会计要素的确认和计量原则应当与年度财务报表相一致。即企业在中期根据所发生交易或者事项，对资产、负债、所有者权益（股东权益）、收入、费用和利润等会计要素进行确认和计量时，应当符合相应会计要素定义和确认、计量标准，不能因为财务报告期间的缩短（相对于会计年度而言）而改变。

（2）中期财务报告的会计计量应以年初至本中期末为基础。也就是说，无论企业中期财务报告的频率是月度、季度还是半年度，企业中期会计计量的结果最终应当与年度财务报告中的会计计量结果相一致。为此，企业中期财务报告的计量应当以年初至本中期末为基础，即企业在中期应当以年初至本中期末作为中期会计计量的期间基础，而不应当以本中期作为会计计量的期间基础。

（3）中期采用的会计政策应与年度财务报告相一致，会计政策、会计估计变更应当符合规定。也就是说，企业在中期不得随意变更会计政策，应当采用与年度财务报告相一致的会计政策。如果上年度资产负债表日之后按规定变更了会计政策，且该变更后的会计政策将在本年度财务报告中采用，中期财务报告应当采用该变更后的会计政策。对于中期会计政策的变更需要注意以下两点：①企业变更会计政策应当符合《企业会计准则第28号——会计政策、会计估计变更和差错更正》规定的条件；②企业在中期进行会计政策变更时，通常应当确保该项会计政策亦将在年度财务报告中采用，即中期财务报告准则不允许企业在同一会计年度的各个中期之间随意变更会计政策，但符合国家法律、行政法规以及相关会计准则规定的除外。

2. 季节性、周期性或者偶然性取得收入的确认和计量

我国《企业会计准则第32号——中期财务报告》规定，企业取得季节性、周期性或者偶然性收入，应当在发生时予以确认和计量，不应当在中期财务报表中预计或者递延，但会计年度末允许预计或者递延的除外。

通常情况下，企业各项收入一般是在一个会计年度的各个中期内均匀发生，各中期之间实现的收入差异不会很大。但是，因季节性、周期性或者偶然性取得的收入，往往集中在会计年度的个别中期内。对于这些收入，企业应当在这些收入取得并实现时及时予以确认和计量，不应当为了平衡各期的收益而将这些收入在会计年度的各个中期之间进行分摊。但季节性、周期性或者偶然性取得的收入若在会计年度末允许预计或者递延的，则在中期财务报表中也允许预计或者递延。

3. 会计年度中不均匀发生费用的确认与计量

我国《企业会计准则第32号——中期财务报告》规定，企业在会计年度中不均匀发生的费用，应当在发生时予以确认和计量，不应在中期财务报表中预提或者待摊，但会计年度末允许预提或者待摊的除外。通常情况下，与企业生产经营和管理活动有关的费用是在一个会计年度的各个中期内均匀发生，但是，对于一些费用，如员工培训费等，往往集中在会计年度的个别中期内。对于这些会计年度中不均匀发生的费用，企业应当在发生时予以确认和计量，不应当在中期财务报表中予以预提或者待摊。但如果会计年度内不均匀发生的费用在会计年度末允许预提或者待摊，则在中期末也允许预提或者待摊。

**（三）中期财务报告的构成与相关要求**

1. 中期财务报告的构成

中期财务报告至少应当包括资产负债表、利润表、现金流量表及其报表附注。由此可

见，资产负债表、利润表、现金流量表及其报表附注是中期财务报告应当编制的法定内容，对其他财务报表或者相关信息，如所有者权益（或股东权益）变动表等，企业可以根据需要自行决定。

中期资产负债表、利润表、现金流量表的格式和内容，应当与上年度财务报表相一致。但如果当年新施行的会计准则对财务报表格式和内容作了修改的，中期财务报表应当按照修改后的报表格式和内容编制，与此同时，在中期财务报告中提供的上年度比较财务报表的格式和内容也应当作相应的调整。另外，中期财务报告中的附注相对于年度财务报告中的附注而言，可适当简化。具体应当遵循重要性原则，如果某一信息没有在中期财务报告中的附注披露，就会影响中期财务报告财务信息使用者据此做出正确的经济决策，那么就认为这一信息是重要的，企业应当在中期财务报告附注中予以披露。但准则中规定应该披露的信息不受此限。

2. 中期合并财务报表和母公司财务报表的编报要求

上年度编制合并财务报表的，中期期末也应当编制合并财务报表，且合并财务报表的合并范围、合并原则、编制方法和合并财务报表的格式、内容等也应当与上年度合并财务报表相一致，但当年企业会计准则有新规定的除外。如果上年度财务报告包括了合并财务报表，但报告中期内处置了所有应纳入合并范围的子公司，则中期财务报告应包括当年子公司处置前的相关财务信息。如果在报告中期内新增了子公司，在中期末则需将该子公司财务报表纳入合并财务报表的合并范围。

上年度财务报告除了包括合并财务报表，还包括母公司财务报表，中期财务报告也应当包括母公司财务报表。

3. 比较财务报表编制要求

企业在中期末除了编制中期末资产负债表、中期利润表和现金流量表之外，还应当提供前期比较财务报表，以提高财务报告信息的可比性、相关性和有用性。中期财务报告应当按照下列规定提供比较财务报表：①本中期末的资产负债表和上年度末的资产负债表。②本中期的利润表、年初至本中期末的利润表以及上年度可比期间的利润表。其中，上年度可比期间的利润表包括：上年度可比中期的利润表和上年度年初至上年可比中期末的利润表。③年初至本中期末的现金流量表和上年度年初至上年可比中期末的现金流量表。

4. 中期财务报告附注要求

中期财务报告附注，是对中期资产负债表、利润表、现金流量表等报表中列示项目的文字描述或明细阐述，以及对未能在这些报表中列示项目的说明等。其目的是使财务报告信息对会计信息使用者的决策更加相关、有用，但同时又要考虑成本效益原则。

中期财务报告附注应当以年初至本中期末为基础编制，且应当对自上年度资产负债表日之后发生的重要交易或者事项进行披露。

中期财务报告附注至少应当包括以下信息：①中期财务报告所采用的会计政策与上年度财务报表相一致的声明。企业在中期会计政策发生变更的，应当说明会计政策变更的性质、内容、原因及其影响数；无法进行追溯调整的，应当说明原因。②会计估计变更的内容、原因及其影响数；影响数不能确定的，应当说明原因。③前期差错的性质及其更正金额；无法进行追溯重述的，应当说明原因。④企业经营的季节性或者周期性特征。⑤存在控制关系的关联方发生变化的情况；关联方之间发生交易的，应当披露关联方关系的性质、交易类型和交易要素。⑥合并财务报表的合并范围发生变化的情况。⑦对性质特别或者金额异常的财务报表项目的说明。⑧证券发行、回购和偿还情况。⑨向所有者分配利润的情况，包括在中期内实施的利润分配和已提出或者已批准但尚未实施的利润分配情况。⑩根据《企业会计准则第35号——分部报告》规定披露分部报告信息的，应当披露主要报告形式的分部收入与分部利润（亏损）。⑪中期资产负债表日至中期财务报告批准报出日之间发生的非调整事项。⑫上年度资产负债表日以后所发生的或有负债和或有资产的变化情况。⑬企业结构变化情况，包括企业合并，对被投资单位具有重大影响、共同控制或者控制关系的长期股权投资的购买或者处置，终止经营等。⑭其他重大交易或者事项，包括重大的长期资产转让及其出售情况、重大的固定资产和无形资产取得情况、重大的研究和开发支出、重大的资产减值损失情况等。

5. 中期会计政策变更的处理

企业在中期发生了会计政策变更的，应当按照《企业会计准则第28号——会计政策、会计估计变更和差错更正》规定处理，并在财务报告附注中作相应披露。会计政策变更的累积影响数能够合理确定且涉及本会计年度以前中期财务报表相关项目数字的，应当予以追溯调整，视同该会计政策在整个会计年度一贯采用；同时，上年度可比中期财务报表也应当作相应调整。


## 📖 本章小结

分部报告的必要性主要表现在以下两个方面：一是弥补合并财务报表的不足；二是提高会计信息的决策相关性。我国《企业会计准则解释第3号》规定，企业应当以内部组织结构、管理要求、内部报告制度为依据确定经营分部，以经营分部为基础确定报告分部，并按其规定披露分部信息。

编制中期财务报告的意义主要表现在以下几个方面：①及时向信息使用者提供重要的会计信息；②有助于建立更为完善的上市公司信息披露制度；③有助于规范企业经营者的行为。中期财务报告要和年度报告采用同样的会计政策，只是报告的期间较短一些。中期财务报告至少应当包括资产负债表、利润表、现金流量表及其报表附注。


### 本章思考题与练习题

**思考题**

1. 企业（集团）为什么要编制分部报告？

2. 何谓经营分部和报告分部？有什么异同？

3. 怎样来确定报告分部？

4. 什么是中期财务报告？

5. 简述编制中期财务报告的理论基础并分析不同理论基础对中期财务报告的影响。

6. 中期财务报告与年度财务报告在信息披露上存在的主要差异有哪些？

**练习题**

**习题一：**上网查阅一家上市公司年度报告附注中披露的分部报告，并写 200 字左右的摘要。

**习题二：**上网查阅一家上市公司的中期财务报告，并与其年度财务报告进行比较，分析其中期财务报告与年度财务报告在信息披露方面存在的主要差异。

## 延伸阅读文献

1. 张铁铸、赵姗姗：《论分部信息的决定有用性》，《财贸研究》2004 年第 4 期，第 106 ~ 112 页。

2. 中华人民共和国财政部：《企业会计准则》，经济科学出版社，2006 年。

3. 中华人民共和国财政部会计司编写组：《企业会计准则讲解 2010》，人民出版社，2010 年。

4. 梁莱歆主编：《高级财务会计》（第三版），清华大学出版社，2011 年。

5. 耿建新、戴德明主编：《高级会计学》（第五版），中国人民大学出版社，2010 年。

6. ［美］弗洛伊德·A. 比姆斯、约瑟夫·H. 安东尼、罗布林·P. 克莱门特等著，储一昀译：《高级会计学》（第十版），中国人民大学出版社，2011 年。

7. 陈信元主编：《高级财务会计》，上海财经大学出版社，2009 年。

8. 石本仁主编：《高级财务会计》（第二版），中国人民大学出版社，2011 年。